Gonglu Gongcheng Shigong Youhua Guanli yu Xinjishu
公路工程施工优化管理与新技术

王 琨　赵之仲　**主　编**
赵鹍鹏　许 萌　王 娜　孙洪福　**副主编**

人民交通出版社股份有限公司
China Communications Press Co.,Ltd.

内 容 提 要

本书根据公路工程施工员岗位继续教育培训的要求编写,详细阐述了施工员在管理标准化、精细化和信息化方面的管理知识和近年来出现的新工艺、材料和设备等施工新技术。本书分为工程管理和施工新技术两部分,共七章,主要内容包括:与施工员岗位职责相关的法律法规、施工标准化和精细化内容;路基、路面、桥梁、隧道新技术的相关知识及公路改、扩建方面的新技术。结构体系清晰,内容浅显易懂,具有很强的实用性,可作为公路工程施工员继续教育培训用教材,也可供公路工程本、专科生学习参考用。

图书在版编目(CIP)数据

公路工程施工优化管理与新技术 / 王琨,赵之仲主编 . — 北京:人民交通出版社股份有限公司,2019.3
ISBN 978-7-114-14456-1

Ⅰ. ①公… Ⅱ. ①王… ②赵… Ⅲ. ①道路施工—施工管理②道路施工—工程技术 Ⅳ. ①U415

中国版本图书馆 CIP 数据核字(2019)第 026604 号

书　　名:	公路工程施工优化管理与新技术
著 作 者:	王　琨　赵之仲
责任编辑:	岑　瑜
责任校对:	刘　芹
责任印制:	刘高彤
出版发行:	人民交通出版社股份有限公司
地　　址:	(100011)北京市朝阳区安定门外外馆斜街 3 号
网　　址:	http://www.ccpress.com.cn
销售电话:	(010)59757973
总 经 销:	人民交通出版社股份有限公司发行部
经　　销:	各地新华书店
印　　刷:	北京虎彩文化传播有限公司
开　　本:	787×1092　1/16
印　　张:	19.75
字　　数:	506 千
版　　次:	2019 年 3 月　第 1 版
印　　次:	2024 年 2 月　第 5 次印刷
书　　号:	ISBN 978-7-114-14456-1
定　　价:	72.00 元

(有印刷、装订质量问题的图书由本公司负责调换)

《公路工程施工员与造价员继续教育培训教材》编写委员会

主　任：李彦武　　周纪昌
副主任：张德华　　袁秋红
委　员：张建军　　于　光　　李培源　　许建盛　　刘　鹏　　闫东霄
　　　　梁　伟　　张兆锋　　黎　奎　　王　青　　王龙飞　　张　起

《公路工程施工员与造价员继续教育培训教材》审定委员会

主　任：周纪昌　　袁秋红
副主任：刘　鹏　　闫东霄
委　员：石国虎　　孙文龙　　石新栋　　王　刚　　钱绍锦　　李　胜
　　　　孙　杰　　彭　锐　　李文华　　何安荣　　杨荣泉　　刘　凯
　　　　欧阳辰秉　彭　宇　　梁　伟　　张兆锋　　黎　奎　　王　青
　　　　王龙飞　　张　起

《公路工程施工优化管理与新技术》
编写人员

主　　编：王　琨　赵之仲

副 主 编：赵鹍鹏　许　萌　王　娜　孙洪福

参编人员：申靖琳　陈飞鹏　柳泓哲　杨振宇　王晓迎
　　　　　杨丽冉　彭万里　夏　祥　梁茂景

序

为了保持施工现场管理人员知识的先进性和保证行业政策的落实到位,需要每三年对施工员、造价员进行一次继续教育,使其把握行业发展趋势,更新知识内容。依据住房和城乡建设部通过的《建筑业企业资质标准》(建市[2014]159号)(以下简称《标准》),结合交通运输部的"四个交通"理念、"品质工程"建设需求和施工员的基本岗位职责,编写了此系列教材,用于施工员、造价员继续教育培训工作。本套教材包括《公路工程施工优化管理和新技术》《公路工程施工合同与成本管理》。其中,施工员的主要培训内容为工程管理和施工新技术;造价员的主要培训内容为公路工程合同管理、合同履行阶段的风险管理、PPP模式下的合同管理、成本预测与计划、成本控制、成本核算和成本分析与考核。教材符合行业的发展趋势,紧扣政策要求。

《标准》从企业资产、企业主要人员构成、企业的工程业绩和必要的技术装备四个方面规定了具有法人资格的企业申请建筑业企业资质应具备的基本条件。其中对于主要人员的要求分为四个层次:建造师及其他注册人员、工程技术人员、施工现场管理人员和技术工人。"有关说明"中指出:"持有岗位证书的施工现场管理人员"是指持有国务院有关行业部门认可单位颁发的岗位(培训)证书的施工现场管理人员。公路工程企业现场施工管理人员包括施工员、造价员和安全员三种,具体的数量应该与项目的规模相适应,以满足现场管理需求。

在此《标准》颁布之前,公路行业对施工企业施工现场管理人员资格和数量没有具体要求。《标准》颁布之后,为了保障公路工程建设行业的健康发展,交通运输部承担了公路工程施工现场管理人员考核取证和继续教育的任务,并且由中国公路建设行业协会联合山东交通学院、长沙理工大学、重庆交通大学和其他一些职业院校进行了考核标准的制定、考核教材的编写和考核工作的具体实施。

公路工程施工员考核和继续教育标准及内容的制定,结合了公路工程的具体特点并参考住房和城乡建设部关于施工现场管理人员的考核和继续教育标准,从岗位职业能力一般要求、岗位职责、应具备的专业技能、专业知识和考核具体要求等方面做了详细规定,通过取证培训考核和继续教育工作,使施工员具备岗位所需的基本知识和技能。

2015 年,中国公路建设行业协会开始组织施工员、造价员和安全员(安全员岗位证书的取得与施工企业安全生产三类人员的教育培训考核同步进行)岗位证书的培训考核工作,截至 2018 年 7 月,已经取得证书的人员有 52000 余人,培训考核工作取得了卓越成效,已为公路工程行业的整体水平提升作出非常大的贡献。通过本周期继续教育和教材的出版,期望能进一步地推动公路工程行业发展和提高施工员的个人能力。

本书编委会
2018 年 9 月

前　言

《交通运输信息化"十三五"发展规划》和《交通运输标准化"十三五"发展规划》规定要加快推进智慧交通建设,不断提高交通运输信息化发展水平,充分发挥信息化对促进现代综合交通运输体系建设的支撑和引领作用;同时要求充分发挥标准在完善综合交通运输体系,促进行业提质增效升级,推进行业治理体系和治理能力现代化中的作用。

为了践行创新、协调、绿色、开放、共享五大发展理念,落实"四个交通"发展要求,交通运输部于2016年开展了"品质工程"创建活动,并细化了建设标准,要求坚持管理和技术的传承与创新,深化现代工程管理,全面提升公路水运工程基础设施建设的质量安全水平,推动公路水运工程建设协调发展和转型升级。

本书紧贴交通运输行业《"十三五"发展规划》任务要求和品质工程建设目标,围绕施工员岗位工作需求,以提升学员职业能力为目的,结合多年的教学、科研及施工现场管理工作实践经验编写而成,详细阐述了公路工程施工员在践行工程管理标准化、精细化和信息化过程中所需的基本知识以及最新的施工技术工艺。主要内容分为工程管理和施工新技术两部分:工程管理部分以施工精细化为目标,重点介绍施工标准化和施工信息化管理,阐述了工程管理未来发展方向;施工新技术部分以近年来涌现出的路基、路面、桥梁、隧道和公路改、扩建工程等方面的先进技术为主要内容,阐述了技术的发展趋势。为了突出教材内容的实践性,同时选编了一些有价值的实际工程案例。

本书由山东交通学院王琨、赵之仲担任主编,赵鹞鹏、许萌、山东高速股份有限公司王娜和烟建集团有限公司孙洪福担任副主编。具体分工如下:第一章由许萌编写,第二、三章由赵之仲编写,第四章由王琨编写,第五章由赵鹞鹏编写,第六章由孙洪福编写,第七章由王娜编写。研究生申靖琳、柳泓哲、杨振宇、王晓迎、杨丽冉、彭万里、夏祥、梁茂景也参与了资料的收集和部分内容的整理工作。

本书在编写过程中得到了北京市政路桥股份有限公司、中交第三公路工程局有限公司、中咨泰克交通工程集团有限公司、中交隧道工程局、北京市政工程研究院、重庆交通大学和山东科晋软件科技有限公司有关专家和学者的大力支持,各位专家不但结合自身经验提出了宝贵的意见,还提供了丰富的工程实例和素材;教材还检索和引用了许多文献资料,在此向所有有关人员一并致谢。

由于作者水平有限,疏漏之处在所难免,恳请广大读者批评指正。

作　者
2018 年 10 月

目 录

第一章 与施工员岗位职责相关的法律法规 ··· 1
- 第一节 安全管理相关规定 ··· 1
- 第二节 质量管理相关规定 ··· 28
- 第三节 环保管理相关规定 ··· 38

第二章 施工管理标准化和精细化 ··· 48
- 第一节 场站建设标准化 ··· 48
- 第二节 施工管理标准化 ··· 83
- 第三节 施工管理精细化 ··· 89
- 第四节 班组管理标准化 ··· 95

第三章 施工管理信息化 ··· 108
- 第一节 公路工程施工管理信息化应用现状 ··· 108
- 第二节 信息化技术在公路施工中的应用 ··· 114
- 第三节 智慧工地的建设 ··· 132

第四章 路基路面施工新技术 ··· 140
- 第一节 轻质路堤填筑技术 ··· 140
- 第二节 固化淤泥路堤填筑技术 ··· 147
- 第三节 无机结合料稳定类路面基层施工技术 ··· 152
- 第四节 大粒径透水性沥青稳定碎石基层施工 ··· 160
- 第五节 沥青路面基层再生施工新技术 ··· 168
- 第六节 温拌沥青施工技术 ··· 170
- 第七节 废旧橡胶沥青路面施工技术 ··· 172
- 第八节 连续配筋水泥混凝土路面施工技术 ··· 181

第五章 桥梁施工新技术 ··· 198
- 第一节 装配式桥梁施工技术 ··· 198
- 第二节 装配式墩台施工 ··· 223
- 第三节 大跨径连续梁桥悬臂施工 ··· 225
- 第四节 拱桥施工 ··· 237
- 第五节 悬索桥施工 ··· 245

第六章 隧道施工新技术 ··· 250
- 第一节 非爆破机械开挖施工技术 ··· 250
- 第二节 软弱围岩大(全)断面施工技术 ··· 257

  第三节 长大隧道施工机械化配套 ································· 273
第七章 改扩建施工技术 ··· 280
  第一节 路基拼接填筑施工控制技术 ······························· 280
  第二节 路面改扩建技术 ··· 285
  第三节 桥梁改扩建技术 ··· 289
  第四节 涵洞和通道改扩建技术 ··································· 296
附录 ··· 300
  附录1 岗位职责 ··· 300
  附录2 与施工员岗位相关的现行的法律、法规、行业标准一览表
    （截至2018年9月）··· 303
参考文献 ··· 305

第一章　与施工员岗位职责相关的法律法规

第一节　安全管理相关规定

施工员是各种施工技术具体步骤的实施者,是新技术、新材料、新设备、新工艺的第一执行人,是各种管理制度的最终实现人员,在安全生产中的作用至关重要,要严格遵守国家《安全生产法》和有关的公路工程安全生产法律、法规,贯彻"安全第一、预防为主、综合治理"的方针,认真执行各项安全生产规章制度;为加强公路水运工程安全生产监督管理,防止和减少生产安全事故,保障人民群众生命和财产安全,根据《中华人民共和国安全生产法》《建设工程安全生产管理条例》《生产安全事故报告和调查处理条例》等法律、行政法规,交通运输部于2017年6月制定了《公路水运工程安全生产监督管理办法》。

一、施工安全生产许可管理规定

2014年7月修订的《安全生产许可证条例》中规定,国家对矿山企业、建筑施工企业和危险化学品、烟花爆竹、民用爆破器材生产企业(以下统称企业)实行安全生产许可制度。企业未取得安全生产许可证的,不得从事生产活动。省、自治区、直辖市人民政府建设主管部门负责建筑施工企业安全生产许可证的颁发和管理,并接受国务院建设主管部门的指导和监督。

2015年1月,住房和城乡建设部为了严格规范建筑施工企业安全生产条件,进一步加强安全生产监督管理,防止和减少生产安全事故,根据《安全生产许可证条例》《建设工程安全生产管理条例》等有关行政法规,经修改后重新颁布了《建筑施工企业安全生产许可证管理规定》。

(一)申请领取安全生产许可证的条件

《安全生产许可证条例》规定,企业取得安全生产许可证,应当具备13项安全生产条件:
(1)建立、健全安全生产责任制,制定完备的安全生产规章制度和操作规程;
(2)安全投入符合安全生产要求;
(3)设置安全生产管理机构,配备专职安全生产管理人员;
(4)主要负责人和安全生产管理人员经考核合格;
(5)特种作业人员经有关业务主管部门考核合格,取得特种作业操作资格证书;
(6)从业人员经安全生产教育和培训合格;

(7)依法参加工伤保险,为从业人员缴纳保险费;

(8)厂房、作业场所和安全设施、设备、工艺符合有关安全生产法律、法规、标准和规程的要求;

(9)有职业危害防治措施,并为从业人员配备符合国家标准或者行业标准的劳动防护用品;

(10)依法进行安全评价;

(11)有重大危险源检测、评估、监控措施和应急预案;

(12)有生产安全事故应急救援预案、应急救援组织或者应急救援人员,配备必要的应急救援器材、设备;

(13)法律、法规规定的其他条件。

《建筑施工企业安全生产许可证管理规定》中规定,建筑施工企业取得安全生产许可证,应当具备下列安全生产条件:

(1)建立、健全安全生产责任制,制定完备的安全生产规章制度和操作规程;

(2)保证本单位安全生产条件所需资金的投入;

(3)设置安全生产管理机构,按照国家有关规定配备专职安全生产管理人员;

(4)主要负责人、项目负责人、专职安全生产管理人员经建设主管部门或者其他有关部门考核合格;

(5)特种作业人员经有关业务主管部门考核合格,取得特种作业操作资格证书;

(6)管理人员和作业人员每年至少进行一次安全生产教育培训并考核合格;

(7)依法参加工伤保险,依法为施工现场从事危险作业的人员办理意外伤害保险,为从业人员缴纳保险费;

(8)施工现场的办公、生活区及作业场所和安全防护用具、机械设备、施工机具及配件符合有关安全生产法律、法规、标准和规程的要求;

(9)有职业危害防治措施,并为作业人员配备符合国家标准或者行业标准的安全防护用具和安全防护服装;

(10)有对危险性较大的分部分项工程及施工现场易发生重大事故的部位、环节的预防、监控措施和应急预案;

(11)有生产安全事故应急救援预案、应急救援组织或者应急救援人员,配备必要的应急救援器材、设备;

(12)法律、法规规定的其他条件。

(二)安全生产许可证的有效期和政府监管的规定

1. 安全生产许可证的申请

《安全生产许可证条例》规定,省、自治区、直辖市人民政府建设主管部门负责建筑施工企业安全生产许可证的颁发和管理,并接受国务院建设主管部门的指导和监督。

《建筑施工企业安全生产许可证管理规定》进一步明确,建筑施工企业从事建筑施工活动前,应当依照本规定向企业注册所在地省、自治区、直辖市人民政府住房和城乡建设主管部门申请领取安全生产许可证。

建筑施工企业申请安全生产许可证时,应当向住房城乡建设主管部门提供下列材料:

(1)建筑施工企业安全生产许可证申请表;
(2)企业法人营业执照;
(3)与申请安全生产许可证应当具备的安全生产条件相关的文件、材料。

建筑施工企业申请安全生产许可证,应当对申请材料实质内容的真实性负责,不得隐瞒有关情况或者提供虚假材料。

2. 安全生产许可证的有效期

安全生产许可证的有效期为3年。安全生产许可证有效期满需要延期的,企业应当于期满前3个月向原安全生产许可证颁发管理机关办理延期手续。企业在安全生产许可证有效期内,严格遵守有关安全生产的法律法规,未发生死亡事故的,安全生产许可证有效期届满时,经原安全生产许可证颁发管理机关同意,不再审查,安全生产许可证有效期延期3年。

建筑施工企业变更名称、地址、法定代表人等,应当在变更后10日内,到原安全生产许可证颁发管理机关办理安全生产许可证变更手续。建筑施工企业破产、倒闭、撤销的,应当将安全生产许可证交回原安全生产许可证颁发管理机关予以注销。建筑施工企业遗失安全生产许可证,应当立即向原安全生产许可证颁发管理机关报告,并在公众媒体上声明作废后,方可申请补办。

3. 政府监管

建设主管部门在审核发放施工许可证时,应当对已经确定的建筑施工企业是否有安全生产许可证进行审查,对没有取得安全生产许可证的,不得颁发施工许可证。企业取得安全生产许可证后,不得降低安全生产条件,并应当加强日常安全生产管理,接受安全生产许可证颁发管理机关的监督检查。安全生产许可证颁发管理机关发现企业不再具备安全生产条件的,应当暂扣或者吊销安全生产许可证。企业不得转让、冒用安全生产许可证或者使用伪造的安全生产许可证。

安全生产许可证颁发管理机关或者其上级行政机关发现有下列情形之一的,可以撤销已经颁发的安全生产许可证:

(1)安全生产许可证颁发管理机关工作人员滥用职权、玩忽职守颁发安全生产许可证的;
(2)超越法定职权颁发安全生产许可证的;
(3)违反法定程序颁发安全生产许可证的;
(4)对不具备安全生产条件的建筑施工企业颁发安全生产许可证的;
(5)依法撤销已经颁发的安全生产许可证的其他情形。

二、施工现场安全技术管理规定

为了保障建设工程施工安全生产,要建立并落实施工安全生产责任和安全生产教育培训制度,还应当针对建设工程施工的特点,加强安全技术管理和施工现场的安全防护。

(一)编制安全技术措施、专项施工方案和安全技术交底的规定

《中华人民共和国建筑法》(以下简称《建筑法》)规定,建筑施工企业在编制施工组织设计时,应当根据建筑工程的特点制定相应的安全技术措施;对专业性较强的工程项目,应当编制专项安全施工组织设计,并采取安全技术措施。

1. 编制安全技术措施和施工现场临时用电方案

《建设工程安全生产管理条例》规定,施工单位应当在施工组织设计中编制安全技术措施和施工现场临时用电方案。

施工组织设计是规划和指导施工全过程的综合性技术经济文件。安全技术措施是为了实现施工安全生产,在安全防护以及技术、管理等方面采取的措施。安全技术措施可分为防止事故发生的安全技术措施和减少事故损失的安全技术措施。

施工现场临时用电方案不仅直接关系到用电人员的安全,也关系到施工进度和工程质量。《施工现场临时用电安全技术规范》(JGJ 46—2005)规定,施工现场临时用电设备在 5 台及以上或设备总容量在 50kW 及以上者,应编制用电组织设计。施工现场临时用电设备在 5 台以下或设备总容量在 50kW 以下者,应制定安全用电和电气防火措施。

2. 编制安全专项施工方案

《建设工程安全生产管理条例》规定,对下列达到一定规模的危险性较大的分部分项工程编制专项施工方案,并附具安全验算结果,经施工单位技术负责人、总监理工程师签字后实施,由专职安全生产管理人员进行现场监督:①基坑支护与降水工程;②土方开挖工程;③模板工程;④起重吊装工程;⑤脚手架工程;⑥拆除、爆破工程;⑦国务院建设行政主管部门或者其他有关部门规定的其他危险性较大的工程。对以上所列工程中涉及深基坑、地下暗挖工程、高大模板工程的专项施工方案,施工单位还应当组织专家进行论证、审查。

所谓危险性较大的分部分项工程,是指建筑工程在施工过程中存在的、可能导致作业人员群死群伤或造成重大不良社会影响的分部分项工程。危险性较大的分部分项工程安全专项施工方案,是指施工单位在编制施工组织(总)设计的基础上,针对危险性较大的分部分项工程单独编制的安全技术措施文件。

1)安全专项施工方案的编制与审核

2018 年 2 月 12 日住房和城乡建设部通过的《危险性较大的分部分项工程安全管理办法》(建设部令第 37 号)(以下简称《管理办法》)中关于专项施工方案的规定如下:

第十条 施工单位应当在危大工程施工前组织工程技术人员编制专项施工方案。实行施工总承包的,专项施工方案应当由施工总承包单位组织编制。危大工程实行分包的,专项施工方案可以由相关专业分包单位组织编制。

第十一条 专项施工方案应当由施工单位技术负责人审核签字、加盖单位公章,并由总监理工程师审查签字、加盖执业印章后方可实施。危大工程实行分包并由分包单位编制专项施工方案的,专项施工方案应当由总承包单位技术负责人及分包单位技术负责人共同审核签字并加盖单位公章。

第十二条 对于超过一定规模的危大工程,施工单位应当组织召开专家论证会对专项施工方案进行论证。实行施工总承包的,由施工总承包单位组织召开专家论证会。专家论证前专项施工方案应当通过施工单位审核和总监理工程师审查。专家应当从地方人民政府住房城乡建设主管部门建立的专家库中选取,符合专业要求且人数不得少于 5 名。与本工程有利害关系的人员不得以专家身份参加专家论证会。

第十三条 专家论证会后,应当形成论证报告,对专项施工方案提出通过、修改后通过或者不通过的一致意见。专家对论证报告负责并签字确认。

专项施工方案经论证需修改后通过的,施工单位应当根据论证报告修改完善后,重新履行《管理办法》第十一条的程序。

专项施工方案经论证不通过的,施工单位修改后应当按照本规定的要求重新组织专家论证。

专项施工方案编制应当包括以下内容:

(1)工程概况:危大工程概况和特点、施工平面布置、施工要求和技术保证条件;

(2)编制依据:相关法律、法规、规范性文件、标准、规范及施工图设计文件、施工组织设计等;

(3)施工计划:包括施工进度计划、材料与设备计划;

(4)施工工艺技术:技术参数、工艺流程、施工方法、操作要求、检查要求等;

(5)施工安全保证措施:组织保障措施、技术措施、监测监控措施等;

(6)施工管理及作业人员配备和分工:施工管理人员、专职安全生产管理人员、特种作业人员、其他作业人员等;

(7)验收要求:验收标准、验收程序、验收内容、验收人员等;

(8)应急处置措施;

(9)计算书及相关施工图纸。

2)安全专项施工方案的实施

施工单位应当严格按照专项施工方案组织施工,不得擅自修改专项施工方案。因规划调整、设计变更等原因确需调整的,修改后的专项施工方案应当按照《管理办法》重新审核和论证。涉及资金或者工期调整的,建设单位应当按照约定予以调整。

施工单位应当对危大工程施工作业人员进行登记,项目负责人应当在施工现场履职。项目专职安全生产管理人员应当对专项施工方案实施情况进行现场监督,对未按照专项施工方案施工的,应要求其立即整改,并及时报告项目负责人,项目负责人应当及时组织限期整改。施工单位应当按照规定对危大工程进行施工监测和安全巡视,发现危及人身安全的紧急情况,应当立即组织作业人员撤离危险区域。

对于按照规定需要验收的危大工程,施工单位、监理单位应当组织相关人员进行验收。验收合格的,经施工单位项目技术负责人及总监理工程师签字确认后,方可进入下一道工序。危大工程验收合格后,施工单位应当在施工现场明显位置设置验收标识牌,公示验收时间及责任人员。

3.施工技术交底

《危险性较大的分部分项工程安全管理办法》规定,专项施工方案实施前,编制人员或者项目技术负责人应当向施工现场管理人员进行方案交底。施工现场管理人员应当向作业人员进行安全技术交底,并由双方和项目专职安全生产管理人员共同签字确认。

(二)施工现场安全防护

《建筑法》规定,建筑施工企业应当在施工现场采取维护安全、防范危险、预防火灾等措施;有条件的,应当对施工现场实行封闭管理。施工现场对毗邻的建筑物、构筑物和特殊作业环境可能造成损害的,建筑施工企业应当采取安全防护措施。

1. 危险部位设置安全警示标志

《中华人民共和国安全生产法》(以下简称《安全生产法》)规定,生产经营单位应当在有较大危险因素的生产经营场所和有关设施、设备上,设置明显的安全警示标志。《建设工程安全生产管理条例》规定,施工单位应当在施工现场入口处、施工起重机械、临时用电设施、脚手架、出入通道口、楼梯口、电梯井口、孔洞口、桥梁口、隧道口、基坑边沿、爆破物及有害危险气体和液体存放处等危险部位,设置明显的安全警示标志。安全警示标志必须符合国家标准。

所谓危险部位,是指存在着危险因素,容易造成施工作业人员或者其他人员伤亡的地点。尽管工地现场的情况千差万别,不同施工现场的危险源不尽相同,但施工现场入口处、施工起重机械、临时用电设施、脚手架、出入通道口、楼梯口、电梯井口、孔洞口、桥梁口、隧道口、基坑边、爆破物及有害危险气体和液体存放处等,通常都是容易出现生产安全事故的危险部位。

安全警示标志,是指提醒人们的各种标牌、文字、符号以及灯光等,一般由安全色、几何图形和图形符号构成。安全警示标志须符合《安全标志及其使用导则》(GB 2894—2008)的有关规定。

2. 不同施工阶段和暂停施工应采取的安全施工措施

《建设工程安全生产管理条例》规定,施工单位应当根据不同施工阶段和周围环境及季节、气候的变化,在施工现场采取相应的安全施工措施。施工现场暂时停止施工的,施工单位应当做好现场防护,所需费用由责任方承担,或者按照合同约定执行。

由于施工作业的风险性较大,在地下施工、高处施工等不同的施工阶段要采取相应安全措施,并应根据周围环境和季节、气候变化,加强季节性安全防护措施。例如,夏季要防暑降温,特别是高温天气下要调整施工时间、改变施工方式等;冬季要防寒防冻,防止煤气中毒,还应专门制定保证施工安全的安全技术措施;夜间施工应有足够的照明,在深坑、陡坡等危险地段应增设红灯标志;雨季和冬季施工时,应对道路采取防滑措施;傍山沿河地区应制定防滑坡、防泥石流、防汛措施;大风、大雨期间应暂停施工等。经全国人大常委会批准的国际劳工组织于1988 年通过的《建筑业安全卫生公约》中要求,应在每一建筑工地或者其附近地方,按照工人人数和工期长短提供和维护供工人在恶劣气候条件下暂停工作时躲避的地方。

在实践中,造成暂时停止施工的原因很多,可能是因为施工单位,也可能是因为建设单位、设计单位或监理单位的问题;还有不可抗力或违法行为被责令停止施工等。一般来说,除不可抗力要按合同约定执行外,其他则要分清责任,谁的责任就由谁承担费用。但不论费用由谁承担,施工单位都必须做好现场防护,以防止在暂停施工期间出现施工现场的作业人员或者其他人员的安全事故,并为今后继续施工创造良好的作业环境。

3. 施工现场临时设施的安全卫生要求

《建设工程安全生产管理条例》规定,施工单位应当将施工现场的办公、生活区与作业区分开设置,并保持安全距离;办公、生活区的选址应当符合安全性要求。职工的膳食、饮水、休息场所等应当符合卫生标准。施工单位不得在尚未竣工的建筑物内设置员工集体宿舍。施工现场临时搭建的建筑物应当符合安全使用要求。施工现场使用的装配式活动房屋应当具有产品合格证。

文明施工是安全施工的基础和保障。"以人为本",不断改进作业人员的工作和生活条件,创造安全、文明的施工环境,最大限度地降低施工现场的安全风险,方可有效地减少施工生产安全事故的发生。

施工现场的办公区、生活区应当与作业区分开设置,并保持安全距离。这是因为办公区、生活区是人们办公和日常生活的区域,人员较多且复杂,安全意识和防范措施也相对较弱,如果将其混设一处,势必造成施工现场管理混乱,极易发生安全事故。办公区和生活区的选址也要满足安全性要求,应当建在安全地带,保证办公、生活用房不致因滑坡、泥石流等地质灾害而受到破坏,造成人员伤亡和财产损失。

为了保障职工身体健康,职工的膳食、饮水、休息场所等,均应符合卫生安全标准。2015年4月经修订后公布的《中华人民共和国食品安全法》(以下简称《食品安全法》)规定,学校、托幼机构、养老机构、建筑工地等集中用餐单位的食堂应当严格遵守法律、法规和食品安全标准;从供餐单位订餐的,应当从取得食品安全许可证的企业订购,并按照要求对订购的食品进行查验。此外,施工单位提供的饮水也必须达到国家规定的标准。

未竣工的建筑物内不得设置员工集体宿舍。因为这类建筑物尚在施工过程中,条件较差,不宜居住,如将员工集体宿舍设在其中,会有很大的安全隐患。施工现场临时搭建的建筑物,如办公用房、宿舍、食堂、仓库、卫生间、淋浴室等,也必须稳固、安全、整洁,并满足消防要求。目前,很多施工工地都采用装配式的活动房屋。这种房屋取得密封严密、隔热保温、防水防火、运输方便、使用周期长等优点。但是,施工单位应当选择取得产品合格证的正规厂家生产的产品,防止因活动房屋产品质量不合格导致生产安全事故的发生。

4. 对施工现场周边的安全防护措施

《建设工程安全生产管理条例》规定,施工单位对因建设工程施工可能造成损害的毗邻建筑物、构筑物和地下管线等,应当采取专项防护措施。在城市市区内的建设工程,施工单位应当对施工现场实行封闭围挡。

建设工程施工多为露天、高处作业,对周围环境特别是毗邻的建筑物、构筑物和地下管线等可能会造成损害。因此,施工单位有责任、有义务采取相应的安全防护措施,确保毗邻的建筑物、构筑物和地下管线等不受损坏。施工现场实行封闭管理,主要是解决"扰民"和"民扰"问题。施工现场采用密目式安全网、围墙、围栏等封闭起来,既可以防止施工中的不安全因素扩散到场外,也可以起到保护环境、美化市容、文明施工的作用,还可以防盗、防砸打损害物品等。

5. 危险作业的施工现场安全管理

《安全生产法》规定,生产经营单位进行爆破、吊装以及国务院安全生产监督管理部门会同国务院有关部门规定的其他危险作业,应当安排专门人员进行现场安全管理,确保操作规程的遵守和安全措施的落实。

2013年12月经修改后颁布的《危险化学品安全管理条例》规定,进行可能危及危险化学品管道安全的施工作业,施工单位应当在开工的7日前书面通知管道所属单位,并与管道所属单位共同制定应急预案,采取相应的安全防护措施。管道所属单位应当指派专门人员到现场进行管道安全保护指导。

爆破、吊装等作业具有较大危险性,很容易发生事故;危险化学品,是指具有毒害、腐蚀、爆炸、燃烧、助燃等性质,对人体、设施、环境具有危害的剧毒化学品和其他化学品。因此,施工作业人员必须严格按照操作规程进行操作,施工单位也应当会同有关单位采取必要的防范措施,安排专门人员进行作业现场的安全管理。

6. 安全防护设备、机械设备等的安全管理

《建设工程安全生产管理条例》规定,施工单位采购、租赁的安全防护用具、机械设备、施工机具及配件,应当具有生产(制造)许可证、产品合格证,并在进入施工现场前进行查验。施工现场的安全防护用具、机械设备、施工机具及配件必须由专人管理,定期进行检查、维修和保养,建立相应的资料档案,并按照国家有关规定及时报废。

安全防护用具、机械设备、施工机具及配件质量的好坏,直接关系到施工作业人员的人身安全。因此,决不能让不合格的产品流入施工现场,并要加强日常的检查、维修和保养,保障这些设备和产品的正常使用和运转。

7. 施工起重机械设备等的安全使用管理

《建设工程安全生产管理条例》规定,施工单位在使用施工起重机械和整体提升脚手架、模板等自升式架设设施前,应当组织有关单位进行验收,也可以委托具有相应资质的检验检测机构进行验收;使用承租的机械设备和施工机具及配件的,由施工总承包单位、分包单位、出租单位和安装单位共同进行验收。验收合格的方可使用。

近年来,由于对施工现场使用的起重机械、整体提升脚手架、模板(主要指提升或滑升模板)等自升式架设设施管理不善或使用不当等,所造成的重大伤亡事故时有发生。因此,必须依法对其加强管理。2013年6月颁布的《中华人民共和国特种设备安全法》(以下简称《特种设备安全法》)规定,起重机械、客运索道、大型游乐设施的安装、改造、重大修理过程,应当经特种设备检验机构按照安全技术规范的要求进行监督检验;未经监督检验或者监督检验不合格的,不得出厂或者交付使用。

(三)施工单位安全生产费用的提取和使用管理

施工单位安全生产费用(以下简称安全费用),是指施工单位按照规定标准提取在成本中列支,专门用于完善和改进企业或者施工项目安全生产条件的资金。安全费用按照"企业提取、政府监管、确保需要、规范使用"的原则进行管理。

《安全生产法》规定,生产经营单位应当具备的安全生产条件所必须的资金投入,由生产经营单位的决策机构、主要负责人或者个人经营的投资人予以保证,并对由于安全生产所必须的资金投入不足导致的后果承担责任。有关生产经营单位应当按照提取和使用安全生产费用,专门用于改善安全生产条件。安全生产费用在成本中据实列支。《建设工程安全生产管理条例》进一步规定,施工单位对列入建设工程概算的安全作业环境及安全施工措施所需费用,应当用于施工安全防护用具及设施的采购和更新、安全施工措施的落实、安全生产条件的改善,不得挪作他用。

1. 施工单位安全费用的提取管理

2005年6月建设部(现住房和城乡建设部)发布的《建筑工程安全防护、文明施工措施费用及使用管理规定》中规定,建筑工程安全防护、文明施工措施费用是由《建筑安装工程费用项目组成》(建标[2003]206号)中措施费所含的文明施工费、环境保护费、临时设施费、安全施工费组成。

建设单位、设计单位在编制工程概(预)算时,应当依据工程所在地工程造价管理机构测定的相应费率,合理确定工程安全防护、文明施工措施费。依法进行工程招、投标的项目,招标

方或具有资质的中介机构编制招标文件时,应当按照有关规定并结合工程实际单独列出安全防护、文明施工措施项目清单。投标方应当根据现行标准规范,结合工程特点、工期进度和作业环境要求,在施工组织设计文件中制定相应的安全防护、文明施工措施,并按照招标文件要求结合自身的施工技术水平、管理水平对工程安全防护、文明施工措施项目单独报价。投标方安全防护、文明施工措施的报价,不得低于依据工程所在地工程造价管理机构测定费率计算所需费用总额的90%。

建设单位与施工单位应当在施工合同中明确安全防护、文明施工措施项目总费用,以及费用预付、支付计划、使用要求、调整方式等条款。建设单位与施工单位在施工合同中对安全防护、文明施工措施费用预付、支付计划未作约定或约定不明的,合同工期在一年以内的,建设单位预付安全防护、文明施工措施项目费用不得低于该费用总额的50%;合同工期在一年以上的(含一年),预付安全防护、文明施工措施费用不得低于该费用总额的30%,其余费用应当按照施工进度支付。

2012年2月财政部、国家安全生产监督管理总局发布的《企业安全生产费用提取和使用管理办法》中规定,建设工程施工企业以建筑安装工程造价为计提依据。各建设工程类别安全费用提取标准如下:①矿山工程为2.5%;②房屋建筑工程、水利水电工程、电力工程、铁路工程、城市轨道交通工程为2.0%;③市政公用工程、冶炼工程、机电安装工程、化工石油工程、港口与航道工程、公路工程、通信工程为1.5%。建设工程施工企业提取的安全费用列入工程造价,在竞标时,不得删减,列入标外管理。国家对基本建设投资概算另有规定的,从其规定。总包单位应当将安全费用按比例直接支付分包单位并监督使用,分包单位不再重复提取。

企业在上述标准的基础上,根据安全生产实际需要,可适当提高安全费用提取标准。在《企业安全生产费用提取和使用管理办法》公布前,各省级政府已制定下发企业安全费用提取使用办法的,其提取标准如果低于该办法规定的标准,应当按照该办法进行调整;如果高于该办法规定的标准,按照原标准执行。

2013年3月住房和城乡建设部、财政部经修订后发布的《建筑安装工程费用项目组成》中规定,安全文明施工费包括:

(1)环境保护费。环境保护费是指施工现场为达到环保部门要求所需要的各项费用。

(2)文明施工费。文明施工费是指施工现场文明施工所需要的各项费用。

(3)安全施工费。安全施工费是指施工现场安全施工所需要的各项费用。

(4)临时设施费。临时设施费是指施工企业为进行建设工程施工所必须搭设的生活和生产用的临时建筑物、构筑物和其他临时设施费用,包括临时设施的搭设、维修、拆除、清理费或摊销费等。

2.施工单位安全费用的使用管理

《企业安全生产费用提取和使用管理办法》中规定,建设工程施工企业安全费用应当按照以下范围使用:①完善、改造和维护安全防护设施设备支出(不含"三同时"要求初期投入的安全设施),包括施工现场临时用电系统、洞口、临边、机械设备、高处作业防护、交叉作业防护、防火、防爆、防尘、防毒、防雷、防台风、防地质灾害、地下工程有害气体监测、通风、临时安全防护等设施设备支出;②配备、维护、保养应急救援器材、设备支出和应急演练支出;③开展重大危险源和事故隐患评估、监控和整改支出;④安全生产检查、评价(不包括新建、改建、扩建项目安全评价)、咨询和标准化建设支出;⑤配备和更新现场作业人员安全防护用品支出;⑥安全生产宣传、教育、培训支出;⑦安全生产适用的新技术、新标准、新工艺、新装备的推广应用支出;⑧安全设施及特种设备检测检验支出;⑨其他与安全生产直接相关的支出。

在规定的使用范围内,企业应当将安全费用优先用于满足安全生产监督管理部门、煤矿安全监察机构以及行业主管部门对企业安全生产提出的整改措施或者达到安全生产标准所需的支出。企业提取的安全费用应当专户核算,按规定范围安排使用,不得挤占、挪用。年度结余资金结转下年度使用,当年计提安全费用不足的,超出部分按正常成本费用渠道列支。主要承担安全管理责任的集团公司经过履行内部决策程序,可以对所属企业提取的安全费用按照一定比例集中管理,统筹使用。

企业应当建立健全内部安全费用管理制度,明确安全费用提取和使用的程序、职责及权限,按规定提取和使用安全费用。企业应当加强安全费用管理,编制年度安全费用提取和使用计划,纳入企业财务预算。企业年度安全费用使用计划和上一年安全费用的提取、使用情况按照管理权限报同级财政部门、安全生产监督管理部门、煤矿安全监察机构和行业主管部门备案。企业安全费用的会计处理,应当符合国家统一的会计制度的规定。企业提取的安全费用属于企业自提自用资金,其他单位和部门不得采取收取、代管等形式对其进行集中管理和使用,国家法律、法规另有规定的除外。

《建筑工程安全防护、文明施工措施费用及使用管理规定》中规定,实行工程总承包的,总承包单位依法将建筑工程分包给其他单位的,总承包单位与分包单位应当在分包合同中明确安全防护、文明施工措施费用由总承包单位统一管理。安全防护、文明施工措施由分包单位实施的,由分包单位提出专项安全防护措施及施工方案,经总承包单位批准后及时支付所需费用。

施工单位应当确保安全防护、文明施工措施费专款专用,在财务管理中单独列出安全防护、文明施工措施项目费用清单备查。施工单位安全生产管理机构和专职安全生产管理人员负责对建筑工程安全防护、文明施工措施的组织实施进行现场监督检查,并有权向建设主管部门反映情况。

工程总承包单位对建筑工程安全防护、文明施工措施费用的使用负总责。总承包单位应当按照本规定及合同约定及时向分包单位支付安全防护、文明施工措施费用。总承包单位不按本规定和合同约定支付费用,造成分包单位不能及时落实安全防护措施导致发生事故的,由总承包单位负主要责任。

(四)特种设备安全管理

《中华人民共和国特种设备安全法》(以下简称《特种设备安全法》)规定,本法所称特种设备,是指对人身和财产安全有较大危险性的锅炉、压力容器(含气瓶)、压力管道、电梯、起重机械、客运索道、大型游乐设施、场(厂)内专用机动车辆,以及法律、行政法规规定适用本法的其他特种设备。

特种设备安全工作应当坚持安全第一、预防为主、节能环保、综合治理的原则。特种设备生产、经营、使用单位及其主要负责人对其生产、经营、使用的特种设备安全负责。特种设备生产、经营、使用单位应当按照国家有关规定配备特种设备安全管理人员、检测人员和作业人员,并对其进行必要的安全教育和技能培训。

负责特种设备安装、改造、修理的施工单位应当在施工前将拟进行的特种设备安装、改造、修理情况书面告知直辖市或者设区的市级人民政府负责特种设备安全监督管理的部门。

特种设备安装、改造、修理竣工后,负责安装、改造、修理的施工单位应当在验收后30日内将相关技术资料和文件移交特种设备使用单位。特种设备使用单位应当将其存入该特种设备的安全技术档案。

锅炉、压力容器、压力管道元件等特种设备的制造过程和锅炉、压力容器、压力管道、电梯、起重机械、客运索道、大型游乐设施的安装、改造和重大修理过程,应当经特种设备检验机构按照安全技术规范的要求进行监督检验;未经监督检验或者监督检验不合格的,不得出厂或者交付使用。

特种设备使用单位应当使用取得许可生产并经检验合格的特种设备。禁止使用国家明令淘汰和已经报废的特种设备。

特种设备使用单位应当在特种设备投入使用前或者投入使用后30日内,向负责特种设备安全监督管理的部门办理使用登记,取得使用登记证书。登记标志应当置于该特种设备的显著位置。特种设备使用单位应当建立岗位责任、隐患治理、应急救援等安全管理制度,制定操作规程,保证特种设备安全运行。

特种设备使用单位应当建立特种设备安全技术档案。安全技术档案应当包括以下内容:(1)特种设备的设计文件、产品质量合格证明、安装及使用维护保养说明、监督检验证明等相关技术资料和文件;(2)特种设备的定期检验和定期自行检查记录;(3)特种设备的日常使用状况记录;(4)特种设备及其附属仪器仪表的维护保养记录;(5)特种设备的运行故障和事故记录。

特种设备的使用应当具有规定的安全距离、安全防护措施。与特种设备安全相关的建筑物、附属设施,应当符合有关法律、行政法规的规定。特种设备使用单位应当对其使用的特种设备进行经常性维护保养和定期自检,并作出记录。特种设备使用单位应当对其使用的特种设备的安全附件、安全保护装置进行定期校验、检修,并作出记录。

特种设备使用单位应当按照安全技术规范的要求,在检验合格有效期届满前1个月向特种设备检验机构提出定期检验要求。特种设备检验机构接到定期检验要求后,应当按照安全技术规范的要求及时进行安全性能检验。特种设备使用单位应当将定期检验标志置于该特种设备的显著位置。未经定期检验或者检验不合格的特种设备,不得继续使用。

特种设备安全管理人员应当对特种设备使用状况进行经常性检查,发现问题应当立即处理;情况紧急时,可以立即停止使用特种设备并及时报告本单位有关负责人。特种设备作业人员在作业过程中发现事故隐患或者其他不安全因素,应当立即向特种设备安全管理人员和单位有关负责人报告;特种设备运行不正常时,特种设备作业人员应当按照操作规程采取有效措施保证安全。特种设备出现故障或者发生异常情况,特种设备使用单位应当对其进行全面检查,消除事故隐患,方可继续使用。

三、工伤保险和意外伤害险的管理规定

《建筑法》规定,建筑施工企业应当依法为职工参加工伤保险缴纳工伤保险费。鼓励企业

为从事危险作业的职工办理意外伤害保险,支付保险费。据此,工伤保险是强制性保险。意外伤害保险则属于法定的鼓励性保险,其适用范围是施工现场从事危险作业的特殊职工群体,即在施工现场从事高处作业、深基坑作业、爆破作业等危险性较大的施工人员,尽管这部分人员可能已参加了工伤保险,但法律鼓励建筑施工企业再为其办理意外伤害保险,使他们能够比其他职工依法获得更多的权益保障。

(一)工伤保险的规定

2010年12月经修订后颁布的《工伤保险条例》规定,中华人民共和国境内的企业、事业单位、社会团体、民办非企业单位、基金会、律师事务所、会计师事务所等组织和有雇工的个体工商户(以下称用人单位)应当依照本条例规定参加工伤保险,为本单位全部职工或者雇工(以下称职工)缴纳工伤保险费。

中华人民共和国境内的企业、事业单位、社会团体、民办非企业单位、基金会、律师事务所、会计师事务所等组织的职工和个体工商户的雇工,均有依照本条例的规定享受工伤保险待遇的权利。

1. 工伤保险基金

工伤保险基金由用人单位缴纳的工伤保险费、工伤保险基金的利息和依法纳入工伤保险基金的其他资金构成。工伤保险费根据以支定收、收支平衡的原则,确定费率。国家根据不同行业的工伤风险程度确定行业的差别费率,并根据工伤保险费使用、工伤发生率等情况在每个行业内确定若干费率档次。

用人单位应当按时缴纳工伤保险费,职工个人不缴纳工伤保险费。用人单位缴纳工伤保险费的数额为本单位职工工资总额乘以单位缴费费率之积。跨地区、生产流动性较大的行业,可以采取相对集中的方式异地参加统筹地区的工伤保险。

工伤保险基金存入社会保障基金财政专户,用于本条例规定的工伤保险待遇,劳动能力鉴定,工伤预防的宣传、培训等费用,以及法律、法规规定的用于工伤保险的其他费用的支出。任何单位或者个人不得将工伤保险基金用于投资运营、兴建或者改建办公场所、发放奖金,或者挪作其他用途。

2. 工伤认定

职工有下列情形之一的,应当认定为工伤:(1)在工作时间和工作场所内,因工作原因受到事故伤害的;(2)工作时间前后在工作场所内,从事与工作有关的预备性或者收尾性工作受到事故伤害的;(3)在工作时间和工作场所内,因履行工作职责受到暴力等意外伤害的;(4)患职业病的;(5)因工外出期间,由于工作原因受到伤害或者发生事故下落不明的;(6)在上下班途中,受到非本人主要责任的交通事故或者城市轨道交通、客运轮渡、火车事故伤害的;(7)法律、行政法规规定应当认定为工伤的其他情形。

职工有下列情形之一的,视同工伤:(1)在工作时间和工作岗位,突发疾病死亡或者在48小时之内经抢救无效死亡的;(2)在抢险救灾等维护国家利益、公共利益活动中受到伤害的;(3)职工原在军队服役,因战、因公负伤致残,已取得革命伤残军人证,到用人单位后旧伤复发的。

职工有以上第(1)项、第(2)项情形的,按照《工伤保险条例》的有关规定享受工伤保险待遇;职工有以上第(3)项情形的,按照《工伤保险条例》的有关规定享受除一次性伤残补助金以外的工伤保险待遇。

职工符合以上的规定,但是有下列情形之一的,不得认定为工伤或者视同工伤:(1)故意犯罪的;(2)醉酒或者吸毒的;(3)自残或者自杀的。

职工发生事故伤害或者按照职业病防治法规定被诊断、鉴定为职业病,所在单位应当自事故伤害发生之日或者被诊断、鉴定为职业病之日起30日内,向统筹地区社会保险行政部门提出工伤认定申请。遇有特殊情况,经报社会保险行政部门同意,申请时限可以适当延长。用人单位未按以上规定提出工伤认定申请的,工伤职工或者其近亲属、工会组织在事故伤害发生之日或者被诊断、鉴定为职业病之日起1年内,可以直接向用人单位所在地统筹地区社会保险行政部门提出工伤认定申请。按照以上规定应当由省级社会保险行政部门进行工伤认定的事项,根据属地原则由用人单位所在地的设区的市级社会保险行政部门办理。用人单位未在以上规定的时限内提交工伤认定申请,在此期间发生符合《工伤保险条例》规定的工伤待遇等有关费用,由该用人单位负担。

提出工伤认定申请应当提交下列材料:(1)工伤认定申请表;(2)与用人单位存在劳动关系(包括事实劳动关系)的证明材料;(3)医疗诊断证明或者职业病诊断证明书(或者职业病诊断鉴定书)。工伤认定申请表应当包括事故发生的时间、地点、原因以及职工伤害程度等基本情况。工伤认定申请人提供材料不完整的,社会保险行政部门应当一次性书面告知工伤认定申请人需要补正的全部材料。申请人按照书面告知要求补正材料后,社会保险行政部门应当受理。

社会保险行政部门受理工伤认定申请后,根据审核需要可以对事故伤害进行调查核实,用人单位、职工、工会组织、医疗机构以及有关部门应当予以协助。职业病诊断和诊断争议的鉴定,依照职业病防治法的有关规定执行。对依法取得职业病诊断证明书或者职业病诊断鉴定书的,社会保险行政部门不再进行调查核实。职工或者其近亲属认为是工伤,用人单位不认为是工伤的,由用人单位承担举证责任。

社会保险行政部门应当自受理工伤认定申请之日起60日内作出工伤认定的决定,并书面通知申请工伤认定的职工或者其近亲属和该职工所在单位。社会保险行政部门对受理的事实清楚、权利义务明确的工伤认定申请,应当在15日内作出工伤认定的决定。作出工伤认定决定需要以司法机关或者有关行政主管部门的结论为依据的,在司法机关或者有关行政主管部门尚未作出结论期间,作出工伤认定决定的时限中止。社会保险行政部门工作人员与工伤认定申请人有利害关系的,应当回避。

3. 劳动能力鉴定

职工发生工伤,经治疗伤情相对稳定后存在残疾、影响劳动能力的,应当进行劳动能力鉴定。劳动能力鉴定是指劳动功能障碍程度和生活自理障碍程度的等级鉴定。劳动功能障碍分为10个伤残等级,最重的为1级,最轻的为10级。生活自理障碍分为3个等级:生活完全不能自理、生活大部分不能自理和生活部分不能自理。

劳动能力鉴定由用人单位、工伤职工或者其近亲属向设区的市级劳动能力鉴定委员会提出申请,并提供工伤认定决定和职工工伤医疗的有关资料。

省、自治区、直辖市劳动能力鉴定委员会和设区的市级劳动能力鉴定委员会分别由省、自治区、直辖市和设区的市级社会保险行政部门、卫生行政部门、工会组织、经办机构代表以及用人单位代表组成。劳动能力鉴定委员会建立医疗卫生专家库。列入专家库的医疗卫生专业技术人员应当具备下列条件：(1)具有医疗卫生高级专业技术职务任职资格；(2)掌握劳动能力鉴定的相关知识；(3)具有良好的职业品德。

设区的市级劳动能力鉴定委员会收到劳动能力鉴定申请后,应当从其建立的医疗卫生专家库中随机抽取3名或者5名相关专家组成专家组,由专家组提出鉴定意见。设区的市级劳动能力鉴定委员会根据专家组的鉴定意见作出工伤职工劳动能力鉴定结论；必要时,可以委托具备资格的医疗机构协助进行有关的诊断。设区的市级劳动能力鉴定委员会应当自收到劳动能力鉴定申请之日起60日内作出劳动能力鉴定结论,必要时,作出劳动能力鉴定结论的期限可以延长30日。劳动能力鉴定结论应当及时送达申请鉴定的单位和个人。

申请鉴定的单位或者个人对设区的市级劳动能力鉴定委员会作出的鉴定结论不服的,可以在收到该鉴定结论之日起15日内向省、自治区、直辖市劳动能力鉴定委员会提出再次鉴定申请。省、自治区、直辖市劳动能力鉴定委员会作出的劳动能力鉴定结论为最终结论。

自劳动能力鉴定结论作出之日起1年后,工伤职工或者其近亲属、所在单位或者经办机构认为伤残情况发生变化的,可以申请劳动能力复查鉴定。

4. 工伤保险待遇

职工因工作遭受事故伤害或者患职业病进行治疗,享受工伤医疗待遇。

1) 工伤的治疗

职工治疗工伤应当在签订服务协议的医疗机构就医,情况紧急时可以先到就近的医疗机构急救。治疗工伤所需费用符合工伤保险诊疗项目目录、工伤保险药品目录、工伤保险住院服务标准的,从工伤保险基金支付。职工住院治疗工伤的伙食补助费,以及经医疗机构出具证明,报经办机构同意,工伤职工到统筹地区以外就医所需的交通、食宿费用从工伤保险基金支付,基金支付的具体标准由统筹地区人民政府规定。工伤职工到签订服务协议的医疗机构进行工伤康复的费用,符合规定的,从工伤保险基金支付。

工伤职工治疗非工伤引发的疾病,不享受工伤医疗待遇,按照基本医疗保险办法处理。社会保险行政部门作出认定为工伤的决定后发生行政复议、行政诉讼的,行政复议和行政诉讼期间不停止支付工伤职工治疗工伤的医疗费用。

工伤职工因日常生活或者就业需要,经劳动能力鉴定委员会确认,可以安装假肢、矫形器、假眼、假牙和配置轮椅等辅助器具,所需费用按照国家规定的标准从工伤保险基金支付。

2) 工伤医疗的停工留薪期

职工因工作遭受事故伤害或者患职业病需要暂停工作接受工伤医疗的,在停工留薪期内,原工资福利待遇不变,由所在单位按月支付。停工留薪期一般不超过12个月。伤情严重或者情况特殊,经设区的市级劳动能力鉴员会确认,可以适当延长,但延长不得超过12个月。工伤职工评定伤残等级后,停发原待遇,按照有关规定享受伤残待遇。工伤职工在停工留薪期满后仍需治疗的,继续享受工伤医疗待遇。

3) 工伤职工的护理

生活不能自理的工伤职工在停工留薪期需要护理的,由所在单位负责。

工伤职工已经评定伤残等级并经劳动能力鉴定委员会确认需要生活护理的,从工伤保险基金按月支付生活护理费。生活护理费按照生活完全不能自理、生活大部分不能自理或者生活部分不能自理3个不同等级支付，其标准分别为统筹地区上年度职工月平均工资的50%、40%或者30%。

4）职工因工致残的待遇

职工因工致残被鉴定为1级至4级伤残的，保留劳动关系，退出工作岗位，享受以下待遇：(1)从工伤保险基金按伤残等级支付一次性伤残补助金，标准为：1级伤残为27个月的本人工资，2级伤残为25个月的本人工资，3级伤残为23个月的本人工资，4级伤残为21个月的本人工资；(2)从工伤保险基金按月支付伤残津贴，标准为：1级伤残为本人工资的90%，2级伤残为本人工资的85%，3级伤残为本人工资的80%，4级伤残为本人工资的75%。伤残津贴实际金额低于当地最低工资标准的，由工伤保险基金补足差额；(3)工伤职工达到退休年龄并办理退休手续后，停发伤残津贴，按照国家有关规定享受基本养老保险待遇。基本养老保险待遇低于伤残津贴的，由工伤保险基金补足差额。职工因工致残被鉴定为1级至4级伤残的，由用人单位和职工个人以伤残津贴为基数，缴纳基本医疗保险费。

职工因工致残被鉴定为5级、6级伤残的，享受以下待遇：(1)从工伤保险基金按伤残等级支付一次性伤残补助金，标准为：5级伤残为18个月的本人工资，6级伤残为16个月的本人工资；(2)保留与用人单位的劳动关系，由用人单位安排适当工作。难以安排工作的，由用人单位按月发给伤残津贴，标准为：5级伤残为本人工资的70%，6级伤残为本人工资的60%，并由用人单位按照规定为其缴纳应缴纳的各项社会保险费。伤残津贴实际金额低于当地最低工资标准的，由用人单位补足差额。经工伤职工本人提出，该职工可以与用人单位解除或者终止劳动关系，由工伤保险基金支付一次性工伤医疗补助金，由用人单位支付一次性伤残就业补助金。

职工因工致残被鉴定为7级至10级伤残的，享受以下待遇：(1)从工伤保险基金按伤残等级支付一次性伤残补助金，标准为：7级伤残为13个月的本人工资，8级伤残为11个月的本人工资，9级伤残为9个月的本人工资，10级伤残为7个月的本人工资；(2)劳动、聘用合同期满终止，或者职工本人提出解除劳动、聘用合同的，由工伤保险基金支付一次性工伤医疗补助金，由用人单位支付一次性伤残就业补助金。

5）职工因工死亡的丧葬补助金、抚恤金和一次性工亡补助金

职工因工死亡，其近亲属按照下列规定从工伤保险基金领取丧葬补助金、供养亲属抚恤金和一次性工亡补助金：(1)丧葬补助金为6个月的统筹地区上年度职工月平均工资；(2)供养亲属抚恤金按照职工本人工资的一定比例发给由因工死亡职工生前提供主要生活来源、无劳动能力的亲属。标准为：配偶每月40%，其他亲属每人每月30%，孤寡老人或者孤儿每人每月在上述标准的基础上增加10%。核定的各供养亲属的抚恤金之和不应高于因工死亡职工生前的工资；(3)一次性工亡补助金标准为上一年度全国城镇居民人均可支配收入的20倍。伤残职工在停工留薪期内因工伤导致死亡的，其近亲属享受以上规定的待遇。1级至4级伤残职工在停工留薪期满后死亡的，其近亲属可以享受以上第(1)项、第(2)项规定的待遇。

6）其他规定

职工因工外出期间发生事故或者在抢险救灾中下落不明的，从事故发生当月起3个月内照发工资，从第4个月起停发工资，由工伤保险基金向其供养亲属按月支付供养亲属抚恤金。生活有困难的，可以预支一次性工亡补助金的50%。职工被人民法院宣告死亡的，按照职工

因工死亡的规定处理。

工伤职工有下列情形之一的,停止享受工伤保险待遇:(1)丧失享受待遇条件的;(2)拒不接受劳动能力鉴定的;(3)拒绝治疗的。

用人单位分立、合并、转让的,承继单位应当承担原用人单位的工伤保险责任;原用人单位已经参加工伤保险的,承继单位应当到当地经办机构办理工伤保险变更登记。用人单位实行承包经营的,工伤保险责任由职工劳动关系所在单位承担。职工被借调期间受到工伤事故伤害的,由原用人单位承担工伤保险责任,但原用人单位与借调单位可以约定补偿办法。企业破产的,在破产清算时依法拨付应当由单位支付的工伤保险待遇费用。

职工被派遣出境工作,依据前往国家或者地区的法律应当参加当地工伤保险的,参加当地工伤保险,其国内工伤保险关系中止;不能参加当地工伤保险的,其国内工伤保险关系不中止。

职工再次发生工伤,根据规定应当享受伤残津贴的,按照新认定的伤残等级享受伤残津贴待遇。

2014年6月公布的《最高人民法院关于审理工伤保险行政案件若干问题的规定》中规定,社会保险行政部门认定下列单位为承担工伤保险责任单位的,人民法院应予支持:

(1)职工与两个或两个以上单位建立劳动关系,工伤事故发生时,职工为之工作的单位为承担工伤保险责任的单位;

(2)劳务派遣单位派遣的职工在用工单位工作期间因工伤亡的,派遣单位为承担工伤保险责任的单位;

(3)单位指派到其他单位工作的职工因公伤亡的,指派单位为承担工伤保险责任的单位;

(4)用工单位违反法律、法规规定将承包业务转包给不具备用工主体资格的组织或者自然人,该组织或者自然人聘用的职工从事承包业务时因工伤亡的,被挂靠单位为承担工伤保险责任的单位;

(5)个人挂靠其他单位对外经营,其聘用的人员因公伤亡的,被挂靠单位为承担工伤保险责任的单位。前款第(4)、(5)项明确的承担工伤保险责任的单位承担赔偿责任或者社会保险经办机构从工伤保险基金支付工伤保险待遇后,有权向相关组织、单位和个人追偿。

5. 监督管理

任何组织和个人对有关工伤保险的违法行为,有权举报。社会保险行政部门对举报应当及时调查,按照规定处理,并为举报人保密。

工会组织依法维护工伤职工的合法权益,对用人单位的工伤保险工作实行监督。职工与用人单位发生工伤待遇方面的争议,按照处理劳动争议的有关规定处理。

有下列情形之一的,有关单位或者个人可以依法申请行政复议,也可以依法向人民法院提起行政诉讼:

(1)申请工伤认定的职工或者其近亲属、该职工所在单位对工伤认定申请不予受理的决定不服的;

(2)申请工伤认定的职工或者其近亲属、该职工所在单位对工伤认定结论不服的;

(3)用人单位对经办机构确定的单位缴费费率不服的;

(4)签订服务协议的医疗机构、辅助器具配置机构认为经办机构未履行有关协议或者规定的;

(5)工伤职工或者其近亲属对经办机构核定的工伤保险待遇有异议的。

2014年12月人力资源和社会保障部、住房和城乡建设部、安全监督管理总局、全国总工会颁布的《关于进一步做好建筑业工伤保险工作的意见》提出,针对建筑行业的特点,建筑施工企业对相对固定的职工,应按用人单位参加工伤保险;对不能按用人单位参保、建筑项目使用的建筑业职工特别是农民工,按项目参加工伤保险。

按用人单位参保的建筑施工单位应以工资总额为基数依法缴纳工伤保险费。以建设项目为单位参保的,可以按照项目工程总造价的一定比例计算缴纳工伤保险费。要充分运用工伤保险浮动费率机制,根据各建筑行业工伤事故发生率、工伤保险基金使用等情况适时适当调整费率,促进企业加强安全生产,预防和减少工伤事故。

建设单位要在工程概算中将工伤保险费用单独列支,作为不可竞争费,不参与竞标,并在项目开工前由施工总承包单位一次性代缴本项目工伤保险费,覆盖项目使用的所有职工,包括专业承包单位、劳务分包单位使用的农民工。

施工总承包单位应当在工程项目施工期内督促专业承包单位、劳务分包单位建立职工花名册、考勤纪律、工资发放表等台账,对项目施工期内全部施工人员实行动态实名制管理。施工人员发生工伤后,以劳动合同为基础确认劳动关系。对未签订劳动合同的,由人力资源社会保障部门参照工资支付凭证或记录、工作证、招工登记表、考勤记录及其他劳动者证言等证据,确认劳动关系。

职工发生工伤事故,应当由其所在用人单位在30日内提出工伤认定申请,施工总承包单位应当密切配合并提供参保人员等相关证明。用人单位未在规定时限内提出工伤认定申请的,职工本人或其近亲属、工会组织可以在1年内提出工伤认定申请,经社会保险行政部门调查确认工伤的,在此期间发生的工伤待遇等有关费用由其所在用人单位负担。对于事实清楚、权利义务关系明确的工伤认定申请,应当自受理工伤申请之日起15日内作出工伤认定决定。

对认定为工伤的建筑业职工,各级社会保险经办机构和用人单位应依法按时足额支付各项工伤保险待遇。对在参保项目施工期间发生工伤、项目竣工时尚未完成工伤认定或劳动能力鉴定的建筑业职工,其所在用人单位要继续保证其医疗救治和停工期间的法定待遇,待完成工伤认定及劳动能力鉴定后,依法享受参保职工的各项工伤保险待遇;其中应由用人单位支付的待遇,工伤职工所在用人单位要按时足额支付,也可根据其意愿一次性支付。针对建筑业工资收入分配的特点,对相关工伤保险待遇难以按本人工资作为计发基数的,可以参保统筹地区上年度的职工平均工资作为计发基数。

未参加工伤保险的建设项目,职工发生工伤事故,依法由职工所在用人单位支付工伤保险待遇,施工总承包单位、建设单位承担连带责任,用人单位和承担连带责任的施工总承包单位、建设单位不支付的,由工伤保险基金先行支付,用人单位和承担连带责任的施工总承包单位、建设单位应当偿还;不偿还的,由社会保险经办机构依法追偿。

建筑单位、施工总承包单位或具有用工主体资格的分包单位将工程(业务)发包给不具备用工主体资格的组织或个人,该组织或个人招用的劳动者发生工伤的,发包单位与不具备用工主体资格的组织或者个人承担连带赔偿责任。

施工总承包单位应当按照项目所在地人力资源社会保障部门统一规定的式样,制作项目参加工伤保险情况公示牌,在施工现场显著位置予以公示,并安排有关工伤预防及工伤保险政策讲解的培训课程,保障广大建筑业职工特别是农民工的知情权,增强其依法维权意识。

开展工伤预防试点的地区可以从工伤保险基金提取一定比例用于工伤预防。

(二)建筑意外伤害保险的规定

《建筑法》规定,鼓励企业为从事危险作业的职工办理意外伤害保险,支付保险费。《建设工程安全生产管理条例》也规定,施工单位应当为施工现场从事危险作业的人员办理意外伤害保险。意外伤害保险费由施工单位支付。实行施工总承包的,由总承包单位支付意外伤害保险费。意外伤害保险期限自建设工程开工之日起至竣工验收合格止。《国务院安委会关于进一步加强安全培训工作的决定》进一步要求,研究探索由开展安全生产责任险、建筑意外伤害险的保险机构安排一定资金,用于事故预防与安全培训工作。

1. 建筑意外伤害保险的范围、保险期限和最低保险金额

2003年5月建设部(现住房和城乡建设部)颁布的《关于加强建筑意外伤害保险工作的指导意见》中指出,建筑施工企业应当为施工现场从事施工作业和管理的人员,在施工活动过程中发生的人身意外伤亡事故提供保障,办理建筑意外伤害保险、支付保险费,范围应当覆盖工程项目。已在企业所在地参加工伤保险的人员,从事现场施工时仍可参加建筑意外伤害保险。

保险期限应涵盖工程项目开工之日到工程竣工验收合格日。提前竣工的,保险责任自行终止。因延长工期的,应当办理保险顺延手续。

各地建设行政主管部门要结合本地区实际情况,确定合理的最低保险金额。最低保险金额要能够保障施工伤亡人员得到有效的经济补偿。施工企业办理建筑意外伤害保险时,投保的保险金额不得低于此标准。

2. 建筑意外伤害保险的保险费和费率

保险费应当列入建筑安装工程费用。保险费由施工企业支付,施工企业不得向职工摊派。

施工企业和保险公司双方应本着平等协商的原则,根据各类风险因素商定建筑意外伤害保险费率,提倡差别费率和浮动费率。差别费率可与工程规模、类型、工程项目风险程度和施工现场环境等因素挂钩。浮动费率可与施工企业安全生产业绩、安全生产管理状况等因素挂钩。对重视安全生产管理、安全业绩好的企业可采用下浮费率;对安全生产业绩差、安全管理不善的企业可采用上浮费率。通过浮动费率机制,激励投保企业安全生产的积极性。

3. 建筑意外伤害保险的投保

施工企业应在工程项目开工前,办理完投保手续。鉴于工程建设项目施工工艺流程中各工种调动频繁、用工流动性大,投保应实行不记名和不计人数的方式。工程项目中有分包单位的由总承包施工企业统一办理,分包单位合理承担投保费用。业主直接发包的工程项目由承包企业直接办理。

投保人办理投保手续后,应将投保有关信息以布告形式张贴于施工现场,告之被保险人。

4. 建筑意外伤害保险的索赔

建筑意外伤害保险应规范和简化索赔程序,搞好索赔服务。各地建设行政主管部门要积极创造条件,引导投保企业在发生意外事故后即向保险公司提出索赔,使施工伤亡人员能够得到及时、足额的赔付。

各级建设行政主管部门应设置专门电话接受举报,凡被保险人发生意外伤害事故,企业和

工程项目负责人隐瞒不报、不索赔的,要严肃查处。

5. 建筑意外伤害保险的安全服务

施工企业应当选择能提供建筑安全生产风险管理、事故防范等安全服务和有保险能力的保险公司,以保证事故后能及时补偿与事故前能主动防范。目前还不能提供安全风险管理和事故预防的保险公司,应通过建筑安全服务中介组织向施工企业提供与建筑意外伤害保险相关的安全服务。建筑安全服务中介组织必须拥有一定数量、专业配套、具备建筑安全知识和管理经验的专业技术人员。

安全服务内容可包括施工现场风险评估、安全技术咨询、人员培训、防灾防损设备配置、安全技术研究等。施工企业在投保时可与保险机构商定具体服务内容。

四、施工安全事故应急救援与调查处理的管理规定

施工现场一旦发生生产安全事故,应当立即实施抢险救援特别是抢救遇险人员,迅速控制事态,防止伤亡事故进一步扩大,并依法向有关部门报告事故。事故调查处理应当坚持实事求是、尊重科学的原则,及时准确地查清事故经过、事故原因和事故损失,查明事故性质,认定事故责任,总结事故教训,提出整改措施,并对事故责任者依法追究责任。

(一)生产安全事故等级划分的规定

《安全生产法》规定,生产安全一般事故、较大事故、重大事故、特别重大事故的划分标准由国务院规定。

2007年4月颁布的《生产安全事故报告和调查处理条例》规定,根据生产安全事故(以下简称事故)造成的人员伤亡或者直接经济损失,事故一般分为以下等级:

(1)特别重大事故,是指造成30人以上死亡,或者100人以上重伤(包括急性工业中毒,下同),或者1亿元以上直接经济损失的事故;

(2)重大事故,是指造成10人以上30人以下死亡,或者50人以上100人以下重伤,或者5000万元以上1亿元以下直接经济损失的事故;

(3)较大事故,是指造成3人以上10人以下死亡,或者10人以上50人以下重伤,或者1000万元以上5000万元以下直接经济损失的事故;

(4)一般事故,是指造成3人以下死亡,或者10人以下重伤,或者1000万元以下直接经济损失的事故。所称的"以上"包括本数,所称的"以下"不包括本数。

《生产安全事故报告和调查处理条例》还规定,没有造成人员伤亡,但是社会影响恶劣的事故,国务院或者有关地方人民政府认为需要调查处理的,依照本条例的有关规定执行。

据此,生产安全事故等级的划分包括了人身、经济和社会3个要素;人身要素就是人员伤亡的数量;经济要素就是直接经济损失的数额;社会要素则是社会影响。这3个要素依法可以单独适用。

(二)生产安全事故应急救援的规定

1. 施工生产安全施工应急救援预案的规定

施工生产安全事故多具有突发性、群体性等特点,如果施工单位事先根据本单位和施工现场的实际情况,针对可能发生事故的类别、性质、特点和范围等,事先制定当事故发生时有关的

组织、技术措施和其他应急措施,做好充分的应急救援准备工作,不但可以采用预防技术和管理手段,降低事故发生的可能性,而且一旦发生事故时,还可以在短时间内组织有效抢救,防止事故扩大,减少人员伤亡和财产损失。

《安全生产法》规定,生产经营单位的主要负责人具有组织制定并实施本单位的生产安全事故应急救援预案的职责。《建设工程安全生产管理条例》进一步规定,施工单位应当制定本单位生产安全事故应急救援预案,建立应急救援组织或者配备应急救援人员,配备必要的应急救援器材、设备,并定期组织演练。

2. 施工生产安全事故应急救援预案的编制

《安全生产法》规定,生产经营单位对重大危险源应当登记建档,进行定期检测、评估、监控,并制定应急预案,告知从业人员和相关人员在紧急情况下应当采取的应急措施。生产经营单位应当按照国家有关规定将本单位重大危险源及有关安全措施、应急措施报有关地方人民政府安全生产监督管理部门和有关部门备案。

《建设工程安全生产管理条例》规定,施工单位应当根据建设工程施工的特点、范围,对施工现场易发生重大事故的部位、环节进行监控,制定施工现场生产安全事故应急救援预案。

2009年4月发布的《生产安全事故应急预案管理办法》进一步规定,生产经营单位的应急预案按照针对情况的不同,分为综合应急预案、专项应急预案和现场处置方案。生产经营单位编制的综合应急预案、专项应急预案和现场处置方案之间应当相互衔接,并与所涉及的其他单位的应急预案相互衔接。

综合应急预案,应当包括本单位的应急组织机构及其职责、预案体系及响应程序、事故预防及应急保障、应急培训及预案演练等主要内容;专项应急预案,应当包括危险性分析、可能发生的事故特征、应急组织机构与职责、预防措施、应急处置程序和应急保障等内容;现场处置方案,应当包括危险性分析、可能发生的事故特征、应急处置程序、应急处置要点和注意事项等内容。

应急预案的编制应当符合下列基本要求:
(1) 符合有关法律、法规、规章和标准的规定;
(2) 结合本地区、本部门、本单位的安全生产实际情况;
(3) 结合本地区、本部门、本单位的危险性分析情况;
(4) 应急组织和人员的职责分工明确,并有具体的落实措施;
(5) 有明确、具体的事故预防措施和应急程序,并与其应急能力相适应;
(6) 有明确的应急保障措施,并能满足本地区、本部门、本单位的应急工作要求;
(7) 预案基本要素齐全、完整,预案附件提供的信息准确;
(8) 预案内容与相关应急预案相互衔接。

应急预案应当包括应急组织机构和人员的联系方式、应急物资储备清单等附件信息。

此外,《中华人民共和国消防法》还规定,企业应当履行落实消防安全责任制,制定本单位的消防安全制度、消防安全操作规程,制定灭火和应急疏散预案的消防安全职责。2011年12月经修改后颁布的《中华人民共和国职业病防治法》规定,用人单位应当建立健全职业病危害事故应急救援预案。《特种设备安全法》规定,特种设备使用单位应当制定特种设备事故应急专项预案,并定期进行应急演练。2002年5月颁布的《使用有毒物品作业场所劳动保护条例》

规定,从事使用高毒物品作业的用人单位,应当配备应急救援人员和必要的应急救援器材、设备,制定事故应急救援预案,并根据实际情况变化对应急救援预案适时进行修订,定期组织演练。

3. 施工生产安全事故应急救援预案的评审和备案

《生产安全事故应急预案管理办法》规定,建筑施工单位应当组织专家对本单位编制的应急预案进行评审。评审应当形成书面纪要并附有专家名单。应急预案的评审应当注重应急预案的实用性、基本要素的完整性、预防措施的针对性、组织体系的科学性、响应程序的操作性、应急保障措施的可行性、应急预案的衔接性等内容。施工单位的应急预案经评审后,由施工单位主要负责人签署公布。

中央管理的总公司(总厂、集团公司、上市公司)的综合应急预案和专项应急预案,报国务院国有资产监督管理部门、国务院安全生产监督管理部门和国务院有关主管部门备案;其所属单位的应急预案分别抄送所在地的省、自治区、直辖市或者设区的市人民政府安全生产监督管理部门和有关主管部门备案。其他生产经营单位中涉及实行安全生产许可的,其综合应急预案和专项应急预案,按照隶属关系报所在地县级以上地方人民政府安全生产监督管理部门和有关主管部门备案。

生产经营单位申请应急预案备案,应当提交以下材料:
(1) 应急预案备案申请表;
(2) 应急预案评审或者论证意见;
(3) 应急预案文本及电子文档。

对于实行安全生产许可的生产经营单位,已经进行应急预案备案登记的,在申请安全生产许可证时,可以不提供相应的应急预案,仅提供应急预案备案登记表。

4. 施工生产安全事故应急预案的培训和演练

《国务院关于坚持科学发展安全发展促进安全生产形势持续稳定好转的意见》规定,定期开展应急预案演练,切实提高事故救援实战能力。企业生产现场带班人员、班组长和调度人员在遇到险情时,要按照预案规定,立即组织停产撤人。

《生产安全事故应急预案管理办法》进一步规定,生产经营单位应当采取多种形式开展应急预案的宣传教育,普及生产安全事故预防、避险、自救和互救知识,提高从业人员安全意识和应急处置技能。生产经营单位应当组织开展本单位的应急预案培训活动,使有关人员了解应急预案内容,熟悉应急职责、应急程序和岗位应急处置方案。应急预案的要点和程序应当张贴在应急地点和应急指挥场所,并设有明显的标志。

生产经营单位应当制定本单位的应急预案演练计划,根据本单位的事故预防重点,每年至少组织一次综合应急预案演练或者专项应急预案演练,每半年至少组织一次现场处置方案演练。应急预案演练结束后,应急预案演练组织单位应当对应急预案演练效果进行评估,撰写应急预案演练评估报告,分析存在的问题,并对应急预案提出修订意见。

5. 施工生产安全事故应急预案的修订

《国务院关于坚持科学发展安全发展促进安全生产形势持续稳定好转的意见》进一步指出,建立健全安全生产应急预案体系,加强动态修订完善。

《生产安全事故应急预案管理办法》进一步规定,生产经营单位制定的应急预案应当至少

每3年修订一次,预案修订情况应有记录并归档。有下列情形之一的,应急预案应当及时修订:

(1)生产经营单位因兼并、重组、转制等导致隶属关系、经营方式、法定代表人发生变化的;

(2)生产经营单位生产工艺和技术发生变化的;

(3)周围环境发生变化,形成新的重大危险源的;

(4)应急组织指挥体系或者职责已经调整的;

(5)依据的法律、法规、规章和标准发生变化的;

(6)应急预案演练评估报告要求修订的;

(7)应急预案管理部门要求修订的。

生产经营单位应当及时向有关部门或者单位报告应急预案的修订情况,并按照有关应急预案报备程序重新备案。生产经营单位应当按照应急预案的要求配备相应的应急物资及装备,建立使用状况档案,定期检测和维护,使其处于良好状态。

6.发生施工生产安全事故后应采取的相应措施

《安全生产法》规定,生产经营单位发生安全事故时,单位的主要负责人应当立即组织抢救,并不得在事故调查处理期间擅离职守。《建设工程安全生产管理条例》进一步规定,发生生产安全事故后,施工单位应当采取措施防止事故扩大,保护事故现场。需要移动现场物品时,应当作出标记和书面记录,妥善保管有关证物。

1)组织应急抢救工作

《生产安全事故报告和调查处理条例》规定,事故发生单位负责人接到事故报告后,应当立即启动事故相应应急预案,或者采取有效措施,组织抢救,防止事故扩大,减少人员伤亡和财产损失。

例如,对危险化学品泄漏等可能对周边群众和环境产生危害的事故,施工单位应当在向地方政府及有关部门报告的同时,及时向可能受到影响的单位、职工、群众发出预警信息,标明危险区域,组织、协助应急救援队伍救助受害人员,疏散、撤离、安置受到威胁的人员,并采取必要措施防止发生次生、衍生事故。

2)妥善保护事故现场

《生产安全事故报告和调查处理条例》规定,事故发生后,有关单位和人员应当妥善保护事故现场以及相关证据,任何单位和个人不得破坏事故现场、毁灭相关证据。因抢救人员、防止事故扩大以及疏通交通等原因,需要移动事故现场物件的,应当作出标志,绘制现场简图并作出书面记录,妥善保存现场重要痕迹、物证。

事故现场是追溯判断发生事故原因和事故责任人责任的客观物质基础。从事故发生到事故调查组赶赴现场,往往需要一段时间,而在这段时间里,许多外界因素,如对伤员的救护、险情控制、周围群众围观等都会给事故现场造成不同程度的破坏,甚至还有故意破坏事故现场的情况。如果事故现场保护不好,一些与事故有关的证据就难以找到,将直接影响到事故现场的勘查,不便于查明事故原因,从而影响事故调查处理的进度和质量。

保护事故现场,就是要根据事故现场的具体情况和周围环境,划定保护区范围,布置警戒,必要时将事故现场封锁起来,维持现场的原始状态,既不要减少任何痕迹、物品,也不能增加任何痕迹、物品。即使是保护现场的人员,也不要无故进入,更不能擅自进行勘查,或者随意触摸、移动事故现场的任何物品。任何单位和个人都不得破坏事故现场,毁灭相关证据。

确因特殊情况需要移动事故现场物件的,须同时满足以下条件:

(1)抢救人员、防止事故扩大以及疏通交通的需要;

(2)经事故单位负责人或者组织事故调查的安全生产监督管理部门和负有安全生产监督管理职责的有关部门同意;

(3)作出标志,绘制现场简图,拍摄现场照片,对被移动物件贴上标签,并作出书面记录;

(4)尽量使现场少受破坏。

(三)公路工程施工安全事故报告的规定

1. 施工生产安全事故报告的基本要求

《安全生产法》规定,生产经营单位发生生产安全事故后,事故现场有关人员应当立即报告本单位负责人。单位负责人接到事故报告后,应当迅速采取有效措施,组织抢救,防止事故扩大,减少人员伤亡和财产损失,并按照国家有关规定立即如实报告当地负有安全生产监督管理职责的部门,不得隐瞒不报、谎报或者拖延不报,不得故意破坏事故现场、毁灭有关证据。

《特种设备安全法》进一步规定,特种设备发生事故后,事故发生单位应当按照应急预案采取措施,组织抢救,防止事故扩大,减少人员伤亡和财产损失,保护事故现场和有关证据,并及时向事故发生地县级以上人民政府负责特种设备安全监督管理的部门和有关部门报告。与事故相关的单位和人员不得迟报、谎报或者瞒报事故情况,不得隐匿、毁灭有关证据或者故意破坏事故现场。

2. 事故报告的时间要求

《生产安全事故报告和调查处理条例》规定,事故发生后,事故现场有关人员应当立即向本单位负责人报告;单位负责人接到报告后,应当于1小时内向事故发生地县级以上人民政府安全生产监督管理部门和负有安全生产监督管理职责的有关部门报告。情况紧急时,事故现场有关人员可以直接向事故发生地县级以上人民政府安全生产监督管理部门和负有安全生产监督管理职责的有关部门报告。

所谓事故现场,是指事故具体发生地点及事故能够影响和波及的区域,以及该区域内的物品、痕迹等所处的状态。所谓有关人员,主要是指事故发生单位在事故现场的有关工作人员,可以是事故的负伤者,或者是在事故现场的其他工作人员。所谓立即报告,是指在事故发生后的第一时间用最快捷的报告方式进行报告。所谓单位负责人,可以是事故发生单位的主要负责人,也可以是事故发生单位主要负责人以外的其他分管安全生产工作的副职领导或其他负责人。

一般情况下,事故现场有关人员应当先向本单位负责人报告事故。但是,事故是人命关天的大事,在情况紧急时允许事故现场有关人员直接向安全生产监督管理部门和负有安全生产监督管理职责的有关部门报告。事故报告应当及时、准确、完整。任何单位和个人对事故不得迟报、漏报、谎报或者瞒报。

3. 事故报告的内容要求

《生产安全事故报告和调查处理条例》规定,报告事故应当包括下列内容:

(1) 事故发生单位概况;

(2) 事故发生的时间、地点以及事故现场情况;

(3) 事故的简要经过;

(4) 事故已经造成或者可能造成的伤亡人数(包括下落不明的人数)和初步估计的直接经济损失;

(5) 已经采取的措施;

(6) 其他应当报告的情况。

事故发生单位概况,应当包括单位的全称、所处地理位置、所有制形式和隶属关系、生产经营范围和规模、持有各类证照情况、单位负责人基本情况以及近期生产经营状况等。该部分内容应以全面、简洁为原则。

报告事故发生的时间应当具体;报告事故发生的地点要准确,除事故发生的中心地点外,还应当报告事故所波及的区域;报告事故现场的情况应当全面,包括现场的总体情况、人员伤亡情况和设备设施的毁损情况,以及事故发生前后的现场情况,便于比较分析事故原因。

对于人员伤亡情况的报告,应当遵守实事求是的原则,不做无根据的猜测,更不能隐瞒实际伤亡人数。对直接经济损失的初步估算,主要指事故所导致的建筑物毁损、生产设备设施和仪器仪表损坏等。

已经采取的措施,主要是指事故现场有关人员、事故单位负责人以及已经接到事故报告的安全生产管理部门等,为减少损失、防止事故扩大和便于事故调查所采取的应急救援和现场保护等具体措施。

其他应当报告的情况,则应根据实际情况而定。如较大事故,还应当报告事故所造成的社会影响、政府有关领导和部门现场指挥等有关情况。

4. 事故补报的要求

《生产安全事故报告和调查处理条例》规定,事故报告后出现新情况的,应当及时补报。

自事故发生之日起 30 日内,事故造成的伤亡人数发生变化的,应当及时补报。道路交通事故、火灾事故自发生之日起 7 日内,事故造成的伤亡人数发生变化的,应当及时补报。

(四)公路工程施工安全事故调查处理的规定

1. 施工生产安全事故的调查

《安全生产法》规定,事故调查处理应当按照实事求是、尊重科学的原则,及时、准确地查清事故原因,查明事故性质和责任,总结事故教训,提出整改措施,并对事故责任者提出处理意见。

1) 事故调查的管辖

《生产安全事故报告和调查处理条例》规定,特别重大事故由国务院或者国务院授权有关部门组织事故调查组进行调查。

重大事故、较大事故、一般事故分别由事故发生地省级人民政府、设区的市级人民政府、县级人民政府负责调查。省级人民政府、设区的市级人民政府、县级人民政府可以直接组织事故调查组进行调查,也可以授权或者委托有关部门组织事故调查组进行调查。未造成人员伤亡的一般事故,县级人民政府也可以委托事故发生单位组织事故调查组进行调查。上级人民政府认为必要时,可以调查由下级人民政府负责调查的事故。

自事故发生之日起30日内(道路交通事故、火灾事故自发生之日起7日内),因事故伤亡人数变化导致事故等级发生变化,依照《生产安全事故报告和调查处理条例》规定应当由上级人民政府负责调查的,上级人民政府可以另行组织事故调查组进行调查。

特别重大事故以下等级事故,事故发生地与事故发生单位不在同一个县级以上行政区域的,由事故发生地人民政府负责调查,事故发生单位所在地人民政府应当派人参加。

2)事故调查组的组成与职责

事故调查组的组成应当遵循精简、高效的原则。根据事故的具体情况,事故调查组由有关人民政府、安全生产监督管理部门、负有安全生产监督管理职责的有关部门、监察机关、公安机关以及工会派人组成,并应当邀请人民检察院派人参加。事故调查组可以聘请有关专家参与调查。

事故调查组成员应当具有事故调查所需要的知识和专长,并与所调查的事故没有直接利害关系。事故调查组组长由负责事故调查的人民政府指定。事故调查组组长主持事故调查组的工作。

事故调查组履行下列职责:

(1)查明事故发生的经过、原因、人员伤亡情况及直接经济损失;
(2)认定事故的性质和事故责任;
(3)提出对事故责任者的处理建议;
(4)总结事故教训,提出防范和整改措施;
(5)提交事故调查报告。

3)事故调查组的权利与纪律

事故调查组有权向有关单位和个人了解与事故有关的情况,并要求其提供相关文件、资料,有关单位和个人不得拒绝。事故发生单位的负责人和有关人员在事故调查期间不得擅离职守,并应当随时接受事故调查组的询问,如实提供有关情况。事故调查中发现涉嫌犯罪的,事故调查组应当及时将有关材料或者其复印件移交司法机关处理。

事故调查中需要进行技术鉴定的,事故调查组应当委托具有国家规定资质的单位进行技术鉴定。必要时,事故调查组可以直接组织专家进行技术鉴定。技术鉴定所需时间不计入事故调查期限。

事故调查组成员在事故调查工作中应当诚信公正、恪尽职守,遵守事故调查组的纪律,保守事故调查的秘密。未经事故调查组组长允许,事故调查组成员不得擅自发布有关事故的信息。

4)事故调查报告的期限与内容

事故调查组应当自事故发生之日起60日内提交事故调查报告;特殊情况下,经负责事故调查的人民政府批准,提交事故调查报告的期限可以适当延长,但延长的期限最长不超过60日。

事故调查报告应当包括下列内容:①事故发生单位概况;②事故发生经过和事故救援情况;③事故造成的人员伤亡和直接经济损失;④事故发生的原因和事故性质;⑤事故责任的认定以及对事故责任者的处理建议;⑥事故防范和整改措施。事故调查报告应当附具有关证据材料。事故调查组成员应当在事故调查报告上签名。

2. 施工生产安全事故的处理

1）事故处理时限和落实批复

《生产安全事故报告和调查处理条例》规定,重大事故、较大事故、一般事故,负责事故调查的人民政府应当自收到事故调查报告之日起15日内做出批复;特别重大事故,30日内做出批复,特殊情况下,批复时间可以适当延长,但延长的时间最长不超过30日。

有关机关应当按照人民政府的批复,依照法律、行政法规规定的权限和程序,对事故发生单位和有关人员进行行政处罚,对负有事故责任的国家工作人员进行处分。事故发生单位应当按照负责事故调查的人民政府的批复,对本单位负有事故责任的人员进行处理。

负有事故责任的人员涉嫌犯罪的,依法追究刑事责任。

2）事故发生单位的防范和整改措施

事故发生单位应当认真吸取事故教训,落实防范和整改措施,防止事故再次发生。防范和整改措施的落实情况应当接受工会和职工的监督。

安全生产监督管理部门和负有安全生产监督管理职责的有关部门应当对事故发生单位落实防范和整改措施的情况进行监督检查。

3）处理结果的公布

事故处理的情况由负责事故调查的人民政府或者其授权的有关部门、机构向社会公布,依法应当保密的除外。

3.《安全生产法》关于施工员的安全职责和法律责任

相关条款如下：

第五十四条　从业人员在作业过程中,应当严格遵守本单位的安全生产规章制度和操作规程,服从管理,正确佩戴和使用劳动防护用品。

第五十五条　从业人员应当接受安全生产教育和培训,掌握本职工作所需的安全生产知识,提高安全生产技能,增强事故预防和应急处理能力。

第五十六条　从业人员发现事故隐患或者其他不安全因素,应当立即向现场安全生产管理人员或者本单位负责人报告;接到报告的人员应当及时予以处理。

第八十条　生产经营单位发生生产安全事故后,事故现场有关人员应当立即报告本单位负责人。

第九十四条　生产经营单位有下列行为之一的,责令限期改正,可以处五万元以下的罚款;逾期未改正的,责令停产停业整顿,并处五万元以上十万元以下的罚款,对其直接负责的主管人员和其他直接责任人员处一万元以上二万元以下的罚款：

（一）未按照规定设置安全生产管理机构或者配备安全生产管理人员的;

（二）危险物品的生产、经营、储存单位以及矿山、金属冶炼、建筑施工、道路运输单位的主要负责人和安全生产管理人员未按照规定经考核合格的;

（三）未按照规定对从业人员、被派遣劳动者、实习学生进行安全生产教育和培训,或者未按照规定如实告知有关的安全生产事项的;

（四）未如实记录安全生产教育和培训情况的;

（五）未将事故隐患排查治理情况如实记录或者未向从业人员通报的;

（六）未按照规定制定生产安全事故应急救援预案或者未定期组织演练的;

（七）特种作业人员未按照规定经专门的安全作业培训并取得相应资格,上岗作业的。

第九十六条　生产经营单位有下列行为之一的,责令限期改正,可以处五万元以下的罚款;逾期未改正的,处五万元以上二十万元以下的罚款,对其直接负责的主管人员和其他直接责任人员处一万元以上二万元以下的罚款;情节严重的,责令停产停业整顿;构成犯罪的,依照刑法有关规定追究刑事责任：

（一）未在有较大危险因素的生产经营场所和有关设施、设备上设置明显的安全警示标志的;

（二）安全设备的安装、使用、检测、改造和报废不符合国家标准或者行业标准的;

（三）未对安全设备进行经常性维护、保养和定期检测的;

（四）未为从业人员提供符合国家标准或者行业标准的劳动防护用品的;

（五）危险物品的容器、运输工具,以及涉及人身安全、危险性较大的海洋石油开采特种设备和矿山井下特种设备未经具有专业资质的机构检测、检验合格,取得安全使用证或者安全标志,投入使用的;

（六）使用应当淘汰的危及生产安全的工艺、设备的。

第九十九条　生产经营单位未采取措施消除事故隐患的,责令立即消除或者限期消除;生产经营单位拒不执行的,责令停产停业整顿,并处十万元以上五十万元以下的罚款,对其直接负责的主管人员和其他直接责任人员处二万元以上五万元以下的罚款。

第一百零一条　两个以上生产经营单位在同一作业区域内进行可能危及对方安全生产的生产经营活动,未签订安全生产管理协议或者未指定专职安全生产管理人员进行安全检查与协调的,责令限期改正,可以处五万元以下的罚款,对其直接负责的主管人员和其他直接责任人员可以处一万元以下的罚款;逾期未改正的,责令停产停业。

五、案例分析

案例一：2013年重庆某大桥重大围堰坍塌事故

事故经过：2013年10月12日上午10时33分,由某公司承建的重庆某大桥项目,在进行4号墩围堰桩头混凝土凿除和清理作业时,围堰倾覆坍塌,造成11人死亡（见图1-1）。

a) 4号墩围堰施工

b) 4号墩围堰坍塌现场

图1-1　重庆某大桥重大围堰坍塌事故

事故原因:4号墩围堰加高部分结构与构造不合理,在水压力作用下,钢板应力达259MPa,超过容许的170MPa,造成围堰倾覆坍塌。此外,分部分项工程的程序设定存在严重缺陷,监理环节严重违反工程建设的有关规定也是造成事故的重要原因。

案例二:某隧道"4.20"坍塌事故

事故经过:2011年4月20日4时05分左右,某单位承建的隧道出口掌子面,喷浆作业时拱顶突然发生坍塌,12名作业人员被掩埋致死,构成生产安全重大事故(见图1-2)。

a)隧道坍塌前掌子面施工　　　　　　b)隧道坍塌现场

图1-2　某隧道"4.20"坍塌事故

事故原因:政府相关部门认定该事故是一起由于地质构造复杂,冰雪融水的影响,加之参建各方对地质条件的复杂程度认识不足,防范措施不力,安全技术管理责任不到位导致的重大生产安全事故。

存在问题:调查报告认定施工单位违反了《生产安全事故报告和调查处理条例》第三十七条第三款和《安全生产法》第十七条等规定,存在以下问题:一是管理人员无安全生产考核合格证书,12名死亡人员未进行相关教育培训;二是安全检查制度不落实,隐患台账不规范,整改验收无记录;三是安全交底和技术交底不落实,技术资料管理混乱,现场管理存在漏洞;四是未按设计变更进行施工;五是针对塌方未及时制订处理方案;六是作业现场存在违章指挥和违章作业行为等。企业内部认定该事故是一起重大生产安全责任事故,并对有关责任人进行了处理。

第二节　质量管理相关规定

一、公路工程质量控制方法及措施

(一)常用方法

加强公路工程质量控制,应建立覆盖全面质量、全部过程、全体人员的控制体系。主要做好以下几个方面的工作。

1. 制订项目质量管理策划

在对设计文件审核与分析后,项目经理应负总责,协调相关部门制订项目质量管理策划,包括:

1）质量目标和要求。
2）质量管理组织和职责。
3）施工管理依据的文件。
4）人员、技术、施工机具等资源的需求和配置。
5）场地、道路、水电、消防、临时设施规划。
6）质量控制关键点分析及设置。
7）进度控制措施。
8）施工质量检查、验收及相关标准。
9）突发事件的应急措施。
10）对违规事件的报告和处理。
11）应收集的信息及其传递要求。
12）与工程建设有关方的沟通方式。
13）施工管理应形成的记录。
14）质量管理和技术措施。
15）施工企业质量管理的其他要求。

2. 现场质量检查控制

现场工程质量检查分为开工前检查、施工过程中检查和分项工程完成后的检查。现场质量检查控制的方法主要有：测量、试验、观察、分析、记录、监督、总结改进。

1）开工前检查：目的是检查是否具备开工条件，施工工艺与施工组织设计对照是否正确无误，开工后能否连续正常施工，能否保证工程质量。

2）工序交接检查与工序检查：工序交接检查应建立制度化控制，坚持实施。对于关键工序或对工程质量有重大影响的工序，在自检、互检的基础上，还要组织专职人员进行工序交接检查，以确保工序合格，使下道工序能顺利展开。

3）隐蔽工程检查：凡是隐蔽工程均应经检查认证后方可覆盖。

4）停工后复工前的检查：因处理质量问题或某种原因停工后再复工时，均应检查认可后方可复工。

5）分项分部工程完工后的检查：应按规定的程序和要求，经检查认可并签署验收记录后，才允许进行下一工程项目的施工。

6）成品、材料、机械设备等的检查：主要检查成品、材料等有无可靠的保护措施及其落实情况，以控制不发生损坏、变质等问题；检查机械设备的技术状态，以确保其处于完好的可控制状态。

7）巡视检查：对施工操作质量应进行巡视检查，必要时还应进行跟踪检查。

3. 工程质量控制关键点

1）质量控制关键点的设置

应根据不同管理层次和职能，按以下原则分级设置：

（1）施工过程中的重要项目、薄弱环节和关键部位。
（2）影响工期、质量、成本、安全、材料消耗等重要因素的环节。
（3）新材料、新技术、新工艺的施工环节。

(4) 质量信息反馈中缺陷频数较多的项目。

关键点应随着施工进度和影响因素的变化而调整。

2) 质量控制关键点的控制

(1) 制订质量控制关键点的管理办法。

(2) 落实质量控制关键点的质量责任。

(3) 开展质量控制关键点 QC 小组活动。

(4) 在质量控制关键点上开展一次抽检合格的活动。

(5) 认真填写质量控制关键点的质量记录。

(6) 落实与经济责任相结合的检查考核制度。

3) 质量控制关键点的文件

(1) 质量控制关键点作业流程图。

(2) 质量控制关键点明细表。

(3) 质量控制关键点(岗位)质量因素分析表。

(4) 质量控制关键点作业指导书。

(5) 自检、交接检、专业检查记录以及控制图表。

(6) 工序质量统计与分析。

(7) 质量保证和质量改进的措施与实施记录。

(8) 工序质量信息。

4. 质量控制关键点实际效果的考查

质量控制关键点的实际效果表现在施工质量管理水平和各项指标的实现情况上。要运用数理统计方法绘制工程项目总体质量情况分析图表,该图表要反映动态控制过程与施工项目实际质量情况。各阶段质量分析要纳入施工项目方针目标管理。

(二)质量缺陷处理方法

在施工过程中,应努力减少和避免质量缺陷。质量缺陷的处理概括起来应做好以下两方面工作。

1. 质量缺陷性质的确定

质量缺陷性质的确定,是最终确定缺陷问题处理办法的首要工作和根本依据。一般通过下列方法来确定缺陷的性质。

(1) 观察现场情况和查阅记录资料

观察现场情况和查阅记录资料是指对有缺陷的工程进行现场情况、施工过程、施工设备和施工操作情况等进行现场观察和检查。主要包括查阅试验检测报告、施工技术资料、施工过程记录、施工日志、施工工艺流程、施工方案、施工机械运转记录等相关记录,同时在特殊季节关注天气情况等。

(2) 检验与试验

通过检查和了解可以发现一些表面的问题,得出初步结论,但往往需要进一步的检验与试验来加以验证。

检验与试验,主要是通过检查、测量与该缺陷工程的有关技术指标,以便准确找出产生缺陷的原因。例如,若发现石灰土的强度不足,则在检验强度指标的同时,还应检验石灰剂量、石灰与土的物理化学性质,以便发现石灰土强度不足是因为材料不合格、配比不合格或养护不好,还是因为其他如气候之类的原因造成的,检测和试验的结果将作为确定缺陷性质和制订随后的处理措施的主要依据。

(3)专题调研

有些质量问题,仅仅通过以上两种方法仍不能确定,如某大桥在交工后不到1年的时间里出现了超过规定要求的裂缝,仅通过简单的观察和查阅现有资料很难确定产生裂缝的根本原因,找不到原因也就无从确定进一步的处理措施,在这种情况下就需要采用专项调研,通过对勘测、设计、施工各个环节的调查、分析研究,辅之以检测手段,确定质量问题的性质,为随后采取的措施提供依据。

在这种情况下,为了查明产生问题的根本原因,有必要组织有关方面的专家或专题调查组提出检测方案,对所得到的一系列参考依据和指标进行综合分析研究,找出产生缺陷的原因,确定缺陷的性质。这种专题研究,对缺陷问题的妥善解决作用重大,因此经常被采用。

2.质量缺陷处理方法

(1)整修与返工

缺陷的整修,主要是针对局部性的、轻微的且不会给整体工程质量带来严重影响的缺陷,如水泥混凝土结构的局部蜂窝、麻面,道路结构层的局部压实度不足等。这类缺陷一般可以通过简单地修整得到处理,不会影响工程总体的关键性技术指标。由于这类缺陷很容易出现,因而修补处理方法最为常用。

返工的决定应建立在认真调查研究的基础上。是否返工,应视缺陷经过补救后能否达到规范标准而定,对于补救后不能满足标准的工程必须返工。如某承包人为赶工期,曾在雨中铺筑沥青混凝土,监理工程师只得责令承包人将已经铺完的沥青面层全部推除重铺;一些无法补救的低质涵洞也被炸掉重建;温度过低或过高的沥青混合料在现场被监理工程师责令报废等。

(2)综合处理办法

综合处理办法主要是针对较大的质量事故而言的。这种处理办法不像返工和整修那样简单具体,它是一种综合的缺陷(事故)补救措施,能够使得工程缺陷(事故)以最小的经济代价和工期损失,重新满足规范要求。处理的办法因工程缺陷(事故)的性质而异,性质的确定则以大量的调查及丰富的施工经验和技术理论为基础。

具体做法可采取组织联合调查组、召开专家论证会等方式。实践证明,这是一条合理解决这类问题的有效途径。例如:某桥梁上部为4孔20m预制空心板结构,下部为桩基础形式。0号桥台施工放样时发生错误,导致第1孔跨径增加了50cm,发现时桩基础、承台、台身已全部完成,空心板预制了二分之一。经综合论证,采用下部不变,改变上部的方式,第1孔空心板跨径增加了50cm,增加费用约2万元。而采用返工方式,需要大约80万元和2个月工期。

二、公路工程质量检查与检验的管理规定

根据建设任务、施工管理和质量检验评定的需要,应在施工准备阶段按《公路工程质量检验评定标准》(JTG F80/1—2017)要求将建设项目划分为单位工程、分部工程和分项工程。施工单位、工程监理单位和建设单位应按相同的工程项目划分进行工程质量的监控和管理。

分项工程质量检验内容包括基本要求、实测项目、外观质量和质量保证资料4部分。只有在其使用的原材料、半成品、成品及施工控制要点等符合基本要求的规定,无外观质量限制缺陷且质量保证资料真实并基本齐全时,才能对分项工程质量进行检验评定。

基本要求检查应符合下列规定:

(1)分项工程应对所列基本要求逐项检查,经检查不符合规定时,不得进行工程质量的检查评定。

(2)分项工程所用的各种原材料的品种、规格、质量及混合料配合比半成品、成品应符合有关技术标准规范并满足设计要求。

三、质量检验评定的管理规定

(一)公路工程质量检验和评定的标准

公路工程质量检验和评定的标准是:交通运输部颁布的《公路工程质量检验评定标准》(土建工程)(JTG F80/1—2017)与《公路工程质量检验评定标准》(机电工程)(JTG F80/2—2004)及相关施工等标准规范。

(二)单位工程、分部工程和分项工程的划分

1. 单位工程

单位工程是指在合同段中,具有独立施工条件和结构功能的工程。

2. 分部工程

分部工程是指在单位工程中,按结构部位、路段长度及施工特点等划分的工程。

3. 分项工程

分项工程是指在分部工程中,应按不同的施工工艺、材料、施工工序等划分的工程。

(三)工程质量评分方法

1. 质量评定采用的方法

质量评定采用合格率法进行。

2. 实测项目检验

实测项目检验应符合下列规定:

1)对检查项目按规定的检查方法和频率进行随机抽样检验并计算合格率。

2)本标准规定的检查方法为标准方法,采用其他高效检测方法应经比对确认。

3)本标准中以路段长度规定的检查频率为双车道路段的最低检查频率,对多车道应按车道数与双车道之比相应增加检查数量。

4)检查项目合格率的计算公式如下:

$$检查项目合格率(\%) = \frac{检查合格的点(组)数}{该检查项目的全部检查点(组)数}$$

3. 检查项目合格判定

检查项目合格判定应符合下列规定:

1)关键项目的合格率不低于95%(机电工程为100%),否则该检查项目为不合格。

2)一般项目的合格率不低于80%,否则该检查项目为不合格。

3)有规定极值的检查项目,任一单个检测值不应突破规定极值,否则该检查项目为不合格。

4)外观质量应进行全面检查,并满足规定要求,否则该检验项目不合格。

4.质量保证资料

施工单位应有完整的施工原始记录、试验数据、分项工程自查数据等质量保证资料,并进行整理分析,负责提交齐全、真实和系统的施工资料和图表。工程监理单位负责提交齐全、真实和系统的监理资料。质量保证资料应包括以下6个方面:

1)所用原材料、半成品和成品质量检验结果。

2)材料配比、拌和加工控制检验和试验数据。

3)地基处理、隐蔽工程施工记录和大桥、隧道施工监控资料。

4)质量控制指标的试验记录和质量检验汇总图表。

5)施工过程中遇到的非正常情况记录及其对工程质量影响分析。

6)施工过程中如发生质量事故,经处理补救后,达到设计要求的认可证明文件等。

四、公路工程质量事故分类的管理规定

根据直接经济损失或工程结构损毁情况(自然灾害所致除外),公路水运建设工程质量事故分为特别重大质量事故、重大质量事故、较大质量事故和一般质量事故4个等级;直接经济损失在一般质量事故以下的为质量问题。

(1)特别重大质量事故,是指造成直接经济损失1亿元以上的事故。

(2)重大质量事故,是指造成直接经济损失5000万元以上1亿元以下,或者特大桥主体结构垮塌、特长隧道结构坍塌,或者大型水运工程主体结构垮塌、报废的事故。

(3)较大质量事故,是指造成直接经济损失1000万元以上5000万元以下,或者高速公路项目中桥或大桥主体结构垮塌、中隧道或长隧道结构坍塌、路基(行车道宽度)整体滑移,或者中型水运工程主体结构垮塌、报废的事故。

(4)一般质量事故,是指造成直接经济损失100万元以上1000万元以下,或者除高速公路以外的公路项目中桥或大桥主体结构垮塌、中隧道或长隧道结构坍塌,或者小型水运工程主体结构垮塌、报废的事故。

五、公路工程质量事故报告的管理规定

根据交通部颁布的《公路水运建设工程质量事故等级划分和报告制度》(交办安监[2016]146号),对公路水运建设工程质量事故报告制度做了如下规定。

1.公路工程质量事故分级管理规定

国务院交通主管部门归口管理全国公路工程质量事故,省级交通主管部门归口管理本辖区内的公路工程质量事故。质量事故的调查处理实行统一领导、分级负责的原则。重大质量事故由国务院交通主管部门会同省级交通主管部门负责调查处理;一般质量事故由省级交通主管部门负责调查处理;质量问题原则上由建设单位或企业负责调查处理。

2. 公路工程质量事故报告相关规定

1) 工程项目交工验收前,施工单位为工程质量事故报告的责任单位;自通过交工验收至缺陷责任期结束,由负责项目交工验收管理的交通运输主管部门明确项目建设单位或管养单位作为工程质量事故报告的责任单位。

2) 一般及以上工程质量事故均应报告。事故报告责任单位应在应急预案或有关制度中明确事故报告责任人。事故报告应及时、准确,任何单位和个人不得迟报、漏报、谎报或瞒报。事故发生后,现场有关人员应立即向事故报告责任单位负责人报告。事故报告责任单位应在接报 2 小时内,核实、汇总并向负责项目监管的交通运输主管部门及其工程质量监督机构报告。接收事故报告的单位和人员及其联系电话应在应急预案或有关制度中予以明确。

3) 重大及以上质量事故,省级交通运输主管部门应在接报 2 小时内进一步核实,并按工程质量事故快报统一报交通运输部应急办转部工程质量监督管理部门;出现新的经济损失、工程损毁扩大等情况的应及时续报。省级交通运输主管部门应在事故情况稳定后的 10 日内汇总、核查事故数据,形成质量事故情况报告,报交通运输部工程质量监督管理部门。

4) 对特别重大质量事故,交通运输部将按《交通运输部突发事件应急工作暂行规范》由交通运输部应急办会同部工程质量监督管理部门及时向国务院应急办报告。

3. 质量事故书面报告内容

1) 工程项目名称,事故发生的时间、地点,建设、设计、施工、监理等单位名称。

2) 事故发生的简要经过、造成工程损伤状况、伤亡人数和直接经济损失的初步估计。

3) 事故发生原因的初步判断。

4) 事故发生后采取的措施及事故控制情况。

5) 事故报告单位。

4. 发生重大质量事故的现场保护措施

工程质量事故发生后,事故发生单位和相关单位应按照应急预案规定及时响应,采取有效措施防止事故扩大。同时,应妥善保护事故现场及相关证据,任何单位和个人不得破坏事故现场。因抢救人员、防止事故扩大及疏导交通等原因需要移动事故现场物件的,应做出标识,保留影像资料。

5. 质量事故报告的其他规定

省级交通运输主管部门应每半年对一般及以上工程质量事故情况进行统计,当年 7 月上旬和次年 1 月上旬前分别向交通运输部工程质量监督管理部门报送上、下半年的质量事故统计分析报告。

任何单位和个人均可向交通运输主管部门或其工程质量监督机构投诉、举报公路水运建设工程质量事故和问题。

交通运输主管部门对违反本制度,发生工程质量事故迟报、漏报、谎报或者瞒报的,按照《建设工程质量管理条例》相关规定进行处罚,并按交通运输行业信用管理相关规定予以记录。

工程质量事故报告后的调查处理工作,按照有关法律法规的规定进行。

六、施工单位质量责任与义务的管理规定

施工单位是工程建设的重要责任主体之一。由于施工阶段影响质量稳定的因素和涉及的责任主体均较多,协调管理的难度较大,施工阶段的质量责任制度尤为重要。

2014年8月住房和城乡建设部发布的《建设工程五方责任主体项目负责人质量终身责任追究暂行办法》规定,建筑工程开工建设前,建设、勘察、设计、施工、监理单位法定代表人应当签署授权书,明确本单位项目负责人。建筑工程五方责任主体项目负责人质量终身责任,是指参与新建、扩建、改建的建筑工程项目负责人按照国家法律法规和有关规定,在工程设计使用年限内对工程质量承担相应责任。工程质量终身责任实行书面承诺和竣工后永久性标牌等制度。

对施工质量负责和总分包单位的质量责任的具体内容如下。

(一)施工单位对施工质量负责

《中华人民共和国建筑法》(以下简称《建筑法》)规定,建筑施工企业对工程的施工质量负责。《建设工程质量管理条例》进一步规定,施工单位对建设工程的施工质量负责。施工单位应当建立质量责任制,确定工程项目的项目经理、技术负责人和施工管理负责人。

对施工质量负责是施工单位法定的质量责任。由于参与主体多元化,所以建设工程质量的责任主体也势必多元化。施工单位是建设工程质量的重要责任主体,但不是唯一的责任主体。建设工程质量受多方面因素的制约,在勘察、设计质量没有问题的前提下,整个建设工程的质量状况,最终将取决于施工质量。因此,从法律上确立施工质量责任制,要求施工单位对建设工程的施工质量负责,也就是要对自己的施工行为负责,既可避免让施工单位承担过多的工程质量责任而开脱建设单位及其他主体的责任,又可避免让建设单位及其他主体承担过多的工程质量责任而忽略施工单位应承担的施工质量责任。建设工程各方主体依法各司其职、各负其责,以使建设工程质量责任真正落到实处。施工单位的质量责任制,是其质量保证体系的一个重要组成部分,也是施工质量目标得以实现的重要保证。建立质量责任制,主要包括制订质量目标计划,建立考核标准,并层层分解落实到具体的责任单位和责任人,特别是工程项目的项目经理、技术负责人和施工管理负责人。落实质量责任制,不仅是为了在出现质量问题时可以追究责任,更重要的是通过层层落实质量责任制,做到事事有人管、人人有职责,加强对施工过程的全面质量控制,保证建设工程的施工质量。

《建筑工程五方责任主体项目负责人质量终身责任追究暂行办法》规定,施工单位项目经理应当按照经审查合格的施工图设计文件和施工技术标准进行施工,对因施工导致的工程质量事故或者质量问题承担责任。

(二)总分包单位的质量责任

《建筑法》规定,建筑工程实行总承包的,工程质量由工程总承包单位负责,总承包单位将建筑工程分包给其他单位的,应当对分包工程的质量与分包单位承担连带责任。分包单位应当接受总承包单位的质量管理。

《建设工程质量管理条例》进一步规定,建设工程实行总承包的,总承包单位应当对全部建设工程质量负责;建设工程勘察、设计、施工、设备采购的一项或者多项实行总承包的,总承

包单位应当对其承包的建设工程或者采购的设备的质量负责。总承包单位依法将建设工程分包给其他单位的,分包单位应当按照分包合同的约定对其分包工程的质量向总承包单位负责,总承包单位与分包单位对分包工程的质量承担连带责任。

据此,无论是实行建设工程总承包还是对建设工程勘察、设计、施工、设备采购的一项或者多项实行总承包,总承包单位都应当对其所承包的工程或工作承担总体的质量责任。这是因为,在总分包的情况下存在着总包、分包两个合同,所以就有两种合同法律关系:①总承包单位要按照总包合同向建设单位负总体质量责任,这种责任的承担不论是总承包单位造成的还是分包单位造成的;②在总承包单位承担责任后,可以依据分包合同的约定,追究分包单位的质量责任包括追偿经济损失。

同时,分包单位应当接受总承包单位的质量管理。总承包单位与分包单位对分包工程的质量还要依法承担连带责任。当分包工程发生质量问题时,建设单位或其他受害人既可以向分包单位请求赔偿,也可以向总承包单位请求赔偿;进行赔偿的一方,有权依据分包合同的约定,对不属于自己责任的那部分赔偿向对方追偿。

(三)施工质量检验制度

《建设工程质量管理条例》规定,施工单位必须建立健全施工质量的检验制度,严格工序管理,做好隐蔽工程的质量检查和记录。隐蔽工程在隐蔽前,单位应当通知建设单位和建设工程质量监督机构。

施工质量检验,通常是指工程施工过程中工序质量检验(或称为过程检验),包括预检、自检、交接检、专职检、分部工程中间检验以及隐蔽工程检验等。

1. 严格工序质量检验和管理

施工工序也可以称为过程,各个工序或过程之间横向和纵向的联系形成了工序网络或过程网络。任何一项工程的施工,都是通过一个由许多工序或过程组成的工序(或过程)网络来实现的。网络上的关键工序或过程都有可能对工程最终的施工质量产生决定性的影响。如焊接节点的破坏,就可能引起桁架破坏,从而导致屋面坍塌。所以,施工单位要加强对施工工序或过程的质量控制,特别是要加强影响结构安全的地基和结构等关键施工过程的质量控制。

完善的检验制度和严格的工序管理是保证工序或过程质量的前提。只有工序或过程网络上的所有工序或过程的质量都受到严格控制,整个工程的质量才能得到保证。

2. 强化隐蔽工程质量检查

隐蔽工程,是指在施工过程中,某一道工序所完成的工程实物被后一工序形成的工程实物所隐蔽,而且不可以逆向作业的那部分工程。例如,钢筋混凝土工程施工中,钢筋被混凝土所覆盖,前者即为隐蔽工程。

由于隐蔽工程被后续工序隐蔽后,其施工质量就很难检验及认定,如果不认真做好隐蔽工程的质量检查工作,便容易给工程留下隐患。所以,隐蔽工程在隐蔽前,施工单位除了要做好检查、检验并做好记录外,还应当及时通知建设单位(实施监理的工程为监理单位)和建设工程质量监督机构,以接受政府监督和向建设单位提供质量保证。

按照2013年4月住房和城乡建设部、工商总局经修改后发布的《建设工程施工合同文本》的要求,承包人应当对工程隐蔽部位进行自检,并经自检确认是否具备覆盖条件。除专用合同条款另有约定外,工程隐蔽部位经承包人自检确认具备覆盖条件的,承包人应在共同检查前48小时书面通知监理人检查,通知中应载明隐蔽检查的内容、时间和地点,并应附有自检记录和必要的检查资料。监理人应按时到场并对隐蔽工程及其施工工艺、材料和工程设备进行检查。经监理人检查确认质量符合隐蔽要求,并在验收记录上签字后,承包人才能进行覆盖。经监理人检查质量不合格的,承包人应在监理人指示的时间内完成修复,并由监理人重新检查,由此增加的费用和(或)延误的工期由承包人承担。

除专用合同条款另有约定外,监理人不能按时进行检查的,应在检查前24小时向承包人提交书面延期要求,但延期不能超过48小时,由此导致工期延误的,工期应予以顺延。监理人未按时进行检查,也未提出延期要求的,视为隐蔽工程检查合格,承包人可自行完成覆盖工作,并做相应记录报送监理人,监理人应签字确认。监理人事后对检查记录有疑问的,可按重新检查的约定重新检查。(自控主体不能因为监控主体的存在和监控职能的实施而减轻或免除其质量责任)

七、案例分析

案例一:2011年某高速公路立柱模板爆裂事故

事故经过:2011年5月17日12时许,某高速公路某大桥左线2号墩进行第2节墩身浇筑(第1节墩高13m,第2节浇筑高度10.6m)时,发生模板爆裂,导致正在浇筑的墩身倾斜倒塌,4根缆风绳断裂,现场作业的4人从23m高处坠落后死亡(见图1-3)。

a) b)

图1-3 墩身模板爆裂

直接原因:模板底部及侧向的螺栓未按规定上足并拧紧,模板与中系梁连接处爆裂,加上施工时突然出现大风,导致墩身倒塌,发生高坠死亡事故。

间接原因:

(1)模板设计存在缺陷,本身材质质量不过关;

(2)模板连接螺栓存在问题,包括螺栓本身质量问题和安装问题;

(3)现场安全管理不严格;

(4)混凝土浇筑工艺安全考虑不周。

案例二:某大桥主梁坍塌事故

工程概况:某大桥(见图1-4),是浙江省和宁波市的重点工程项目。大桥位于甬江入海口,横跨宁波镇海区的招宝山和北仑区的金鸡山,对形成北仑港向北辐射网络有重要作用。该桥由中外合资的宁波大桥股份有限公司投资建设,总投资4.26亿元,主桥采用单叉双错面钢筋混凝土斜拉桥结构,全长2482m,其中主跨为258m。

图1-4 某大桥建设图

事故经过:1998年9月24日,该大桥即将合龙之际,16号块突然发生严重的梁体断裂事故,虽未造成人员伤亡,但这起事故使整个工程工期延误近2年,经济损失巨大,并且在社会上造成了极大的负面影响。

事故原因:造成该桥事故发生的主要原因是主梁设计结构单薄,尤其是底板厚度过薄,有效截面较小,从而导致受压区实际应力偏大。

第三节 环保管理相关规定

2014年4月经修改后颁布的《中华人民共和国环境保护法》(以下简称《环境保护法》)规定,排放污染物的企业事业单位和其他生产经营者,应当采取措施,防治在生产建设或者其他活动中产生的废气、废水、废渣、医疗废物、粉尘、恶臭气体、放射性物质以及噪声、振动、光辐射、电磁辐射等对环境的污染和危害。排放污染物的企业事业单位,应当建立环境保护责任制度,明确单位责任人和相关人员的责任。

2011年4月经修改后公布的《建筑法》中规定,建筑施工企业应当遵守有关环境保护和安全生产的法律、法规的规定,采取控制和处理施工现场的各种粉尘、废气、废水、固体废物以及噪声、振动对环境的污染和危害的措施。

2003年11月颁布的《建设工程安全生产管理条例》进一步规定,施工单位应当遵守有关环境保护法律、法规的规定,在施工现场采取措施,防止或者减少粉尘、废气、废水、固体废物、噪声、振动和施工照明对人和环境的危害和污染。

一、噪声污染的管理规定

环境噪声,是指在工业生产、建筑施工、交通运输和社会生活中所产生的干扰周围生活环境的声音。环境噪声污染,则是指产生的环境噪声超过国家规定的环境噪声排放标准,并干扰他人正常生活、工作和学习的现象。

在工程建设领域,环境噪声污染的防治主要包括两个方面:一是施工现场环境噪声污染的防治;二是建设项目环境噪声污染的防治。后者主要是解决建设项目建成后使用过程中可能产生的环境噪声污染问题,前者则是要解决建设工程施工过程中产生的施工噪声污染问题。

(一)施工现场环境噪声污染的防治

施工噪声,是指在建设工程施工过程中产生的干扰周围生活环境的声音。随着城市化进程的不断加快及工程建设的大规模开展,施工噪声污染问题日益突出,尤其是在城市人口稠密地区的建设工程施工中产生的噪声污染,不仅影响周围居民的正常生活,而且损害城市的环境形象。施工单位与周围居民因噪声而引发的纠纷也时有发生,群众投诉日渐增多。因此,应当依法加强施工现场噪声管理,采取有效措施防治施工噪声污染。

1.排放建筑施工噪声应当符合建筑施工场界环境噪声排放标准

1996年10月颁布的《中华人民共和国环境噪声污染防治法》(以下简称《环境噪声污染防治法》)规定,在城市市区范围内向周围生活环境排放建筑施工噪声的,应当符合国家规定的建筑施工场界环境噪声排放标准。

所谓噪声排放,是指噪声源向周围生活环境辐射噪声。2011年12月经修改后颁布的《建筑施工场界环境噪声排放标准》(GB 12523—2011)中规定,建筑施工过程中场界环境噪声不得超过规定的排放限值。建筑施工场界环境噪声排放限值,昼间为70dB(A),夜间为55dB(A)。夜间噪声最大声级超过限值的幅度不得高于15dB(A)。"昼间"是指6:00至22:00时段;"夜间"是指22:00至次日6:00时段。县级以上人民政府为环境噪声污染防治的需要(如考虑时差、作息习惯差异等)而对昼间、夜间的划分另有规定的,应按其规定执行。

dB是英文Decibel的缩写,是噪声分贝单位。(A)是指频率加权特性为A,A计权声级是目前世界上噪声测量中应用最广泛的一种。

2.使用机械设备可能产生环境噪声污染的申报

《环境噪声污染防治法》规定,在城市市区范围内,建筑施工过程中使用机械设备,可能产生环境噪声污染的,施工单位必须在工程开工15日以前向工程所在地县级以上地方人民政府环境保护行政主管部门申报该工程的项目名称、施工场所和期限、可能产生的环境噪声值以及所采取的环境噪声污染防治措施的情况。

国家对环境噪声污染严重的落后设备实行淘汰制度。国务院经济综合主管部门应当会同国务院有关部门公布限期禁止生产、禁止销售、禁止进口的环境噪声污染严重的设备名录。

3.禁止夜间进行产生环境噪声污染施工作业的规定

《环境噪声污染防治法》规定,在城市市区噪声敏感建筑物集中区域内,禁止夜间进行产生环境噪声污染的建筑施工作业,但抢修、抢险作业和因生产工艺上要求或者特殊需要必须连续作业的除外。因特殊需要必须连续作业的,必须有县级以上人民政府或者其有关主管部门的证明。以上规定的夜间作业,必须公告附近居民。

所谓噪声敏感建筑物集中区域,是指医疗区、文教科研区和以机关或者居民住宅为主的区域。所谓噪声敏感建筑物,是指医院、学校、机关、科研单位、住宅等需要保持安静的建筑物。

4.政府监管部门的现场检查

《环境噪声污染防治法》规定,县级以上人民政府环境保护行政主管部门和其他环境噪声污染防治工作的监督管理部门、机构,有权依据各自的职责对管辖范围内排放环境噪声的单位进行现场检查。

被检查的单位必须如实反映情况,并提供必要的资料。检查部门、机构应当为被检查的单位保守技术秘密和业务秘密。检查人员进行现场检查,应当出示证件。

(二)建设项目环境噪声污染的防治

城市道桥、铁路(包括轻轨)、工业厂房等,其建成后的使用可能会对周围环境产生噪声污染。因此,建设单位必须在建设前期就规定环境噪声污染的防治措施,并在建设过程中同步建设环境噪声污染防治设施。

《环境噪声污染防治法》规定,新建、改建、扩建的建设项目,必须遵守国家有关建设项目环境保护管理的规定。

建设项目可能产生环境噪声污染的,建设单位必须提出环境影响报告书,规定环境噪声污染的防治措施,并按照国家规定的程序报环境保护行政主管部门批准。环境影响报告书中,应当有该建设项目所在地单位和居民的意见。

建设项目的环境噪声污染防治设施必须与主体工程同时设计、同时施工、同时投产使用。例如,建设经过已有的噪声敏感建筑物集中区域的高速公路和城市高架、轻轨道路,有可能造成环境噪声污染的,应当设置声屏障或者采取其他有效的控制环境噪声污染的措施;在已有的城市交通干线的两侧建设噪声敏感建筑物的,建设单位应当按照国家规定间隔一定距离,并采取减轻、避免交通噪声影响的措施等。

建设项目在投入生产或者使用之前,其环境噪声污染防治设施必须经原审批环境影响报告书的环境保护行政主管部门验收;达不到国家规定要求的,该建设项目不得投入生产或者使用。

(三)交通运输噪声污染的防治

建设工程施工有着大量的运输任务,还会产生交通运输噪声。所谓交通运输噪声,是指机动车辆、铁路机车、机动船舶、航空器等交通运输工具在运行时所产生的干扰周围生活环境的声音。

《环境噪声污染防治法》规定,在城市市区范围内行驶的机动车辆的消声器和喇叭必须符合国家规定的要求。机动车辆必须加强维修和保养,保持技术性能良好,防治环境噪声污染。

警车、消防车、工程抢险车、救护车等机动车辆安装、使用警报器,必须符合国务院公安部门的规定;在执行非紧急任务时,禁止使用警报器。

(四)对产生环境噪声污染企业事业单位的规定

《环境噪声污染防治法》规定,产生环境噪声污染的企业事业单位,必须保持防治环境噪声污染的设施的正常使用;拆除或者闲置环境噪声污染防治设施的,必须事先报经所在地的县级以上地方人民政府环境保护行政主管部门批准。

产生环境噪声污染的单位,应当采取措施进行治理,并按照国家规定缴纳超标准排污费。征收的超标准排污费必须用于污染的防治,不得挪作他用。

对于在噪声敏感建筑物集中区域内造成严重环境噪声污染的企业事业单位,限期治理。

被限期治理的单位必须按期完成治理任务。

二、废气、废水污染的管理规定

在工程建设领域,对于废气、废水污染的防治,也包括施工现场和建设项目两方面。

(一)施工现场大气污染的防治

按照国际标准化组织(ISO)的定义,大气污染通常是指由于人类活动或自然过程引起某些物质进入大气中,呈现出足够的浓度,达到足够的时间,并因此危害了人体的舒适、健康和福利或环境污染的现象。如果不对大气污染物的排放总量加以控制和防治,将会严重破坏生态系统和人类生存条件。

2015年8月经修改后颁布的《中华人民共和国大气污染防治法》(以下简称《大气污染防治法》)规定,企业事业单位和其他生产经营者应当采取有效措施,防止、减少大气污染,对所造成的损害依法承担责任。

企业事业单位和其他生产经营者向大气排放污染物的,应当依照法律法规和国务院环境保护主管部门的规定设置大气污染物排放口。禁止通过偷排、篡改或者伪造检测数据、以逃避现场检查为目的的临时停产、非紧急情况下开启应急排放通道、不正常运行大气污染防治设施等逃避监管的方式排放大气污染物。

建设单位应当将防治扬尘污染的费用列入工程造价,并在施工承包合同中明确施工单位扬尘污染防治责任。施工单位应当制订具体的施工扬尘防治实施方案。施工单位应当在施工工地设置硬质围挡,并采取覆盖、分段作业、择时施工、洒水抑尘、冲洗地面和车辆等有效防尘降尘措施。建筑土方、工程渣土、建筑垃圾应当及时清运;在场地内堆存的,应当采用密封式防尘网遮盖。工程渣土、建筑垃圾应当进行资源化处理。

施工单位应当在施工工地公示扬尘污染防治措施、负责人、扬尘监督管理主管部门等信息。暂时不能开工的建设用地,建设单位应当对裸露地面进行覆盖;超过3个月的,应当进行绿化、铺装或者遮盖。禁止在人口集中地区和其他依法需要特殊保护的区域内焚烧沥青、油毡、橡胶、塑料、皮革、垃圾以及其他产生有毒有害烟尘和恶臭气体的物质。

运输煤炭、垃圾、渣土、砂石、土方、灰浆等散装、流体物料的车辆应当采取封闭或者其他措施防治物料遗撒造成扬尘污染,并按照规定路线行驶。装卸物料应当采取封闭或者喷淋等方式防治扬尘污染。

储存煤炭、煤矸石、煤渣、煤灰、水泥、石膏、沙土等易产生扬尘的物料应当封闭;不能封闭的,应当设置不低于堆放高度的严密围挡,并采取有效覆盖措施防治扬尘污染。码头、矿山、填埋场和消纳场应当实施分区作业,并采取有效措施防治扬尘污染。

施工现场大气污染的防治,重点是防治扬尘污染。2007年9月建设部(现住房和城乡建设部)颁发的《绿色施工导则》中规定:

(1)运送土方、垃圾、设备及建筑材料等,不污损场外道路。运输容易散落、飞扬、流漏的物料的车辆,必须采取措施封闭严密,保证车辆清洁。施工现场出口应设置洗车槽。

(2)土方作业阶段,采取洒水、覆盖等措施,达到作业区目测扬尘高度小于1.5m,不扩散到场区外。

(3)结构施工、安装装饰装修阶段,作业区目测扬尘高度小于0.5m。对易产生扬尘的堆放材料应采取覆盖措施;对粉末状材料应封闭存放;场区内可能引起扬尘的材料及建筑垃圾搬运应有降尘措施,如覆盖、洒水等;浇筑混凝土前清理灰尘和垃圾时尽量使用吸尘器,避免使用吹风器等易产生扬尘的设备;机械剔凿作业时可用局部遮挡、掩盖、水淋等防护措施;高层或多层建筑清理垃圾应搭设封闭性临时专用道或采用容器吊运。

(4)施工现场非作业区达到目测无扬尘的要求。对现场易飞扬物质采取有效措施,如洒水、地面硬化、围挡、密网覆盖、封闭等,防止扬尘产生。

(5)构筑物机械拆除前,做好扬尘控制计划。可采用清理积尘、拆除体洒水、设置隔挡等措施。

(6)构筑物爆破拆除前,做好扬尘控制计划。可采用清理积尘、淋湿地面、预湿墙体、屋面敷水袋、楼面蓄水、建筑外设高压喷雾状水系统、搭设防尘排栅和直升机投水弹等综合降尘。选择风力小的天气进行爆破作业。

(7)在场界四周隔挡高度位置测得的大气总悬浮颗粒物(TSP)月平均浓度与城市背景值的差值不大于$0.08mg/m^3$。

(二)建设项目大气污染的防治

《大气污染防治法》规定,新建、扩建、改建向大气排放污染物的项目,必须遵守国家有关建设项目环境保护管理的规定。

建设项目的环境影响报告书,必须对建设项目可能产生的大气污染和对生态环境的影响作出评价,规定防治措施,并按照规定的程序报环境保护行政主管部门审查批准。例如,新建、扩建排放二氧化硫的火电厂和其他大中型企业,超过规定的污染物排放标准或者总量控制标准的,必须建设配套脱硫、除尘装置或者采取其他控制二氧化硫排放、除尘的措施;炼制石油、生产合成氨、煤气和燃煤焦化、有色金属冶炼过程中排放含有硫化物气体的,应当配备脱硫装置或者采取其他脱硫措施等。

建设项目投入生产或者使用前,其大气污染防治设施必须经过环境保护行政主管部门验收,达不到国家有关建设项目环境保护管理规定的要求的建设项目,不得投入生产或者使用。

(三)对向大气排放污染物单位的监管

《大气污染防治法》规定,地方各级人民政府应当加强对建设施工和运输的管理,保持道路清洁,控制料堆和渣土堆放,扩大绿地、水面、湿地和地面铺装面积,防治扬尘污染。

从事房屋建筑、市政基础设施建设、河道整治以及建筑物拆除等工程的施工单位,应当向负责监督管理扬尘污染防治的主管部门备案。

企业事业单位和其他生产经营者在生产经营活动中产生恶臭气体的,应当科学选址,设置合理的防护距离,并安装净化装置或者采取其他措施,防止排放恶臭气体。

企业事业单位和其他生产经营者违反法律法规规定排放大气污染物,造成或者可能造成严重大气污染,或者有关证据可能灭失或者被隐匿的,县级以上人民政府环境保护主管部门和其他负有大气环境保护监督管理职责的部门,可以对有关设施、设备、物品采取查封、扣押等行政强制措施。

三、水污染的管理规定

水污染,是指水体因某种物质的介入,而导致其化学、物理、生物或者放射性等方面特性的改变,从而影响水的有效利用,危害人体健康或者破坏生态环境,造成水质恶化的现象。水污染防治包括江河、湖泊、运河、渠道、水库等地表水体以及地下水体的污染防治。

2008年2月颁布的《中华人民共和国水污染防治法》(以下简称《水污染防治法》)规定,水污染防治应当坚持"预防为主、防治结合、综合治理"的原则,优先保护饮用水水源,严格控制工业污染、城镇生活污染,防治农业面源污染,积极推进生态治理工程建设,预防、控制和减少水环境污染和生态破坏。

1. 施工现场水污染的防治

《水污染防治法》规定,排放水污染物,不得超过国家或者地方规定的水污染物排放标准和重点水污染物排放总量控制标准。

直接或间接向水体排放污染物的企业事业单位和个体工商户,应当按照国务院环境保护主管部门的规定,向县级以上地方人民政府环境保护行政主管部门申报登记拥有的水污染排放措施、处理设施和在正常作业条件下排放水污染物的种类、数量和浓度,并提供防治水污染方面的有关技术资料。

禁止向水体排放油类、酸液、碱液或者剧毒废液。禁止在水体清洗装储过油类或者有毒污染物的车辆和容器。禁止向水体排放、倾倒放射性固体废物或者含有高放射性和中放射性物质的废水。向水体排放含低放射性物质的废水,应当符合国家有关放射性污染防治的规定和标准。

禁止向水体排放、倾倒工业废渣、城镇垃圾和其他废弃物。禁止将含有汞、镉、砷、铬、铅、氰化物、黄磷等的可溶性剧毒废渣向水体排放、倾倒或者直接埋入地下。存放可溶性剧毒废渣的场所,应当采取防水、防渗漏、防流失的措施。禁止在江河、湖泊、运河、渠道、水库最高水位线以下的滩地和岸坡堆放、存储固体废弃物和其他污染物。

在饮用水水源保护区内,禁止设置排污口。在风景名胜区水体、重要渔业水体和其他具有特殊经济文化价值的水体的保护区内,不得新建排污口。在保护区附近新建排污口,应当保证保护区水体不受污染。

禁止利用渗井、渗坑、裂隙和溶洞排放、倾倒含有毒污染物的废水、含病原体的污水和其他废弃物。禁止利用无防渗漏措施的沟渠、坑塘等输送或者存储含有毒污染物的废水、含病原体的污水和其他废弃物。

兴建地下工程设施或者进行地下勘探、采矿等活动,应当采取防护性措施,防止地下水污染。人工回灌补给地下水,不得恶化地下水质。

2013年10月颁布的《城镇排水与污水处理条例》规定,城镇排水主管部门应当会同有关部门,按照国家有关规定划定城镇排水与污水处理设施保护范围,并向社会公布。在保护范围内,有关单位从事爆破、钻探、打桩、顶进、挖掘、取土等可能影响城镇排水与污水处理设施安全的活动的,应当与设施维护运营单位等共同制订设施保护方案,并采取相应的安全防护措施。

建设工程开工前,建设单位应当查明工程建设范围内地下城镇排水与污水处理设施的相关情况。城镇排水主管部门及其他相关部门和单位应当及时提供相关资料。建设工程施工范围内有排水管网等城镇排水与污水处理设施的,建设单位应当与施工单位、设施维护运营单位共同制订设施保护方案,并采取相应的安全保护措施。因工程建设需要拆除、改动城镇排水与污水处理设施的,建设单位应当制订拆除、改动方案,报城镇排水主管部门审核,并承担重建、改建和采取临时措施的费用。

2015年1月住房和城乡建设部颁布的《城镇污水排入排水管许可管理办法》进一步规定,未取得排水许可证,排水户不得向城镇排水设施排放污水。各类施工作业需要排水的,由建设单位申请领取排水许可证。因施工作业需要向城镇排水设施排水的,排水许可证的有效期,由城镇排水主管部门根据排水状况确定,但不得超过施工期限。排水户应当按照排水许可证确定的排水状况确定,但不得超过施工期限。排水户应当按照排水许可证确定的排水类别、总量、时限、排放口位置和数量、排放的污染物项目和浓度等要求排放污水。

排水户不得有下列危及城镇排水设施安全的行为:

(1)向城镇排水设施排放、倾倒剧毒、易燃易爆、腐蚀性废液和废渣、有害气体和烹饪油烟等;

(2)堵塞城镇排水设施或者向城镇排水设施内排放、倾倒垃圾、渣土、施工泥浆、油脂、污泥等易堵塞物;

(3)擅自拆卸、移动和穿凿城镇排水设施;

(4)擅自向城镇排水设施加压排放污水。

排水户因发生事故或者其他突发事件,排放的污水可能危及城镇排水与污水处理设施安全运行的,应当立即停止排放,采取措施消除危害,并按规定及时向城镇排水主管部门等有关部门报告。

城镇排水主管部门实施监督检查时,有权采取下列措施:

(1)进入现场开展检查、监测;

(2)要求被监督检查的排水户出示排水许可证;

(3)查阅、复制有关文件和材料;

(4)要求被监督检查的单位和个人就有关问题做出说明;

(5)依法采取禁止排水户向城镇排水设施排放污水等措施,纠正违反有关法律、法规和本办法规定的行为。

被监督检查的单位和个人应当予以配合,不得妨碍和阻挠依法进行的监督检查活动。城镇排水主管部门委托的专门机构,可以开展排水许可审查、档案管理、监督指导排水户排水行为等工作,并协助城镇排水主管部门对排水许可实施监督管理。

城镇排水主管部门实施排水许可不得收费。

2. 发生事故或者其他突发性事件的规定

《水污染防治法》规定,企业事业单位发生事故或者其他突发性事件,造成或者可能造成水污染事故的,应当立即启动本单位的应急方案,采取应急措施,并向事故发生地的县级以上地方人民政府或者环境保护主管部门报告。

四、固体废物污染的管理规定

固体废物,是指在生产、生活和其他活动中产生的丧失原有利用价值或者虽未丧失利用价值但被抛弃或者放弃的固态、半固态和置于容器中的气态的物品、物质以及法律、行政法规规定纳入固体废物管理的物品、物质。固体废物污染环境,是指固体废物在产生、收集、储存、运输、利用、处置的过程中产生的危害环境的现象。

2015年4月经修改后颁布的《中华人民共和国固体废物污染环境防治法》(以下简称《固体废物污染环境防治法》)规定,国家对固体废物污染环境的防治,实行减少固体废物的产生量和危害性、充分合理利用固体废物和无害化处置固体废物的原则,促进清洁生产和循环经济发展。

1. 施工现场固体废物污染环境的防治

施工现场的固体废物主要是建筑垃圾和生活垃圾。固体废物又分为一般固体废物和危险废物。所谓危险废物,是指列入国家危险废物名录或者根据国家规定的危险废物鉴别标准和鉴别方法认定的具有危险特性的固体废物。

2. 一般固体废物污染环境的防治

《固体废物污染环境防治法》规定,产生固体废物的单位和个人,应当采取措施,防止或者减少固体废物对环境的污染。

收集、储存、运输、利用、处置固体废物的单位和个人,必须采取防扬散、防流失、防渗漏或者其他防止污染环境的措施;不得擅自倾倒、堆放、丢弃、遗撒固体废物。禁止任何单位或者个人向江河、湖泊、运河、渠道、水库及其最高水位线以下的滩地和岸坡等法律、法规规定禁止倾倒、堆放废弃物的地点倾倒、堆放固体废物。

转移固体废物出省、自治区、直辖市行政区域储存、处置的,应当向固体废物移出地的省、自治区、直辖市人民政府环境保护行政主管部门提出申请。移出地的省、自治区、直辖市人民政府环境保护行政主管部门应当商经接受地的省、自治区、直辖市人民政府环境保护行政主管部门同意后,方可批准转移该固体废物出省、自治区、直辖市行政区域。未经批准的,不得转移。

2005年3月建设部(现住房和城乡建设部)颁布的《城市建设垃圾管理规定》进一步规定,施工单位不得将垃圾交给个人或者未经核准从事建筑垃圾运输的单位运输。处置建筑垃圾的单位在运输建筑垃圾时,应当随车携带建筑垃圾处置文件,按照城市人民政府有关部门规定的运输路线、时间运行,不得丢弃、遗撒建筑垃圾,不得超出核准范围承运建筑垃圾。

3. 危险废物污染环境防治的特别规定

对危险废物的容器和包装物以及收集、储存、运输、处置危险废物的设施、场所,必须设置危险废物识别标志。以填埋方式处置危险废物不符合国务院环境保护行政主管部门规定的,应当缴纳危险废物排污费。危险废物排污费用于污染环境的防治,不得挪作他用。

禁止将危险废物提供或者委托给无经营许可证的单位从事收集、储存、利用、处置的经营活动。运输危险废物,必须采取防止污染环境的措施,并遵守国家有关危险货物运输管理的规定。禁止将危险废物与旅客在同一运输工具上载运。

收集、储存、运输、处置危险废物的场所、设施、设备和容器、包装物及其他物品转作他用时,必须经过消除污染的处理,方可使用。

产生、收集、储存、运输、利用、处置危险废物的单位,应当制订意外事故的防范措施和应急预案,并向所在地县级以上地方人民政府环境保护行政主管部门备案;环境保护行政主管部门应当进行检查。因发生事故或者其他突发性事件,造成危险废物严重污染环境的单位,必须立即采取措施消除或者减轻对环境的污染危害,及时通报可能受到污染危害的单位和居民,并向所在地县级以上地方人民政府环境保护行政主管部门和有关部门报告,接受调查处理。

4. 施工现场固体废物的减量化和回收再利用

《绿色施工导则》规定,制订建筑垃圾减量化计划,如住宅建筑,每万平方米的建筑垃圾不宜超过 400t。

加强建筑垃圾的回收再利用,力争建筑垃圾的再利用和回收率达到 30%,建筑物拆除产生的废弃物的再利用和回收率大于 40%。对于碎石类、土石方类建筑垃圾,可采用地基填埋、铺路等方式提高再利用率,力争再利用率大于 50%。

施工现场生活区设置封闭式垃圾容器,施工场地生活垃圾实行袋装化,及时清运。对建筑垃圾进行分类,并收集到现场封闭式垃圾站,集中运出。

5. 建设项目固体废物污染环境的防治

《固体废物污染环境防治法》规定,在国务院和国务院有关主管部门及省、自治区、直辖市人民政府划定的自然保护区、风景名胜区、饮用水水源保护区、基本农田保护区和其他需要特别保护的区域内,禁止建设工业固体废物集中储存、处置的设施、场所和生活垃圾填埋场。

五、案例分析

案例:深圳××新区渣土受纳场"12·20"特别重大滑坡事故

事故经过:2015 年 12 月 20 日,位于深圳市××新区的××渣土受纳场发生滑坡事故(见图1-5),造成 73 人死亡,4 人下落不明,17 人受伤(重伤 3 人,轻伤 14 人),33 栋建筑物(厂房 24 栋、宿舍楼 3 栋、私宅 6 栋)被损毁、掩埋,90 家企业生产受影响,涉及员工 4630 人。事故造成直接经济损失 8.81 亿元。

a)　　　　　　　　　　　　　　　b)

图1-5　××渣土受纳场滑坡事故

直接原因:××受纳场没有建设有效的导排水系统,受纳场内积水未能导出排泄,致使堆填的渣土含水过饱和,形成底部软弱滑动带;严重超量超高堆填加载,下滑推力逐渐增大,稳定性降低,导致渣土失稳滑出,体积庞大的高势能滑坡体形成了巨大的冲击力,加之事发前险情处置错误,造成重大人员伤亡和财产损失。

主要原因:调查认定,深圳市××公司为××受纳场运营服务项目的中标企业,违法将全部运营服务项目整体转包给深圳市××公司。深圳市××公司未经正规勘察和设计,违法违规组织××受纳场建设施工;现场作业管理混乱,违法违规开展××受纳场运营;无视受纳场安全风险,对事故征兆和险情处置错误。与××公司有债务关系的林××、王××等人通过债权换股权的形式实际参与××受纳场项目运营。两家公司和实际参与运营者都是事故责任主体。

调查认定,深圳市和××新区党委政府未认真贯彻执行党和国家有关安全生产政策方针和法律法规,违法违规推动渣土受纳场建设,对有关部门存在的问题失察失管;深圳市城市管理、建设、环保、水务、规划国土等部门单位违法违规审批许可,未按规定履行日常监管职责,未有效整治和排除群众反映的××受纳场存在的安全隐患;广东××建筑设计有限公司在未经任何设计、计算和校审的情况下出具××受纳场施工设计图纸并伪造出图时间,从中牟利。

第二章　施工管理标准化和精细化

随着经济全球化进程的不断推进,标准化的理念受到越来越多的国家和企业的重视,有些国家已将标准化上升到国家战略的地位。管理标准化起源于国外生产制造行业的一种管理思维,经过长时间的研究和发展,如今已成为一门融合多个领域知识的综合学科,并在众多领域内得到了广泛应用,例如,公路工程领域内的公路建设管理标准化,IT 行业内的软件开发项目管理标准化等。

项目管理标准化,不仅可以优化其工作流程,有效地解决项目质量、时间进度、项目成本等项目管理间的矛盾,提高资源利用率,而且还能节约成本,在保证工程进度和质量的前提下获得最大的收益。施工管理标准化是公路工程提倡的先进施工理念,是保障工程顺利建设的前提。公路施工标准化充分利用工厂化、集约化的资源配置,提高效率,保证企业的管理水平和行业水平,可以解决施工过程中由于不规范造成的质量、进度、安全、环保和水保等问题。公路工程施工项目不同于其他一般性项目,它除了具有一般项目的特点外,还具有投资额大、线路长、施工周期长、施工环境复杂、交叉作业、施工人员流动性大、管理难等特点。

运用 BIM 实现施工标准化,通过 BIM 技术动态管理标准化施工现场,制订施工计划,精确掌握施工进度,优化使用施工资源,科学地进行场地布置,对施工进度、资源和质量进行统一管理和控制,可以减少返工及二次搬运现象,缩短工期,降低成本,提高工程质量。

第一节　场站建设标准化

场站建设是公路工程建设的基础工作,大型集中场站标准化建设在资源节约、成本管控、形象提升等方面均有较大的经济效益及社会效益,如各大型临时场站的标准化建设,是高速公路建设过程中整体形象的直接体现。其蕴含的集约化管理,工厂化、集中化、专业化生产的理念,是公路工程建设飞速发展的趋势所在,值得应用和推广。

场站现场平面布置的重点:合理布置各功能区及有效利用现场场地。场地分析是研究影响建筑物定位的主要因素,是确定建筑物的空间方位和外观、建立建筑物与周围景观联系的过程。在规划阶段,场地的地貌、植被、气候条件都是影响设计决策的重要因素,需通过场地分析来对景观规划、环境现状、施工配套及建成后交通流量等影响因素进行评价及分析。

一、场站总体规划

场站一般包括拌和站、钢筋加工场、预制场、驻地等。

1. 场站选址的原则

场站选址应遵循"因地制宜,节约土地,保护环境,安全可靠,规范有序,功能完备,布设合理,满足生产,方便生活"的原则,应符合国家环水保相关规定,避开易发地质灾害、水害及其他灾害的位置;施工单位应在建站前组织现场调查,并按照指导性施工组织设计编制建站方案,确定设备配套、场地布局及环水保措施,确保建站安全,保证生产能力满足工程需要。场站选址不当,会增加场地费用及运费,不利于安全性和施工协调性,会带来安全隐患和污染问题。

场站选址应满足用地合法,周围无塌方、滑坡、落石、泥石流、洪涝等地质灾害;无高频、高压电源及其他污染源;离集中爆破区500m以外,不得占用规划的取、弃土场。

2. 场站建设基本要求

(1)施工材料存放场地应与拌和站、钢筋加工场、预制场等配套建设。施工单位进场后,应根据实际需要进行施工材料存放的选址与规划,明确其设置规模及位置等。

(2)场站临时用电应符合《施工现场临时用电安全技术规范》的有关规定,并按相关标准设置。

(3)场站消防设施应满足《建设工程施工现场消防安全技术规范》的有关规定,配置相应的消防安全标识和消防安全器材,并经常检查、维护、保养。

(4)施工机械设备产生的废水、废油及污水应经过处理,不得直接排入河流、湖泊或其他水域中,不得排入饮用水源附近的土地中。

(5)拌和站、钢筋加工场、预制场内标识、标牌设置明确、清晰,项目全线宜统一。

3. 采用的先进技术手段

1)基于BIM技术进行场站布置的优点

传统的布置方法是采用二维平面图布置,通过图纸进行尺寸标注,依据现场施工人员的经验进行排布,但在空间的排布中不可能做到万无一失,存在定量分析不足、主观因素影响大、无法处理大量数据信息等弊端。基于BIM模型及理念,采用BIM技术对场地及拟建建筑物进行建模,可直观地查看效果,在规划阶段即可评估场地的使用条件和特点,确定最理想的场地规划、交通流线组织关系、建筑布局等关键决策,为后续施工奠定基础,提高施工效率及质量,从而做到绿色施工、节能减排。

2)BIM技术在场站布置中的功能

运用BIM技术三维反映施工场地布置,可以协助施工场地布置方案的优化。对施工现场的邻舍、各生产操作区域、大型设备安装,通过3D模型以动态的方式进行合理布局,确定最佳布局方案;通过虚拟交底使员工对施工现场的准备及施工各区域有切身了解;运用BIM技术对生产性施工设施和生活性施工设施以及建设项目施工必备的安全、防火和环境保护设施,在进场前进行事先预演,得到更佳的布置方案。

BIM技术最大的特点为可视化,通过二维至三维模型的转换将建筑施工过程从图纸上立起来。根据目前的模型应用状况,从远处浏览模型或者说渲染几张效果图并不能为用户带来实质效果,应用BIM技术则让用户身临其境地在模型中感受效果,根据现实中的活动范围查找场地布局中不合理及需要调整的部位。如图2-1所示为某公路项目场站漫游系统。

(一)拌和站建设

拌和站选址除应符合一般规定外,还要结合主要构造物分布、运输条件、用电、用水等综合因素,根据工程实际情况集中布置,宜采用封闭式管理,四周设置围墙,入口设置彩门和值班室。涉及人身安全的区域要设置安全防护装置,附近有居民区的情况,作业时要满足《建筑施工场界环境噪声排放标准》(GB 12523—2011)的规定。尽量靠近主体工程施工部位,做到运输便利、经济合理,并远离生活区、居民区,尽量设在生活区、居民区的下风向。

图 2-1 某公路项目场站漫游系统图

1. 拌和站总体布置

拌和站按照规划分为 3 个区,即办公区、生活区、生产区。

(1)拌和站建设应综合考虑施工生产情况,合理划分拌和作业区、材料计量区、材料库、运输车辆停放区、试验区、集料堆放区及生活区,内设洗车池(洗车台)、污水沉淀池和排水系统。生活区应与其他区隔离,生活用房按照驻地建设章节相关标准建设。

(2)拌和站场地面积、搅拌机组配置及产能应满足生产、施工需求和工程进度要求,一般不低于表 2-1 规定。

拌和站建设标准　　　　　　　　　　表 2-1

拌和站类型	场地面积(m²)	每个拌和站搅拌机组最低配置
水泥混凝土拌和站	5000	2 台拌和机(每台至少有 3 个水泥罐、4 个集料仓)
沥青混合料拌和站	35000	1 台拌和机(每台至少有 3 个沥青罐、2 个矿粉罐、冷热集料仓各 5 个)
水稳拌和站	15000	1 台拌和机(每台至少有 3 个水泥罐、4 个集料仓)

(3)场内路面只做硬化处理,主要运输道路应采用不小于 20cm 厚的 C20 混凝土硬化,基础不好的道路应增设碎石掺石屑垫层。场内排水值按照"中间高,四周低"的原则预设不小于 1.5% 的排水坡度,四周宜设置砖砌排水沟,并采用 M7.5 砂浆抹面。

(4)原材料堆放应符合以下要求:

①用于工程的砂石料应按级配要求,不同粒径、不同品种分场存放,需在醒目位置设置材料标识牌,并采用不小于 30cm 厚的混凝土隔墙等构造物分隔,隔墙高度应确保不串料(一般不小于 2.5m)。

②水泥混凝土、路面面层储料场应用混凝土进行硬化处理,路面基层储料场可用水稳材料进行硬化处理。储料场底部应高于外部地面,修筑成向外的顺坡(不小于 3%),并在料场口设置排水沟,防止料场积水。

③水泥混凝土、路面面层储料场应搭设顶棚,禁止太阳直接照晒或雨淋,顶棚宜采用轻型钢结构,高度应满足机械设备操作空间(一般不宜小于7m),并满足受力、防风、防雨、防雪等要求。路面基层储料场应采取切实有效措施防止石料遭受雨淋,宜采用彩条布进行覆盖。

(5)所有拌和机的集料仓应搭设防雨棚,并设置隔板,隔板高度不宜小于50cm,确保不串料。

(6)作业平台、储料仓、集料仓、水泥罐等涉及人身安全的部位均应设置安全防护装置。传动系统裸露的部位应有防护装置和安全检修保护装置。

(7)专人定期进行拌和站的清理和打扫,保持拌和站内卫生。每次拌和作业完成后,及时清洗机具,清理现场,做到场地整洁。

(8)临近居民区施工产生的噪声应符合现行的《建筑施工场界环境噪声排放标准》(GB 12523—2011)的规定。

(9)应根据需要设置机动车辆、设备冲洗设施、排水沟及沉淀池,施工污水处理达标后方可排入市政污水管网或河流。

(10)砂石料场底部、上料台、上料输送带下部废料应经常性清理并保持清洁,严禁装载机铲料时铲底。地面应定期洒水,对粉尘源进行覆盖遮挡。

(11)水泥、粉煤灰等材料进料时,应保证材料罐顶的密封性能,预留通气孔应设有降尘措施。

(12)沥青混合料拌和站推荐设置碎石加工除尘与石灰水循环水洗,确保集料洁净无杂质。

(13)拌和站各罐体宜连接成整体,安装缆风绳和避雷设施,每一个罐体应喷涂成统一颜色,并绘制高速公路项目名称以及施工单位简称,两者竖向平行绘制,颜色(建议采用白底蓝字)、字体醒目。

(14)依据施工调查报告,拌和站的数量、位置和规模应根据合同、运输距离和工程条件、供应强度、拌和物使用时间等,经技术经济比较后确定拌和站建设方案,方案内容包括建站数量、规模、位置、占地面积、功能区划分、场内道路布置、排水设施布置、水电设施设置及施工设备的型号数量等。规划方案报子、分公司,监理,业主审批。

(15)施工因条件限制(如长隧道、跨大江大河、长便道等)无法满足要求的,由项目部提出增设拌和站的具体方案,报上级公司、监理及业主审批后实施。

(16)拌和站必须配备足够的混凝土搅拌车和混凝土泵送车,同时根据拌和机的功率配备相应的备用发电机,确保施工高峰期进行混凝土不间断供应,满足混凝土高峰作业的需要。

(17)拌和站建设应综合考虑施工生产情况,合理划分生活区、拌和作业区、材料计量区、材料库及运输车辆停放区等,拌和站生活区应同其他区隔离开。各区场地均进行硬化处理,生活区的建设参考项目部生活区的建设。

(18)拌和站宜设置视频监控系统。

(19)生产、生活营地的消防、安全设施应齐全到位,并做好临时雨水、污水排放以及垃圾处理,以防止污染环境。工程交工后,应及时恢复驻地原貌(另有协议除外)。

(20)拌和站的计量设备应通过当地计量部门标定后方可投入生产,使用过程中应不定期进行复检,确保计量准确。

(21)拌和站建成后,应经过驻地监理验收,形成正式的验收报告后方可投入使用。

2. 营地建设标准

1) 办公区

(1) 营地建设经济、合理、适用,其规模和标准应与工程规模、地理位置相匹配。

(2) 拌和站办公区、生活区的建设参考项目部生活区的建设,必须结合企业形象宣传和企业文化建设统筹考虑。办公区室内、室外地坪进行硬化,室外场地进行适度美化和绿化。办公设施配备规划整齐、标准统一。办公室门口设置规格统一、视觉醒目的门牌。

(3) 办公区内设置会议室及停车场,会议室以不低于 20 人的标准设置,停车场车位不少于 6 个。

(4) 拌和站围墙、大门以及临时建筑(含办公室、试验室)等营地周围设置围墙且开启方便的大门,围墙采用不低于 2m 的砖砌围墙或通透式围栏进行封闭,砖混结构墙体下部设 0.5m 高的墙裙。围墙应做到坚实、稳固、整洁、美观。

拌和站房屋采用拼装式活动房屋的,搭建不得超过 2 层,屋顶排水畅通;砖混结构墙体下部设 0.5m 高的墙裙,周围有排水沟,保证不积水。

(5) 办公区内设置资料管理室,各种资料定期分类归档、专人集中管理。

(6) 拌和站试验室依据经理部试验室要求进行建设。

(7) 业主或合同中对营地建设有统一规定的,服从业主或合同规定。

2) 生活区

(1) 生活区应设施齐全,包括员工宿舍、职工食堂、餐厅、锅炉房、浴室、娱乐室、厕所等,室内场地硬化、室外进行绿化。

(2) 员工宿舍设施配备统一。宿舍内有必要的生活空间,每间宿舍居住人员不得超过 4 人,依据项目部住宿标准建立。

(3) 生活区内设置专门的洗衣房和集中的衣物晾晒场。

(4) 职工食堂建设应满足卫生标准要求。应设置在远离厕所、垃圾站、有毒有害场所等污染源的地方。食堂有独立的制作间、储藏间。制作间灶台及其周边贴瓷砖,所贴瓷砖高度大于 1.5m,地面应做硬化和防滑处理。粮食存放台距墙和地面大于 0.2m。同时配备排风设施和冷藏设施。餐厅满足对外接待需要。

(5) 设置带围护的垃圾集中堆放点,并定期进行清理处理。

(6) 厕所设置在相对隐蔽的位置,具备条件的设置成半冲水式厕所并定期进行打扫、清理和消毒处理。

3) 生产区

(1) 生产区集中拌和场、材料堆放场等场地硬化,各种材料堆放要分区并设置相应的隔离、防尘、防潮、防污染等措施。

(2) 生产房屋采用砖混房屋时,屋架及屋面材料应统一标准。

(3) 营地建设符合环保要求,与周围环境相协调,满足"安全、文明施工管理标准""质量、环境、职业健康安全管理标准"的要求。

3. 拌和设备及配套设施建设标准

(1) 根据批准后的方案进行配置。拌和设备、蓄水池、锅炉房和粉罐等设施设备基础及规模必须按照厂家及设计方案要求实施。

(2)蓄水池一般存量达到 100～150m³,存量为拌和站最大产能所需水量的 50% 以上,蓄水池采用下埋式,露出地面约 1～1.5m(防止跌落),蓄水池顶部加盖进行封闭。

(3)拌和楼采用彩钢板全封闭,上下设梯步和扶手,拌和楼下料口距离地面满足罐车进出要求。

(4)使用散装水泥、矿粉的拌和站,要设水泥、矿粉储存罐,根据用量选定储罐容量,配合电脑自动输出。

①混凝土拌和应采用强制式拌和机,单机生产能力不宜低于 90m³/h。拌和设备应采用质量法自动计量,水、外掺剂计量应采用全自动电子称量法计量,禁止采用流量或人工计量方式,保证工作的连续性、自动性,且具备电脑控制及打印功能。减水剂罐体应加设循环搅拌水泵。

②水稳拌和应采用强制式拌和机,设备具备自动计量功能,一般设自动计量补水器加水,生产能力不宜低于 400t/h。

③沥青混合料采用间歇式拌和机,配备计算机及打印设备,生产能力不宜低于 240t/h。

④拌和站计量设备应通过当地有关部门标定后方可投入生产,使用过程中应不定期进行复检,确保计量准确。控制室安装 1 台分体式空调,保证各部电气元件正常工作。

⑤拌和站应根据拌和机的功率配备相应的备用发电机,确保拌和站有可靠的电源使用。

(5)各类粉罐布置于搅拌机周围呈半圆状或圆弧状,粉罐大小和数量根据产能进行配置,粉罐大小以 150～200t 为宜,其直径、高度考虑倒运必须根据进出道路通行条件而定;粉罐必须按《建筑物防雷设计规范》(GB 50057—2010)的规范要求安装避雷设施。

(6)所有拌和站必须达到 4 仓式自动计量标准,粗集料按 3 种以上粒级(具体级配参照相关规范或设计要求)进行采集和掺配。

(7)拌和站基础与罐体支架连接预埋件应按临时结构进行专门设计并进行评审,防止罐体产生过多不均匀沉降及风载造成的倾覆。

4. 场地处理标准

(1)拌和站应根据工程实际情况集中布置,宜采用封闭式管理,四周设置围墙,材料堆放区、拌和区、作业区应分开或隔离。

(2)拌和站的所有场地必须进行混凝土硬化清光处理,必须使用不小于 15cm 的厚片、碎石垫层,不小于 10cm 厚的 C15 混凝土进行混凝土硬化处理。

(3)拌和站的一般行车道路硬化,必须使用不小于 15cm 的厚片、碎石垫层,不小于 15cm 厚的 C20 混凝土进行混凝土硬化处理。

(4)大型作业区(如沥青拌和站)、重车行车道路硬化,必须使用不小于 15cm 的厚片、碎石垫层,不小于 20cm 厚的 C20 混凝土进行混凝土硬化处理。

(5)场地硬化按照"四周低,中心高"的原则进行,面层排水坡度不应小于 1.5%,场地四周应设置排水沟,排水沟底面采用 M7.5 砂浆进行抹面,做到雨天场地不积水、不泥泞,晴天不扬尘。

(6)场地选择应遵循永临结合、因地制宜的原则。充分考虑原材料进场及混凝土运输等因素,尽量靠近主体工程施工部位,减少混凝土运输距离;尽量靠近电力线路,并且有足够容量的地带;拌和站周围必须有满足施工需要的水源,且远离居民区;尽量少占农田、林地;应符合环保、水保等国家及地方政府有关法律法规及相关要求。

（7）排水系统可分为集中排水和散放排水,其设计必须考虑场地地形、平面布局等因素,一般根据地形初步选定排水方向定向排水,总体由搅拌机的后部向前部出料位置排放,排水坡坡度一般不少于 1.5%。集中排放采用地埋式砖砌排水沟,排水沟截面为 30cm 宽,深度根据排水坡度而定,一般地段盖板采用 10cm 钢筋混凝土,排水沟尽量减少与站内道路交叉,确需交叉时盖板加厚至 20cm 或采用钢栅栏。

5. 拌和站库房建设标准

（1）拌和站库房包括水泥、矿粉、外加剂、油库、锅炉房等。库房的面积按照 $1.5t/m^2$ 的标准建设。

（2）各项目部原则上使用散装水泥。若不具备使用散装水泥的情况下使用袋装水泥时,应建造库房存放。

（3）各类库房内不同品种、不同批次、不同生产日期的水泥、矿粉、外加剂应分区堆放,并根据不同的检验状态和结果采用统一的材料标识牌进行标识。

（4）库房内应建立详细的水泥、矿粉、外加剂调拨台账,使物资的使用具有一定的可追溯性。

（5）外加剂库房内有保暖和降温措施。库房内外加剂的存放高度不应超过 2.0m。

（6）锅炉房一般设置于斜皮带侧下方的蓄水池旁,锅炉房必须进行封闭,加热水锅炉为 5t。

（7）变压器房根据电力线路与拌和站的位置关系而定,尽量靠近于拌和站搅拌楼附近。

（8）油库除拌和站使用外还兼具项目部的油库,一般位于拌和站的角落处并采用地埋式,必须在当地公安局和安监局备案,其上部设置加油机。

6. 拌和站堆料场建设标准

（1）凡用于工程的砂石料应按配料要求,不同粒径、不同品种分仓存放,不得混堆或交叉堆放,并设置明显标志,分隔墙砌筑高不小于 2.0m、宽不小于 40cm,隔墙高度应确保不串料（一般不小于 2.5m）。水泥混凝土、路面面层储料场应用混凝土进行硬化处理,采用水泥砂浆抹面,路面基层储料场可用水稳材料进行硬化处理。料场底部应高于外部地面,修筑成向外顺坡（不小于3%）,并在料场口设置排水沟,防止料场积水。

（2）水泥混凝土、路面面层储料场应搭设顶棚,禁止太阳直接照晒或雨淋,顶棚宜采用轻型钢结构,高度应满足机械设备操作空间（一般不宜小于 7m）,并满足受力、防风、防雨、防雪等要求。路面基层储料场应采取切实有效措施防止石料遭受雨淋,宜采用彩条布进行覆盖。

（3）应严格按照规定对现场材料进行标识,标识内容应包括材料名称、产地、规格型号、生产日期、出产批号、进场日期、检验状态、进场数量、使用单位等,并根据不同的检验状态和结果采用统一的材料标识牌进行标识。

（4）料仓的容量应满足最大单批次连续施工的需要,并留有一定的余地,另外还应满足运输车辆和装载机等作业要求。

（5）包括储料斗在内的所有地材存放场地必须加设轻型钢结构顶棚,钢结构顶棚起拱线高度为 7m。

（6）所有集料分批验收,验收合格的材料方可进场。

(7)料仓在设计和施工时必须考虑冬期保暖和加温的设施,一般来说,采用地辐热或暖气管道加热达到冬期材料温度要求,锅炉根据需要最小采用5t常压锅炉,地辐热管道在硬化场地时就需考虑,其管道距离混凝土地面15cm为宜,其下部为10cm混凝土基础,暖气管道与料仓隔墙同时施工,砌筑或现浇墙体时将管道与墙体融为一体并置于墙体外立面。

(8)根据场地条件合理设置废水沉淀池和洗轮池,布设排水系统,设置明显标识。污水池和沉淀池四周采用铁栅栏进行围挡并设警示牌。

(9)需考虑材料冲洗设备和场地,碎石冲洗场地位于沉淀池附近,便于排水。

7.标识、标牌

1)标牌

拌和站在醒目的位置设立"五牌一图",即工程概况牌、管理人员名单及监督电话牌、消防保卫牌、安全生产牌、文明施工牌和施工现场平面布置图,同时应设置宣传牌、黑板报、读报栏、公示栏等,其标准应按照现行集团公司视觉管理(识别)系统及业主相关要求标准统一制作。

2)标识

拌和站合理划分拌和作业区、材料计量区、材料库及运输车辆停放区等,各区域在醒目的位置设置区域标识牌及其他标志牌,如拌和站指示牌、材料标识牌、混凝土配合比标志牌、安全警示牌、拌和站操作规程标志牌等,其标准应按照现行集团公司视觉管理(识别)系统及业主相关要求标准统一制作。

8.环保及消防要求

(1)施工机械设备产生的废水、废油及生活污水不得直接排入河流、湖泊或其他水域中,也不得排入饮用水附近的土地中,必须按规定排入污水池和沉淀池,并且对沉淀池要适时进行清理。

(2)水泥、粉煤灰等材料进料时,要注意材料罐顶的密封性能,当粉尘较大时,应暂时停止上料,待处理完后方可继续。

(3)拌和楼按全封闭设置,减少或防止灰尘污染空气。临近居民区施工产生的噪声不应大于现行的《建筑施工场界环境噪声排放标准》(GB 12523—2011)的规定,否则应进行监控。

(4)安全用电,配齐消防设施。

9.拌和站建设的BIM技术应用实例

图2-2为某项目拌和站三维场站布置图,在进行拌和站布置规划时,通过BIM技术将场地平面布置的图纸绘制成三维模型。混凝土拌和站内建设有:骨料待检仓、骨料合格仓(全部料仓含轻型钢管格栅封闭雨棚)、环形道路、配电房、办公室、生活房屋、七级沉淀池、污水处理站、混凝土生产配套设施、筛砂洗石设施、车辆清洗设备、停车区和排水系统等。

(二)预制场建设

1.预制场总体布置

预制场划分为办公生活区、制梁区、存梁区、构件加工区域,如图2-3所示。

预制场场地选址除应符合一般规定外,还应满足以下要求:

(1)原则上不宜设在主线征地范围内,若确实存在用地困难等特殊情况需要将预制场设于主线征地范围内时,应报项目建设单位审批。

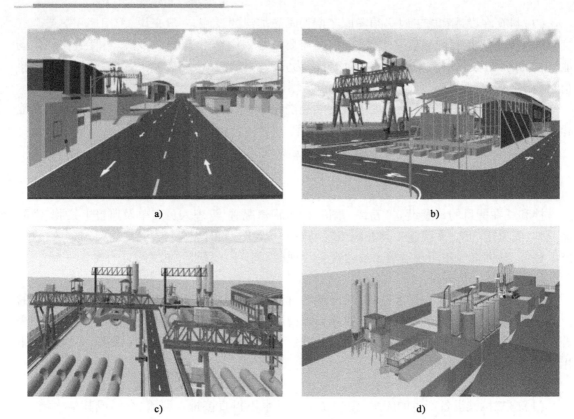

图 2-2 某项目拌和站三维场站布置图

图 2-3 预制场

(2)选址以方便、合理、安全、经济及满足工期为原则,结合施工合同段所属预制梁板的尺寸、数量、架设要求以及运输条件等情况进行综合选址。

2. 营地建设

预制场分为 3 个区,即办公区、生活区、生产区。设置围护及大门,办公区、生活区、生产区要分开围护。围护采用砖围墙或铁栅栏。

1)办公区

(1)办公及生活房屋原则上采用彩钢房,生产房屋采用砖混房屋,屋架及屋面材料应统一。

(2)办公区室内、室外地坪进行硬化,室外场地进行适度美化和绿化。设置办公室、试验室、会议室、资料管理室。

(3)办公区内必须设置会议室及停车场,同时应设置资料管理室,各种资料定期分类归档、专人集中管理。

(4)办公室门口应设置规格统一、视觉醒目的门牌,如图2-4所示。

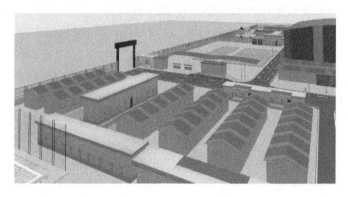

图2-4 办公区

2)生活区

(1)生活区包括员工宿舍、职工食堂、餐厅、锅炉房、浴室、娱乐室、厕所等,室内场地必须硬化,室外进行适当绿化,如图2-5所示。

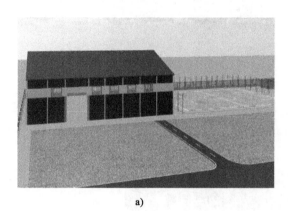 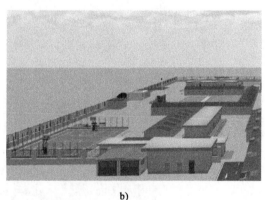

a)   b)

图2-5 生活区

(2)员工宿舍设施应配备统一,推行公寓化管理。宿舍内应保证有必要的生活空间,室内净高不得小于2.4m,通道宽度不得小于0.9m,每间宿舍居住人员不得超过4人,宿舍必须设置可开启式窗户,严禁使用通铺。

(3)职工食堂建设应满足卫生标准要求。应设置在远离厕所、垃圾站、有毒有害场所等污染源的地方。食堂应设置独立的制作间、储藏间。制作间灶台及其周边应贴瓷砖,所贴瓷砖高度不宜小于1.5m,地面应做硬化和防滑处理。粮食存放台距墙和地面应大于0.2m。配备必要的排风设施和冷藏设施。餐厅设置标准应适当提高,满足对外接待需要。

(4)厕所应设置在相对隐蔽的位置,具备条件的应设置成冲水式厕所并定期进行打扫、清理和消毒。设置带围护的垃圾集中堆放点,并定期进行清理。

3)生产区

(1)生产区由保障区、制梁区、存梁区、装梁区(装车区)组成。

(2)保障区:主要实现预制场各种材料、物资、电力、水、蒸汽等的保障和供给功能;主要由砂石料场、钢筋存放加工区、工程试验室、变压站、混凝土搅拌站、锅炉房、水站等组成。

(3)制梁区:主要实现预制预应力混凝土桥梁的预制和初张拉等功能,制梁区主要包含钢筋制作区、钢筋存放区、钢筋绑扎区、制梁台座、钢筋绑扎台座、模板清理存放区、蒸养棚罩存放区、门吊轨道基础等。

(4)存梁区:主要实现预制预应力混凝土桥梁的终张拉、压浆、存储、检测、桥面防水层、保护层制作等功能。存梁区包括存梁台座和提梁机行走便道。

(5)注浆及张拉必须采用智能控制系统,张拉作业中应设置可移动式钢板防护设施。

(6)装梁区(装车区):主要实现预应力混凝土简支桥梁装车发运工作,通过专用运输车辆运送到指定桥位,等待架设,装梁区设有装梁专用龙门吊,用于提梁上车。

(7)生产区各个单元均必须有单独的设计。保障区、制梁区地面均需经过硬化处理。如图2-6所示。

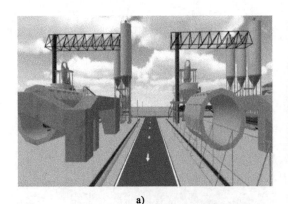

a)

b)

c)

图2-6 生产区

3. 场地建设规定

(1) 预制场布置要符合工厂化生产的要求,道路和排水畅通,场地四周用砖砌围墙(或通透式围栏)。预制场的所有场地必须进行混凝土硬化清光处理,必须使用不小于 15cm 的厚片、碎石垫层,不小于 10cm 厚的 C15 混凝土进行路面混凝土硬化处理;预制场的一般行车道路硬化,必须使用不小于 15cm 的厚片、碎石垫层,不小于 15cm 厚的 C20 混凝土进行路面混凝土硬化处理。

(2) 预制梁场应尽量按照"工厂化、集约化、专业化"的要求规划建设,每个预制梁场预制的梁板数量不宜少于 300 片(见图 2-7)。若个别受地形、运输条件限制的桥梁梁板需单独预制,规模可适当减小,但钢筋骨架定位胎膜、自动喷淋养护等设施仍应满足施工生产要求。

a)

b)

图 2-7 预制梁场

(3) 场地硬化按照"四周低,中心高"的原则进行,面层排水坡度不应小于 1.5%,场地四周应设置排水沟,排水沟底面采用 M7.5 砂浆进行抹面,做到雨天场地不积水、不泥泞,晴天不扬尘。

(4) 办公区、生产区、操作工的生活区等,要做到区域功能分明。办公生活区建设可参考项目部办公生活区建设,办公室、围墙、大门按照项目部的风格和标准建设。预制场还应设置视频监控系统。

(5) 变压器设置的安全距离要符合相关规范规定。所有的电气设备按安全生产的要求进行标准化安装,所有穿过施工便道的电线路采用从硬化地面下预埋管路穿过或架空穿越。

(6) 场地内必须根据梁体养生时间及台座数量设置足够的梁体养生用的自动喷淋设施,喷淋水压加压泵应能保证提供足够的水压,确保梁体的每个部位均能养护到位,尤其是翼缘板底面及横隔板部位。养护用水须进行过滤处理,避免出现喷嘴堵塞现象,并且管道埋入地下。

(7) 预制场应靠近混凝土拌和站,并远离办公生活区。

(8) 预制梁的台座强度应满足张拉要求,台座尽量设置于地质较好的地基上;对软土地基的台座基础要进行加强;台座与施工主便道要有足够的安全距离。

(9) 底模采用钢板,不得采用混凝土底模,钢板厚度应为 6~8mm,并确保钢板平整、光滑,及时涂脱模剂,防止吊装梁体时,由于黏结而造成底模"蜂窝""麻面"。

(10) 预制台座、存梁台座间距应大于 1.5 倍模板宽度,以便吊装模板。预制台座与存梁台座数量应根据梁板数量和工期要求来确定,并要有一定的富余度。

(11)台座两侧用红油漆标明钢筋间距且设置钢筋定位骨架。

(12)用于存梁的枕梁可设在离梁两端面各 50~80cm 处,且不影响梁体吊装的位置。支垫材质必须采用承载力足够的非刚性材料,且不污染梁底。

(13)横隔梁的支撑优先选用固定式底座,底座与 T 梁台座同步建设。

4. 设备配置及管理

依据预制场设计要求配置机械设备,按要求进行进场、安装调试、验收、使用、维护、保养工作。

5. 标识标牌

1)标牌

醒目的位置设立"五牌一图"即工程概况牌、管理人员名单及监督电话牌、消防保卫牌、安全生产牌、文明施工牌及施工现场平面布置图。其他如宣传牌、黑板报、读报栏、公示栏等,其标准应按照现行集团公司视觉管理(识别)系统及业主相关要求标准统一制作,如图 2-8 所示。

图 2-8 标牌

2)标识

(1)各区域在醒目的位置设置区域标识,标志牌,其标准应按照现行集团公司视觉管理(识别)系统及业主相关要求标准统一制作,如图 2-9 所示。

(2)制梁区混凝土拌和站、制梁区、存梁区、构件加工区等各生产区域,应在醒目的位置布置醒目的标识牌。

(3)生产辅助区包括混凝土拌和站、砂石料存放区、锅炉房、存煤场、钢构件存放区、钢绞线存放区、材料库房、机修区及备用发电机房等;各区域均设有明显的标识标志牌。

(4)构件加工区的各种加工设备均挂设"安全操作规程牌",电动设备挂设"当心触电"警示牌。

(5)加工车间的进出口处挂设"施工重地,闲人免进"警示牌。

(6)在龙门吊机下方相应位置,挂设"当心吊物""禁止停留""注意安全"等警示牌,在醒目位置挂设驾驶员岗位职责牌、岗位安全操作规程牌。

(7)张拉台座两端设置防护装置,并悬挂"张拉危险,请勿靠近"安全警示标志。

(8)制梁厂锅炉房宜靠近制梁台座设置,门口侧面墙上悬挂"锅炉重地,闲人免进"的标识牌,房内醒目位置张挂安全操作规程牌和安全警示牌。

(9)按项目经理部的管理信息系统的要求,在梁场范围内需设置视频监控系统。

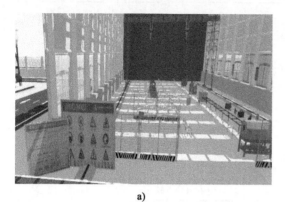

a) b)

c)

图 2-9 标识

建设单位驻地标识标牌设置标准见表 2-2。

建设单位驻地标识标牌标准 表 2-2

标识名称	尺寸(长×宽,cm×cm)	颜色、字体要求	标识内容及要求	设置位置
项目名称牌	250×35(竖牌)	金底黑字	建设项目名称及单位名称	驻地大门
党工委名称牌	250×35(竖牌)	金底红字		驻地大门
办公室门牌	25×10	金底红字		各办公室门墙上
宿舍门牌	15×10	金底红字		各宿舍门墙上
项目管理制度牌(含职责牌)	80×60	白底黑字	岗位职责、管理制度,要求牌底部有单位名称	办公室、会议室
廉政监督牌	200×150	白底黑字	廉政制度、领导小组、监督小组及监督电话	会议室或驻地院内
工程简介牌	200×150	蓝底白字		会议室或驻地院内

续上表

标 识 名 称	尺寸(长×宽,cm×cm)	颜色、字体要求	标识内容及要求	设 置 位 置
安全保障体系	200×150	蓝底白字		会议室
质量保证体系	200×150	蓝底白字		会议室
消防保卫牌	200×150	蓝底白字	底部应标有火警电话119	会议室或驻地院内
项目平面图	400×150	蓝底白字		会议室或驻地院内
宣传栏	240×120(单窗)		可设置多窗	驻地院南

监理单位驻地标识标牌设置标准见表2-3。

监理单位驻地标识标牌标准　　　　　　　　　　　　表2-3

标 识 名 称	尺寸(长×宽,cm×cm)	颜色、字体要求	标识内容及要求	设 置 位 置
监理机构标识牌	250×35(竖牌)	金底黑字	项目名称及监理名称	驻地大门
党工委名称牌	250×35(竖牌)	金底红字		驻地大门
办公室门牌	28×10	金底红字		各办公室门墙上
宿舍门牌	18×10	金底红字		各宿舍门墙上
监理管理制度牌（含职责牌）	80×60	白底黑字	岗位职责、管理制度,要求牌底部有单位名称	办公室、会议室
廉政监督牌	200×150	白底黑字	廉政制度、领导小组、监督小组及监督电话	会议室或驻地院内
工程简介牌	200×150	蓝底白字		会议室或驻地院内
安全保障体系	200×150	蓝底白字		会议室
质量保证体系	200×150	蓝底白字		会议室
消防保卫牌	200×150	蓝底白字	底部应标有火警电话119	会议室或驻地院内
施工平面图	400×150	蓝底白字		会议室或驻地院内
宣传栏	240×120(单窗)		可设置多窗	驻地院内

项目部驻地标识标牌设置标准见表2-4。

项目部驻地标识标牌标准　　　　　　　　　　　　表2-4

标 识 名 称	尺寸(长×宽,cm×cm)	颜色、字体要求	标识内容及要求	设 置 位 置
项目名称牌	250×35(竖牌)	金底黑字	项目名称及合同段名称	驻地大门
党工委名称牌	250×35(竖牌)	金底红字		驻地大门
办公室门牌	28×10	金底红字		各办公室门墙上
宿舍门牌	18×10	金底红字		各宿舍门墙上
项目管理制度牌（含职责牌）	80×60	白底黑字	岗位职责、管理制度,要求牌底部有单位名称	办公室、会议室

续上表

标识名称	尺寸(长×宽,cm×cm)	颜色、字体要求	标识内容及要求	设置位置
廉政监督牌	200×150	白底黑字	廉政制度、领导小组、监督小组及监督电话	会议室或驻地院内
工程简介牌	200×150	蓝底白字		会议室或驻地院内
安全保障体系	200×150	蓝底白字		会议室
质量保证体系	200×150	蓝底白字		会议室
施工组织体系	200×150	蓝底白字		会议室
文明施工牌	200×150	蓝底白字		会议室或驻地院内
消防保卫牌	200×150	蓝底白字	底部应标有火警电话119	会议室或驻地院内
施工平面图	400×150	蓝底白字		会议室或驻地院南
工程立体效果图	400×150	白底彩图		会议室或驻地院南
宣传栏	240×120(单窗)		可设置多窗	驻地院内

试验室标识标牌设置标准见表2-5。

试验室标识标牌标准　　　　　　　　　　表2-5

标识名称	尺寸(长×宽,cm×cm)	颜色、字体要求	标识内容及要求	设置位置
土地试验室标识牌	80×60(横牌)	金底黑字	母体试验检测机构名称+建设项目合同段名称+工地试验室	驻地大门
办公室门牌	25×10	金底红字		各室门墙上
宿舍门牌	18×10	金底红字		各宿舍门墙上
管理制度牌（含职责牌）	80×60	白底黑字	岗位职责、管理制度，要求牌底部有单位名称	办公室、会议室
试验操作规程牌	80×60	蓝底白字		各仪器设备上方
消防保卫牌	200×150	蓝底白字	底部应标有火警电话119	会议室或驻地院内

拌和站标识标牌设置标准见表2-6。

拌和站标识标牌标准　　　　　　　　　　表2-6

标识名称	尺寸(长×宽,cm×cm)	颜色、字体要求	标识内容及要求	设置位置
拌和站简介牌	200×150	蓝底白字	拌和的数量、供应主要构造物情况及质量、安全保障体系等	场地入口处
混凝土配合比牌	150×120	蓝底白字		拌和楼旁
材料标识牌	60×50	蓝底白字		材料堆放处

续上表

标 识 名 称	尺寸(长×宽,cm×cm)	颜色、字体要求	标识内容及要求	设 置 位 置
操作规程	80×60	蓝底白字	各机械设备操作要求	机械设备旁
消防保卫牌	200×150	蓝底白字	底部应标有火警电话119	场内
安全警告警示牌	按国标制作			各作业点

钢筋加工场标识标牌设置标准见表2-7。

钢筋加工场标识标牌标准 表2-7

标 识 名 称	尺寸(长×宽,cm×cm)	颜色、字体要求	标识内容及要求	设 置 位 置
加工场简介牌	200×150	蓝底白字	钢筋加工的数量、供应主要构造物情况及质量、安全保障体系等	场地入口处
材料标识牌	60×50	蓝底白字		材料堆放处
操作规程	80×60	蓝底白字	各机械设备操作要求	机械设备旁
钢筋大样图	60×50	蓝底白字	所加工钢筋的尺寸、型号及使用部位等	钢筋(半)成品旁
消防保卫牌	200×150	蓝底白字	底部应标有火警电话119	场内
安全警告警示牌	按国标制作			各作业点

注:表中各标识标牌的尺寸、字体、颜色、标识内容以及设置位置仅作参考,各项目可做相应调整。

6. 安全、环保

(1)预制场布置应符合防火、防雷电等安全规定及文明施工的要求。预制场生产区、生活区、功能保障区、装梁区必须布置合理,并有充分的消防、安全措施。消防设施不得乱用。

(2)施工机械设备产生的废水、废油及生活污水不得直接排入河流、湖泊或其他水域中,也不得排入饮用水附近的土地中。必须按规定排入污水池和沉淀池。

(3)预制场采用半封闭式办公,减少现场施工粉尘、噪声及生活、建筑垃圾对周边环境造成的影响,垃圾集中统一处理。

(4)水泥、粉煤灰等材料进料时,要注意材料罐顶的密封性能,当粉尘较大时,应暂时停止上料,待处理完后方可继续。

(5)拌和楼按全封闭设置,减少或防止灰尘污染空气。临近居民区施工产生的噪声不应大于现行的《建筑施工场界环境噪声排放标准》(GB 12523—2011)的规定,否则应进行监控。

(6)为减少噪声影响,机械设备选型配套时优先考虑低噪声设备,尽可能采取液压设备和摩擦设备代替振动式设备,并采取消声、隔音、安装防振底座等措施。

(7)加工场地、道路、营地边界清楚,排水畅通,临时运输道路经常洒水湿润,减少道路扬尘。

(8)预制场临时用电严格按照《施工现场临时用电安全技术规范》的规定执行,用电严格按照三相五线制布设电线,做到二级保护,三级控制,一机一闸。

(9)生产、生活营地的消防、安全设施应齐全到位,并做好临时雨水、污水排放以及垃圾处理,以防止污染环境。工程交工后,应恢复驻地原貌。

(三)钢筋场建设

1. 场地布置

钢筋加工场场地按照办公区、生活区、生产区等分区设置。生产区分为原材料区、加工区、半成品区、成品区、废料区等。原材料堆放区、作业区、成品区应分开或隔离,如图 2-10 所示。

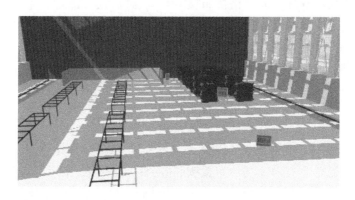

图 2-10 钢筋场

钢筋加工场选址除应符合一般规定外,还应根据本合同段的主要构造物分布、运输条件、钢筋加工量等特点综合选址,做到运输便利、经济合理。

2. 场地建设

(1)根据加工量的大小,将加工场地分为大、中、小 3 种规模,加工场地面积不大于表 2-8。钢筋加工厂的原材料堆放区、半成品堆放区应满足材料的堆放要求。

加工场规模及面积标准　　表 2-8

规　　模	加工总量(t)	场地面积(m^2)
大	$t > 10000$	3500
中	$6000 < t < 10000$	2000
小	$3000 < t < 6000$	1500

(2)房屋建筑工程的钢筋加工场地可根据施工场地的实际情况合理布置,以满足施工要求。

(3)钢筋加工场设棚库,一般采用钢结构形式,顶部采用固定式拱形防雨棚,高度应满足加工设备操作空间(一般不小于 7m),并设置避雷及防风的保护措施。按施工临时设施结构管理办法执行,并注意各地设计荷载的差异,其高度和跨度以满足现场加工及存储料存放方便为宜。

(4)个别桥梁、隧道、涵洞受地形、运输条件限制可视实际情况采用简易钢筋棚加工,简易钢筋棚面积应满足生产、施工需求。棚内地面应按规定进行硬化或设置支垫。

(5)钢筋加工场应作硬化处理并做好散水。主要运输道路应采用不小于 20cm 厚的 C20

混凝土硬化,基础不好的道路增设碎石掺石屑垫层。棚内地面必须使用不小于15cm的厚片、碎石垫层,不小于10cm厚(场地内的道路不小于15cm厚)的C20混凝土作为面层。棚内按照其使用功能分为原材料堆放区、钢筋下料区、加工制作区、半成品堆放区。

(6)场地硬化按照"四周低,中心高"的原则进行,面层排水坡度不应小于1.5%,场地四周应设置排水沟,并采用M7.5砂浆抹面。

(7)原材料及成品、半成品的堆放场地应通风良好,有条件时宜搭设存储棚库,存储钢筋应垫高,堆放要离地30cm以上,下部支点应以保证堆放的钢筋不变形为原则。钢绞线的存放应保持干燥,防止被雨水淋湿。应严格按照规定对现场材料进行标识,标识内容应包括材料名称、产地、规格型号、生产日期、出产批号、进场日期、检验状态、进场数量、使用单位等,并根据不同的检验状态和结果采用统一的材料标识牌进行标识。

(8)宜采用封闭式管理,场地内应按原材料堆放区、钢筋下料区、加工制作区、半成品堆放区、成品待检区、合格成品区、废料处理区等科学合理设置,功能明确,标识清晰。

(9)场地面积应根据钢筋(材)加工量的大小、工期等要求设置,一般不低于表2-8的规定。

3. 营地建设标准

(1)钢筋加工场规划方案应结合企业形象宣传标准和企业文化建设统筹考虑,应能够充分展示企业形象,彰显企业实力。场地布置按照办公区、生活区、生产区等分区设置。

(2)钢筋加工场办公及生活房屋原则上采用彩钢房,生产房屋采用砖混房屋,屋架及屋面材料应统一。

(3)办公区室内、室外地坪进行硬化,室外场地进行适度美化和绿化。设置办公室、试验室、会议室、资料管理室及停车场,办公室门口应设置规格统一、视觉醒目的门牌,办公设施配备应规划整齐、标准统一。

(4)在生活区设置员工宿舍、职工食堂、餐厅、多功能活动室、锅炉房、浴室、厕所等,室内场地必须硬化,室外进行适当绿化。员工宿舍设施应配备统一,推行公寓化管理。

(5)钢筋加工场周围应设置围护及大门,围护采用砖围墙或铁栅栏。

4. 安全环保标识

(1)钢筋加工场产生的各类生产、生活污水不得排入水源保护区,排入其他水体时,应根据受纳水体功能,经处理达标后按规定排放。生活垃圾和建筑垃圾应集中管理并定期清运或填埋,填埋场所应征得当地民众、环保、水利和环卫部门的认可。

(2)钢筋加工场界噪声应符合现行国家《建筑施工场界环境噪声排放标准》(GB 12523—2011)的规定。

(3)加工场内醒目位置应设置工程公示牌、施工平面布置图、安全生产牌、消防保卫牌、管理人员名单及监督电话牌、文明施工牌等明示标志。

(4)焊接、切割场所应设置禁止标志、警告标志。木工加工区应设置禁止标志。安全通道应设置禁止标志。使用氧气、乙炔等易燃易爆场所应设置禁止标志和明示标志。加工场出入口和场内应设置禁止标志和警告标志。用电场所应设置警告标志。易发生火灾场所应设置警告标志。消防器材放置场所应设置提示标志。各作业区应设置分区标识牌。

(5)机械设备应悬挂机械操作安全规定公示牌(即安全操作规程)和设备标示牌。

(6)在加工制作区应悬挂各号钢筋的大样设计图,标明尺寸、部位,确保下料及加工准确。

(7)各种原材料、半成品或成品应按其检验状态与结果、使用部位等进行标识。

5. 钢筋加工机械设备

钢筋加工机械设备应满足工程质量和进度需要,并符合以下要求:

(1)机械设备应根据加工工艺的流水线要求合理布设,做到作业"无缝化",并悬挂机械操作安全规定公示牌(即安全操作规程)和设备标示牌。

(2)钢筋吊移宜采用龙门吊等专用吊装设备,设备应证照齐全、检验合格。

(3)金属加工机械(如卷扬机等)工作台应稳固可靠,防止受力倾斜。

(4)桥梁桩基、立柱等直径大于或等于25mm以上的主筋宜采用机械连接工艺。

(5)箍筋、弯起钢筋等宜采用数控设备加工。

6. 其他要求

(1)场内应设置照明(含应急照明)设施,照明电路与工作用电电路分开。电路铺(架)设应科学、合理,一般沿棚的两侧,严禁乱拉电路、随地放置。

(2)各种气瓶应有标准色,气瓶间距不小于5m,距明火不小于10m,且应采取隔离措施。气瓶使用或存放符合要求,应有防振圈和防护帽。

(3)焊接、切割场所应设置禁止标志、警告标志,使用氧气、乙炔等易燃易爆场所应设置禁止标志和明示标志。

(4)易产生粉尘、有害气体的加工场、存放场应采取除尘、有害气体净化措施,且远离生活区、居民区,尽量将加工场设于场地下风向。

(5)加工剩余的边角材料及废料应合理回收,充分利用。

(6)严禁将不易腐化的合成材料、化工原料等擅自埋入地下。

(四)驻地建设

1. 建设要求

可自建或租用沿线合适的单位或民用房屋,但应坚固、安全、实用、美观,并满足工作、生活需求。自建用房宜采用活动板房。活动板房所用材料必须符合国家相关标准并附有合格证书。活动板房使用必须注意安全、防火、舒适、环保等方面的要求。搭建不宜超过2层,每组最多不超过10栋,组与组之间的距离不小于8m,栋与栋之间的距离不小于4m,房间净高不低于2.6m。办公用房不得超过2层且第2层办公人数单层不超过30人,食堂、厕所只限1层。为节约资源,建设单位宜尽早规划、建设后期营运管理中心,并尽可能利用营运管理中心作为项目建设的驻地。

驻地建设一般包括建设单位驻地、监理单位驻地、施工单位驻地以及工地试验室的建设。驻地建设应体现以人为本的理念,着力改善项目各参建单位的生产、生活环境。驻地建设应因地制宜,尽量减少对环境的影响,生产、生活污水及垃圾应集中收集处理。图2-11所示为某项目驻地建设。

生产场、房可采用竹棚、彩钢板棚及砖砌房屋,必须搭设稳固,室内外地面采用5cm厚的C15混凝土进行硬化。承包人应做好场、房内的安全用电和防火工作,必须按有关规定配备消防器材,台风季节应做好防台风各项准备工作。承包人应搞好工地生活区环境卫生工作,对生活垃圾和污水进行合理处理,保证周围环境整洁卫生。

a)   b)

图 2-11 某项目驻地建设

2. 项目部硬件设施规定

(1)项目部办公区与生活区必须分开设置,严禁办公区与生活区在同一栋楼内。

(2)项目经理部办公区、生活区及车辆停放区等功能设置科学合理,区内场地及道路应做硬化处理,排水设施完善,庭院适当绿化,环境优美整洁。污水不能直接排放入河流和城市管道,应设置沉淀池。

(3)办公区应合理布置停车区。停车位按照(2.6m×5.3m)/个搭棚设置,数量不少于项目部自有车辆数目的1.5倍。

(4)项目部公共场所应设置功能分区平面示意图及指路导向牌。地面设散水,排水坡不小于3%。周围有排水沟,保证不积水。

(5)办公、生活用房应坚固、实用、美观、隔热通风,满足安全、卫生、通风、绿化等要求,符合招、投标文件及施工管理需要。办公家具应尽可能满足办公规范化的要求。

(6)办公区和生活区内均应配置必要的消防安全器具,建立安全、卫生管理制度,落实专人维护和保洁。

(7)办公区内一般应设各业务科室和资料室、中心试验室、会议室等,各科室门口应挂设名称牌。

(8)各部门办公室(应隔开)、会议室房间净空高度应控制在2.8m以上,房顶选用阻燃材料,地面硬化,门窗齐全,通风、照明良好。财务室必须有防盗设施。

(9)会议室一般情况下必须能够容纳项目部所有人员同时开会且不应小于90m^2,并应根据业主要求、工程规模等适当增减,应设置2个门,向外开启,保证发生危险时能及时疏散参会人员。会议室要求通风、照明良好,还必须安装空调。会议室必须配备必要的会议桌和椅子,非整体性的会议桌要铺桌布。必须配备投影仪、话筒等常用会议设施和不小于1m^2的写字板。会议室内管理图表均应装框上墙。管理图表应包括平面图、项目经理部组织机构框图、质量自检体系框图、安全管理体系框图、工程总体目标等。

(10)档案室应尽量单独设置,和其他建筑物保持必要的安全距离。档案室面积应不小于40m^2,净空高度应控制在2.8m以上,房顶选用阻燃材料,地面硬化,门窗齐全。所有档案资料宜保存在专用金属柜内,由专人负责收发。档案室应防潮、防火,照明通风良好,并配备消防设备。办公自动化要配备必要的信息化硬件,以满足施工信息收集、整理、传送的要求。

(11) 生活用房一般设置宿舍、食堂、浴室、盥洗间、文体活动室、厕所等。生活区内应为员工提供晾晒衣物的场地,房屋外应道路平整,设置排水设施,晚间应有照明。

(12) 生活区设垃圾池,建筑面积约 6m²,采用墙砖砌,墙高 1.2m。

(13) 临时建筑的低压配电应采用交流 50Hz、220/380V。变配电室不应设置在多尘、水雾或者有腐蚀性气体的环境中,不应设在有剧烈振动或有易燃易爆物的场所。

(14) 宿舍要坚固、美观,房间净空高度不低于 2.8m;门窗齐全,同时应设置可开启式窗户,保证通风;房屋材料应选用阻燃材料,地面要硬化以防潮。保证每人(可上下)单床面积不低于 4m²,禁止通铺或钢管搭设上下铺;宿舍内挂设治安、卫生、防火管理制度,夏季设有消暑、防蚊虫叮咬措施,冬季设有保暖和防煤气中毒措施。

(15) 食堂面积按高峰人数人均 0.7m² 计算,位置要远离厕所、垃圾等污染场所。净空高度不得低于 2.8m,水泥地面不积水,锅台四周面案板挨墙处贴白瓷砖。有食堂卫生管理责任制度和消毒制度,炊事员(包括工作人员)持有健康证,工作时必须戴口罩,穿工作服。食堂应配备必要的消毒设施、冷藏设施和排风设施。燃气罐应单独设置存放间,存放间应通风良好并严禁存放其他物品。炊具宜存放在封闭的橱柜内,并做好生熟分开。食堂内要设有防尘、蚊、蝇、鼠害设施;生活垃圾要有专人管理,及时清运。污水排放要设置隔油池。必须保证供应符合卫生标准的饮用水,高温季度应有降温防暑措施。

(16) 厕所面积按现场平均人数设置,人均 0.5m²。必须是水冲式或移动式厕所且保持清洁。蹲位采用隔板分隔,地面及大小便池内镶贴瓷砖,设纱窗纱门,厕所采光良好。厕所应指定专人负责卫生工作,应定时进行清扫、冲刷、消毒,防止蚊蝇滋生,化粪池应及时清掏。

(17) 盥洗间中盥洗设施应满足现场人员使用需要,并采用节水龙头。淋浴间面积按现场平均人数设置,人均 0.3m²。水龙头个数按现场平均人数的 10% 比例设置,并设置存衣柜或者挂衣架。热水应全天供应并满足至少连续 3h 不间断供应。盥洗区应设开水炉、电热水器或饮用水保温桶等,保障热水供应。

(18) 活动室房间净空高度应控制在 2.8m 以上,房顶选用阻燃材料,地面硬化,门窗齐全,通风、照明良好。室内具备活动条件,设施良好,应悬挂各项活动制度。

(19) 当采用活动板房时,房屋之间的间距不少于 6m,并保持畅通以备消防车辆出入。

(20) 用电管理办公生活区域的用电按照《施工现场临时用电安全技术规范》(JGJ 46—2005)的要求实施。

(21) 临时建筑的耐火等级、防火要求应符合《建筑设计防火规范》(GB 50016—2014)的要求。临时用房、临时设施的布置应满足现场防火、灭火及人员疏散的要求。办公区、生活区每栋房屋设置 4kg 干粉灭火器 2 具,挂(放)于通道旁,离地面不低于 1.5m,消防沙 2m³、消防桶 5 只、消防斧 5 把、铁锹 5 个、消防水池,并贴挂"消防责任牌"和"消防安全、人人有责""注意防火"警示牌,厨房等用火场所应适当增加灭火器的数量。

(22) 试验室建设依据集团试验管理办法及业主、监理要求建设。

(23) 驻地办公用房应实用、美观、隔热、通风、防潮,各室功能应满足以下要求:

①办公室。a. 通风、照明良好,并设有防暑、降温、取暖设备。b. 满足项目信息化管理要求,配备必要的信息化硬件设施,满足施工信息收集、整理、传送以及工程进度、质量、安全、计量、变更等信息化管理的要求。

②会议室。a. 通风、照明良好,并设有防暑、降温、取暖设备。b. 配备必要的会议桌、椅子、写字板、多媒体等常用会议设施。

③档案室。a. 通风、照明良好,并设有防潮、防火、防盗等设施。b. 所有档案资料由专人负责管理,宜保存在专用档案柜或档案架,应分门别类,做好标识,归档的档案盒样式统一。

④宿舍。a. 每间宿舍面积原则上不超过 $30m^2$,居住人员不宜超过 8 人,人均使用面积不小于 $3.5m^2$。b. 宿舍内门窗(可开启式)设置齐全,门净宽不小于 $0.8m$,室内通风、照明良好,地面应硬化、防潮,有条件的可铺砌瓷砖,室外应设专门的晾衣处。c. 宿舍内严禁使用通铺,保证每人单铺(可上下铺),单铺不得超过 2 层,床铺应高于地面 $0.3m$,人均床铺面积不小于 $2m^2$,床铺间距不小于 $0.5m$。d. 宿舍内应设置生活用品专柜,个人物品摆放整齐,统一发放床单被罩。室内严禁存放易燃、易爆物品,严禁乱拉电线、生火做饭和使用大功率电器设备。e. 设有专人保洁,夏季有消暑、防蚊虫叮咬措施,冬季有保暖措施。

⑤食堂。a. 食堂宜设置在离厕所、垃圾站及有害物质场所不小于 $20m$ 以外的位置,与办公、生活用房距离不小于 $10m$。b. 食堂净空不小于 $2.8m$,门净宽不小于 $1.2m$,人均使用面积不小于 $0.8m^2$。c. 食堂内设置独立的制作间、储藏间,并配有消毒设备,燃气罐应单独设置存放间(通风良好),地面应作硬化和防滑处理,配备纱门、纱窗、纱罩等。

⑥浴室。a. 浴室地面应做防滑处理,使用防水灯具和开关,并定时保证充足的冷、热水供给,排水、通风良好。b. 浴室人均使用面积不小于 $0.3m^2$,总面积不小于 $20m^2$,淋浴喷头数量与人员比例不小于 0.1,淋浴间与更衣间分离设置,更衣间内应设置板凳、储衣柜或挂衣架。

⑦厕所。a. 厕所应男女分设,且应为通风、采光良好的可冲洗式或移动式厕所,地面应做防滑处理,并配备纱门、纱窗。b. 厕所人均使用面积不小于 $0.2m^2$,总面积不小于 $20m^2$,蹲位数量与人员比例不小于 0.1,大小便池内镶贴瓷砖。c. 厕所应指定专人负责卫生工作,应定时进行清扫、冲刷、消毒,防止蚊蝇滋生,化粪池应及时清掏,要符合卫生要求。

⑧文体活动室、活动场地、医疗室。a. 文体活动室面积一般不小于 $20m^2$,具备活动、学习条件,通风、照明等设施良好,书籍、报纸、杂志等配备齐全。b. 活动场地包括乒乓球场、篮球场、羽毛球场以及相关的健身、娱乐等活动场所。c. 医疗室可根据现场人员数量和驻地距离医疗机构的方便程度设置,并配备必要的医疗设备、药物等。有条件的可配备相应的医务人员。

3. 项目部标识标牌

(1)项目部室外标识标牌:应在项目部显著位置悬挂安全文明生产、质量管理、廉政建设等标牌标语。

(2)工程告示牌:标明工程名称、工程范围、建设单位、设计单位、质量安全监督单位、监理单位、施工单位、项目经理、技术负责人、安全负责人等内容,且样式规范,设置在项目部驻地室外。

(3)施工场地布置牌:对施工现场的布置采用图示方式表达,注明位置、面积、功能。

(4)廉政监督牌:主要明确施工廉政制度、廉政领导小组、廉政监督小组和廉政监督电话等。

(5)企业宣传栏:公司简介、业绩等。

4. 驻地选址

(1)满足安全、实用、环保的要求,以工作方便为原则,具备便利的交通条件和通电、通水、通信条件。

(2) 用地合法,周围无塌方、滑坡、落石、泥石流、洪涝等自然灾害隐患,无高频、高压电源及其他污染源。

(3) 离集中爆破区500m以外,不得占用规划的取、弃土场。

二、场站的排水规划设计与控制

场站在规划排水管网时,应将雨水、污水的收集、处理、利用实现有机结合,转变当前雨水、污水不完全分流制或者分流制系统为完全分流制系统。排水的规划设计分为雨水、污水两个方面,雨水、污水不同沟,分别处理。

沿征地线四周开挖1.5m深的排水沟,并与地方水系贯通,将地表水排干,保持拌和站场地内干燥。为确保拌和站场地材料清洁和整体形象,对拌和站内部进行全部硬化,场地应设置1%纵坡和排水沟。

(一) 排水管网布置原则

(1) 结合当地实际情况布置排水管网,要进行多方案技术经济比较。

(2) 先确定排水区域和排水体制,然后布置排水管网,应按从干管到支管的顺序布置。

(3) 充分利用地形,采用重力流排除污水及雨水,并使管线最短、埋深最小。

(4) 协调好与其他管道、电缆和道路等工程的关系,考虑好与企业内部管网的衔接。

(5) 规划时要考虑到管渠的施工、运行和维护的方便。

(二) 搅拌站防污、排污环保措施

1. 一般要求

(1) 公路施工防排水设施应与营运防排水工程相结合;应按设计做好防水混凝土、防水隔离层、施工缝、变形缝、诱导缝防水,盲沟、排水管(沟)排水通畅;防排水材料应符合国家、行业标准,满足设计要求,并有出厂合格证明,不得使用有毒、污染环境的材料;防排水不得污染环境,排水不得直接排入饮用水源。

(2) 施工防排水应遵循"防、排、截、堵相结合,因地制宜,综合治理"的原则进行施工,保证公路结构物和运营设备的正常使用和行车安全,并对地表水、地下水妥善处理,形成一个完整通畅的防排水系统。

(3) 道路施工前应根据工程地质、水文地质资料制订防排水方案。施工中应根据现场施工方法、机具设备等情况,选择不妨碍施工的防排水措施。

(4) 洞内出现的地下水,经化验确认对衬砌结构有侵蚀性时,应按图纸要求针对不同侵蚀类型采取相应的抗侵蚀措施。设计无要求时,应及时上报变更处理。

(5) 强调结构自身防水,对可能的疑点进行封堵及引排。

(6) 加强成品保护工作,道路施工作业不得损坏防水层,当发现层面有损坏时应及时修补;防水层在下一阶段施工前的连接部分,应采取保护措施。

2. 供货方控制措施

1) 对供货方运输过程的环境要求

(1) 要求运送砂、石料等散装料的供货方运送时装载适量,严禁沿途漏洒和污染路面。

(2)对于运送粉煤灰等易散落的粉状材料时应要求覆盖和采用罐车运输。

(3)要求运送油料、外加剂等化学腐蚀物品时,要求供货方进入施工现场包装完好,不得有遗洒、渗漏现象。

2)对装卸码放过程的要求

装卸、搬运、码放材料、玻璃制品及危险品要轻拿轻放,禁止野蛮装卸,做到文明作业。装卸过程中必须要有专人指挥,防止装卸过程中产生碰撞导致水泥、粉煤灰和危险品泄漏;码放砂石料、白灰及水泥等物质时应采取防护措施,避免粉尘飞扬。

3)监督控制措施

搅拌站管理人员控制供货方环境的要求和有关规定应通知供货方并签写书面协议,具体地明确供货方环境行为的有关规定和要求包括违约处罚,搅拌站材料人员、保管员具体负责对供货方环境行为的检查,对违反环境行为规定和要求的供货方应予以指出并要求改正,对违反环境法律法规的供货方,在警告的同时按照合同有关约定进行罚款,经处理后仍无改进的供货方,责令限期内整改或停止进货并取消其合格供货商资格。

3. 施工过程中环境保护控制措施

1)搅拌站内环境保护措施

控制好站内的各种粉尘、废气对环境的污染和危害,原材料堆放场地及道路均采用硬化处理,对不能硬化处理的施工临时便道,在晴天干燥时应经常洒水予以养护和保护,防止道路灰尘弥漫,混凝土搅拌设备应采取密封措施,减少水泥等粉尘的污染,容易扬起粉尘的细料或散装料予以遮盖或洒水,运输时用帆布加以遮盖。

2)罐车、装载机等车辆环境要求

混凝土运输车辆的车况要达到良好状态,驾驶员应勤保养、勤检查、勤擦洗,保证外观整洁无漏油现象。禁止驾驶员在施工作业区和仓库内修理和保养车辆,不得随地倾倒废物和易燃物。雨雪天必须保持车辆轮胎卫生以免污染道路及场地。

3)搅拌站冲洗运输车及冲洗搅拌设备的废水废渣处理

在拌和场内的生活范围内,场地要进行硬化处理,场地应平整干净、沟池相连、排水顺畅,保护好水源,生活垃圾及固体废弃物应集中处理并运至环保部门指定的地点堆放或处理。

在施工期始终保持工地良好的排水状态。搅拌站应设沉淀池和蓄水池;将混凝土运输车冲洗后的废水及冲洗搅拌设备后的废水集中排放在沉淀池,及时将沉淀池掏渣,沉淀过滤后的水将重复使用。

三、临时用电规划设计与控制

施工现场临时用电应符合《施工现场临时用电安全技术规范》(JGJ 46—2005)的规定,并尽量与营运期永久用地相结合。施工前应编制临时用电方案和临时用电施工组织设计,确定电源进线、总配电箱、分配电箱的位置及线路走向,进行负荷计算,选择变压器容量和导线截面,制订安全用电技术措施和电气防火措施,经相关部门审核批准后实施。

(一)安全用电技术措施

安全用电技术措施包括两方面的内容:一是安全用电在技术上所采取的措施;二是为了保

证安全用电和供电的可靠性在组织上所采取的各种措施,它包括各种制度的建立、组织管理等一系列内容。

1. 保护接地

保护接地是指将电气设备不带电的金属外壳与接地极之间作可靠的电气连接。它的作用是当电气设备的金属外壳带电时,如果人体触及此外壳,由于人体的电阻远大于接地体电阻,则大部分电流经接地体流入大地,而流经人体的电流很小。这时只要适当控制接地电阻(一般不大于 4Ω),就可减少触电事故的发生。但是在 TT 供电系统中,这种保护方式的设备外壳电压对人体来说还是相当危险的。因此这种保护方式只适用于 TT 供电系统的施工现场,按规定保护接地电阻不大于 4Ω。

施工现场临时用电应采用 TN-S 接地、接零保护系统,采用三相五线制(3 根火线,1 根工作零线,1 根保护零线)和三级配电二级保护方式(总控、分控、开关、分控、开关分设漏电保护)。

1) 接地装置分类

接地装置,就是接地线和接地体的合称(总和),它包括接地线和接地体。

接地线又分为接地干线和接地支线。

接地体又分为自然接地体和人工接地体。

人工接地体的接地装置示意图如图 2-12 所示。

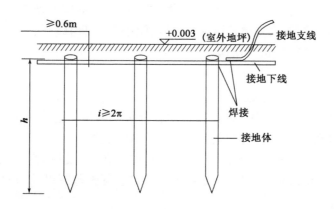

图 2-12 接地装置示意图

2) 接地装置的安全技术要求

(1) 接地体或地下接地线,均不得采用铝导体制作。

(2) 垂直接地体,宜采用角钢或圆钢,不宜采用螺纹钢材。

(3) 接地线焊接搭接长度,必须符合表 2-9 的技术要求。

技 术 要 求　　　　　　　　　　　　　　表 2-9

序 号	项　　目		技术要求	检查方法
1	搭接长度	扁钢	$\geq 2b$	尺量
		圆钢	$\geq 6d$(双面焊)	
		圆钢和扁钢	$\geq 6d$(双面焊)	
2	扁钢搭接焊的棱边数		3	观察

注:b 为扁钢宽度,d 为圆钢直径。

(4)接地干线,通常要求其截面不得小于 100mm²;接地支线,通常要求其截面不得小于 48mm²。

(5)采用自然接地体时,可充分利用施工现场的主体金属结构或基础钢筋混凝土工程的基础结构,严禁利用易燃、易爆物的金属管道作为接地体。

2. 保护接零

(1)施工现场专用的中性点直接接地的电路,必须采用 TN-S 接零保护系统(即三相五线制)。

(2)TN-S 系统的保护零线应由工作接地线引至配电室的零线排和第一级漏电保护器电源侧的零线进行重复接地。保护零线应单独铺设,不得装设任何开关与熔断器。并在施工现场的总配电箱、两级箱、三级箱等处进行重复接地。

(3)重复接地利用工程基础底板的两根主钢筋与基础梁焊接连通 40×4 镀锌扁钢作接地线到落地柜外壳。

(4)TN-S 系统中的所有用电设备、照明灯具、配电箱等金属外壳及金属构架均实行接零保护,不允许有部分设备采用接地保护。

(5)与电气设备连接的保护接零线均采用不同截面的 BVR 绿、黄双色导线,与电气设备相连的保护零线最小截面不小于 6mm² BVR。任何情况下不准用此线作负荷线之用。

(6)施工现场的塔吊、提升机等大型机械设备及脚手架,均应装设防雷装置。防雷装置的引下线及大型机械设备构架均应重复接地,接地电阻小于等于 4Ω。

(7)施工现场塔吊或提升机的避雷引下线采用不小于 35mm² 的 BVR 绿、黄双线,避雷针应高出塔尖 2m。

3. 防雷措施

(1)在土壤电阻率低于 200Ω·m 区域的电杆上可不另设防雷接地装置,但在配电室的架空进线或出线处应将绝缘子铁脚与配电室的接地装置相连接。

(2)施工现场内的起重机、井字架、龙门架等机械设备,以及钢脚手架和正在施工的在建工程等的金属结构,若在相邻建筑物、构筑物的防雷装置保护范围以外,并在相关规定范围内,则应安装防雷装置。

(3)若最高机械设备上的避雷针(接闪器)其保护范围能覆盖其他设备,且最后退出现场,则其他设备可不设防雷装置。保护范围可按滚球法确定。

(4)各机械设备的防雷引下线,可利用该设备的金属结构体,但应保证电气连接。

(5)机械设备上的避雷针(接闪器)长度应为 1~2m。塔式起重机可不另设避雷针(接闪器)。

(6)施工现场内所有防雷装置的冲击接地电阻不得大于 30Ω。

(7)做防雷接地的电气设备,必须同时做重复接地;同一台电气设备的重复接地与防雷接地可使用同一个接地体,接地电阻应符合重复接地电阻值的要求。

(8)安装避雷针(接闪器)的机械设备,所有固定的动力、控制、照明、信号及通信线路宜采用钢管铺设。钢管与该机械设备的金属结构体应作电气连接。

(9)变电站应设置防雷击和防风装置,且宜设在靠近负荷集中地点和设在电源来线一侧;当变电站电源线需跨越施工地区时,其最低点距人行道和运输线路的最小高度应满足:电压

35kV时7.5m,电压6~10kV时6.5m,电压400V时6m;变压器容量应按电气设备总用量确定,当单台电动设备容量超过变压器容量1/3时,宜适当增加启动附加容量。

4.配电室

(1)配电室内应保持无灰尘、无蒸汽、无腐蚀介质、无振动。

(2)配电室应能自然通风,西面墙上设通风窗。门向外开,并配锁,下部装百页。门窗外部订铁丝网,防止小动物出入。

(3)配电室天棚距内地面应大于3.0m。

(4)配电室构筑物的耐火等级为3级,室内配置干砂箱和绝缘灭火器。

(5)配电室边侧设电工值班室1间。

(6)配电屏的安装应符合下列要求:

①配电屏的维护通道应大于1m。

②配电屏侧面维护通道应大于1m。

③配电屏上端距顶棚应大于0.8m。

④配电屏两端应重复接地并与保护接零做电气连接。

⑤配电屏应装有电流、电压表、换相开关、短路过荷保护装置和分路隔离开关及分路漏电保护器。

⑥配电屏上的各配电线路均应编号,并标明用途标记。

⑦配电屏或线路维护时,应悬挂停电标志,停、送电应有专人负责。

⑧母线应涂有色绝缘油漆,见表2-10。

母线涂色 表2-10

相 别	颜 色	垂直排列	水平排列	引下排列
A	黄	上	后	左
B	绿	中	中	中
C	红	下	前	右
N	蓝			
PE	绿/黄			

5.配电箱、开关箱的设置

(1)配电系统设配电屏、分配电箱和开关箱,实行三级控制,分级配电。总配电箱应设置在靠近电源的地方。

(2)动力配电箱和照明配电箱分别设置。

(3)每台用电设备有1台自己的开关箱,实行一机一箱一闸一漏保,严禁用一个开关直接控制2台及以上的用电设备。

(4)分配电箱装设在用电设备或负荷相对集中的地方,分配电箱与开关箱的距离不得超过30m,开关箱与用电设备的水平距离不宜超过3m。交流电弧焊机变压器电源线长度不大于5m,进线处必须设置防护罩,二次线宜采用YHS型橡皮铜芯多股软电缆,电缆长度不大于30m。

(5)配电箱、开关箱装设在干燥、通风及常温场所,配电箱、开关箱周围应有足够两人同时作业的空间,其周围不得堆放任何有碍操作、维修的物品。

(6)配电箱、开关箱安装应牢固、平稳,固定式配电箱的中心点的垂直距地应为1.4~1.6m,移动式的箱体应装设在坚固的支架上,移动式配电箱的垂直距地为0.8~1.6m。

(7)配电箱、开关箱采用铁板制作,厚度应大于1.5mm,底板用7.5mm优质绝缘胶木电板。有防雨、防尘措施,箱顶有披水坡,两侧设通风百叶窗,箱体严密、端正,箱门松紧适度,导线进、出口设在底面,进、出口处设护口圈。

6. 配电箱、开关箱的设置

(1)配电箱、开关箱内的电器元件应按照负载电器的电压等级、容量(电流),选用相应的开关、电器、熔丝等。先安装在优质的绝缘电胶板上,应装设平整、牢固,排列整齐,布置合理,然后整体紧固在箱体内,并且电器之间、电器与箱壁之间的距离应符合规定标准。

(2)配电箱内各元件的连接导线截面应符合各用电设备容量的需要,其最小截面应大于$2.5mm^2$的绝缘铜芯线,连接线按规定分色,排列整齐、成束,导线接头不得松动,不得有外露带电部分。

(3)配电箱、开关箱进、出线中护套成束,不得与箱体进、出口直接接触。

(4)进入开关箱的电源线,严禁用插销连接。

(5)移动式配电箱和开关箱的进、出线必须采用橡皮绝缘电缆。

(6)配电箱的工作零线与保护零线,必须分设接线端子板,各自的导线连接通过各自的接线端子板连接。

(7)各箱的金属构架,金属箱体、门、金属电器安装板以及箱内电器的正常不带电的金属底座、外壳等必须做好保护接零。

(8)导线的剥削不应过长,不得损伤线芯,导线的压头应牢固可靠,多股导线不应盘圈压接,用压线端子(有压线孔者除外)压接,如必须穿孔用顶丝压接时,多股线搪锡后再压接($6mm^2$以上导线必须用端子压接),不得减少导线股数。

7. 漏电保护器设置

(1)配电和系统中的配电屏、分配电箱和开关箱内分别设置与容量相适应的漏电保护器,使之具有三级保护功能。漏电保护器应优先选用建设部推荐产品和电磁式漏电保护器,漏电保护器的选择应符合国标《剩余电流动作保护器(RCD)的一般要求》(GB8/T 6829—2017)的要求。

(2)配电屏分路负荷侧装设额定漏电动作电流为100mA或以上的漏电保护器,额定漏电动作时间不大于0.1s的漏电保护器。

(3)施工现场所有分配电箱的电源隔离开关负荷侧装设与容量相适应,其额定漏电动作电流一般控制在50mA及以下,额定漏电动作时间小于0.1s的漏电保护器。

(4)开关箱内装设的漏电保护器,其额定漏电动作电流不大于30mA,额定漏电动作时间小于0.1s。

(5)一般场所应选用Ⅱ类手持式电动工具。露天、潮湿场所及在金属构架上操作时,应装设防溅额定漏电动作电流不大于15mA,额定漏电动作时间小于0.1s的漏电保护器(包括潜水泵,水磨石机)严禁使用Ⅰ类手持式电动工具。

(6)狭窄场所金属容器、地沟、管道内等,选用带隔离变压器的Ⅲ类保护手持式电动工具,把隔离变压器装在狭窄场所外面,并加保护箱,防雨水、防潮、防触电,工作时应有人监护。

(7)漏电保护器安装后,应操作试验按钮,检验漏电保护器的工作特性,确认能正常工作后才允许投入使用。

(8)漏电保护器安装后的检验:

①用试验按钮试验3次,应正确操作。

②带负荷分合开关3次,操作均不得有误。

(9)漏电保护器投入运行后,应建立相应的管理制度和建立运行记录,每周需在带电状态下,按试验按钮,检查漏电保护器运行是否正常。

8. 安全电压的规定

安全电压指不佩戴任何防护设备,接触时对人体各部位不造成任何损害的电压。《特低电压(ELV)限值》(GB/T 3805—2008)中规定,安全电压值的等级有42V、36V、24V、12V、6V 5种。同时还规定:当电气设备电压超过24V时,必须采取防直接接触带电体的保护措施。

(1)在地下室内或潮湿场所施工或施工现场照明灯具安装高度低于2.4m时,必须使用36V以下安全电压的照明变压器和照明灯具。

(2)在潮湿和易触及带电体场所的照明电源电压不得大于24V。

(3)在特别潮湿的场所,导电良好的地面、金属容器内工作的照明电源电压不得大于12V。

(4)照明变压器必须采用双绕组型(严禁使用自耦变压器),一、二次测均应装熔断器,其金属外壳做好接零保护。

(5)严禁将照明变压器在带金属容器,金属管道和特殊潮湿的地下室使用。

(6)安全电压照明灯具,采用有良好绝缘且耐热、防潮手柄的行灯,有保护罩,行灯的电源线采用三芯橡套软电缆。

9. 施工现场电缆线路的规定

(1)电缆干线采用穿管、埋地、沿电缆沟铺设,严禁沿地面明铺,并应避免机械损伤和介质腐蚀。

(2)电缆在室外直接埋地铺设时采用钢带电缆,埋设深度不小于0.6m,并在电缆上下各均匀铺设不小于50mm厚的细砂,然后覆盖砖等硬质保护层。

(3)电缆穿越建筑物、构筑物、交通要道、易受机械损伤的场所及引出地面从2m高度至地下0.2m处,加设防护套管,采用钢管或PVC管保护。

(4)埋地电缆铺设尽量避免中间接头,如必须接头的应设在地面上的接线箱内,接线箱应能防水、防尘、防机械损伤并远离易燃、易爆、易腐蚀场所。

(5)电缆接头(应采用插接线式连接)应牢固可靠,绝缘包扎后接头不能降低原来的绝缘强度,并不得承受张力。

(6)橡皮电缆架空敷设时,应沿墙壁或电杆设置,用绝缘子固定,严禁使用金属裸线绑扎。固定点间距应保证橡皮电缆能承受自重所带来的荷重,最大弧垂距地不得小于2.5m。

(7)高层建筑的临时电缆配电必须采用电缆埋地或穿保护管引入。电缆垂直铺设的位置可充分利用在建工程的竖井、垂直孔洞等,并靠近用电负荷中心,固定点每楼层不得小于一处,电缆水平铺设沿墙固定,最大弧垂距地不得小于1.8m。

(8)施工现场的配电干线及使用220/380V电压的配电支线,必须铺设五芯电缆。

10. 室内导线的铺设及现场照明装置

(1)室内布线采用绝缘铜线,采用瓷瓶或塑料线夹等固定铺设,不得直接绕在毛竹、木头和钢管上。距地面高度不得小于2.5m。

(2)进户线在室外处要用绝缘子固定,进户线过墙穿套管。距地面应大于2.5m,室外要做防水弯曲处理。

(3)室内配线所用导线截面应按图纸要求施工,铜线截面不得小于$1.5mm^2$。

(4)室外灯具距地面不得小于3m,室内灯具不得低于2.4m。

(5)螺口灯的中心触头必须与相线连接,螺口灯头的绝缘外壳不得有损伤和漏电。

(6)各种用电设备、灯具的相线必须经开关控制,不得将相线直接接入灯具。

(7)室内的照明灯具宜选用拉线开关,开关距地高度2~3m,与门的水平距离为0.2m,拉线出口向下。

(8)严禁将插座与扳把开关靠近装设;严禁在床上装设开关和床头开关。

(9)装设在室外大光灯的高压包、触发器,设防水与通风的防护罩。

(10)装设在木工间的灯具应有带防护罩的灯具。

(11)移动式碘钨灯的连接导线,采用三芯的铜芯橡皮软电缆。

(12)室内一般公共场所的灯泡控制在40W以下,职工宿舍照明灯泡不宜超过60W。

(13)在一个工作场所内,不得只装设局部照明。

(14)施工现场移动式灯具严禁使用花线和塑料护套线。

(15)变电站应设置在干燥的紧急停车带或不使用的横通道内,变压器与周围及上下洞壁的最小距离,不得小于300mm,同时应按规定设置灯光、轮廓标等安全防护设施;洞内高压变电站之间的距离宜为1000m,由变电站分别向相反两方向供电,每一方供电距离宜采用500m;洞内高压变电站应采用井下高压配电装置或相同电压等级的油开关柜,不应使用跌落式熔断器,应有防尘措施。

(16)电线路应采用绝缘良好的胶皮线架设;施工地段的临时电线路应采用橡套电缆;瓦斯地段的输电线必须使用密封电缆,不得使用皮线;涌水路段的电动排水设备应采用双回路输电,并有可靠的切换装置;动力干线上每一分支线,必须装设开关及保险装置;严禁在动力线路上加挂照明设施。照明和动力线路安装在同一侧时,必须分层架设。电线悬挂高度应满足:110V以下电线离地面距离不应小于2m,400V时应大于2.5m,6~10kV时不应小于3.5m。供电线路架设一般要求高压在上、低压在下,干线在上、支线在下,动力线在上、照明线在下。

11. 电气设备的操作与维修标准

(1)施工现场内临时用电的施工和维护人员必须持证上岗。同时初级电工不允许进行中、高级电工的作业。

(2)各类用电人员必须掌握安全用电的基本知识和所用机械、电气设备的性能。

(3)使用设备前,按规定穿戴和配备好相应的劳动防护用品;并检查电器装置和保护设施是否完好,严禁设备带故障运转。

(4)所使用的设备停止工作以及操作人离开岗位时,必须把开关箱里的隔离开关拉闸断电,锁好开关箱。

(5)负责保护所用设备的负荷线、保护零线、漏电保护器、开关箱等,发现问题及时维修或报告解决。

(6)搬迁或移动用电设备,必须经电工切断电源并作妥善处理后进行。

12.电气设备的使用和维护

(1)施工现场的配电室、所按季度分4次停电清扫、检查,所有配电箱、开关箱每月进行3次检查和维修。检查、维修人员必须是专业电工,工作时穿戴好防护用品和使用电工绝缘工具。

(2)检查、维修时必须将其前一级相应的电源开关分闸断电,并悬挂停电标识牌,严禁带电作业。

(3)配电箱内盘面上应标明各回路的名称、用途、编号,同时要作出分路标记。

(4)配电箱均应配锁,指定专人负责,施工现场停止作业1h以上,应将动力开关箱拉闸上锁。

(5)各种电器箱内不允许放置任何杂物,保持清洁,不得挂接其他临时用电设备。

(6)熔断器的熔体更换时,应使用符合原规格的熔体,严禁用其他金属丝代替。

(二)安全用电组织措施

(1)建立临时用电组织设计和安全用电技术措施技术档案。

(2)建立技术交底制度。向专业电工、各类用电人员贯彻、强调临时用电组织设计的总体意图及安全用电的重点。

(3)建立安全检测制度。建立好临时用电工程检查验收表、电气设备的试、检验和调试记录、绝缘电阻、接地电阻测试表和定期检(复)查表的问题等。

(4)建立电气维修制度。施工现场的所有电气设备,专人定期检查、维修,定期检(复)查出的问题,及时整改、维修,并详尽地做好电工维修记录。

(5)建立安全用电责任制。临时用电工程各部位,操作、监护、维修、分片、分块、分机落实到人,并辅以必要的奖惩。

(6)建立安全检查和验收制度。施工现场的临时用电工程,按照《施工现场临时用电安全技术规范》(JGJ 46—2005)中的内容检查、验收。符合要求后才能投入使用。

(7)建立临时用电工程拆除制度。建筑工程竣工后或施工中,临时用电工程的拆除,应由电气技术人员编制拆除方案,经项目部技术负责人批准,才能进行,并必须有人监护。

(8)建立安全教育和培训制度。上岗前必须对各类用电人员进行安全知识和用电操作知识方面的培训,凡上岗人员必须持证上岗,严禁无证上岗。

(三)施工现场预防电气火灾的措施

1.施工现场发生火灾的主要原因

(1)电气线路超负荷引起火灾。线路上的电气设备长时间超负荷使用,使用电流超过了导线的安全载流量。这时如果保护装置选择不合理,时间长了,线芯过热使绝缘层损坏燃烧,造成火灾。

(2)线路短路引起火灾。因导线安全部距不够,绝缘等级不够,电缆老化、破损等或人为操作不慎等原因造成线路短路,强大的短路电流很快转换成热能,使导线严重发热,温度急剧升高,造成导线熔化、绝缘层燃烧,引起火灾。

(3)接触电阻过大引起火灾。导线接头连接不好,接线柱压接不实,开关触点接触不牢等造成接触电阻增大,随着时间增长引起局部氧化,氧化后增大了接触电阻。电流流过电阻时,会消耗电能产生热量,导致过热引起火灾。

(4)变压器、电动机等设备运行故障引起火灾。变压器长期超负荷运行或制造质量不良,造成线圈绝缘损坏,匝间短路,铁芯涡流加大引起过热,变压器绝缘油老化、击穿、发热等引起火灾或爆炸。

(5)电热设备、照明灯具使用不当引起火灾。电炉等电热设备表面温度很高,如使用不当会引起火灾;大功率照明灯具等与易燃物距离过近引起火灾。

(6)电弧、电火花引起火灾。电焊机、点焊机使用时电弧光、火花等会引燃周围物体,引起火灾。

2. 预防电气火灾的措施

针对电气火灾发生的原因,施工组织设计中要制订出有效的预防措施。

(1)施工组织设计时要根据电气设备的用电量正确选择导线截面,从理论上杜绝线路超负荷使用,保护装置要认真选择,当线路上出现长期超负荷时,能在规定时间内操作以保护线路。

(2)导线架空铺设时其安全间距必须满足规范要求,当配电线路采用熔断器作短路保护时,熔体额定电流一定要小于电缆或穿管绝缘导线允许载流量的2.5倍,或明铺绝缘导线允许载流量的1.5倍。经常教育用电人员正确执行安全操作规程,避免作业不当造成火灾。

(3)电气操作人员要认真执行规范,正确连接导线,接线柱要压牢、压实。各种开关触头要压接牢固。铜铝连接时要有过渡端子,多股导线要用端子或涮锡后再与设备安装,以防加大电阻引起火灾。

(4)配电室的耐火等级要大于3级,室内配置砂箱和绝缘灭火器。严格执行变压器的运行检修制度,按季度每年进行4次停电清扫和检查。

现场中的电动机严禁超载使用,电动机周围无易燃物,发现问题及时解决,保证设备正常运转。

(5)施工现场内严禁使用电炉子。使用碘钨灯时,灯与易燃物间距要大于30cm,室内不准使用功率超过100W的灯泡,严禁使用床头灯。

(6)使用焊机时要执行用火证制度,并有人监护,施焊周围不能存在易燃物体,并备齐防火设备。电焊机要放在通风良好的地方。

(7)施工现场的高大设备和有可能产生静电的电气设备要做好防雷接地和防静电接地,以免雷电及静电火花引起火灾。

(8)存放易燃气体、易燃物仓库内的照明装置一定要采用防爆型设备,导线铺设、灯具安装、导线与设备连接均应满足有关规范要求。

(9)配电箱、开关箱内严禁存放杂物及易燃物体,并派专人负责定期清扫。

(10)设有消防设施的施工现场,消防泵的电源要由总箱中引出专用回路供电,而且此回路不得设置漏电保护器,当电源发生接地故障时可以设单相接地报警装置。有条件的施工现场,此回路供电应由 2 个电源供电,供电线路应在末端可切换。

(11)施工现场应建立防火检查制度,强化电气防火管理体制,建立电气防火队伍。

(12)施工现场发生电气火灾,扑灭时应注意以下事项:

①迅速切断电源,以免事态扩大。切断电源时应戴绝缘手套,使用有绝缘柄的工具。当火场离开关较远需剪断电线时,火线和零线应分开错位剪断,以免在钳口处造成短路,并防止电源线掉在地上造成短路使人员触电。

②当电源线因其他原因不能及时切断时,一方面派人去供电端拉闸,另一方面灭火时,人体的各部位与带电体应保持一定距离,必须穿戴绝缘用品。

③扑灭电气火灾时要用绝缘性能好的灭火剂,如干粉灭火机、二氧化碳灭火器、1211 灭火器或干燥沙子。严禁使用导电灭火剂进行扑救。

(四)冬季用电措施

(1)设备运转记录齐全,每月检查维修及时,做好避雷,接地、接零保护检查。

(2)施工现场漏电保护器应齐全有效,以防雷击、潮漏造成损失。

(3)现场用电必须高标准、严格要求,所用线路无破损、无老化、绝缘性好,配电箱防雨措施完善,所用绝缘胶带,必须使用防水绝缘胶带,外用防护胶带。

(4)工程接地避雷系统完备有效,避雷设施齐全以防雷击。

(五)防雨措施

雨季施工应增加用电设备巡视次数,做好用电设施防雨措施。下雨时关好配电箱箱门,防止进水、受潮,发生漏电事故。雨后应对所有用电设备进行绝缘测试,合格后方可使用。

雷雨后做好检查记录。电工作业人员必须专业培训,持证上岗。

四、警示警告标志标牌设置

为了确保施工现场安全设施和安全防护能够发挥积极作用,根据人机工程学的原理和《建设工程安全生产管理条例》第二十八条施工单位应当在施工现场入口处、施工起重机械、临时用电设施、脚手架、出入通道口、楼梯口、电梯井口、孔洞口、桥梁口、隧道口、基坑边沿、爆破物及有害危险气体和液体存放处等危险部位,设置明显的安全警示标志。安全警示标志必须符合国家标准,施工现场的各种安全设施、安全防护及危险部位和危险场所必须悬挂安全警示牌。

(一)安全标志牌的管理

(1)施工现场应根据工程大小和不同的施工阶段和周围环境及季节、气候的变化,配备相应数量和种类的安全警示标志牌。

(2)安全警示标志应设置在明显的地点,以便作业人员和其他进入施工现场的人员易于看到。

(3)各种安全警示标志设置后,未经施工项目负责人批准,不得擅自移动或者拆除。

(4)施工现场应设置专人负责施工现场的安全警示标志,并定期对标牌、警示灯的完好情况进行检查,发现残缺或者毁坏的标志牌、警示等要及时更新、更换。

(5)要经常教育施工人员遵守安全警示标志牌的要求,要爱护安全标志牌,对破坏安全警示牌的行为要坚决制止,并按照《安全生产奖惩制度》进行处罚。

(二)安全警示标志

(1)安全警示标志包括:安全色和安全标志。

(2)安全色是指传递安全信息含义的颜色,包括红色、蓝色、黄色和绿色。

①红色:表示禁止、停止,危险等意思;

②蓝色:表示指令,要求人们必须遵守的规定;

③黄色:表示提醒人们注意,凡是警告人们注意的器件、设备及环境应以黄色表示;

④绿色:表示允许、安全的信息。

(3)对比色是使安全色更加醒目的反衬色,包括黑、白两种颜色。

(4)安全标志的分类:禁止标志、警告标志、指令标志和提示标志4类。

①禁止标志的基本形式是带斜杠的圆边框;

②警告标志的基本形式是正三角形边框;

③指令标志的基本形式是圆形边框;

④提示标志的基本形式是正方形边框。

(三)安全标志的使用

(1)在进入施工现场的大门入口,必须悬挂"进入施工现场必须正确佩戴安全帽""高空作业施工必须系安全带"等标志牌。

(2)具有火灾危险物质的场所,如:木工房、仓库、易燃易爆场所等,应悬挂"禁止吸烟""禁止烟火""当心火灾""禁止明火作业"等标志牌。

(3)高处作业场所、深基坑周边等场所应悬挂"禁止抛物""当心滑跌""当心坠落"等标志牌。

(4)在各种需要动火、焊接的场所,应悬挂"必须佩戴防护眼镜""当心火灾""必须穿防护鞋""注意安全"等标志牌。

(5)在脚手架、高处平台、地面的深沟(坑、槽)等处应悬挂"当心坠落""当心落物""禁止抛物"等标志牌。

(6)旋转的机械加工设备旁应悬挂"禁止戴手套""禁止触摸""当心伤手"等标志牌。

(7)设备、线路检修,零部件更换,应在相应设施、设备、开关箱等附近悬挂"禁止合闸""禁止启动"等标志牌。

(8)有坍塌危险的建筑物、构筑物、脚手架、设备、龙门吊、井字架、外用电梯等场所,应悬挂"禁止攀登""禁止逗留""当心落物""当心坍塌"等标志牌。

(9)有危险的作业区,如:起重吊装、交叉作业、爆破场所、高压实验区、高压线、输变电设备的附近,应悬挂"禁止通行""禁止靠近""禁止入内"等标志牌。

(10)专用的运输车道、作业场所的沟、坎、坑、洞等地方,应悬挂"禁止跨越""禁止靠近""当心滑跌""当心坑洞"等标志牌。

(11)在总配电房、总配电箱、各级开关箱等处应悬挂"当心触电""有电危险"等标志牌。

(12)龙门吊吊篮、外操作载货电梯框架,物料提升机等地,应悬挂"禁止乘人""禁止逗留""当心落物"等标志牌。

（13）在钢筋加工机械、电锯、电刨、砂轮机、绞丝机、打孔机等机械设备的旁边，应悬挂"当心机械伤人""当心伤手"等标志牌。

（14）在混凝土搅拌机、砂浆搅拌机、钢筋机械设备等旁边应悬挂"安全操作规程"等标志牌。

（15）在通向紧急出口的通道、楼梯口、消防通道口等地应悬挂"紧急出口""安全通道""安全出口""消防通道"等标志牌。

（16）在出入通口、基坑边沿等处设置对应的标志牌外，夜间还应设红灯警示，保证有充足的照明。

第二节　施工管理标准化

一、概述

1. 标准化管理的含义

标准化管理就是在生产经营管理中，针对业务范围中的每一个环节、每一个部门、每一个岗位，以人为核心，制订详细的科学化、量化的标准，按标准进行管理，可以使生产经营从上到下有一个统一的标准，形成统一的思想；可以提高服务质量和劳动效率，减少资源浪费，有利于树立良好的形象。

2. 标准化管理的目的

标准化管理的目的是进行专业技术储备、提高管理效率、预防事故再发、加强教育训练。

3. 标准化管理的作用

把企业成员积累的技术、经验，通过文件的方式来加以保存，不会因为人员的流动，整个技术、经验也跟着流失。达到个人知道多少，组织就知道多少，也就是将人的经验转化为企业的财富；也因为有了标准化，每一项工作即使换了不同的人来操作，也不会因为不同的人，在效率与品质上出现太多的差异。

二、施工管理标准化

1. 施工管理标准化的含义

标准化是为在一定范围内获得最佳秩序，对现实问题或潜在问题制订共同使用和重复使用的条款的活动。施工管理标准化就是借鉴工业生产标准化理念，通过引进系统理论，整合原有的安全生产、文明施工、工程质量、队伍管理和工程监理等单体概念，形成密切相关、交叉科学的施工现场管理新体系。其目标是以实施施工现场管理标准化为突破口，整合管理资源，建立有效的预防与持续改进机制，通过改革现场管理方式和施工组织方式，做到市场行为规范化、场容场貌秩序化、管理流程程序化、内部管理信息化、监控手段科学化，从而提高企业管理水平，提高监管水平，提高产业发展水平。

2. 施工管理标准化的特点

施工现场管理标准化，就是要坚持以人为本、可持续发展的理念，积极引入国内外先进管理理念、管理方式,不断强化安全生产、文明施工、工程质量、建筑队伍、工程监理等各类要素的管理,将标准化活动贯穿于施工现场管理的始终,促进行业管理的科学化、规范化和系统化。其特点主要包括6个方面:

(1)将以往分割、独立的安全生产文明施工管理、质量管理、工程管理、队伍管理进行整合与熔炼,使4项管理互相渗透、互为作用,成为一个统一的管理体系,并将国际通行的质量、安全、环保三大管理标准的管理理念与管理方法有机融入其中,优化管理流程,形成管理合力,实现管理理念与管理方式的升华,促进施工现场由传统管理向现代管理的转变。

(2)对施工现场人、机、料、法、环五大生产要素的协调、有序管理做出标准化要求,注重建筑施工对周边环境的影响,体现可持续发展观和绿色建筑的管理理念,实现场容场貌的秩序化,进而彻底扭转社会对建筑施工现场"脏、乱、差"的传统印象,塑造全新的行业形象。

(3)体现"以人为本"的管理理念,把对从业人员的职业技能、职业素养、行为规范的要求贯穿于标准的全过程,建立对从业人员和执业行为的自律约束机制,促进行业素质的快速提升。

(4)提出工程建设活动全过程的行为准则和检查考核标准,建立制约机制,使企业对应做什么、如何做、做到何种程度明明白白,大大提高其自控意识和自控能力,实现市场行为的规范化。

(5)对工程施工活动的各个环节实行程序化管理,做到质量与安全管理环环相扣、层层把关,始终处于受控状态;尤其是通过标准化管理体系的运行,建立预防与持续改进机制,有效消除质量安全隐患,提升质量安全管理水平。

(6)整合现场管理资源,优化管理流程和施工组织方式,通过推行"施工现场信息管理系统"和"施工现场视频监控系统",实现内部管理信息化、监控手段科学化,减少管理失误和施工浪费,降低管理成本和施工成本,提高企业经济效益。

3. 施工管理标准化的意义

(1)通过标准化管理,可以将复杂的问题程序化,模糊的问题具体化,分散的问题集成化,成功的方法重复化,实现工程建设各阶段项目管理工作的有机衔接,整体提高项目管理水平,为又好又快实施大规模建设任务提供保障。

(2)通过总结项目管理中的成功经验和做法,有利于不断丰富和创新项目管理方法和企业管理水平。

(3)通过对项目管理经验在最大范围内的复制和推广,可以搭建起项目管理的资源共享平台。

(4)通过在每个管理模块内制订相对固定统一的现场管理制度、人员配备标准、现场管理规范和过程控制要求等,可以最大限度地节约管理资源,减少管理成本。

(5)通过推行统一的作业标准和施工工艺,可以有效避免施工过程中的质量通病和安全死角,为建设精品工程和安全工程提供保障。

(6)通过对项目管理中的各种制约因素进行预前规划和防控,可以有效减少各种风险,避免重蹈覆辙。

(7)通过建立标准的岗位责任制和目标考核机制,便于对员工进行统一的绩效考量。

4. 推广施工现场标准化管理的具体做法

推行标准化工地建设采取先试点、后推广、分段推进、由点及面的方式,不断巩固和扩展标准化工地创建成果,塑造全新的行业形象。

1) 高起点制订标准,提高施工现场科学管理水平

组织编制地方标准(简称《标准》),就当前和今后一个时期的施工现场管理工作,提出既体现先进管理理念、管理思路和管理方法,又便于操作的基本规定、基本尺度和基本指标,对于转变施工现场管理方式和社会形象具有重大的现实意义和深远的影响。通过实施《标准》,重点解决管理理念落后、管理方式陈旧、管理方法简单;以人为本理念没有牢固树立,不注重维护职工利益、不尊重职工权益;没有引入科学管理理念,运用经验式管理、作坊式管理;管理体系有缺陷、管理机制有漏洞;施工现场"脏、乱、差"现象不同程度存在等诸多问题,实现建筑施工现场管理方式的革新。

2) 加大工作力度,确保标准化工地建设工作扎实推进

(1) 深入发动

一是加强《标准》的培训。建设各方把《标准》作为今后培训教育的重点教材,通过专题培训、职工夜校、知识竞赛、巡回演讲等各种形式广泛宣传,让全体从业人员理解《标准》、正确运用《标准》、严格执行《标准》,做到人人明白,照章行事。

二是坚持典型引路。及时总结好的做法和经验,并用于指导标准化工地建设。通过召开不同层次人员参加的观摩会、交流会、参观会、总结会等,表彰典型,鼓励先进,迅速形成"比、学、赶、帮、超"的竞争氛围,加速标准化工地的推广步伐。

三是广造舆论,积极扩大社会影响。充分运用报纸、电视、网络等媒体报道标准化工地建设成果等形式,积极扩大社会影响,形成业内开拓进取、社会广泛关注、新闻媒体报道的强势氛围,促进"标准化生产、人本化管理、品牌化经营、理念化创新"的发展态势,确保标准化工地建设既轰轰烈烈,又扎扎实实。同时,印发活动简报、在建管信息网开办专栏,动态报道标准化工地创建的进展、做法和经验,提供一个相互交流、共同切磋的平台。

(2) 创新手段

一是推行施工现场信息管理系统,将日常监管的危险源,影响工程质量安全、工程监理、队伍管理等各类要素,真实、完整地记录到信息系统中,并通过分析、总结,准确把握施工现场的规律,持续改进现场管理制度,进而完善企业的管理体系和现场的保证体系,堵住制度上的漏洞,纠正管理上的缺陷,不断提高建筑施工现场管理水平。

二是大力推广施工现场视频监控系统,对重点环节和关键部位进行监控,及时发现和纠正施工现场存在的突出问题,确保施工全过程处于受控状态。在试点的基础上,实现施工现场监控系统与建设行政主管部门现有监管系统的链接,提高监管效能。通过创新手段,彻底扭转问题不能及时发现、缺陷得不到及时纠正、错误重复发生的粗放管理方式,向精细化、科学化、规范化管理方式转变。

三是改善职工的作业和生活环境。始终坚持科学发展观,牢固树立"以人为本"的理念,并转化为企业和项目管理人员的管理方式和管理行为,落实在日常管理的各个环节和各个过程,体现在对全体从业人员的生产作业环境的不断改善和生活环境的不断优化上,让从业人员切身感受到标准化工地带来的变化和实惠,从而以饱满的热情投入到创建活动中。

(3)突出重点

一是提高管理人员的决策能力和执行能力。建筑施工现场各责任主体和管理人员是标准化工地建设的关键,在实施《标准》中负有决策和执行的重要职能,彻底扭转重工程轻管理、重数量轻质量、重速度轻安全的错误意识和做法,积极应用《标准》及其他科学管理的原则和方法,并加大对现场管理的投入;项目具体管理人员着力提高执行能力,把科学管理具体落实到工地的每个环节、每个过程和每个岗位。

二是不断提高班组长等业务骨干的作业能力。企业不断加强对作业人员特别是班组长等业务骨干的培训,把《标准》原原本本地向他们讲解,提高他们执行《标准》的自觉性;同时,督促作业人员严格按《标准》要求操作,及时发现并纠正违反《标准》的行为和现象,促使《标准》深入到施工现场的各个环节、各个部位,把《标准》转化为全体人员的工作准则。

三、管理体系标准化

1. 标准化体系的含义

标准化体系是一个由众多不同类别,不同层次的标准依据某种特定的规则集成在一起形成具有整体性、层次性和关联性等特征的大系统。

2. 标准化体系的组成

体系的组成单元是标准。公路工程标准化体系通常由其采用的技术标准、管理标准和作业标准进行有机的结合而构成。

我国公路工程行业内现行标准见表2-11。

我国公路工程行业内现行标准　　　　　　表2-11

序号	类　别		名　称	编　号
1	作业标准	公路	公路路基施工技术规范	JTG F10—2006
2			公路路面基层施工技术细则	JTG/T F20—2015
3			公路水泥混凝土路面施工技术细则	JTG/T F30—2014
4			公路水泥混凝土路面再生利用技术细则	JTG/T F31—2014
5			公路沥青路面施工技术规范	JTG F40—2004
6			公路沥青路面再生技术规范	JTG F41—2008
7		桥隧	公路桥涵施工技术规范	JTG/T F50—2011
8			公路工程基桩动测技术规程	JTG/T F81-01—2004
9			公路隧道施工技术规范	JTG F60—2009
10			公路隧道施工技术细则	JTG/T F60—2009
11		交通工程	公路交通安全设施设计施工规范	JTG F71—2006
12			公路隧道交通工程与附属设施施工技术规范	JTG/T F72—2011
13	管理标准		公路工程质量检验评定标准(土建工程)	JTG F80/1—2017
14			公路工程质量检验评定标准(机电工程)	JTG F80/2—2004
15			公路工程施工监理规范	JTG G10—2016
16			公路工程施工安全技术规程	JTG F90—2015

续上表

序号	类别	名称	编号
17	技术标准	公路沥青玛蹄脂碎石路面技术指南	中建标公路[2002]1号
18		公路冲击碾压应用技术指南	交公便字[2005]329号
19		微表处和稀浆封层技术指南	交公便字[2005]329号
20		公路机电系统维护技术指南	交公便字[2005]330号
21		公路工程水泥混凝土外加剂与掺合料应用技术指南	交公便字[2006]02号
		公路工程抗冻设计与施工技术指南	交公便字[2006]02号
22		公路土钉支护技术指南	交公便字[2006]02号
23		公路安全保障工程实施技术指南	厅公路字[2006]418号
24		公路钢箱梁桥面铺装设计与施工技术指南	交公便字[2006]274号
25		公路交通标志和标线设置手册	交公便字[2009]145号

3. 标准体系递进关系

技术标准、管理标准和作业标准相互关联,共同作用,从而构成了标准体系中的"三大标准",(其基本结构如图 2-13 所示。从图中不难看出,标准体系不仅需要外部相关文件进行指导,而且也需要内部相关标准相互作用)。其中技术标准是项目标准体系中的基础依据,管理标准是落实技术标准的重要保证,而作业标准则是落实技术标准和管理标准的工作载体。这"三大标准"在不同的行业、不同的管理层上其所占的比重不同。对于公路工程施工项目管理而言,则是以技术标准为主导,管理标准为重心,作业标准为辅助的方式进行项目管理。

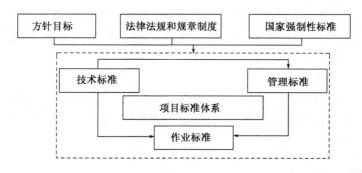

图 2-13 项目管理标准体系基本结构示意图

项目管理标准化就是对原有的活动进行更加规范、有效的管理,从而实现标准化管理活动的有效"复制"。因此,公路工程施工项目管理标准化体系结构设计就是要在原有管理制度的基础上设计出更加细致、准确、科学的规定来指导和约束施工项目中的各项活动。

四、管理流程标准化

1. 管理流程标准化的含义

项目先后衔接的各个阶段的全体被称为项目管理流程。流程标准化是以管理内控体系精细化为主体,提升系统整体运营效益和管理"流程化、信息化、标准化"为目的,以绩效考核及信息平台监控为手段,以项目推进为主要形式的闭环式内控体系建设。旨在对外提升企业内控模式的相对竞争优势,对内实现管理、生产、研发、销售、内控一体化、共享化、可复制式运作模式。

2. 管理流程标准化的优势

1) 使得每个项目从个性化事件变为标准化事件

从执行角度来讲,能够对每个项目管理者和执行者提出更为明确的要求;从领导角度来讲,便于管理者在更高的层面进行多项目管控。由于每个项目的特殊性,项目经理对于项目的管控方式和风险都有十分明确的认识。但作为领导,一旦项目数量到达一定等级后,就很难顾及每一个细节。因此,将项目开展的过程用流程规定下来,并将其中的关键点和风险控制点抽离出来,成为领导日常管理的标准化流程,能迅速有效地发现这些可能导致项目失败甚至影响企业存亡的事件。举个例子,量变导致质变,当一个项目的资金回收出现问题时,可能不会有很大的影响,但是如果同一时间多个项目都出现同类问题,就可能导致企业资金流的紧缩。如果在设计流程时,在每次项目资金回收时,预设汇报和反馈的预警机制,决策者能预先察觉可能存在的资金断流情况,给出相应的对策。

2) 使项目不仅结果可以被测量,其过程也能被探知和测量

让项目的过程从黑盒变为白盒,每个事件都可以被追溯到,从而找到项目执行过程中的缺陷,形成改进的依据,提升项目执行的效率。首先,当项目经理对于项目的把控程度已经远远超越了领导所能探知的程度,那领导对于每个项目经理的博弈能力就会相对变弱。换言之,老板们很难去测量和评估,并且驱动项目经理去更好地完成一个项目。测量的目的是为了发现改进的余地,同时,重要的是形成驱动项目经理高品质履行项目的依据。其次,合理的过程导致必然的结果,任何一个不良结果的产生,一定是由于过程中的某些点出现问题。将过程以一种显性的方式表达出来,并且不断通过结果去回顾过程,发现过程中的缺陷,通过不断地改进使结果能够达到预期的目标。

3. 管理流程标准化实例

工程项目施工前,若将标准施工工艺流程化,施工过程严格按照流程进行管控,既突出重点、简单实用,又能把关键环节控制好,有效保证工程质量。如图 2-14 所示为某高速公路路基填方标准化施工工艺流程图。

五、管理记录标准化

施工记录是保证产品可追溯性的主要证据,技术人员必须保证施工记录的及时、完整和准确。施工技术管理部门要建立以下 4 种主要的施工记录:

(1) 施工技术记录。它包括施工日志、设计文件审核和变更设计纪要、设备安装记录、技术交底等。

(2) 材料质量记录。它包括原材料、成品、半成品、构配件、设备出厂质量证明和试(检)验报告。

(3) 工程测量记录。它包括复测、控制测量、竣工测量记录和资料。

(4) 工程验收记录。它包括自检记录、隐蔽工程验收记录、基础、结构验收记录、施工试验记录、工程质量检验评定、竣工验收记录、竣工图等。

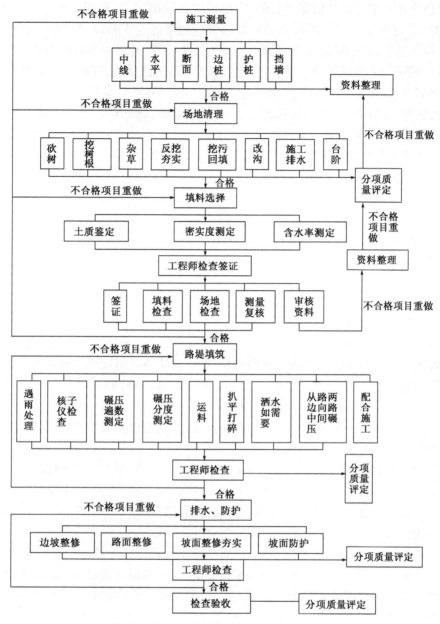

图 2-14 某高速公路路基填方施工工艺流程图

第三节 施工管理精细化

一、概述

1. 精细化管理的含义

所谓精细化管理,就是把规范化作为前提,系统化作为保证,数据化作为标准,信息化作为手段,把提高企业效率与效益设定为目的,运用现代管理模式,对管理对象实施精细、完整、快捷、准确的控制与规范。提高管理效能被看作管理创新的基本目标,经验式的管理模式被具体、明确的量化标准取代;量化标准渗透到管理的各个环节,量化的数据作为分析判断问题、评估考察对象的依据,无形的管理变成有形的管理;利用量化的数据规范管理者的行为,并对管理进程进行监督、检查、指导、服务,及时发现问题,并及时矫正管理行为。

精细化管理是以科学管理为基础,强调人的核心地位,通过充分有效地运用人力和其他资源,谋求企业效率和效益的最大化。通过规则的系统化和细化,运用程序化、标准化和数据化的一种管理理念和管理技术手段,使管理各单元精确、高效、协同和持续运行。要求在管理中重点关注细节、数据和工具。

2. 精细化管理的优点

1)有效合理分工,提高工作效率,减少人员冗杂。

2)建立流程规范,有助于工程项目的快速施工。

3)现场解决问题,提高产品质量。

4)有助于节约成本。

5)提高安全保障。

3. 精细化管理的特征

1)强调数据化,精确性

科学管理就是尽力使每个管理环节数据化,而数据化则是精细化管理最重要的特征之一。有了数据化,则精确性即成为其中应有之义。在数据化、精确性的前提下,严谨成了一种习惯性的行为,在工程项目管理的每一个执行细节上都可以做到精确化、数据化。而这些数据化、精确性的资料可以成为管理者进行决策的重要依据,使决策更具科学性和可操作性。

2)持续改进,不断完善

精细化的管理需要在项目施工的每一个环节中得到体现,所以不断地改进和优化流程是精细化管理的主要特征。工程项目管理组织应顺应外部环境的变化而相应作出转变,以建立完美的施工流程为中心,强调不断地改善,实施精细化管理。

3)以人为核心

管理最核心的问题是人的问题。精细化管理更是强调以人为核心。管理就是使有限的资源发挥最大效能的过程。其中人的资源是最重要的,要创造最大效益,就必须使人的潜力得到最大限度的发挥。而如何最大限度地发挥人的潜力,则是管理中遇到的最重要的课题,也是精细化管理面临的最大的难题。

4)注重创新

精细化管理以持续的自我改进为特征,而创新则是自我改进中永恒的主题。没有创新,自我改进便无从谈起。精细化管理即强调创新,在创新中不断地否定自我,不断地进步。细节是一种创造,包含着把小事做细的精细化管理,强调非数据不精、非创新不细。

4. 精细化管理的目标

精细化管理的最终目标是使项目组织管理各单元精确、高效、协同和持续运行,提高管理质量。在这个目标的前提下,其在管理程序化、标准化、数据化和信息化的改造过程中,体现的是简单、明确、精确,使操作执行更简单。从管理的角度上讲,精细化管理只会使工程项目的管理问题程序化、简单化、明确化,并提升企业的整体管理效能。

贯彻落实安全、环保、和谐、耐久、节约的建设新理念被看作是实施施工项目精细化管理的总体目标,在执行国家有关规章、法律、法规和相关行业标准、规程和规范的基础上,以合同为依据建立涵盖工程施工、项目管理、质量与安全生产监督等各个环节的精细化管理体系。通过细化管理标准、目标、标准、流程、任务,实施精细化管理,促进项目管理的规范化、科学化和程序化,不断提高管理水平,确保工程安全生产,打造精品工程。

二、精细化管理的实现途径

(一)工程项目精细化管理的实施方法

工程项目精细化管理在具体实施过程中,通常采用"四化"方法,即将模糊的工作清晰化,将清晰的工作程序化,将程序的工作数字化,将数字的工作信息化。

1. 模糊的工作清晰化

首先要将工程项目分解成符合精细化管理要求的若干要素,然后根据各个要素的特征,明确定位其在工程项目建设中的作用。

2. 清晰的工作程序化

在清晰化基础之上,按照工程项目施工程序,准确定位各要素所处的建设环节,并处理好各个环节之间的衔接工作,实现对各要素的程序化管理。

3. 程序的工作数字化

程序的工作数字化就是根据生产程序,将每个阶段完成的工作任务进行数字化处理,用明确的数字表示项目建设进度。

4. 数字的工作信息化

运用信息化的手段,将各个阶段的数据进行处理,为项目建设计划的调整提供依据。

(二)精细化管理的实现途径

1. 统一精细化管理的思想认识

统一精细化管理的思想认识,要树立精细化管理是全员智慧、力量发挥、集合结果的观念,树立精细化管理是一个不断改进、不断完善和长期发展过程的观念。只有在精细化管理的内容被各级领导和全体员工接受、认同的情况下,全员精细化管理的积极性和创造性才能得到最大限度地发挥,精细化管理的意识、目标、方法才能得到较好的贯彻落实和具体体现,从而获得应有的管理成效。因此,统一全体员工的思想、态度、观念,解决精细化管理的意识问题是实施精细化管理的首要问题。从企业文化建设的制高点、个人发展与企业发展的关系,以及实现个人价值与企业价值共同提高的高度来武装全体员工的灵魂,打动全体员工的心,形成一种"灵魂深处搞管理"的良好企业氛围。此外,精细化管理重在管理的过程,体现在每个管理环节上。精细化管理的本质意义就在于它是一种企业战略及其目标的分解细化和落实的过程,是让战略规划有效贯彻到每个环节并发挥作用的过程,同时也是提升企业整体执行能力的重要途径。这就要求每位管理人员都立足于本职工作,把精细化管理理念落实到具体的工作之中,体现到具体的行动之中。

2. 加强精细化管理制度建设

精细化管理的精髓在于各种业务流程的细化和标准化。每一种行为,都有其合理的表现方式,如何做,何时做,做到什么程度,都要在管理制度上作出明确规定,不可以有任何疏漏。将各个施工环节流程的控制作为项目施工精细化管理的切入点,细化工作程序和标准,做到每一施工阶段、每一道施工工序的完成都不得缺少规定的任何一个环节,在每一施工阶段制订具体施工工艺流程,流程中每个岗位固定、责任固定,以实现岗位、程序间的相互制约,以推进管理标准化和规范化的建设。着力培育精细化管理的制度意识和素质,实现"人人会管理、处处有管理、事事见管理。"

3. 强化精细化管理的制度刚性

精细化管理是一种方法,确保这一方法有效运作则需要建立起规范化、流程化的管理制度框架,构筑制度化的"刚性"管理环境。体现"刚性"管理的特点就是执行制度无"弹性"。制度"刚性"的问题,关键在于有没有动真格的。不动真格的,制度就落实不下去,就会形同虚设。为了强化精细化管理的制度刚性,可以制订责任连带追究制度。不管是管理者还是普通员工,完不成工作目标或造成岗位失误失职,就按"责任追究机制"追究直接责任、间接责任和连带责任。

4. 精细化管理目标的落实和考核

项目施工中的各个职能部门在实施精细化管理中起主导作用,要立足于整个项目,贴紧精力,各负其责、有的放矢地开展工作。把每一个单元工作目标分解落实到岗位、员工身上,真正做到横向到边,纵向到底,不留死角,真正做到"点点滴滴求合理,细微之处见管理"。同时,将精细化管理的内容纳入项目组织的各个部门及其负责人的量化管理目标责任制中,进行综合考核,并作为评价考核部门及其负责人工作业绩的重要依据,以增加其切实抓好精细化管理目标的落实和督导的积极性,进一步提高风险防范和控制能力。

5. 应用智能化管理工具

智能化终将带来施工现场管理革命,互联网+建筑的时代已经到来,只有拥抱变化、符合时代发展要求的企业才能脱颖而出。正如装配式建筑建造方式是生产方式的变革,是传统生产方式向现代工业化生产方式的转变。而要实现施工标准化、劳务专业化、质量管控精细化目标,智能化管理是唯一的手段。BIM(建筑信息模型)技术、物联网、云技术、大数据和移动技术等软硬件技术被集成应用在施工现场,与传统信息化平台集成,实现优势互补,可实现作业面与信息平台的实时联通,数据更加及时。智能化、智慧化的信息技术,通过云技术(云计算)、大数据、物联网、移动互联(移动通信)、智能硬件(智能化)、BIM 等先进技术和综合应用,将施工过程中涉及的人、机、料、法、环等要素进行实时、动态采集,有效支持现场作业人员、项目管理者提高施工质量、降低成本,保证工程项目高质量地完成。通过智能化实现对项目的标准化和精细化管理。

随着各技术不断发展及相互融合,信息化手段、移动技术、智能工具在工程施工阶段的应用不断提升,智慧工地建设应运而生。智慧工地建设将加强施工现场安全管理、降低事故发生频率、杜绝各种违规操作和不文明施工、提高建筑工程质量、使工程项目管理更加精细化。智慧工地可分为以下3个层面:

1)终端层。充分利用物联网技术和移动技术提高现场管控能力。通过 RFID(射频识别)、传感器、摄像头、手机等终端设备,实现对项目建设过程的实时监控、智能感知、数据采集和高效协同,提高作业现场的管理能力。

2)平台层。各系统中处理的复杂业务,产生的大模型和大数据如何提高处理效率?这对服务器提供高性能的计算能力和低成本的海量数据存储能力产生了巨大需求。通过云平台进行高效计算、存储及提供服务。让项目参建各方更便捷地访问数据,协同工作,使得建造过程更加集约、灵活和高效。

3)应用层。应用层核心内容应始终围绕以提升工程项目管理这一关键业务为核心,因此PM项目管理系统是工地现场管理的关键系统之一。BIM的可视化、参数化、数据化的特性让建筑项目的管理和交付更加高效和精益,是实现项目现场精益管理的有效手段。

在工程项目建设过程中,为了满足各方要求,项目应利用新兴技术手段,如BIM技术、云技术、大数据、物联网、移动互联和智能硬件等,改进和优化施工现场管理,是实现项目精细化管理目标的关键。

(三)BIM技术在工程项目精细化管理中的应用

BIM技术是通过真实的数字信息仿真模拟建筑物,并通过联系基本项目的构建和具体施工方面的特性,进而形成建筑信息模型。收集整理的所有信息存储于数据资料库,通过数据库分析建筑相关的其他元素和实际科学之间的深层关系,并通过互联网等前沿技术对数据库里整理的建筑工程信息实现共用共享。建筑信息模型涵盖几何、空间、地理等众多信息,建筑信息的建模可大可小,大到可包含整个建筑生命周期,小到可对一个工序或一个分项工程建模以控制其施工顺序、位置、精度、质量等。

BIM技术有可视性、模拟性、协调性、优化性、可出图性等几大应用特点,而在公路施工中的实际应用范围要根据信息资料库及信息模型的广度及深度来决定。我们可以用它来深化设计、优化现场布置、图文资料管理、进度安全质量管理等。信息资料库及信息模型的广度及深度,影响BIM技术在施工中的应用范围。随着大数据、数字化时代的到来,施工企业要走一条管理模式合理、产业不断升级的发展之路,需要结合实际项目,加强BIM技术在项目中的应用和推广。企业要结合自身条件和需求,遵循规范,制订合理的实施方法和步骤,做好BIM技术的项目实施工作,通过积极的项目实践,建立一批BIM技术应用标杆项目,不断积累经验,充分发挥BIM技术在项目精细化管理中的价值。如图2-15所示为基于BIM技术的项目精细化管理。

目前,BIM技术在路桥工程的应用上则有很大的局限性,各种类型族、模板均须自行逐一创建,展示局部施工工艺和细部做法对族的精细度要求也极高。但随着路桥行业的不断发展和其市场竞争的日益加剧,对路桥工程施工也提出了新的、更高的要求,这时候BIM技术在路桥工程中的应用无疑为我们带来了诸多便捷:通过BIM技术在路桥工程中的应用可实现基于BIM的宏观、中观和精细化管理相结合的多层次施工管理和可视化模拟。

1. 利用BIM技术虚拟施工

利用BIM技术的虚拟施工展示,对安全隐患、施工难点提前反映,可视化的交底、教育等形式也更容易被施工人员所接受,直观形象地让施工人员了解施工意图和细节,就能使施工计划更加精准,统筹安排,提前做好安全布置及规划,以保障工程的顺利完成。

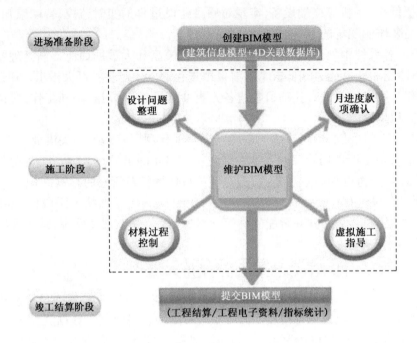

图 2-15　基于 BIM 技术的项目精细化管理

2. BIM 可视化模拟应用

借助 BIM 的可视化模拟,对路桥工程分部、分段进行分析,将一些重要的施工环节、工艺等进行重点展示,提高管理人员和施工人员对施工工艺的理解和记忆,并利用 BIM 技术模拟施工现场各类安全设施的布置,提高施工的安全性和布置的合理性。项目管理人员也能非常直观地理解公路施工过程的时间节点和工序交叉情况,提高施工效率和施工方案的安全性。BIM 可视化模拟应用如图 2-16~图 2-21 所示。

在实际的 BIM 应用过程中,通过 BIM 技术能够将路桥施工中的各工区实时的链接在一起,方便各方的沟通。例如,在工程中有桩柱施工、路基施工、路面施工、绿化施工、配电施工等,在整个工程中要协调的可能是 3~4 个工区,或者 7~8 个工区,每个工区都有自己的进度排布计划,或者因为其他的外力影响而导致个别工区的计划变更。这样,工序之间就难免出现

图 2-16　基于 BIM 可视化的标准化场站

图 2-17　基于 BIM 可视化的标准化场站

重合、交叉作业、延误作业。通过建立施工现场的三维信息化模型,可以让不了解其他专业的人员能直观了解整体工程的各项情况,是哪方面出现了问题,又该怎样解决,等于在项目各参与工区之间建立了一个信息交流平台,使沟通更为便捷、协作更为紧密、管理更为有效、精细。

图 2-18 基于 BIM 可视化的路面水稳基层施工碾压

图 2-19 基于 BIM 可视化的路面基层平整度检测

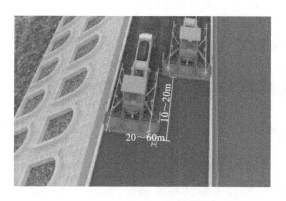

图 2-20 基于 BIM 可视化的沥青面层摊铺

图 2-21 基于 BIM 可视化的沥青面层碾压

第四节 班组管理标准化

班组管理标准化是精细化实施的一个重要环节。班组是工程项目最基本的生产单位,也是施工管理的最终落脚点,班组管理的好坏直接关系到工程项目管理组织的执行力和竞争力,关系到项目施工任务的完成和各项经济指标的实现。只有抓好班组的规范化管理,才能使班组在工程项目中发挥出最大化的效能,确保工程项目制度及目标的有效执行和落实。

一、施工班组管理制度

为全面落实"品质工程",切实加强施工班组化的管理,进一步促进项目部施工进度、安全、质量、环境及文明施工管理的提升,确保施工无安全、质量事故,确保项目部各责任目标实现,项目部细化班组化管理制度,推行班组人员实名制管理,建立健全班组考核和奖惩制度,推行班组首次作业合格确认制和清退制度,确保班组作业标准化。

1. 进场管理制度

1）项目部要求各施工班组进入现场后,必须明确工作内容及范围、质量标准、安全规定、工程进度、文明施工及结算方式,约定有关奖惩,并由工程部联合安全部组织工人进行入场教育及安全技术交底,学习相关技术方案、技术指标、安全文明施工等规定内容。

2）入场的班组必须统一住宿,不得占用施工场地作为宿舍,禁止非本项目劳务人员进入施工及生活区域,保持高度防火意识,做到安全用电,严令禁止私接电源、插座及使用大功率电器。保持生活区域的整洁卫生,生活垃圾在指定地点集中处理。班组长必须严格管理各班组劳务人员,有效控制不文明行为。

3）已进场的施工班组,如存在各方面不遵守国家、地方有关法律法规和公司相关规定,不服从现场负责人管理的行为,项目部可按照危机严重程度给予相应的经济处罚。屡教不改的,项目部可令其停工整顿或退场,另行安排施工班组。由此造成的一切损失由涉事班组负责人承担。

2. 现场管理制度

1）项目部要求施工区域进行封闭作业,施工人员做好相关安全防护工作。

2）电气设备应严格按照操作规程进行使用,使用完毕后须切断电源。

3）施工现场保持整洁,下班时必须进行清场工作,对未使用完的材料,整理归堆,避免材料和设备的损失、破坏。

4）任何材料不得私自带出工地,工地间需要调配的必须经过管理工程师批准后方可调配,原则上材料只进不出。

5）施工现场做好防火、防盗安全工作;施工现场严禁生火煮饭及住宿,绝对禁止聚众赌博等违法行为。

3. 施工管理制度

1）项目部要求进入项目工作的班组,必须服从管理人员的指挥调度,积极主动地配合管理人员完成各项施工任务。

2）当施工质量、进度方面未能按照合同执行时,经协商仍未按要求整改的班组,分部负责人可令其停工整顿,情节严重时上报项目部,令其退场,项目部另行安排施工班组。该责退班组承担一切相关损失。

3）施工过程中严禁长料短用、短料不用、废料不收的恶意浪费现象。在不影响其他管理目标的基础上尽可能优化工程成本。

4）各班组进行作业时必须遵守现场安全纪律、工种安全技术操作规程、机具安全使用要求,并正确使用安全防护用品。

5）必须认真落实成品、半成品的保护措施,避免不必要的返工,同时注意保护其他工种已完成的工作面不受破坏。

6）禁止野蛮施工,做好工完场清,垃圾合理堆放,班组内部或与其他工种间发生争执时不要意气用事,应及时向管理人员报告情况,进行协商处理,严禁施工现场打架斗殴。

4. 班组奖惩制度

施工班组在工作中违纪的按其违规的严重程度和损失程度,公司将给予一定的经济处罚、直至交司法机关处理,具体处罚规定如下:

(1)一般违纪给予口头警告或对该班组处以 50~500 元的罚款,适用范围如下:
①在施工现场打牌或以其他形式进行赌博的;
②不服从项目部统一住宿安排,自行占用施工场地或其他建筑物住宿的;
③未进行技术交底,不按照预先商定的施工方案施工的;
④私拉、乱接施工用电,施工成品或半成品乱堆乱码的;
⑤不合理使用材料,浪费施工材料的;
⑥因施工质量低劣造成返工及工期延误的;
⑦在施工现场作业区吸烟、违章用火和其他违反消防规定的;
⑧在工地酗酒或酗酒后在工地施工的;
⑨语言行动损害公司形象和公司利益的;
⑩其他符合一般违纪条件规定的。
(2)严重违纪处以该班组 500~2000 元罚款并辞退违纪当事人,适用范围如下:
①在工地有偷盗行为或为偷盗行为提供方便通风报信的;
②在公司利益受到侵害时不出面阻止,不及时举报,故作不知情不配合事实调查,在调查中弄虚作假的;
③因施工质量低劣造成重大损失及工期延误的;
④泄露公司商业机密,损害公司形象的;
⑤在施工现场有打架斗殴和其他影响公共秩序的;
⑥严重违反社会公德,给他人造成伤害的;
⑦有违法犯罪行为的;
⑧违章施工,造成人身伤害事故的;
⑨其他符合严重违纪条件规定的。
(3)重大严重违纪处以该班组 2000~20000 元罚款或没收其全部工程款、辞退该班组并保留追究其法律责任的权利,适用范围如下:
①违章施工,造成人身伤亡事故的;
②因施工质量低劣造成公司形象及利益遭受重大损失的;
③与他人串通窃取公司商业机密,牺牲公司利益为自己牟利的;
④擅自以公司名义承接工程或有其他严重损害公司利益行为的;
⑤其他符合重大严重违纪条件的。

二、班组能力建设

(一)班组能力建设基本要求

(1)建立岗位责任制,做到人人有岗位责任制,事事有考核标准,按责任制综合评定奖励。
(2)开展全面质量管理,确定班组的质量目标和指标,确保产品质量。
(3)搞好生产现场管理,推行"5S"(SEIRI 整理、SEITON 整顿、SEISO 清扫、SETKETSU 清洁、SHITSUKE 素养)现场管理办法,保证安全文明生产。
(4)开展技术业务学习,提高班组成员的文化水平,加强岗位练兵,使员工成为技术和业务过硬、文化素养较高的新型工人。

(5)搞好班组各项基础管理工作,辨识规整班组规章制度,建立《班组管理手册》,及时填写原始记录和凭证,做到准确、及时、整齐、清晰并妥善保管。

(6)搞好班组环境建设,创建班组良好氛围,张贴适当的展示标牌,形成规范统一且具有自身特色的展示窗口。

(7)加强班组的思想政治工作,关心职工生活,把思想政治工作做到生产、管理、生活、学习的全过程中去,使员工互相信任,互相尊重,心情舒畅,工作积极。

(8)抓好民主管理,依靠群众,对班组生产技术和生活大事由班组全体成员共同讨论决定,充分调动班组成员的积极性和创造性,增强每个人的主人翁责任感。

(二)班组能力建设活动管理制度

各工种班组必须每周开展能力建设活动,每次不少于 50min,活动时间可根据施工生产实际自行确定,以便于对本周工作进行总结和对下周工作作出部署。活动内容如下:

(1)组织学习相关法规标准、体系文件和安全技术知识,落实工程项目施工安全生产管理要求,总结一周的安全施工生产情况,制订下周工作计划;

(2)结合各类事故通报,组织分析、讨论事故原因和预防措施,举一反三,吸取教训;

(3)根据相关应急预案要求,进行施工过程中异常情况紧急处理能力的培训和演练,定期开展防火、防爆、防中毒和自我保护能力训练;

(4)针对本周《班组安全施工记录本》中记录的隐患进行安全座谈,就安全管理和隐患整改等内容提出建议,分析潜在原因,制订预防措施,避免类似问题的重复出现;

(5)开展班组设备机具的周检工作,对存在的问题隐患及时汇总上报。

班组能力建设活动要做到有领导、有内容、有记录,各层级领导必须有计划定期参加班组能力建设活动,指导班组活动的有效开展,创造全员参与班组能力建设的良好氛围。

(三)班组主要成员基本职责

1. 班组长职责

(1)全面负责班组的日常管理工作,建立健全班组岗位责任制,贯彻执行各项管理规章制度,对本班组成员在施工生产过程中的安全和健康负责。

(2)严格按照施工工艺方案和作业指导书组织施工,及时发现并解决人、机、料、法、环5方面的不安全因素,坚决拒绝违章指挥和违章作业。

(3)按施工作业计划要求,按时保质保量完成施工任务,搞好班组劳动保护和文明生产。

(4)把施工任务、安全、质量责任指标落实到人和作业点位,按照制度管理要求实施绩效考核。

(5)组织召开班前会(见图2-22),结合当班施工任务向全班宣布安全、质量注意事项,作业过程中发现隐患及时采取纠正措施,并通过班后总结制订该类隐患预防措施。

(6)通过每周的班组能力建设活动,组织本班开展各种技术教育和技能培训,提升班组凝聚力和执行力,不断改善班组施工作业环境,提高班组的整体安全素质和施工技术水平。

(7)发生事故立即上报,并第一时间做好人员抢救和现场保护工作。

(8)对新员工开展现场、现岗、技术、安全教育。

a) b)

图 2-22 班前安全教育

2. 兼职安全员职责

(1) 组织班组成员学习国家的劳动保护政策、法令、工程项目的安全生产规章制度,通过班组能力建设活动,开展对员工的安全技术培训,提高员工安全素质。

(2) 协助班组长对班组成员进行安全教育,督促其遵守安全操作规程和安全规章制度。

(3) 协助班组长严格落实各项管理制度和要求,尤其是危险作业许可管理和隐患管理方面的工作。

(4) 协助班组长完成班前的各项准备工作,做好当日工作分析。

(5) 每周组织检查班组管辖范围内的安全设施、设备机具等,发现问题隐患及时向班组长报告,使其一直处于良好状态。

(6) 发生工伤事故,立即报告,保护现场,积极参加抢救工作,协助班组长分析事故原因,采取有效措施,防止事故重复发生。

(7) 有权制止任何人违章指挥、违章作业,并将情况及时向有关领导报告。

(8) 发现施工设备、作业环境存在明显重大事故隐患,随时可能危及工人生命安全或造成财产损失的紧急情况,有权停止作业,并及时向领导汇报。

3. 兼职质量员的职责

(1) 组织班组人员学习本班组涉及的技术文件,通过班组能力建设活动开展对员工的质量技术技能培训,提高员工作业水平。

(2) 协助班组长开好技术质量交底会议,落实施工工艺要求,认真遵守各级质量管理和控制文件。

(3) 负责对班组施工作业生产质量的预控、跟踪、督查、检验、检查和整改工作。

(4) 组织班组成员按要求定期进行设备机具的维护保养,确保机具设备处于完好状态。

(5) 在施工过程中,对施工方案、技术措施出现的问题及时向班组长反映并提出整改意见。

(6) 推行现场"5S"管理,带领班组成员做到当日工作"工完、料净、场地清"。

(7) 协助班组长做好相关完工资料的整理和归档工作。

三、班组作业标准化和精细化

(一)作业标准化的含义

作业标准化,是在作业系统调查分析的基础上,将现行作业方法的每一操作程序和每一动作进行分解,以科学技术、规章制度和实践经验为依据,以安全、质量效益为目标,对作业过程进行改善,从而形成一种优化作业程序,逐步达到安全、准确、高效、省力的作业效果。

1. 作业标准化的目的

班组作业标准化有四大目的:技术储备、提高效率、防止再发、教育训练。

2. 标准化作业的作用

标准化作业的作用主要有以下几方面:

(1)标准化作业把复杂的管理和程序化的作业有机地融为一体,使管理有章法,工作有程序,动作有标准。

(2)推广标准化作业,可优化使用现行作业方法,改变不良作业习惯,使每一工人都按照安全、省力、统一的作业方法工作。

(3)标准化作业能将安全规章制度具体化。

(4)标准化作业所产生的效益不仅仅在安全方面,标准化作业还有助于企业管理水平的提高,从而提高企业经济效益。

3. 作业标准化推行

作业标准化推行是指生产作业按照作业指导书规定标准化,标准逐渐习惯化。作业标准化推行非常关键,需要经过以下3个过程:

(1)通过培训与确认,使员工掌握本岗位的作业指导书。培训过程使员工知道要做什么、什么时机做、怎样做、达到怎样的效果,通过文字考核与操作考核的方式对员工的掌握程度进行确认。

(2)通过宣传活动,使员工接受和理解作业标准化。标准化作业推行不是发出红头文件,发放作业指导书这样简单。员工通常不愿接受工作习惯的改变,有些员工甚至不愿意将自己的操作经验共享,担心自己受重视的程度。标准化推行时需要有耐心,营造良好的改善氛围。

(3)通过工艺纪律检查,实现督促与改进。作业标准化推行不能依赖员工自律,管理人员要到作业现场进行工艺纪律检查。鼓励先进、鞭策落后,让做得好的员工感觉到成就,做得不好的员工感觉到压力,逐渐完成作业标准化推行。

(二)班组作业标准化的内容

"只有作业实施标准化,才能补上作业过程存在的漏洞,才能使员工养成好的作业习惯,才能杜绝事故的发生,才能逐步实现本质安全。"并且从管理的角度来看,班组标准化是班组管理科学化、规范化的基础环节之一。

班组标准化工作的主要内容是贯彻落实和严格遵守生产技术的国家标准、行业标准和企业标准。同时,对班组自身各作业、操作和管理环节进行统一化、规范化、程序化以及简约化设计和执行的过程。主要包括4个方面的内容:生产和服务标准化、工作程序标准化、日常管理标准化、原始记录标准化。

1. 标准化作业的详细内容
1）作业顺序标准化

根据不同岗位、工种的每项作业的职责要求，从施工准备、正常作业到作业结束的全过程，定出先做什么，后做什么，使作业顺序标准化。

2）施工操作标准化

依据不同岗位、工种作业的每个步骤要求，从具体作业动作上规定作业人员怎么操作，使作业人员行为规范化。

3）技术工艺标准化

根据不同作业涉及的原材料、燃料等不同的理化特性，制订不同的技术要求及相应的工艺作业标准。

4）安全作业标准化

安全作业标准化涉及操作标准化、设备管理标准化、生产环境标准化、员工行为标准化等。

5）设备维护标准化

随着时间的推移，设备发生磨损、老化等，需要不断维护保养，及时更换易损零部件，在标准中应有明确规定。

6）机电设备标准化

机电设备均要建立安全防护标准，明确规定设备完好状态，安全防护设施要求，消除不安全因素。

7）工具、吊具标准化

施工生产中使用的一切工具、吊具等，均应达到良好的标准状态。

8）质量检验标准化

施工生产的成品、构件等均应有相应的几何尺寸、理化特性、外观标准以及检验方法等。

9）文明施工标准化

对施工作业现场必须具备的照明、卫生、原材料、成品、半成品、工具、消防等所涉及的一切与文明生产有关的内容，均应有具体规定。

10）现场管理标准化

根据施工现场的条件，对作业场所的通道、作业区划、护栏防护区域、物料堆放高度、宽度等，均应制订标准。如图2-23～图2-26所示。

图2-23　标准化工区

图2-24　封闭围挡

图 2-25　封闭料仓　　　　　　　　　图 2-26　钢筋加工场

2. 强化班组作业标准化的途径

在工程项目施工生产中,各项作业有了标准,并不等于已经作业标准化了,应该说这只是作业标准化的第一步,而最为重要的是标准的贯彻和实施。贯彻执行标准是标准化工作的关键环节,是班组的首要任务。从提高产品质量、提高经济效益、提高企业的整体素质出发,都必须狠抓标准化工作,贯彻执行作业标准。在标准化对规、对标考核中,应将贯彻落实标准作为重点,通过"学标对标"来实现促进班组标准化作业的目的。

(1)各级领导要率先执行标准,并加强对标准化工作的领导,建立自上而下的标准化工作组织保证体系,将标准化工作纳入各部门的日常工作之中。各科(室)、班组都要有 1 名兼职人员具体抓好日常工作,负责有关作业标准的宣传、检查和日常指导工作,分级管理,层层落实。

(2)建立健全作业标准。根据技术进步和工程项目生产目标的需要,组织有关职能部门深入现场作业岗位,及时制订和修订各种作业标准,完善作业指导书,建立健全以技术标准为主体,包括管理标准和作业标准的工程项目标准体系。采取有效措施保证标准体系的有效运行及发挥作用,并不断调整和完善。

(3)以贯彻 ISO 9000 标准为契机,进一步明确班组及各个岗位的职责权限,遵循班组的规章制度和各项标准,加强施工生产过程的控制,加强对作业标准的执行记录、检查、验收记录的检查控制,促进职工岗位作业标准化的有效落实,推进班组的标准化管理工作。

(4)强化作业标准化意识,进行标准化知识教育。经常对职工进行标准化知识教育,使职工懂得标准是长期生产实践经验的总结、智慧的结晶,认识标准化作业的目的和意义,了解在施工生产中推行标准化、特别是作业标准化的作用,使职工对标准化作业有一个较为完整的理性认识,这是促进职工以作业标准来约束施工生产中的不良行为的思想基础。

(5)"学标对标",反复贯彻作业标准。认真执行作业标准,必须熟知作业标准。只有对作业标准"记得住,讲得出",才可能在实际生产中"做得到,过得硬"。因此,贯彻作业标准首先要抓好标准的宣传,采取集体学习和个人自学相结合,脱产学习和班组讨论相结合等方法,使干部职工对标准学懂弄通,这是实施标准的基础。抓好经常性的标准规章学习,安排年、季、月工作计划,按阶段、分步骤、全面学习各种规章制度和与本职工作有关的各种标准,达到应知应会标准的要求。要一字一句地"学标对标",按标准一招一式地"学",一板一眼地"对",反复"学",

反复"对",直到熟知本岗位的作业标准,并能按作业标准熟练施工作业为止。在实施每项新的作业标准之前,都要进行标准培训考试。主要工种的职工,至少应每年进行一次作业标准化理论考试和实际作业考核,不合格者应进行下岗脱产培训和补考,防止出现搞形式、走过场的做法。下岗学习期间停发施工生产奖金,用经济手段落实作业标准化,使作业质量得到保证。

(6)党政部门齐抓共管,落实"规范管理,强基达标"的总体目标,通过逐级负责制的贯彻落实,针对关键班组、关键岗位、关键人员的惯性问题,狠抓作业标准化,实现过程控制,强化监督考核,做到有赏有罚,赏罚分明才能鼓励先进,督促后进,以保证施工生产过程中执行标准的有效性,消除施工过程中存在的安全隐患。引入竞争激励机制,实行班组长民主选举,竞聘上岗,选择那些施工技术过硬,敢抓敢管,真正"双达标"的职工担任班组长。对违章违纪,不按作业标准执行,对施工作业安全带来隐患的职工,实行离岗培训,用经济杠杆来调整职工的作业纪律,以此提高职工的现场安全控制能力。

(7)坚持以人为本,充分发挥职工在安全生产中的主观能动性,提高职工的现场安全控制能力。坚持以人为本,就是要注重人力资源的开发和调动职工的积极性,就是要通过思想教育、技术培训、机制推动,不断造就和提升职工的整体素质,增强执行作业标准的责任意识和行为能力,形成按标准化作业的自觉行动。坚持以人为本,就是不能仅仅把职工看作是劳动力,更要把职工看作是具有价值追求、有无限潜力,有待开发培养的人,要尊重和重视职工的人格,要满足职工创造和实现自我的需要,关心职工的需求,充分调动起每个职工"标准化作业,保安全施工"的自觉性、自发性和主动性,使每个职工充分认识到"按标准化作业就是职工自身素质的体现,是施工安全生产的保证"。鼓励职工以"提合理化建议""小改小革"等方式参与工程项目管理,用"头脑风暴法"对施工生产作业过程中不完善的地方不断改进和提高,使每个职工都上标准班,干标准活,提高职工的现场安全控制能力,消除施工生产中的安全隐患,确保施工现场的"安全稳定,有序可控"。

在标准化作业推行中,我们应改变工作的主体,让基层员工在作业标准化中发挥更大的作用。让基层员工来对作业规程进行讨论、补充和完善,并在有条件的班组,鼓励员工细化、编制图文并茂的作业指导手册,实现对标准作业规程的细节化、安全化、标准化、便捷化。通过标准化作业的推行,在班组层面,产生作业指导手册、作业风险识别与预控、作业改善创新成果、作业经验积累、作业技能强化、作业评价标准等多元化成果。

(三)班组作业精细化

班组作业是工程项目施工的基础性作业,积极开展好班组作业精细化建设,把班组各项工作做细做实是关键。在开展班组作业精细化时,首先要以6H(生产现场六源)作为切入点。通过查找"六源"(污染源、清扫困难源、故障源、浪费源、缺陷源和危险源)和制订"六源"整治的一系列保障措施,使班组作业精细化的实施得到保证,同时对推进精细化有更深刻的认识。班组能否认识精细化,关注重点和细微并在具体工作中应用精细化,提高工作质量并形成员工自觉的行为和氛围,是班组作业精细化的目的。

1.精细化关注重点

对"作业精细化"要从思想上引起重视,积极接受它。对自身来说,精细能体验个人精明、细心的工作作风,能培养个人严谨扎实的工作风格,对待工作高标准、严要求,努力做到尽善尽美、精益求精。精细不是小气,是一种深度、一种拓展。它能培养人的一种深层次的文化,延伸成为个人的内在气质、工作习惯和素养,为以后工作、生活铺就平坦的道路。班组作业精细化,是在班组作业过程中,建立目标细分、标准细分、任务细分、流程细分,实施精确计划、精确决策、精确控制、精确考核。在工作过程中,做到严谨、周密和细微,如工作的规范流程、计划方案、技术标准等要做"细";对工作结果,做到完美、有效和最佳,如规范流程的高效性、方案的效益性、技术指标的准确性等要做到"精"。

2. 健全制度,逐步推行班组作业精细化

班组作业精细化是通过梳理自己负责的工作内容,明确职责,掌握正确的施工作业方法,建立规范的施工作业流程,采用循序渐进的方式做细、求精。用精细化作业审视低效率、低效益的日常工作,并根据重要性和影响面确定改善的内容和目标,寻求突破点。任何一项新工作、新任务、新项目、新技术、新工艺,都应当将精细化作业灌入其中,确立新方法,建立新标准。方法和标准要依靠健全、规范的制度,对班组人员来说不仅有指导作用,更重要的是约束和规范作业人员的行为,并提升成为精细化作业的基础保障。从健全制度、夯实基础、统一标准着手,不断提高班组作业人员的技术能力,不断向精确的目标靠近。

3. 班组作业精细化要有长久性

长久而坚定地实施精细化作业,应当有严格、可操作、有效的监督手段,否则会影响执行效果的评判。在精细化作业整个过程中,我们还应当及时地挖掘和发现施工作业中存在的问题,探索好的解决方法,科学持久地改进,将决定的事做正确。推进精细化作业,既是对传统粗放施工的警示,也是对发展新阶段施工作业提出的更高要求和标准,搞精细化不是形式,而应当付诸于行动,不断学习、不断提高,使精细化成为我们共同的自觉思维和行为,并不断完善和发展精细化作业,使之持久化,真正改善传统粗放的施工方法,适应竞争和发展环境的变化。要生存和发展,就要不断地创新,但唯一不变的是精细化作业。在班组实际生产中,把精细化作业的侧重点放在安全生产、质量控制、技术创新、基础作业等几个方面,切实加强精细化作业,使各项工作真正步入正规化、规范化和科学化的轨道。

4. 通过精细化作业,提升班组具体工作质量

1) 安全生产实施精细化

要加大安全监督、检查的力度,及时排查和消除事故隐患,认真分析各种生产事故,吸取教训,举一反三,全面检查安全责任是否落实到位、安全措施是否得力、事故隐患是否存在、"四不放过"是否真正做到位等。扎扎实实地抓好安全工作,长期坚持查"六源"活动,并形成PDCA的闭环控制,确保安全生产过程的"细"与"实"。班组安全生产的精细化,重点内容在现场管理。

(1) 配备完善的安全设施,消除装置性违章,保障作业过程的安全,如图2-27、图2-28所示。

(2) 设备管理整洁,安全附件齐全,严格执行设备巡视、点检制度,及时消除事故隐患。

(3) 抓好安全培训,开展危险点分析与预控,消除人的不安全行为,杜绝物的不安全状况,严格执行安全纪律、工艺纪律、劳动纪律。

(4) 材料、备件摆放整齐,各种工具、器材实行定置管理,物放有序,安全标志齐全,色标醒目,如图2-29、图2-30所示。

(5)严格执行技术规程及班组安全制度,如图2-31所示。

图2-27　配电安全设施

图2-28　场站安全防护

图2-29　施工用品整齐放置1

图2-30　施工用品整齐放置2

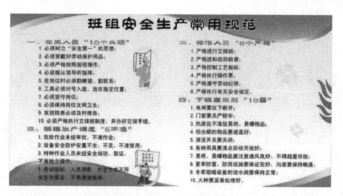

图2-31　班组安全制度

(6)班组员工要在生产现场做好各种信息的收集、传递、分析、处理工作,及时了解安全生产情况,及时处理生产中反映的问题。各种原始记录必须做到准确、标准、规范。

2)质量控制实施精细化

全面推行ISO 9000质量管理体系,质量是工程项目的命脉,要严格按照体系文件的要求,对班组生产作业的全过程进行控制,从严管理,抓三项措施(组织措施、技术措施、安全措施)的落实、把好各质检点的验收关。搞好持续改进,提高检修质量,从保证设备稳定运行和可靠性出发,提升质量意识。施工质量控制如图2-32～图2-36所示。

a)

b)

图 2-32 施工质量控制

图 2-33 施工质量控制 3

图 2-34 施工质量控制 4

图 2-35 施工质量控制点 1

图 2-36 施工质量控制点 2

3)技术创新实施精细化

(1)在设备改造方面,坚持科技创新、挖潜改造,进行小改小革。以"小、实、活、新"为原则,开展"QC"现场攻关活动,解决设备中存在的先天不足和薄弱环节,提高设备的安全可靠性。

(2)积极推广和应用新技术、新工艺、新设备,增产节资,控制费用,降低成本,促进技术进步。

4）基础作业实施精细化

（1）必须依照"三标一体"的具体要求，本着"标准化、规范化、科学化"的原则，尽量在基础工作的编制和整理上体现其"合理、实用、简洁"的特性，力求满足实际施工生产工作的需要，有利于施工生产管理，尽量避免形式化的东西，并虚心学习和改进不足，结合班组实际情况不断整改和细化基础工作，使班组基础作业精细化得以推进。

（2）夯实基础资料，班组对所辖设备的技术资料要做到精细。设备系统图册要随系统的变化随时更改；备品配件清册要随设备的更新改造及时更新；设备台账、技术报告等要分类保存、定置管理；设备历史记录要齐全、历史数据要准确，做到心中有数等。这样全方位的支撑和精细的管理，才能保证基础资料管理的实效性和具体工作的融合性，才能保证班组各项工作落到实处。

四、案例分析

济青高速改扩建工程某标段，项目部为掌握现场工人的变动情况，确保实名制信息的准确性，项目部将劳务人员的信息录入指纹考勤机，并对班组劳务人员定期进行考核。班组人员全部实现实名制（见图2-37）。

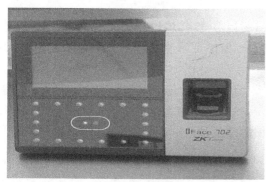
a) 指纹考勤机

b) 现场考勤

图2-37 现场实名制考勤

第三章 施工管理信息化

第一节 公路工程施工管理信息化应用现状

一、信息化概述

将事件演变过程或产品制造过程所发生的情况(数据、图像、声音等)采用有序的、及时的和成批的方式存储处理,使它们具有可追溯性、可公示性和可传递性的管理方式称为信息化过程。

网络信息化具有数据传输的准确性、资料传递的规范性、传输过程的高效性等优点。其优点已在网络技术的突飞猛进发展的事实面前得到最有效的证明。这些优点使信息化成为未来公路工程建设管理的发展趋势。

信息化的构成要素主要有信息资源、信息网络、信息技术、信息设备、信息产业、信息管理、信息政策、信息标准、信息应用、信息人才等。从内容层次看,信息化包括核心层、支撑层、应用层与边缘层等几个方面。从产生的角度看,信息化包括信息产业化与产业信息化、产品信息化与企业信息化、国民经济信息化、社会信息化。

二、公路施工信息化管理

1. 施工信息化定义

所谓信息化施工方法,一般指根据工程施工中的监测数据,对施工进行反馈调整,达到最佳设计和施工效果的目的。

2. 公路施工信息化的意义

1) 公路施工中信息化技术存在的问题

公路工程项目点多、面广、线长、投资大、周期长,施工过程中(包括前期调研、工程立项、数据采集、信息分析、地质勘查、施工过程和竣工试运行等)每一阶段的工作量都是极其巨大的。而我国在公路工程中由于主观因素,如人力成本、时间效率;客观因素,如地形地貌、天气条件等,始终存在着数据结构单一、不系统、信息资料匮乏、不规范等一系列常见问题,导致工程施工质量很难控制。由此可见,粗放型的传统管理模式早已跟不上公路建设发展的进程。

在长期的公路工程建设经验总结中,可以发现目前存在的主要问题有以下几点:

(1)信息数据繁杂,数据采集难度系数大,数据分析花费时间长,造成资料分析的不完整、不及时,无法给工程建设提供完善的资料库。

(2)采用人为的统计模式,重复量大,花费时间长,缺陷多,造成信息资源缺少,范围狭窄,结构单一。

(3)施工单位以及施工人员良莠不齐,由于工作量繁多,工作能力差别大,且人员有限,很难做到工作上的分工细致和质量保证。

(4)工程竣工后质量已经合格,却因为资料整理不合格不能按时通过验收,影响到工程质量、费用、进度管理等各个方面。

2)公路施工中信息化技术存在的重要意义

公路工程建设是企业将经济投资转化为物质成果的重要体现。加强工作管理力度,提高工作效率,保证工程质量,实现企业利润最大化,是企业一手抓的主要内容。企业要高质量、高效率地完成公路工程建设,势必要将信息化技术管理运用到工程中。主要意义如下:

(1)能有效实现信息化数据整理分析,大量的信息数据建立在同一数据库上,不同的参建人员能够根据自己的工作要求进行数据采集使用,这样既降低了人力、物力、财力的损耗,又保障了新的数据能及时更新。

(2)提高工程应用中数据的时效性和准确性,网络数据的使用可以实现信息的同步传输,实现了真正意义上的快捷便利。

(3)模式化的管理可以提高工作效率,根据不同的公路建设需要做出相对应的管理需求,从公路建设的路面管理系统、桥梁管理系统、养护管理系统等方面做到及时、有效地跟进,保证工作的质量。

3.公路建设信息化管理的手段

随着科学技术的进步,结合 GIS 的功能,借助三维可视化的手段来表现这种关系是完全可以实现的。这种方法通过三维可视化模拟工程的施工组织设计方案,表现其在时间、空间上的逻辑关系并动态地展示其施工过程;而在高填方路基施工过程中,还可以借助 GPS 技术来监控土石方的碾压质量,从而实现了工程实时视频、三维模拟图像和质量检测数据实时监测三位一体的统一。将公路工程施工阶段的质量控制划分为事前控制、事中控制、事后控制 3 个阶段,根据各个阶段的特点,拟定相应的质量控制模块,并通过实例分析,把这种评价方法引入到工程质量控制信息化系统中,结合各种施工质量控制手段形成一套基于互联网的质量控制信息系统,为整个工程施工质量提供保证。结合整个公路工程施工质量信息化集成管理系统的运行模式,提出一个基于互联网的信息管理平台架构。这种架构不仅适用于公路工程的建设中,也能够为其他的复杂工程项目提供一个信息平台模型,使其所拥有的各种信息系统能够在这个模型上顺利运行。

4.公路建设信息化管理的内容

以公路工程项目经理部信息化为例(见图3-1),信息化管理包含的主要内容如下。

1)工程管理

(1)计划统计,包括日施工计划及调整计划、施工统计、机械计划、施工组织安排。

(2)过程控制,包括管理指示书、隐蔽工程预检报验、工程移交记录、施工问题记录。

(3)房建做法,包括土建工程装修做法、工程量、质量标准、安全注意事项。

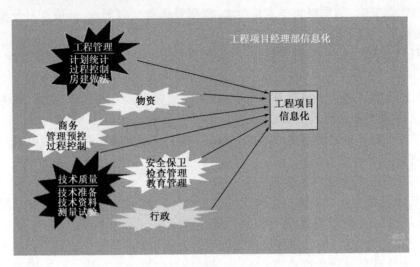

图 3-1　工程项目信息化

2）技术质量

(1)技术准备,包括施工方案、技术交底、洽商变更、规范标准、图纸。

(2)技术资料,包括技术保证资料、质量保证资料、竣工图。

(3)测量试验,包括测量成果、试验取样。

3）商务

(1)管理预控,包括施工合同、单项成本预控、预算工程量。

(2)过程控制,包括工程结算、索赔、工程款支付及成本管理。

4）物资

物资方面包括材料计划、进场记录、现场材料统计、材料质检记录、分供方情况、材质证明。

5）检查管理

检查管理包括文明施工检查、复查、整改及验收,进场注册管理、成品保护、消防保卫、特种作业、现场临水、临电管理文明施工检查、复查、整改及验收,进场注册管理、成品保护、消防保卫、特种作业、现场临水、临电管理。

6）教育管理

教育管理包括安全教育、交底、活动、处罚及工伤事故。

7）行政

行政管理包括行政文档、会议安排、通知、纪要。

5. 公路建设信息化管理的应用

1）计量、变更管理流程

在项目建设初期,施工图设计出来以后,根据项目的工程特点建立项目结构。在建立项目结构时,以公路分部分项工程的划分为依据,将整个建设项目分标段建立每一个分部分项工程,细分到对应的分项工程单元。这样,整个项目的情况都能在系统中一览无余,便捷的查询功能,使我们能方便地进行各个清单子目的查询和汇总。且其分项工程单元的唯一性,使项目管理者在计量控制的时候,能够保证数据的准确,不出现重复计量和变更的情况。计量时,由施工单位在系统中进行申报,导入相应的分项工程单元,填写计量数量;变更时,由施工单位在系统中进行申报,首先需要新建原系统中没有的分项或清单子目。

2) 资金管理系统

资金管理是高速公路建设管理中的重要环节,既要严格监管资金流向,又要快捷地实现资金支付。某高速公路工程采用指挥部和银行共同监管的模式进行资金管理,这种模式既方便指挥部审核支付流程并监控账户,又使指挥部能利用银行先进的资金管理硬件和软件来完成安全、快捷的资金支付。资金管理系统采用 B/S 和 C/S 两种技术架构,B/S 架构主要由账户管理、支付管理、资金计划管理、银行认证管理、报表统计管理、系统信息配置管理 6 大功能模块组成;C/S 架构要完成系统管理、账户管理、额度管理、机构设置管理、人员权限管理等,不参与用款业务的相关操作。资金管理系统为参建各方提供统一的资金结算平台,既可以全面监管承建单位的工程用款,规范资金使用计划,又能够将资金管理系统和银行结算业务系统直接连通,实现异地资金计划上报、审批、支付等工作。

3) 计划进度管理流程

在进行计划进度管理时,首先要建立一个标准的报表模板,统一汇总口径,该模板既要满足项目进度统计的需要,又要满足进度计划管理的要求。理想的模式应该是与项目结构的分项工程挂钩,实现项目分项工程的进度、投资、计量、质量的统一。但限于各种因素,多数项目管理软件仍是独立的计划进度管理系统,进行粗放式的管理,主要的功能还是整个标段总的形象数量的计划与进度统计。在计划进度管理时,分计划与进度两大块。计划管理时,由施工单位根据标段进度要求编制总体、年度、月度进度计划,监理、业主按项目管理权限进行审批。进度管理时,由施工单位根据实际完成进度填报月度进度报表,由监理进行审批上报。在报表中,通过计划与实际进度的对比,能反映出标段某项工程的进度处于超前还是落后的情况,以便业主、监理、施工单位能及时找出差距,分析存在的问题及原因,及时采取进度改善措施,使项目的进度始终置于可控范围。

4) 公路工程档案资料管理

公路工程项目档案资料,必须跟得上公路工程管理的发展,这样才能保证公路工程建设需要。公路工程在建设过程中,各方面管理十分复杂,将面临许多新的问题,直接影响到对整个公路工程管理的有效程度。不仅公路工程的建设管理与控制需要信息化的手段来辅助完成,工程资料档案也需要信息化的手段来提高管理效率。

公路工程资料档案管理信息化就是采用软件控制技术实现现场资料、档案的分类、填报的规范化,利用网络技术实现资料的事前计划、事中控制及事后检查,发挥计算机快速准确的优势,实现公路工程档案的自动编制,提高公路工程档案的编制水平。以工程项目管理为核心,融入 PMBOK 等现代项目管理思想,以工程项目前期决策、项目实施、项目竣工验收到缺陷责任期的全过程为线索,覆盖工程项目整个生命周期,实现项目资料、档案的全过程管理。

5) 公路工程造价管理

建筑工程材料价格是否合理对降低工程造价起着十分关键的作用,目前材料价格占建筑工程造价的 60%~70%,且呈上升趋势。我国公路工程造价确定材料价格的依据主要有定额价格、调价文件、据实调差部分。工程造价管理实施信息化后,监督部门可以及时地通过该系统查看不同省市间、邻近地区间价格比较,审查各级定额管理部门下达调价文件材料价格的合理性,因而可以正确、准确地确定调价价格。国家有关部门通过该系统可以方便、快捷、准确地掌握我国基本建设全局情况,以便及时制定政策,从宏观上调控和管理好建设投资。

6)公路工程项目管理

项目管理信息化的发展是为工程管理服务的,项目管理信息化的具体形式是工程管理系统。它的发展要满足不同层次即决策层、管理层和操作层的需求,具有信息的收集、传输、加工、存储、更新和维护功能。同时它的发展还受到信息技术的制约,项目管理信息化的实施只能是基于成熟的信息技术。充分利用信息技术,合理利用项目管理信息资源,并结合具体工程的实践特点,建立总体及各个信息化子系统,以实现资源的共享和改变项目管理信息资源分散的现状,同时更应不断地将计算机信息技术与实际项目管理的需要相结合,依托先进的信息化技术使公路工程项目管理实现质的飞跃。

三、公路工程信息化平台的建立

以科晋公司自主研发的基于 BIM 的工程管理可视化系统为例,该平台结合 G204 改扩建项目,对国、省道改扩建工程中 BIM 系统进行开发,将施工工艺流程、进度计划控制、工程造价控制、质量控制集成一体,使工程管理者(业主、设计院、监理和项目经理)能够对自己的管理内容实现实时查看、沟通和反馈,并提供科学的决策,大大提高生产效率,提高质量、缩短工期、降低成本。平台主要内容如下。

(1)三维模型

将 G204 改建工程三维化,并根据单位工程、分部分项工程进行模块的组建;将所涉及的标准化施工工艺利用三维动画展示出来,其中包括施工过程、质量控制要点、质量通病以及解决措施等。三维模型可用于工程的虚拟施工模拟(见图 3-2),还可用于技术交底(见图 3-3)。

图 3-2　虚拟施工模拟　　　　　　　图 3-3　三维技术交底

(2)进度控制模块

利用进度控制软件,输入分项工程的施工计划时间参数,形成甘特图(横道图)和网络计划图,计算计划工期、关键路径、各分项工程的可机动时间等参数,用于工程进度控制。

通过 APP 终端,每天输入实际的进度,与计划进度进行对比,提出相应的控制措施。控制过程和结果可同时呈现在业主、监理和项目经理的查看终端,有利于及时沟通(见图 3-4、图 3-5)。

第三章　施工管理信息化

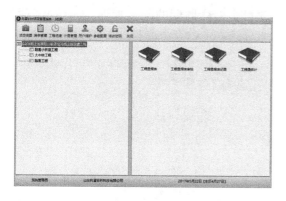

图3-4　工程量报表维护、审批、查看视图

图3-5　工程量报表明细

(3) 实时监控模块

建立施工现场安全监控中心,将以上开发的GIS安全风险管控体系实时显示在监控屏幕上(见图3-6)。

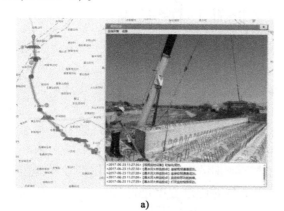

a)

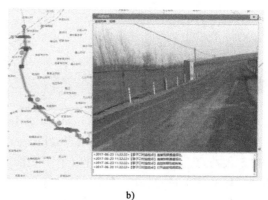

b)

图3-6　施工现场实时监控

通过现场工作人员的反馈和自动监控预警系统的回馈,可以在总监控室内的GIS主界面上显示各部位的安全状况,一旦有警报出现,可以自动调取附近摄像头,对现场进行确认,并发出工作指令,启动相应的应急预案。

通过此系统的应用,可以及时识别安全风险和安全隐患,提高应对能力,缩短反应时间,大大减少事故的发生和人员伤亡。

(4) 成本控制模块

在成本控制模块可以根据实际的进度,实时输入、统计已完成的工程量;对于业主和监理,利用投标综合单价,可以控制计量支付进度;对于项目经理,利用实际单价,可以进行成本核算和控制,减少成本风险,提高效益空间(见图3-7、图3-8)。

基于BIM的工程管理可视化系统的研发,可以三维数字技术为基础,通过建立数据模型来整合项目全生命周期的所有信息,这些信息不仅包括物理特性和几何特性等可视化项目信息,还包括建筑物和设备的各种详尽的数字化信息及其集成,从而为整个工程项目提供可信赖的信息资源,用于指导项目不同阶段的相关工作,提高工作效率,增加效益。通过对BIM与工程项目管理的有机结合,实现了基于 BIM 的工程项目全寿命周期的统一管理,更有利于项目最终目标的实现。

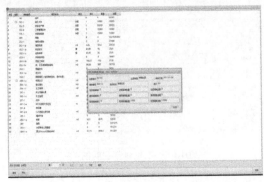

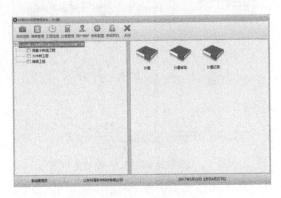

图 3-7　工程变更管理系统界面　　　　　　　　图 3-8　计量管理主界面

第二节　信息化技术在公路施工中的应用

一、BIM 技术简介

(一)BIM 概况

建筑信息模型(Building Information Modeling,简称 BIM),以建筑工程项目的各项相关信息数据作为模型的基础,进行建筑模型的建立。它具有可视化、协调性、模拟性、优化性和可出图性 5 大特点。BIM 技术是一种应用于工程设计建造管理的数据化工具,通过参数模型整合各种项目的相关信息,在项目策划、运行和维护的全生命周期过程中进行共享和传递,使工程技术人员对各种建筑信息作出正确理解和高效应对,为设计团队以及包括建筑运营单位在内的各参与方提供协同工作的基础,在提高生产效率、节约成本和缩短工期方面发挥着重要作用。

BIM 三维建模是按照分部分项工程的划分原则,建立相应的三维模型,能够赋予每块模型相应的时间、技术、成本、质量和安全等工程信息,可以按时间顺序进行三维模型的过程演示。利用 Autodesk、Bentley、Dassault 等核心建模软件,完成工程建模,利用接口,可以导入到核心模块并赋予相应信息。目前,在美国 BIM 使用已经相当广泛,多个州立法规定,施工项目必须采用 BIM 创建工程数据模型。英国、新加坡、日本、沙特、香港地区、台湾地区等也应用广泛。国内现在在工程建设领域也掀起学习和应用 BIM 技术的热潮。中国建筑设计研究院、中国建筑科学研究院、北京市建筑设计研究院、CCDI 集团、上海现代建筑设计集团、华东院等国内大、中型设计院已经在公司内部、外部涉及各种 BIM 项目。例如,白沙沱长江特大桥、沪通长江大桥、赣江二桥梁设计与施工、武汉市二环线汉口段高架桥、港珠澳大桥等项目在设计或施工阶段都应用了 BIM 技术。

(二)BIM 的优势

CAD 技术将建筑师、工程师们从手工绘图推向计算机辅助制图,实现了工程设计领域的第一次信息革命。但是此信息技术对产业链的支撑作用是断点的,各个领域和环节之间没有关联,从整个产业整体来看,信息化的综合应用明显不足。BIM是一种技术、一种方法、一种过程,它既包括建筑物全生命周期的信息模型,同时又包括建筑工程管理行为的模型,它将两者进行完美的结合来实现集成管理,它的出现将可能引发整个A/E/C(Architecture/Engineering/Construction)领域的第二次革命。

(三)BIM的功能

1. 可视化("所见即所得")
(1)图形三维可视。
(2)项目设计、建造、运营等整个过程可视。
(3)以便进行更好地沟通、讨论与决策。

2. 协调性
(1)避免各行业项目信息出现"不兼容"现象,如预留的洞口没留或尺寸不对等情况。
(2)使用有效的BIM协调流程进行协调综合,减少不合理变更方案或问题变更方案。

3. 优化性
BIM及与其配套的各种优化工具能对项目进行可能的优化处理,具体如下:
(1)利用模型提供的各种信息优化如几何、物理、规则、建筑物变化以后的各种情况信息。
(2)给复杂程度高的建筑优化。

二、可视化交底技术

在现在的公路施工过程中,经常需要对班组和施工队伍进行具有可操作性、符合技术规范的分项工程施工技术交底、安全技术交底,但现状是仍在沿用过去死板的交底教育模式,由安全和技术人员对现场作业层及管理层进行口述或纸质交底,施工方案、技术交底的编制也一直是以施工图纸、技术规范和施工现场实际情况为依据,根据以往的施工经验来编写,这就有可能出现因为审图不清或个人表述等问题,导致交底不细、需要重复交底、交底后施工人员难以理解、印象不深刻等现象,进而导致施工进度缓慢,安全、质量问题频发、增高返工率、施工成本超支等通病。但是利用BIM技术的虚拟施工对安全隐患、施工难点提前展示(可视化的交底、教育等形式也更容易被施工人员所接受,直观形象地让施工人员了解施工意图和细节),就能使施工计划更加精准,施工人员可以统筹安排,提前做好安全布置及规划,以保证工程的顺利完成。如图3-9所示为桥面铺装施工技术交底。

借助BIM的可视化模拟,对公路工程分部分段工程进行分析,将一些重要的施工环节、工艺等进行重点展示,提高管理人员和施工人员对施工工艺的理解和记忆,并利用BIM技术规划施工现场对各类安全设施的布置进行模拟,提高施工的安全性和布置的合理性。项目管理人员也能非常直观地理解公路施工过程的时间节点和工序交叉情况,提高施工效率和施工方案的安全性。

(一)BIM技术对拌和站拆装、运作全过程的建模和模拟

众所周知,由于各种因素的影响,公路工程的前期筹备过程比传统的土建项目周期要长,且过程艰难、复杂,尤其对于公路路面施工而言更为艰难。

图 3-9　桥面铺装施工技术交底

水泥稳定土拌和站和沥青拌和站这两个"黑白"拌和站在公路路面施工中起到了至关重要的作用,尤其是沥青拌和站,被称为公路路面施工的"面子",其各个功能区、相似部件纷繁芜杂,机械配合人工按图拼装时稍有不慎极易出现错误,造成返工现象时有发生,从而影响了施工生产的正常进行。

(二)BIM 技术与常规拆装方式比较

BIM 技术的应用与常规的拆装方式相比,将四维的拌和站模拟与建模信息相结合,通过它,不仅可以直观地展现安装顺序,更能对机械配置、劳动力配置、安装时间进行调控,减少重复作业,节约机械使用和人力成本,缩短了安装时间。

在传统的 CAD 图纸中,表达方式是二维的,有时平面图要结合多个剖面图才能表达清楚,而且对于刚刚毕业的新学员来说还有一个识图的过程,有些现场班组的施工人员识图能力有限,常常把技术人员交底的任务加工错误。而 BIM 以三维数字技术为基础,可以把相关的平面图形做出真实空间比例关系的 BIM 模型,其真实的空间尺寸和 360°的视角可以让人清晰地识别真实结构。

BIM 模型完成并在组织内部评审后、上传实际应用前,需要向各条工作战线的同事对模型的整体情况进行全面的、可视化的交底,为 BIM 模型的应用尽可能地扫清技术层面障碍。BIM 的应用价值之一就是 4D 可视化,通过 BIM 模型的可视化交底,让复杂的空间问题简单化。

三、BIM 施工组织设计案例分析

(一)施工组织设计流程

1. 施工组织总设计的内容

(1)工程概括和工程特点的说明。

(2)施工总进度计划和主要单位工程的进度计划。

(3)总的施工部署和主要单位工程的施工方案。

(4)分年度的各种资源的总需要量计划(包括劳动力、原材料、加工构件、施工机械、安装设备)。

(5)全场性施工准备工作计划(包括"三通一平"的准备,临时设施施工的准备,原有道路、房屋、动力和加工厂条件的利用,机构组织的设置等)。

(6)施工总平面图的设计。

(7)有关质量、安全和降低成本等技术组织措施和技术经济指标。

2. 单位工程施工组织设计的内容

(1)工程概况和工程特点分析(包括工程的位置、建筑面积、结构形式、建筑特点及施工要求等)。

(2)施工准备工作计划(包括进场条件、劳力、材料、机具的准备及使用计划,"三通一平"的具体安排,预制构件的施工、特殊材料的订货等)。

(3)施工方案的选择(包括流水段的划分、主要项目的施工顺序和施工方法,劳动组织及有关技术措施等)。

(4)工程进度表(包括确定工程项目及计算工程量;确定劳动量从建筑机械台班数;确定各分部分项工程的工作日;考虑工序的搭接;编排施工进度计划等)。

(5)各种资源需要量计划(包括劳动力、材料、构件、机具等)。

(6)现场施工平面布置图(包括对各种材料、构件、半成品的堆放位置;水、电管线的布置;机械位置及各种临时设施的布局等)。

(7)对工程质量、安全施工、降低成本等的技术组织措施。

3. 分部(分项)工程作业计划的内容

(1)工程特点。

(2)主要施工方法及技术措施。

(3)进度计划表。

(4)材料、劳力及机具的使用计划。

(5)质量要求。

(二)BIM 建模

在创建阶段,当拿到招标图纸后使用 Autodesk Revit 完成项目的建筑结构 BIM 建模以及部分 MEP 建模,为后续施工阶段 BIM 应用打下扎实的基础。后续实际施工过程中所要做的就是持续对 BIM 模型进行更新和完善,并且协同项目各管理岗位,深入应用到能产生 BIM 附加价值的工程各个方面。

(三)BIM 出图

完成相应的 Revit 结构建模以后,通过 Revit 可以导出结构的平面图(见图 3-10)、剖面图(见图 3-11)、立面图(见图 3-12)。

(四)BIM 现场应用介绍

1. 提前发现图纸问题

BIM 建模过程同时也是对图纸进行审核的过程,在施工前提前发现图纸问题,避免施工过程中的设计变更甚至出现返工等情况。

图 3-10 平面图

 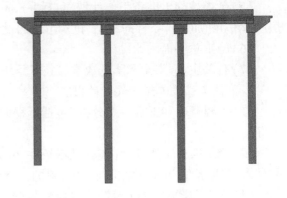

图 3-11　剖面图　　　　　　　　图 3-12　立面图

2. 模拟施工,提高施工技术水平

通过对工程进行建造阶段的施工模拟,即实际建造过程在计算机上的虚拟仿真实现,能够及早发现工程中存在或者可能出现的问题。该方法采用参数化设计、虚拟现实、结构仿真、计算机辅助设计等技术,在高性能计算机硬件等设备及相关软件本身发展的基础上协同工作,对施工中的人、财、物信息流动过程进行全真环境的三维模拟,为各个参与方提供一种可控制、无破坏性、耗费小、低风险并允许多次重复的试验方法,通过 BIM 技术可以有效地提高施工技术水平,消除施工隐患,防止施工事故,减少施工成本与时间,增强施工过程中决策、控制与优化的能力。

3. 现场施工指导

利用 BIM 模型可以通过以下两种方式进行施工现场指导,帮助施工班组按规范要求保质保量完成现场施工,在加快施工进度的同时也保证施工质量。

(1)内部漫游:在具体施工之前可以进行内部漫游,让工人直观查看施工完成后的情况以及提醒其需要注意的事项。

(2)剖面图:复杂节点可以通过 BIM 模型提供各专业整合后的平面图和剖面图,施工班组可以根据提供的图纸进行准确施工。

4. 施工进度管理

利用建立的 BIM 模型,模拟施工过程,随时随地直观快速地将本项目施工计划与实际进展进行对比,使施工方、监理方、甚至非工程行业出身的业主领导等对工程项目的各种问题和情况了如指掌。技术、施工人员通过模型,可以提前预知施工难点,进而提高协同效率,加快施工进度。

5. 材料精细化管理

BIM 数据库是一种 7D 关联数据库。利用已经建立的 BIM 模型,可以准确快速地统计每个区域、每个构件的材料用量,进而在施工过程中做到点对点的材料运输,材料一次性到位,减少材料的二次搬运,进而有效提高各工序的配合程度,加快施工进度,为施工企业制订精确的人、机、材计划提供有效的支撑,大大减少了资源、物流和仓储环节的浪费,为实现限额领料、消耗控制提供强有力地技术支持。

6. 协助现场质量、安全和文明施工管理

BIM 模型拟利用移动终端(智能手机、平板电脑)采集现场数据,建立现场质量缺陷、安全风险、文明施工等数据资料,与 BIM 模型即时关联,方便施工中、竣工后的质量缺陷等数据的统计管理。应具备以下特点:

(1)缺陷问题的可视化。现场缺陷通过拍照来记录,一目了然。

(2)将缺陷直接定位于 BIM 模型上。BIM 模型定位模式,让管理者对缺陷的位置准确掌控。

(3)方便的信息共享。让管理者在办公室即可随时掌握现场的质量缺陷安全风险因素。

(4)有效的协同共享,提高各方的沟通效率。各方根据权限,查看属于自己的问题。

(5)支持多种手持设备的使用。充分发挥手持设备的便捷性,让客户随时随地记录问题,支持手机、平板和一些专用的智能设备。

(6)简单易用,便于快速实施。实施周期短,便于维护;手持设备端更是一教就会。

(7)基于云+端的管理系统。运行速度快,可查询各种工程相关数据。

四、施工信息管理平台

(一)施工信息管理平台简介

施工信息管理平台是处理建设工程项目信息的人机系统。它通过收集、存储及分析项目实施过程中的有关数据,辅助工程项目的管理人员和决策者规划、决策和检查,其核心是辅助对项目目标的控制。

(二)施工信息管理平台内容

1. 项目基础信息

项目基础信息作为建设项目中最为直观的部分,可从静态信息和动态信息两个角度来对其进行描述,为系统运行提供基础数据支撑。项目基础信息具有单位管理(建设单位、承建单位、施工单位、监理单位、供货商等信息要素)、用户管理、部门管理、角色定义、系统登录日志等功能,其分为工程基本情况信息、工程进展情况信息、工程阶段情况信息 3 大部分;同时具备协同办公审批管理功能。工程基本情况信息部分描述工程开始时无变化的静态基本信息,工程进展情况信息部分描述工程进行过程中完成工作量的指标项的动态变化过程和跟踪情况,工程阶段情况信息部分描述了项目从开始到结束直至项目后评价。

2. 进度管理

通过编制总体施工进度计划信息、实际进度信息,结合 BIM 三维施工模型,形象、直观地将项目的进度情况呈现给管理者和决策者,同时按照进度计划 WBS 进行分解,与进度报告及资源绑定,滞后任务提前报警,使管理者和决策者对施工任务做到事前、事中、事后的实时管理和监控。BIM 引入前后进度管理流程如图 3-13 所示。

利用进度控制软件,输入分项工程的施工计划时间参数,形成甘特图(横道图)和网络计划图(见图 3-14、图 3-15),计算计划工期、关键路径、各分项工程的可机动时间等参数,用于工程进度控制。通过 APP 终端,每天输入实际的进度,与计划进度进行对比,提出相应的控制措施。控制过程和结果可同时呈现在业主、监理和项目经理的查看终端,利于及时沟通。

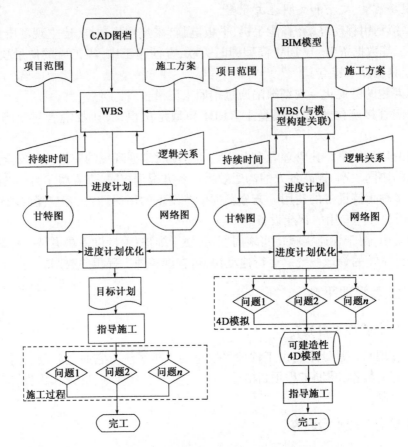

图3-13　BIM引入前后进度管理流程对比

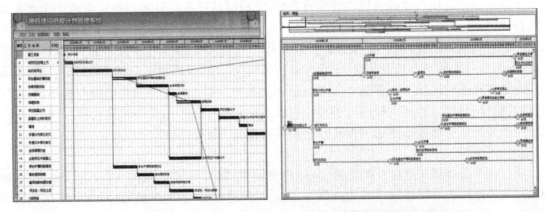

图3-14　横道图　　　　　　　　　图3-15　网络图

在施工过程中,传统进度管理方法主要通过关键节点来控制进度。对某一关键节点进行进度检查,问题出现后才发现,因此需要投入时间采取措施解决,并需要更新进度计划,属于事后控制,容易导致实际进度与计划进度的偏离。运用BIM技术建立、审核后,工程项目进度计划精确性较高。在施工过程中,根据4D模型,可以将实际进度与计划进度的实时对比,通过关键节点来控制,发现问题可以即时采取措施修正,因此,造成大的进度偏差的可能性很小。

3. 安全管理

(1) 利用模型的可视化功能通过 PC 或移动终端清晰、准确地向安全管理人员传递施工过程的安全控制元素，识别危险源，同时通过施工过程模拟帮助施工人员理解、熟悉施工工艺和流程，并识别危险源，保证施工操作正确无误、避免由于理解偏差造成安全问题。

(2) 建立完善的现场危险源检查库，并根据危险源的实际状况进行危险等级划分。

(3) 通过移动终端，在信息模型中及时将现场出现的全隐患以相关图像、视频、音频等方式关联到平台的相应构件与设备上，记录问题出现的部位或工序，及时反馈到模型中关联的任务部门进行整改，整改部门应分析原因，制订并采取解决措施，在模型平台中上报整改方案进行审批，并将整改结果进行汇总总结，为日后工程项目的事前、事中、事后控制提供依据。

(4) 基于手机 APP 对作业信息实现动态管理，各作业班组作业情况可自动关联到 BIM 构件上，随时进行数据查询、汇总与分析，同时可根据事先建立的量化评价考核体系，将不同作业班组的安全生产行为进行自动统计分析。

(5) 基于安全管控平台(见图 3-16)对现场安全及施工人员进行安全教育培训。开发基于劳务人员安全生产信用评价体系，开发手机 APP，可将现场安全违章作业情况记录随时随地上传，包括违章作业行为文字描述、照片上传和劳务人员身份识别同时关联相应的教育整改部门及管理人员。对工人安全违章作业进行分类，给出每类安全违章行为的扣分标准，监理和安全员通过现场发现工人安全违章行为，对工人进行身份识别，锁定违章作业人员，手机 APP 记录现场违章作业情况(附图片或者视频)，自动统计各工人的违章量化扣分。当工人安全违章作业扣满 12 分后，系统自动报警。安全管控平台应用图如图 3-17 所示。

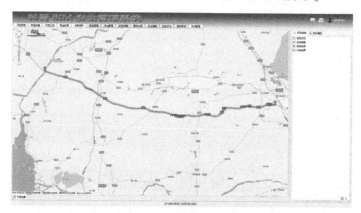

图 3-16　安全管控平台

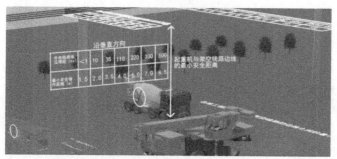

图 3-17　安全管控平台应用图

(6)建立基于 BIM 技术的安全隐患排查体系。利用手机 APP,及时进行安全隐患点的发布、通过模型关联的部门及时下发问题整改通知(附照片等佐证材料)、问题整改部门整改结束后(附照片等佐证材料)通知整改验收,以此形成安全闭环化管理,使信息传递及时顺达。

(7)基于安全管控平台对工程建设中的高边坡路堑开挖,实行三维电阻率可视化及实施监控预警。对现场采集数据进行实时成像并对比分析,将预警后的信息自动记录并关联到相关模型,及时下达与此相关部门的加固整改信息,整改结束检查无误后方可继续进行施工。

(8)基于安全管控平台对工程建设过程中预制梁场和现场架桥设备实行实时监控预警。通过对构件安装力、位移等传感器及陀螺仪等采集设备,将采集数据实时发送 PC 处理终端,终端对采集数据进行处理后与设定阈值做对比分析,在超出阈值后进行系统自动报警。

(9)基于安全管控平台对现场施工人员实行安全帽、血氧饱和度等安全指标实施监控。

4. 成本管理

运用 BIM 技术制订的工程进度计划,经过模拟施工,在实际中发生变化的可能性很小。以此制订的资金计划准确性相对于传统方法有很大提升。关于材料、设备的采购,应用 BIM 技术后,可以在 BIM 模型中关联时间维度,提供更详细、准确的材料需求,据此来制订采购计划。清单分解和材料管理分别见图 3-18 和图 3-19。在 BIM 模型建立过程中,得到的工程项、量分析,因为 BIM 模型的精确性相比于传统方法更准确,因此可以有根据的预测这一周期内可能出现的索赔,以做好准备。

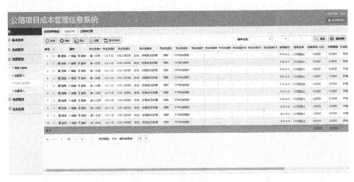

图 3-18 清单分解

图 3-19 材料管理

5. 质量管理

在工程建设过程中,对质量产生影响的主要因素有人工、机械、材料、方法。工程项目质量问题的产生通常有人的主观因素在里面,这样的问题很难通过改进工具和方法的手段来规避。因此,对于由于质量管理工具与方法的局限而导致的质量问题,则可以通过改进工具与方法来解决,如应用 BIM 技术。基于 BIM 实施的质量管理关键流程如图 3-20 所示。

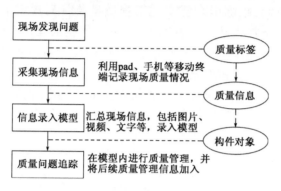

图 3-20　基于 BIM 实施的质量管理关键流程

(1)利用模型的可视化功能通过 PC 或移动终端清晰、准确地向质量管理人员传递施工过程的质量控制元素,控制要点,同时通过施工过程模拟帮助施工人员理解、熟悉施工工艺和流程,保证施工操作正确无误、避免由于理解偏差造成施工质量问题。

(2)根据现场施工质量管理情况的变化,通过移动终端在信息模型中及时将现场出现的质量问题以相关图像、视频、音频等方式关联到平台的相应构件与设备上,记录问题出现的部位或工序,及时反馈到模型中关联的任务部门进行整改,整改部门应分析原因,制订并采取解决措施,在模型平台中上报整改方案进行审批,并将整改结果进行汇总总结,为日后工程项目的事前、事中、事后控制提供依据。

(3)根据《公路工程质量检验评定标准》(JTG F80/1—2017)规定,建立完善的施工记录表及施工质量检查表,并将各表与模型中的各部位关联,准确记录各部位的质量信息。

(4)基于质量管控平台建立施工过程中常见的质量问题及处理措施。基于项目 WBS 拆解,每个分项工程下挂标准工序。针对每道工序,结合首项工程,将每道工序的标准化施工工艺操作流程和质量控制要点进行拆解,形成标准化的工艺流程卡,通过手机可以便捷查询。

针对每个分项工程下挂的标准工序,对不可逆的中间工序设置停止点检查,监理人员利用手机终端对中间工序停止点进行验收检查,实时采集质量检验数据,同时开发手机 APP 可提供便捷式工序验收签认验收流程,能够上传时间、班组、现场照片、质量检验检测结果等影相记录,形成电子化的监理人员现场工序验收信息,所有信息均关联至 BIM 模型,方便随时查询,同时可为工程进度管理、工程量计量提供数据协同。

(5)开发物资材料管理系统。系统内关联监理物资材料质量管理控制清单,监理通过手机将外场复检上传,系统自动生成材料进场报验单,试验检测中心将检测资料汇总,实现对重要物料的质量管理。基于该系统可实现材料基础信息管理、材料库存管理、材料消耗管理。

所有材料进场登记和现场复查签认在手机 APP 上实现,能够形成完整的影像记录并关联到材料管理系统,自动生成打印材料进场报验单(附二维码),提供材料质量溯源查询功能;能够关联试验室检测系统中的检测记录,形成电子台账进行统计分析;具备在电脑端和手机端的查询和预警功能;对材料库存及使用情况进行跟踪统计,提供材料实时库存统计情况。

(6)基于质量管理平台开发分项工程质量检验管理系统(图 3-21)。以分项工程为质量检验管理最小基本单元,根据山东省交通工程质量监督局规定的工程质量监督管理要求,按照分项工程类别,下挂质量检验表单目录,建立分项工程开工申请、测量放样、材料报验、施工原始记录、现场检测记录、质量检验报告单、中间交验申请表等资料报备及审批流程。系统后台提供数据录入、图片或 PDF 格式上传、查询和编辑功能,将分项工程质量检验资料与 BIM 模型进行关联,通过 BIM 模型可以随时查阅对应部位的质量检验相关资料,与计量支付管理模块数据协同,作为工程中间计量审核的数据基础模块,每次计量提供质检资料的完备性检查。

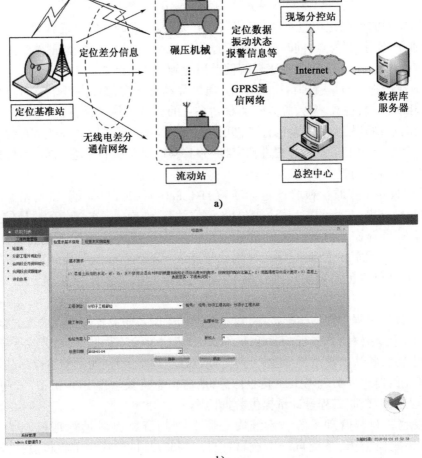

图 3-21

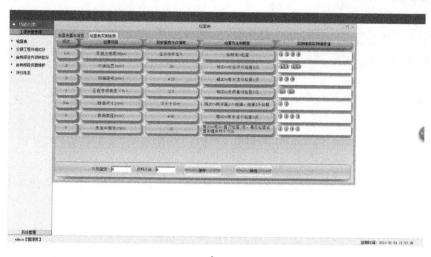

c)

图 3-21　质量管控平台

开发手机 APP 提供分项工程审批流转功能，同时可随时随地将质量检验数据上传至关联模型。

（7）基于质量管控平台建立沥青路面拌和、摊铺、碾压可视化管理系统，方便管理单位实时查阅质量信息。通过现场安装的视频装置记录拌和站生产配合比、拌和站开盘时间、下料量，通过拌和站配合比信息以及开盘时间等数据集成，同时结合质量管理模块中监理现场签认的混凝土浇筑前工序验收，通过手机下混凝土拌和需求订单，实现混凝土拌和需求量管理，并协同试验检测中心管理系统和质量检验管理系统，记录每批混凝土拌和原始数据，混凝土试验检测原始记录，实现超出阈值的配合比预警。

五、施工信息采集技术

（一）施工信息分类

1. 成本控制信息

成本控制信息包括施工项目成本计划、施工任务单、限额领料单、施工定额、成本统计报表、对外分包经济合同、原材料价格、机械设备台班费、人工费、运杂费等。

2. 质量控制信息

质量控制信息包括国家或地方政府部门颁布的有关质量政策、法令、法规和标准等，质量目标的分解图表，质量控制的工作流程和工作制度，质量管理体系构成，质量抽样检查数据，各种材料和设备的合格证，质量证明书，检测报告等。

3. 进度控制信息

进度控制信息包括施工项目进度计划、施工定额、进度目标分解图表、进度控制工作流程和工作制度、材料和设备到货计划、各分部分项工程进度计划、进度记录等。

4. 安全控制信息

安全控制信息包括施工项目安全目标、安全控制体系、安全控制组织和技术措施、安全教育制度、安全检查制度、伤亡事故统计、伤亡事故调查与分析处理等。

5. 生产要素信息

(1)劳动力管理信息,包括劳动力需用量计划、劳动力流动、调配等。

(2)材料管理信息,包括材料供应计划、材料库存、储备与消耗、材料定额、材料领发及回收台账等。

(3)机械设备管理信息,包括机械设备需求计划、机械设备合理使用情况、保养与维修记录等。

(4)技术管理信息,包括各项技术管理组织体系、制度和技术交底、技术复核、已完工程的检查验收记录等。

(5)资金管理信息,包括资金收入与支出金额及其对比分析、资金来源渠道和筹措方式等。

(二)施工信息采集技术

计算机系统与信息技术的高速发展加快了建设工程领域的信息化进程,施工现场信息采集的效率也随之提高。自动化识别已作为一项施工信息采集的基本工具,在工程现场得到普遍应用。当前在建设行业应用的先进的数据采集技术可分为非空间数据采集技术与空间数据采集技术两类,具体如下。

1. 非空间数据采集技术

非空间数据采集技术具体包括卫星定位系统、条形码技术、RFID 技术与 MEMS 系统。全球定位系统利用卫星与信号接收机的无折线连接对目标进行定位,多数应用于室外,但新一代的具备激光和其他技术单元的 GPS 可对室内目标进行定位。目前该技术多用于人员监控与材料追踪领域。条形码作为一种成熟的信息采集技术被广泛应用于生活实践中。条形码的运用虽经济,但易损,须在适当环境与距离下使用。RFID 技术是传统条码识别技术的升级,是针对条形码技术在使用寿命与读取能力等方面的劣势领域进行的改进与提高,被称为新一代条码识别技术。该技术多数用于人员监控、材料追踪与进度监测领域。无限微机电系统 MEMS 是在微米级层面对工程目标进行监控的机械系统。采用体积小、价格低廉的微机电传感器,可对起重器的负重程度进行监测或者通过附在结构构件表面,对其应变能力进行测量。目前该技术多数用于材料追踪与机械监控领域。

2. 空间数据采集技术

空间数据采集技术具体包括视觉测绘技术与 LADAR 技术。视觉测绘技术包含摄像测量技术、录像测量技术和 3D 测距照相机。摄像技术是从用照相机拍摄的 2D 图像照片中提取几何特征信息,并对相关构件进行三维创建的技术。录像测量技术和摄像测量技术原理相似,不同点在于录像测量技术用录像的帧代替了图像进行 3D 坐标的测量。3D 测距相机的优势在于可对运动目标进行检测、跟踪和建模。基于计算机视觉的测量技术,采用标准化的摄像机或立体视频记录仪,已被用于施工监控。经过一定的模式识别与人工处理,可得到表达工程进度的主要数据,并且可对现场中关键材料进行定位。3D 激光扫描仪 LADAR 可以通过扫描物体而得到扫描标的物的三维坐标,该技术可在短时间内采集到大量坐标点,其强大的功能可用于 CAD 的 3D 建模。目前,随着激光扫描仪性能的提高与成本的不断降低,LADAR 技术将会在工程监控领域拥有广阔的发展前景。

(三)施工信息智能采集案例

1. 无人机技术(见图 3-22 ~ 图 3-24)

无人机技术是指利用 3D 扫描技术及激光定位技术,实时把控现行施工情况,并将现场扫描数据与改造实施 BIM 模型进行对比,通过阶段模拟,指导下一步骤的施工,制订风险防控措施。无人机技术的效率为 $8km^2$/人·天,是人工建模方式的 400 倍。

图 3-22 无人机倾斜拍摄技术　　　　图 3-23 无人机自动建模技术

图 3-24 无人机自动贴图技术

2. 边坡安全预警系统(见图 3-25)

通过对边坡开挖过程中形成的电阻率等高线图的智能对比分析,判断工程中土方垮塌的风险并提前预警,同样适用于尾矿库和水利堤坝安全。

3. 驾驶员体征监测与健康管理系统

通过穿戴设备实时监测驾驶员生命体征和健康状态,保证安全状态下的驾驶,同时对驾驶员提供在线健康管理,保障驾驶员健康出勤率,见图 3-26。施工人员位置及生命体征实时监测见图 3-27、图 3-28。

4. 危化品车辆监控系统(见图 3-29)

危化品车辆或者大型运输车辆加装智能监控系统,当出现可疑停车时,系统自动启动监控,对于不法分子开启罐口偷窃危化品、货物或者车辆油料的各种行为进行智能分析、自动报警。

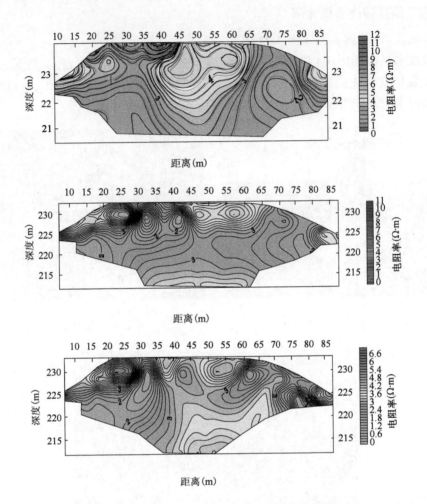

图 3-25 边坡安全预警系统

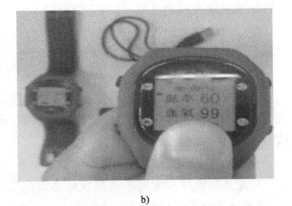

a)   b)

图 3-26 驾驶员体征监测与健康管理系统

第三章 施工管理信息化

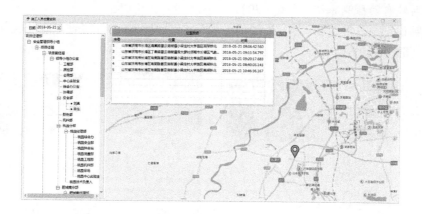

图 3-27 施工人员实时位置管理

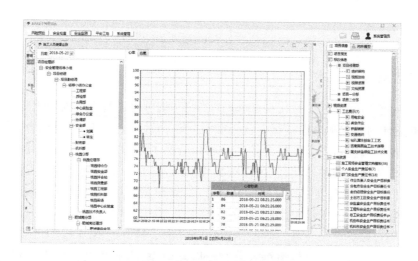

图 3-28 施工人员生命体征实时监测

a)

b)

图 3-29 危化品车辆监控系统

· 129 ·

5. 疲劳驾驶自动检测系统（见图 3-30）

通过视频识别与算法分析，对车辆的驾驶员疲劳驾驶状态进行实时智能捕获与报警，并支持夜间安全驾驶监测模式。

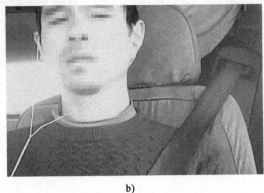

a)   b)

图 3-30 疲劳驾驶自动检测系统

六、施工信息呈现技术

模拟施工，有效协同三维可视化功能和时间维度，就可以进行进度模拟施工。随时随地直观快速地将施工计划与实际进展进行对比，同时进行有效协同，施工方、监理方、甚至非工程行业出身的业主、领导都能对工程项目的各种问题和情况了如指掌。这样通过 BIM 技术结合施工方案、施工模拟和现场视频监测，就可以减少建筑质量问题、安全问题，减少返工和整改。利用 BIM 技术进行协同，可实现信息交互的高效化，加快反馈和决策后传达的周转效率。

三维渲染，宣传展示三维渲染动画，可通过虚拟现实让客户有代入感，给人以真实感和直接的视觉冲击，配合投标演示及施工阶段调整实施方案。建好的 BIM 模型可以作为二次渲染开发的模型基础，大大提高了三维渲染效果的精度与效率，为业主进行更为直观的宣传介绍，提升中标概率。

例如，黑风口隧道施工三维动画（见图 3-31）、浪溪河刚架桥拆除三维动画（见图 3-32）等。

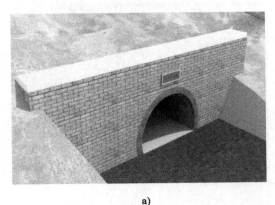
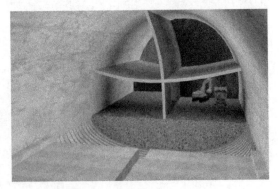

a)   b)

图 3-31

c)

图 3-31　黑风口隧道施工三维动画呈现

a)

b)

c)

图 3-32　浪溪河刚架桥拆除三维动画呈现

第三节　智慧工地的建设

一、概述

(一)智慧工地的含义

智慧工地是一种崭新的工程全生命周期管理理念。它立足于"互联网+建筑大数据"的服务模式,采用云计算、大数据和物联网等技术,整合相关核心资源,以可控化、数据化以及可视化的智能系统对项目管理进行全方位立体化的实时监管,并根据实际作出智能响应。这不仅对安全文明施工有重大意义,同时也有助于推动建造方式变革、提升建筑业科技创新能力、促进建筑产业提质增效、推进建筑产业转型升级。

智慧工地是智慧城市理念在建筑工程行业的具体体现,平安工地、绿色工地、和谐工地、智能工地的创建是其重要表现。新时代,"互联网+建筑业"表现形式越来越多样化,越来越多地融入高端的IT技术,最终实现了工程施工建设项目的绿色、智能、低碳、集约化的智慧管理模式。这些在智慧工地中应用到的智能系统与云存储的结合使用,必定会引领智慧工地的一场全新变革。

(二)智慧工地建设内容

基于智慧工地系统平台,工程建设管理层可以随时随地掌握项目的进展情况,监控现场的施工动态,及时发现问题并督促施工单位、项目负责人及时整改隐患,杜绝各种违规操作和不文明施工现象,促进安全生产和工程质量管理。

智慧工地系统的建设,着力解决当前工地现场管理的突出问题,围绕现场人员、材料、设备等重要资源的管理,构建一个实时高效的远程智能监管平台,有效地将人员监控、位置定位、工作考勤、应急预案、物资管理等资源进行整合。通过现场相关信息的采集和分析,为管理层进行人员调度、设备和物资监管以及项目整体进度管理提供决策依据。平台应具备的主要功能如下。

1. 现场监测监控管理

将监测监控系统与人员定位系统、通信联络系统进行总体设计、建设。监测监控系统应能实现以下管理功能:

(1)实时显示各个监测点的监测数据,并可以图表等形式显示历史监测数据。

(2)设置预警参数,并能实现声光预警。

(3)视频监控应支持按摄像机编号、时间、事件等信息对监控图像进行备份、查询和回放。

(4)应配备分站、传感器等监测监控设备备件,备用数量应能满足日常监测监控需要。

2. 人员定位及考勤管理

(1)基于RFID技术进行人员信息采集,信息卡应含有施工人员个人基本信息。

(2)实现工地人员在工地的定位和轨迹跟踪。

(3)实现人员的日常考勤记录管理。

(4)掌握各个工地片区的人员统计数据,了解人员的分布情况。

(5)对人员进入危险区域进行预警。

(6)实现人员位置信息和视频监控信息联动。

3.设备管理

(1)可实时全程连续可视化跟踪施工过程,对特种设备进行及时精确定位。

(2)能够对设备基本信息和设备使用现状有清晰的掌控。

4.物资管理

(1)通过对重要物资进行进、出场定位与视频联动,掌握物资的流转去向,防止物资丢失,确保物资的安全性。

(2)为工地地磅称重系统加装传感器及摄像机,在材料车辆进、出场称重时,对称重数据进行自动记录、拍照、数据挂钩及上传,自动形成材料进场报表,通过物资材料各环节数据的实时反馈,进行统计分析和成本核算,为后续的管理决策提供依据。

5.施工现场管理

(1)质量安全巡检。针对施工现场出现的问题进行拍照记录,实时反映施工进展情况;同时,需要针对各个问题进行跟踪和整改记录,确保整个管理记录的完整性和管理过程的可追溯性。

(2)施工进度跟踪。结合BIM模型进度计划相关数据,智慧工地平台实时获取模型数据,并根据模型导出对应工序进度计划,按照项目分工设置确定责任人,由责任人每日汇报进度情况,并反馈至BIM系统生成进度模型,进而展示工程实时进度模型。

(3)内部任务的发布及通知传达。

(4)施工资源的申请及审批管理。

基于以上功能需求,系统运行管理平台在运用现有的信息化、智能化应用以及成熟的系统框架的基础上,利用先进的物联网技术,采用联邦式、数据仓库和中间件等方法来构建整个系统的应用,从工地各项具体业务的特点出发,针对信息共享的需求,具体考虑系统的数据特点,研究数据集成、统计、管理的模式和方法。同时平台提供资源共享、业务实时响应和决策分析等功能,并且深入考虑各业务系统的安全性等要求。

二、施工质量自动预警

(一)施工质量自动预警的定义

施工质量自动预警,即利用信息化技术手段,对施工现场进行全程实时监控,有效发挥现行行业规范标准的作用,对现场质量安全隐患进行主动识别、主动预警并提出解决方案,防患于未然。

全国智慧工地大数据云服务平台,围绕建筑行业的痛点难点,各个击破,引领着建筑管理模式的革新。其中对工程质量的监管更是智慧工地的一大核心功能点。智慧工地以其先进的科学技术,对工地现场的人、机、料等元素进行智慧化监管。更依托360°环形无死角视频管理、物联网无线传感技术有效监督施工质量及安全。一旦有不符合要求的材料或工艺,智慧工地即可自动识别并预警,有效保障了工程质量。

(二)构建施工自动预警系统(见图3-33)

在施工过程中,如果遇到质量、安全隐患,系统将第一时间进行自动识别并预警,将质量、安全隐患消除在萌芽状态。

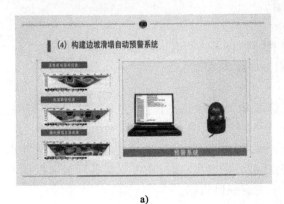
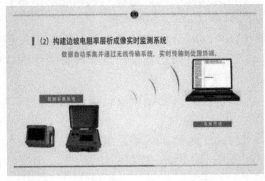

图 3-33　施工自动预警系统

预警按危险程度区分级别，预警的同时提出解决问题的办法或指出违反规范规定的条文，而且将记录保存下来形成预警记录。

按系统预设的工程日志模板录入每日施工动态，形成工程日志，与预警记录一起，形成准确体现工程建设过程的电子档案。一个管理端可以利用互联网实现对多个项目施工过程的远程微观监控。

基于北斗卫星导航系统的施工安全监测是为保证道路的使用安全，利用北斗卫星导航定位系统，对道路的路基、路面等关键部位及周边环境进行监测，测定道路在施工、运营（使用）阶段形状与位置的变化特征，获取道路变形的信息，为工程质量安全管理提供信息支持和技术服务。

数据中心的监测预警软件对道路的形变监测数据进行解算、分析、成图、预警。在实时监测过程中，可自动发出分级预警信息，将各种环境荷载作用下道路主要监测项的当前值与以往相同环境温度条件下的参考值进行对比，一旦发现某监测项的数值发生突变，系统随即自动发出预警信号以提醒管理部门注意。

三、安全事故预警软件

（一）安全事故预警软件的优势

施工安全自动预警利用信息化技术手段，通过实时监控施工现场全过程，有效发挥现行行业规范、标准的作用，对施工可能存在的质量、安全隐患进行识别、预判、警示，并提出建议处理措施，为各方责任主体提供一个即时沟通、同步关注的信息平台，将质量安全隐患消除在萌芽状态。利用这一软件，可最大限度降低监管人员素质参差不齐的影响，发挥现有规范、标准及案例的作用，从而缩小监管水平的地域差别、监理单位之间的差别，提升整体监管水准。

（二）安全事故预警软件的设计

建设工程质量安全事故预警软件在平台搭建、功能设计和预警的智能化上实现了数据库智能查询和质量安全隐患智能判别、分级预警。数据库包括现行公路施工规范数据库、现行安全规范数据库、质量通病防治数据库和安全通病防治数据库，以及现行相关的法规、规章。项目自开工之日即启用本系统,由一方责任主体掌握(以现场监理机构为宜),按项目进度逐日录入现场质量、安全等各方面的数据,系统将予以保存,形成工程日志。一旦所输入的质量安全数据与数据库中相应的规范规定条文不符,或出现通病防治数据库中包含的通病,或与地方相关的法规、规章发生冲突,系统将自动判定质量或安全隐患的严重程度并分级预警,同时给出所违反的规范标准条文,或通病防治的建议处理措施。

预警一旦发出,必须排除隐患才能解除。如果在规定的时间内没有解除,系统将自动反馈到上一级主管部门,直到最高管理部门。

除了文字反馈,系统还设置了图片及视频反馈功能。现场图片与预警事项的文字描述配合,可使预警的问题更加明了,也可将现场技术人员不能解决的疑难问题,或者有争执的问题,用照片或视频的形式发给主管部门以请求帮助。

(三)安全事故预警分级

安全事故预警设置分为三级:一级为涉及强制性标准条文及施工安全重大危险源的问题;二级为不符合规范一般性标准条文且造成较严重后患的问题;三级为通病、不符合规范一般性标准条文且造成轻微后患的问题。

四、远程视频智能识别与预警

(一)远程视频智能识别的作用

通过安装远程识别系统,可实现以下目标:

(1)通过网络摄像机随时识别建筑工地现场的状况。本系统分布点分布在各个施工现场内,其中每个工地分别安装在塔吊(工地最高点)和其他相应的各个位置。拆装方便,可随时布置于新工地。

(2)对特殊车辆进行视频识别。可在任何一台能够连接公网的电脑上监控多个监控点的信息,实现全方位识别。

(3)通过镜头及云台,对现场的部分细节进行缩放检视。

(4)录制现场监视情况,随时检索回放,杜绝危险事故及非法盗窃等行为,减少工地物资损失。

(5)系统配备红外灯,能够在夜间、强光等恶劣状况下正常工作。

通过本地计算机利用网络系统、遥感摄像机及其他辅助设备(云台、镜头等)来识别远端情况,并把受控场内的全部或部分图像和声音记录下来。

以计算机网络通信技术、视频压缩技术和硬盘存储技术为支撑,设计了高速公路建设过程远程视频识别系统,可以对整个建设过程进行全方位实时视频监控并存储,能及时发现施工过程中的质量问题,对现场施工人员有震慑作用,能够有效遏制质量通病。同时为紧急情况下现场取证提供资料,可以提高管理水平,具有重要的工程应用价值。

(二)远程视频智能识别的流程

1. 视频采集

各监控点摄像机负责图像的采集,同时会有网络视频服务器对视频进行处理。采集到的视频数据通过编码器进行压缩,形成可以传输的视频流,这个过程就是视频的采集过程。

2. 视频传输

采集到的视频流首先通过有线传输到达无线网桥发射点,然后经过无线传输到达项目部,最后经过 Internet 网络传输到达后台处理中心。当后台没有控制命令发出时,服务器以组播的方式传输数据;当后台有控制命令发出时,则以单播的方式进行数据的传输。

3. 视频识别

在远程客户端收到发送的数据后,通过浏览器或者客户端可以登录管理界面,对数据进行管理,实时关注前端监控点动态。视频图像经过前端摄像机最终到达远程客户端上的过程中,数据在整个网络中的传输过程称为视频输出。

4. 远程控制

在远端通过浏览器或者客户端可以登录管理界面,对数据进行管理,如图像的显示和存储等。还可以通过发送指令,对远端的摄像机进行云台控制,以及抓图、录像的回放等操作。远程控制时,通常会在客户端或者视频软件上进行权限设置,这是为了让不同权限部门进行符合自己权限的操作,防止不当操作的发生。

(三)远程视频识别系统的设计实施

网络的设计实施是非常重要的一环,依据不同的环境条件,选择相宜的链路对于减少施工过程中的工作量有很大帮助,而且对于整个系统的搭建也至关重要。现代无线网络视频监控系统不但在技术上结合了最新技术而且在环境的适应方面也取得了很好的效果。通过结合无线网络技术、视频采集技术、计算机技术和存储技术,形成一个整体的系统。在整体技术路线的基础上,通过对每个模块具体功能的介绍,了解整个系统的运行过程。

本系统主要由监控中心、分控中心、监控前端、传输部分组成。

(1)监控中心。监控中心负责对系统的整体管理、日志和备份的管理、信令调度;主要部署服务器、解码器、电视墙、对讲音频设备及网络设备等。

(2)分控中心。分控中心负责本标段前端监控点接入、录像前端存储、实时查看;主要部署网络 NVR 服务器、显示器及网络设备等。

(3)监控前端。监控前端主要负责信号的采集、编码、传输。

(4)传输部分。传输部分主要负责所有监控数据的传出;主要部署有线、无线网络设备、相应物理传输链路及配套设施。

(四)远程视频智能识别的注意事项

采用远程视频识别技术,建立区域级远程质量监控中心以及施工单位的远程监控中心,采用分布式的网络拓扑,实施公路工程远程质量监控是解决当前遇到的公路工程质量监管的一种重要手段。

远程质量监控系统重点建设视频数据采集、视频传输、视频管理3个关键部分,依据项目类型采取多种视频传输、存储、上报的方式是保障工程远程质量监控的关键环节。现场施工视频通过有线或无线方式首先汇聚到项目部监控中心并存储,对于有条件的项目,可通过电信骨干网络与公路视频网络定期上传质量视频到区域级的监控中心,部分相当偏远工程采用3G网络将关键视频数据上传到各质量监督局视频监控中心。对于偏远地区交通不便利的工程项目,采用定期收取或上报监控视频存储借助的方式以弥补网络环境不佳而不能传输视频的问题。

远程识别视频网络应参照质量监控系统国家标准和行业标准执行,识别网络建立和设备选型。所有监控设备须按照建设规范,选取防雨、防盗、防尘、质量可靠的设备,耐低温、耐高热。摄像头采集视频信息时,应根据监控的距离与图像画质的要求确定镜头的选用类型。对于大面积监控区域,可采用旋转云台球机;对于远距离监测区域,可采用枪机式摄像机;短距离无线摄像头部署时,参照无线通信设备传输距离标准,离最近中继点距离无障碍物时小于200m,以保证视频传输质量。

监控点位应按照公路工程质量管理相关检测指标设计,采取有效覆盖、重点监控方式实施,在距离施工场地25~70m范围以内部署广角监控摄像头。

对于重点监控区域,可依据监控需要加装近距离摄像机。隧道等可见度低的封闭作业工程,沿工程顶部弱电线路,每隔25m布设防爆红外枪机。

施工场地监控距离小于300m施工现场,质量监控采取同轴电缆,点对点接入业主监控中心。中小型施工场地或路段,监控距离小于2000m施工现场,质量监控采取共缆方式,每间隔800m加装放大器1台。大型或超长距离施工场地与路段,采取光纤与共缆方式进行视频识别布设。

(五)远程视频智能监控和预警实例

1. 安全帽自动识别系统

通过深度学习算法自动识别监控区域内人员是否佩戴安全帽,支持各种角度和颜色识别,准确率达99.97%。

该系统具有以下特点:

1)各种安全帽未佩戴情况精准识别、语音播报警示(见图3-34);

2)安全帽使用者"正侧后"各方向360°无死角监测;

3)安全帽及人体部分被遮挡状态下的准确检测(见图3-35);

4)多目标人群移动状态下的同时检测(见图3-36);

5)支持人脸识别,同步识别未佩戴者身份;

6)支持夜间识别(见图3-37)、超远距离识别,设备可以远程控制;

7)设备抓取结果可现场图像显示,也可同步上传至监控平台(见图3-38)。

图3-34 安全帽未佩戴检测

图3-35 头部遮挡状态下准确检测

图 3-36 多人场景准确检测　　图 3-37 夜间场景准确检测

图 3-38 安全帽在线管理

2. 工程场地或通道占用识别系统

利用图像智能处理算法,可对工地中关键场所与安全通道的违章占用实现自动识别,如图 3-39 所示。

a)　　　　　　　　　　　　　b)

图 3-39 工程场地占用识别

3. 施工现场电子围栏(见图 3-40)

通过电子安全围栏保护,当出现施工人员靠近深坑边缘、运行中的工程车辆摆臂和车体等危险时,智能围栏视频报警系统将自动识别警情发出警告,保障施工现场安全。

a)

b)

图 3-40 施工现场电子安全围栏

第四章 路基路面施工新技术

第一节 轻质路堤填筑技术

一、轻质材料的分类和应用

轻质材料是表观密度低、强度高的人工材料。轻质材料的特点主要有：表观密度比土小、强度和变形特性比土好、施工方便。轻质材料按表观密度分为准轻质材料（如粉煤灰、矿渣等）、轻质材料（如发泡树脂混合轻质土、泡沫水泥轻质土等）和超轻质材料（如发泡苯乙烯、发泡聚氨酯、发泡废玻璃材料等）3类。表4-1列出了部分轻质材料的种类和特性。

轻质材料的种类与特性　　表4-1

轻质材料			湿密度 ($kg \cdot m^3$)	性能	缺点
超轻质材料	人工有机材料	发泡苯乙烯	10~30	施工容易、自重控制容易、超轻质性，有排水功能	单价大，水浸影响大
		发泡聚氨酯	30~40		
		其他高分子材料	20~40		
准轻质材料	无机材料	水淬矿渣	≥300	有自硬性，荷载减轻有限	产地不同，物性不同
		炉渣	≥300		
		粉煤灰	100~150		
		火山灰	120~150		
		木屑	70~100		
混合轻质材料	流动处理	土+轻质材+胶凝材料	≥700	可调整自重，可调整强度	化学不稳定
	混合处理	土+水+轻质材+胶凝材料	≥300	可以调整自重和强度，不需要压实	

1. 发泡苯乙烯

发泡苯乙烯是在聚苯乙烯树脂中加入发泡剂形成的发泡树脂，施工采用具有一定规格尺寸的砌块。EPS砌块标准尺寸为$2m \times 1m \times 0.5m$，密度为$10 \sim 35kg/m^3$，约为土的1/50~1/100，抗压强度（单轴压缩试验中50%轴向应变对应的应力）约为$39.2 \sim 392kPa$。EPS砌块透水性很低,在地下水位以下使用,不影响轻质性。紫外线会使 EPS 材料老化,易溶于有机溶剂,不耐热,70~80℃ 以上温度时会引起变形,其强度也会降低。EPS 砌块中一般添加有阻燃剂,具有着火不燃烧的自熄性。EPS 造价昂贵,不适用于复杂形状场地的填充。

2. 发泡聚氨酯

发泡聚氨酯与 EPS 很相似,密度在 30kg/m³ 左右,约为土的 1/50,抗压强度在 118kPa 以上,发泡聚氨酯有优良的阻尼性能,适合防止振动和噪声。聚氨酯可以现场发泡,可使液体状的硬质聚氨酯树脂当场发泡成 30 倍体积,可用于形状复杂的空隙填充。发泡聚氨酯造价高,施工方便,适用于各种形状的填充,无须压实。

3. 泡沫废玻璃

泡沫废玻璃是将空瓶、玻璃等废弃材料经碾碎、高温烘灼制成的轻石状或板状的超轻质材料。干密度为 30~150kg/m³,可调整孔隙构造,孔隙构造分为独立孔隙和连续孔隙。独立孔隙具有吸水性能,可作为轻质混凝土的粗骨料,最大粒径为 75mm 左右,普通粒径为 5~20mm,粒度分布可以根据需要加以控制。与 EPS 相比,泡沫玻璃材料对温度和有机溶剂的抵抗力强,具有不腐蚀的优点,施工时应进行碾压且压实。价格比其他轻质材料便宜。

4. 泡沫轻质土

泡沫轻质土,又称泡沫水泥轻质土(Foamed Cement Banking),是在泥浆状的地基材料(砂、黏土、黏性土等)中添加胶凝材料,混合事先发泡好的泡沫制成,密度为 500~1500kg/m³,抗压强度为 100~1500kPa;流动性高,最大运送距离可达到 1500m;施工性好,可以进入狭小的空间,不需要碾压、不需要振捣;自硬性好、自立性好,作用于墙背的土压力小;耐久性好,属水泥类材料,耐久性、耐热性和抗油污能力强。

5. 发泡树脂混合轻质土

发泡树脂是合成树脂用水蒸气、热风等发泡成的超轻质粒状体,根据成分可分为发泡聚苯乙烯、发泡塑料颗粒、发泡聚丙烯等。最常用的是发泡聚苯乙烯,表观密度为 123kg/m³,空隙率为 40%;破碎发泡片约为 69kg/m³,空隙率为 60%。在发泡树脂中加土,可以调整表观密度为 785~1280kg/m³。

6. 水淬矿渣

水淬矿渣是炼铁产生的副产品,炼铁时产生的熔融矿渣用水快速冷却形成的玻璃质的粒状物,粒径为 0.3~2mm,粒子多孔,有潜在的水硬性,化学成分主要为 CaO、SiO_2 和 Al_2O_3,与一般的硅酸盐水泥相似。水淬矿渣可分为硬质水淬矿渣和软质水淬矿渣。软质水淬矿渣的表观密度是 1180~1330kg/m³,水中的浮密度是 49~687kg/m³。

7. 炉渣

炉渣是煤燃烧产生的炉渣,是多孔质,密度比普通土小,炉渣的表观密度为 1080~1470kg/m³,比普通土轻。炉渣具有水硬性,当炉渣在含有适当水分的状态下加固时,强度随材料龄期增加而增加。

8. 火山灰

粗粒火山灰岩的表观密度为 1180~1380kg/m³,比普通土小,将火山灰岩与水、泡沫和胶凝材料混合,可以增加流动性、水硬性和强度。

二、粉煤灰路堤

粉煤灰是电厂燃烧粉煤所排出的灰色粉末灰渣,粉煤灰压实干重度为 $10.7 \sim 11.0 kN/m^3$,比土轻 1/3~1/5,属于轻质材料。粉煤灰的抗剪强度参数完全满足公路路堤的要求,粉煤灰具有自硬性,抗剪强度随着时间增加而增大,用粉煤灰代替土填筑路堤,可减轻路堤重量,减小路堤沉降量,满足路堤稳定性的要求。软基路堤工程实践证明粉煤灰是一种可行的减轻路堤重量的填料。

粉煤灰是一种质轻、多孔隙、颗粒均匀,具有一定水稳定性的无黏结性材料。粉煤灰用来填筑路堤具有以下天生优势:①自重轻。粉煤灰的最大干重度为 $9 \sim 12kN/m^3$,相对密度为 1.9~2.2,低于一般细粒土 20% 以上,是软弱地基上高路堤的理想填料。②强度高。粉煤灰的强度主要有颗粒间摩擦力构成,内摩擦角 φ 值一般为 $30°\sim40°$,饱和后 φ 值降低到 $18°\sim35°$,高于土质填料;粉煤灰填料的 CBR 值大于土质填料。③压缩性小。压实度为 100% 的粉煤灰的压缩系数为 $0.15MPa^{-1}$,小于在同等条件下的填土。④固结快,粉煤灰的渗透系数远大于黏性土,粉煤灰吸水量大,泄水能力强,施工压实含水率要求范围比较宽,施工方便,尤其是在南方或雨季施工,更能体现出其优越性。

粉煤灰路堤填筑施工流程如图 4-1 所示。

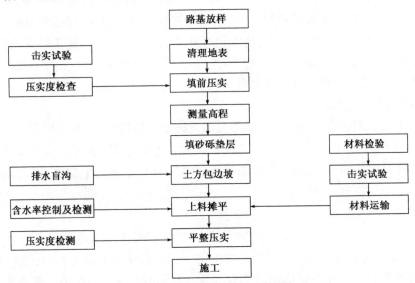

图 4-1 粉煤灰路堤填筑施工流程图

粉煤灰路堤填筑具体施工顺序如下。

1. 施工准备

施工准备包括检验粉煤灰材料的基本性能,用于隔离层和排水盲沟的砂砾料应测定粒径和含泥量,保证最大粒径不大于 7.5cm,粒径在 4.75mm 以下的细料含量不大于 50%,含泥量小于 5%。清除路堤范围内的淤泥、腐殖土、杂草、农作物根茎、树根等。在粉煤灰路堤填筑段落两侧打水井,以保证满足实际用水量的要求。

2. 砂砾垫层回填

清表后,填筑压实第一层砂砾、碎石垫层,厚度为 25cm,宽度至排水沟内侧,采用 20t 双钢轮压路机振压4~5遍,达到设计压实度,高程误差不大于2mm,再静压1遍后,在砂砾垫层顶层全宽范围内铺一层土工格栅,搭接长度不小于50cm;再填筑压实第二层厚度为25cm的砂砾垫层。

3. 粉煤灰储运

粉煤灰含水率调节在堆灰场或灰池中进行,尽量减少施工现场的洒水工作量。过湿的粉煤灰应堆高晾干水分;过干的粉煤灰应于摊铺前2~3d在堆场洒水闷料,将含水量调节到略高于最佳含水率3%~5%的范围。运输方式采用较大吨位自卸汽车,为了防止运输途中的扬尘污染,采取洒水湿润或加盖等防护措施。

4. 粉煤灰摊铺

粉煤灰路堤一般采用水平分层填筑施工,当分成不同作业段填筑时,交接地段按1:1坡度分层预留台阶,每一层相互交叠衔接,向邻近延伸100cm,保证相邻作业段交接范围内的压实度。用平地机或推土机摊铺,直线段由两侧向路中心刮平,曲线段由内侧向外侧刮平。摊铺时须做好路堤横坡度不小于3%工作,便于横向排水。每一层粉煤灰的压实厚度最好控制为30cm,按松铺系数确定松铺厚度,在路基中心、路堤边缘等处设置控制桩控制松铺厚度。人工摊铺的松铺系数为1.5~1.7,推土机摊铺的松铺系数为1.2~1.3,平地机摊铺的松铺系数为1.1~1.2。粉煤灰与混凝土结构物交接处,摊铺粉煤灰之前,在结构物表面均匀涂刷一层沥青,用8%的石灰土回填台背,防止粉煤灰腐蚀混凝土结构物。

土质护坡与粉煤灰摊铺同步进行,土质护坡摊铺宽度宜稍大于设计宽度,保证削坡后的净宽满足设计要求。同时按设计位置,做好土质护坡的排水盲沟。

5. 粉煤灰含水率控制

粉煤灰吸水量大,泄水快,控制碾压时的含水率很难。粉煤灰含水率偏小,碾压使表层易起壳松散,在碾压过程中粉煤灰存在推移现象,影响压实效果;粉煤灰含水率偏大,碾压过程中出现表层粘轮现象,但碾压结束后,表层较密实且能保证压实质量。粉煤灰含水率控制略高于最佳含水率范围的3%~5%为宜。

6. 粉煤灰碾压

摊铺后的粉煤灰必须及时碾压,做到当天摊铺当天碾压完毕。压实厚度根据压实机的种类和压实功能的大小确定,事前应进行试压试验。一般来说,20~30t的中型振动压路机,每层压实厚度不大于20cm,40~50t的重型振动压路机,每层压实厚度不大于30cm。

粉煤灰碾压遵循先轻后重的原则,人工摊铺的灰层宜先用履带式机具或轻型压路机预压1~2遍,机械摊铺的灰层可直接用中、重型压路机碾压。稳压后,再振动碾压6~8遍,直至达到规定的压实度。碾压顺序应由低处向高处推进,直线段由土质护坡向路中心碾压,曲线段由变道内侧向外侧碾压。稳压时的碾压速度以1.5~1.7km/h为宜,振碾碾压速度以2.0~2.5km/h为宜。三轮压路机后轮应重叠1/2轮宽,两轮重叠30cm。在分段处,压路机后轮必须超过接缝。从试验工程压实效果看,采用大吨位振动压路机碾压效果比较理想。

粉煤灰压实时含水率较高,为防止粉煤灰含有大量冰晶,影响压实效果和工程质量,粉煤灰路堤的施工气温应在0℃以上。

纯粉煤灰路堤压实度要求与土方路堤压实度标准相同。

7. 粉煤灰路堤养护

达到压实度要求的粉煤灰压实层,如长时间不能继续施工,应禁止或限制车辆行驶,适量洒水润湿,防止表层干燥松散,进行表层覆土,并碾压作封闭层处理,做好路拱横坡,排除表面积水。继续施工之前,先按设计要求对路堤进行修整。

公路建设中,路基和路面工程数量很大,微丘陵区的三级公路土石方数量约为 0.8 万 ~ 1.6 万 m^3/km,山岭、重丘区的三级公路可达 2 万 ~ 6 万 m^3/km。我国高速公路在平原区的路基土方高度一般在 3m 左右,如西临高速公路路基平均填土高度为 2.3m,沪宁高速公路路基平均高度为 3.7m,最高达 12m。因此,路堤填土消耗大量的耕地资源,寻求既能节约土地资源又满足环境保护要求的人工新材料填筑路堤是必然的选择。EPS 用于道路路堤填筑既能保护土地资源,又满足环境保护要求,是满足特殊要求路堤填筑的好选择之一。EPS 有效地减小软基沉降、防止桥台和道路错位,是减压、防冻和防渗的理想材料。国内外 EPS 路堤填筑实践表明,EPS 路堤填筑效果好,施工简单和快速。

三、气泡混合轻质土

气泡混合轻质土(Foamed Mixture Lightweight Material,简称 FLM)是由固化剂(水泥、粉煤灰、石灰、高分子材料等)、气泡、水和基质土(如粉煤灰、砂或废弃土)混合制成。气泡轻质材料具有质量轻、固化前流动性好、固化后强度高、自立性好,密度可自行调制等优点。

国内气泡混合轻质土填筑路堤的应用实例比较少,最早相关报道是中山新隆至港口的中江高速公路港口立交匝道桥台填筑,目的是解决桥头跳车问题。沉降、土压力和桥台桩弯矩测量结果如图 4-2 所示。气泡混合轻质土填筑路堤的性能远比普通路基好,气泡混合轻质土路基沉降远比普通土路基沉降小,沉降稳定时间短,土压力小。北京奥林匹克公园地下交通联系通道工程(Ⅱ标段),全长 1311.65m,为单向三车道,净宽 12.25m。结构覆土厚度最深 10m,设计采用气泡混合轻质土浇注厚度 2 ~ 6m,浇注总方量 70000m^3,输送距离 100 ~ 1000m。气泡混合轻质土没有广泛应用的主要原因是日产量有限,不能满足高速公路施工进度要求,只用于高速公路特殊部位,如桥头、构筑物的顶部回填。

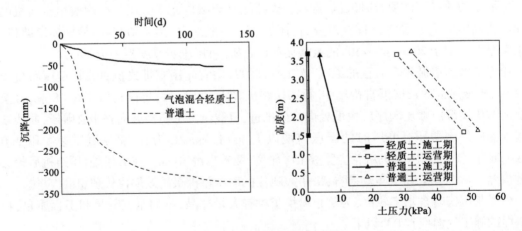

图 4-2 气泡混合轻质路堤填筑效果

(一)气泡混合轻质土制作

1. 发泡剂

发泡剂产生气泡主要有两种方法:一种是利用表面活性物质,通过搅拌的起泡法,此种方法为物理起泡法;另一种是利用水化反应产生气泡的化学起泡法。

发泡剂分为起泡剂和加气剂两种。起泡剂与普通混凝土中的引气剂一样,普通混凝土引气剂含气量为4%~5%。起泡剂引入的含气量为40%~50%,有时高达70%~80%,对于水泥的硬化和流动性没有不良影响,气泡量可以自由调节和稳定供给。加气剂是由化学反应产生气泡,主要使用铝粉末,由于用加气剂产生气泡属于化学反应,易受温度影响,不适合气泡混合轻质土。起泡剂主要有表面活性类、蛋白类、树脂类材料等。将适量倍率稀释后的起泡剂定量泵送到发泡装置后,与压缩空气充分混合而产生大量的微小气泡群,气泡混合轻质土的制作过程如图4-3所示。压缩空气是通过空压机加压,用减压阀控制输气压力,以稳定的压力和气量向发泡装置供气,气泡是由致密、直径为30~300mm的气泡群体组成,要求气泡具有一定的稳定性,与土混合后形成微小孔隙。

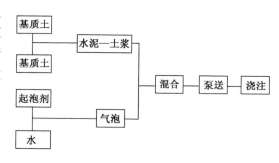

图4-3 气泡混合轻质土制作过程

2. 固化材料

固化材料可以分为主剂和辅剂两种,主剂起固结、形成骨架作用,辅剂起催化、早凝作用。主剂以水泥类为主,加入土中与水发生水化作用,产生 $Ca(OH)_2$,$Ca(OH)_2$ 与黏土颗粒发生离子交换形成固化物,达到加固土体骨架的作用。辅剂是指石膏粉、硅粉等辅助材料,加入辅剂的目的在于减少主剂的用量,以达到降低造价的目的。

3. 基质土

基质土主要有工程废弃土、细砂、粉土等。为了保证固化剂与气泡充分混合,确保气泡混合轻质土的流动性,基质土粒径宜小于5mm,先期要进行筛分。

(二)气泡混合轻质土路堤填筑工艺

气泡混合轻质土路堤填筑施工流程如图4-4所示。

气泡混合轻质土路堤填筑具体施工步骤如下。

1. 清理工作面

原地基进行平整、清理、夯实加固,保证气泡混合轻质土路堤与地面充分结合,做好临时防、排水工作,保证轻质土浇注现场干燥。

2. 模板制作和安装

气泡混合轻质土具有良好的流动性,模板间、模板与地基间要求接触严密,防止漏浆。考虑到设备生产能力和气泡混合轻质土初凝需要时间,应分段、分层设立模板,分块

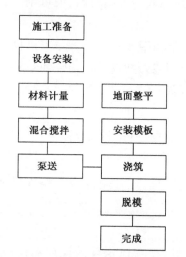

图4-4 气泡混合轻质路堤填筑施工流程

浇注,分段区间控制在 8~12m。施工中为防止模板浇注过程中产生扭曲变形和漏浆,应结合实际部位优先采用组合钢模和胶合板,组合钢模板安装在气泡混合轻质土侧面,胶合板一般用在分段沉降缝、中间横隔板施工缝和端部。

3. 发泡和混合搅拌

将增水剂与水泥按选定比例混合,干拌 3min 直至混合均匀后加水预搅。待水泥、水充分混合成浆状后,加入气泡,气泡加入量不要超过总体积的 80%,搅拌时间为 15~30s,至浆液混合均匀。严禁使用超过发泡时间的气泡群。

4. 泵送

气泡在管道或泵管输送的过程中消解量极小,考虑材料分离、气泡的稳定性,采用管道泵送或直接泵送的最大管道输送距离为 500~1500m。如果输送距离超过标准,必须采用中继泵。

5. 浇注

气泡混合轻质土中的气泡具有分散性,施工过程要避免过度振动。气泡遇雨会大幅消解,因此要避免雨天施工。气泡混合轻质土的自身重量会压缩气泡和消泡,填筑后的气泡混合轻质土有时会出现紧缩,导致湿容重增加,所以一次最大的施工厚度不能超过 1m;最小施工厚度不小于 0.25m。浇注时,遇到雨天,立即停止施工,路堤表面采用彩条布覆盖,做好临时排水设施,铲除清理被雨淋过的轻质土表面。

6. 养护

分层浇注的气泡混合轻质土,上下层间隙期间不用养护,每段气泡混合轻质土施工完成后,铺塑料布洒水养护,浇注 7d 后(或按设计要求)再进行后续施工。气泡混合轻质顶面以上 1m 范围不应使用重型机械。

四、稳定轻质混合土

稳定轻质混合土(SLS)由 EPS 颗粒、胶结材料和基质材料组成。其轻质材料是 EPS 颗粒,在土、砂和 EPS 球粒(碎粒、碎片等)混合料中加入水泥、石灰、粉煤灰等胶结材料,便可制成轻质混合土。稳定轻质混合土的密度比 EPS 大,强度大、价格低。

稳定轻质混合土路堤填筑施工流程如图 4-5 所示。施工机械主要有搅拌机、压路机和运输车。原材料主要为原料土、EPS 颗粒和水泥,按照设计重度配料。施工主要步骤如下。

1. 施工放样

根据道路设计定出相应位置,施工现场进行测量放样。

2. 路基准备

去除表面松散根植土,保证原地基与稳定轻质混合土路堤紧密接触。

3. 搅拌

将原料土和 EPS 颗粒按照计算单次搅拌体积装入搅拌器,将水泥称重后装入搅拌器,搅拌至原材料均匀混合。

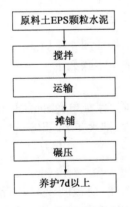

图 4-5 稳定轻质混合土路堤填筑施工流程图

4. 运输

运输过程中,车速小于50m/h,并用篷布铺盖。

5. 摊铺、整平

对人工摊铺搅拌好的拌和料进行整平,每层的填土厚度要根据击实度确定,一般情况下取20~30cm。

6. 碾压

过重的碾压机械会使EPS颗粒发生塑性变形,增大稳定轻质混合土的密度。碾压后需要拉毛路堤表面,然后摊铺下一层,避免层间形成强度薄弱带。

7. 养护

养护方法与混凝土类似,用湿稻草覆盖表面,适时洒水以保持湿润。EPS颗粒混合轻质土7d龄期的无侧限抗压强度可以达到28d强度的一半。夏季施工时,由于表面水分蒸发快,要增加洒水量。

第二节　固化淤泥路堤填筑技术

一、概述

我国幅员广阔,江河湖泊众多,淤泥数量非常庞大。疏浚淤泥的方法主要有以下两种:一种是吹填造陆,在需要填方的地区修建围堰,然后将疏浚泥吹填在内;另一种是抛泥法,一般在特定的海域内设置倾倒区,将疏浚泥运输至此倾倒于海洋中。吹填造陆的最大问题是吹填用地问题,吹填地基非常软弱,在后期开发使用时需要花费昂贵的地基处理费用;抛泥方法则对海洋环境的影响很大。另外,随着工业和城市的发展,污水处理率提高,市政淤泥产量必然越来越大,市政淤泥富含微生物、病原体、病毒等,具有强污染性,如果处置不当,极易造成二次污染。

淤泥的矿物成分主要以石英、长石、云母、闪石等矿物为主,中间掺杂少量的方解石、白云石、绿泥石的次生矿物。淤泥的矿物成分既包括惰性原生矿物,如石英、正长石、白云母、钾长石、地开石等,也包含活性次生黏土矿物,主要有硅酸盐次生矿物、三氧化物,以及非晶相物质,如硅酸水凝胶和水化氢氧化铁等。次生黏土矿物粒径很小,在淤泥中呈现胶体质,理化性质活跃。固化剂改良淤泥主要是与白云石、白云母、绿泥石等碳酸盐和黏土矿物产生水化稳定反应,在衍射图上这些矿物含量相应减少。固化淤泥的性能不同于淤泥,它是一种全新的建筑材料,力学性质远远好于淤泥。采用固化淤泥填筑路堤,是集环保、新技术和新材料于一体的全新理念。

淤泥颗粒在粒间静电力和分子引力作用下,在海洋或湖泊地区等缓慢的流水环境中沉积形成的絮状和蜂窝状结构。淤泥含水量为液限的1.2~2.0倍,处于流动状态,强度小,不能直接用于工程建设。淤泥资源化措施主要有以下几种。

1. 吹填造陆方法

吹填造陆就是先在需要填方的地区修建围堰,然后将淤泥吹填在围堰内,进行地基处理后作为地基使用。吹填造陆的优点是可以大规模处理,缺点是需要投入大量的地基处理费用,处理周期长。考虑到运输问题,一般用于海洋或近海港口产生的淤泥。

2. 物理脱水法

物理脱水法是通过减少淤泥的含水量改善其工程性质的方法。物理脱水分为自然脱水、机械脱水和地基排水。自然脱水是采用日照蒸发,费用低,需要场地大;机械脱水包括滤布加压式脱水和滚筒加压式脱水,脱水快,效率高,费用大;地基排水是打排水板,增加排水通道,加快排水,费用低,工期长。国内常用的物理处理方法主要是自然晾晒法,其经济性好,但受场地、时间和气候等方面的影响,难以实施。在国外多用机械脱水法,其不受自然条件限制,但一次性投资较高,不适用于财力不强的发展中国家,而且需要进行二次处理才能满足工程的要求。

3. 热处理法

热处理法是通过加热、烧结方法对淤泥进行固化。热处理方法可分为烧结和熔融两种。烧结是通过加热 $800 \sim 1200℃$,使疏浚泥脱水、有机成分分解、颗粒黏结。疏浚淤泥用来制砖,也可作为制造水泥的原材料。熔融是通过加热 $1200 \sim 1500℃$ 使疏浚泥脱水、有机成分分解、无机矿物熔化的方法。熔浆通过冷却处理可以制作成陶粒,然后作为代替砂、砾石或制成轻型陶土砖。热处理法的优点是成品附加值高,但处理能力小,需要固定式处理工厂,具有一定的局限性。

4. 固化处理方法

所谓固化,是将固化剂掺入淤泥,与淤泥中的自由水发生水化反应,生成的水化物由凝胶状态逐渐转变为稳定的结晶体,填充在淤泥的孔隙中,形成坚固的骨架,增强淤泥的强度。固化处理方法能大量处理疏浚淤泥,具有处理量大、处理时间短的优点。固化处理方法是目前国内大规模处理淤泥的最适宜方法。淤泥固化处理可以将高含水率、低强度的废弃淤泥转化为工程用土,固化处理后的淤泥具有高强度和低渗透性,可直接填筑地基或临时置于存放地,使用时间可调节。固化处理后,淤泥内原先存在的污染物被包裹、吸附在固化体内,不易向外界扩散,固化淤泥具有很低的渗透系数,污染物难以溶出,能够满足环保要求。因此,固化处理后的淤泥可以广泛应用于堤防工程、市政工程、道路工程、填海造陆工程。淤泥固化处理有效地将淤泥转变为工程用土,不仅节约了土地资源,减少了环境污染,而且缓解了我国路堤填土日益短缺的问题,保证公路建设可持续发展。

二、淤泥固化机理

固化淤泥强度增强机理如图4-6所示。

三、固化淤泥路堤填筑施工工艺

以粉煤灰固化淤泥填筑路堤为例,介绍固化淤泥路堤填筑施工工艺。

(一)试验路段概况

在S231省道兴化至泰州段(兴泰公路)的FYLJ-21施工标段(K12+200~K14+000)范围内,河网众多,路基施工过程中,河塘清淤量很大,仅K13+362~K13+509处河塘清淤量就达13587m^3,如图4-7所示。泰州电厂可供大量的粉煤灰,所以决定采用粉煤灰固化淤泥,用于路堤填筑。利用粉煤灰固化淤泥来填筑路基,既节约耕地又保护环境,也开辟了合理利用淤泥的新途径。试验段设在 K13+900~K14+200,根据室内试验结果和实际施工情况,相关专家提出利用粉煤灰固化淤泥填筑路堤的施工工艺进行填筑。

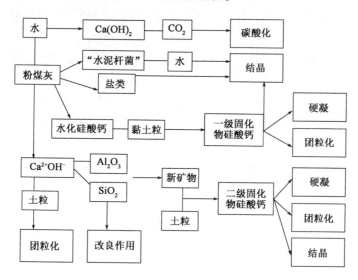

图 4-6 固化淤泥强度增强机理

图 4-7 试验段附近河塘淤泥

从河塘中挖取出的淤泥初始含水率大于 70%,含水率很高,掺入粉煤灰后无法充分搅拌。所以,降低淤泥含水率是粉煤灰固化淤泥填筑路堤的关键所在。考虑到淤泥的含水率很高,淤泥内存在大量的自由水,所以先采用电渗法将淤泥内的自由水排出,然后摊铺于路面晾晒,采用拖拉机牵引多头铧犁、旋耕机翻耙和人工翻晒,使淤泥含水率降到能将淤泥块粉碎成颗粒不大于 50mm 的土体,能与粉煤灰充分搅拌、混合。

(二)电渗降水

电渗降水是采用直流电流将淤泥内的自由水从致密的细粒土中快速排出、降低淤泥含水率、将淤泥与粉煤灰搅拌均匀的目的。电渗降水在岩土工程中的应用是从 20 世纪 30 年代开始的,1936年,德国土力学家Casagrande第一次将电渗法引入到土力学中,于1939年第一次将电渗法成功运用于铁路挖方边坡工程。

电渗微观过程如图4-8所示。在阳极,发生氧化反应,电解水产生H^+和电子e^-:$2H_2O \rightarrow 4H^+ + O_2 + 4e^-$,电子在电场力的作用下流向电源,$H^+$存在阳极附近;电子通过电源,克服电场力做功(消耗电能),最后流向阴极;在阴极,$2H_2O + 2e^- \rightarrow 2OH^- + H_2$,$OH^-$聚集在阴极附近;在阳极和阴极之间,形成电场。在电场力的作用下,水化阳离子会向阴极移动,阳离子带动周围水分子移动,水分子通过摩擦力的作用再带动周围水分子向阴极移动(宏观表现为水的黏滞性),在阴极,阳离子得到电子,把水从水化离子中释放出来,水就会从阴极排出去,自由水和部分弱结合水被排出后,土粒的结构和性质就会发生变化,自由水和部分毛细水被排出,孔隙减小,宏观表现为淤泥被疏干、压缩,淤泥表面开裂。淤泥颗粒间的咬合紧密,由小颗粒集结为大颗粒,淤泥的摩擦角和黏聚力都增加,表现为淤泥的抗剪强度增加。

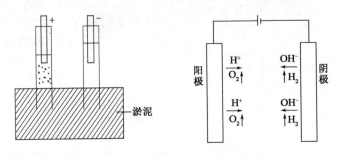

图4-8 电渗降水原理图

电渗时电压常用范围为24～100V。现场电压应考虑排水效率、供电设备、用电安全等因素,考虑选取36V直流稳定电压,因为电压过低时,效果不明显;过高时,淤泥内产生大量热量,耗能增加,既不经济,也不安全。电源可以采用工地周边380V交流电转换为直流电。

电极间距从电渗效率(或电压梯度)和电极耗材的经济性综合考虑,一般为1～2m。如图4-9所示,在宽为20m,高度为1.5m的淤泥中,将长1.5m、相距2m的8组16根钢筋插入淤泥底部,8组钢筋平行布置,每组为一对电极,用导线并联接入直流电源稳压器,施加36V直流电压。水分子在通电后向阴极积聚,在阴极附近设置集水井,将富集在阴极附近的水排出淤泥。

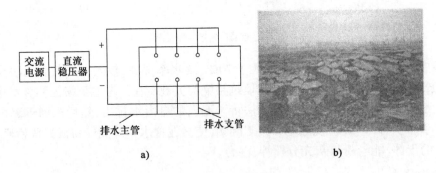

图4-9 淤泥电渗降水

初始观测时间为每隔4h一次,后期可视现场具体情况适当延长间隔时间。试验过程中,总体上含水率随通电时间延长而降低,如图4-10所示。在电渗排水过程中,由于含水率减小

引起淤泥的电阻增大,阳极逐渐腐蚀等原因,导致淤泥导电性降低,排水效果降低。电渗降水施工要注意以下问题:

(1)场地淤泥堆料表面要平整,由阳极向阴极的坡度为3%。

(2)控制电极间距均匀布置。

(3)在电渗排水过程中,遇到雨天要用防雨布覆盖堆料,天晴时掀开防雨布。

(4)电渗效果明显下降时,需重新更换阳极。

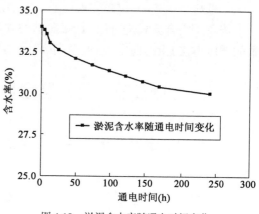

图4-10 淤泥含水率随通电时间变化

(三)现场路堤填筑

根据室内试验结果,考虑到经济实用性,淤泥与粉煤灰的泥灰比确定为8∶2(干土质量比),根据淤泥与粉煤灰配比为8∶2混合料的重型击实试验的最大干密度为1.52g/cm³,用于计算路堤压实度。固化淤泥路堤填筑施工步骤如下。

1. 确定淤泥和粉煤灰的松铺厚度

淤泥用量:每层淤泥松铺厚度控制为20cm,平铺时长100m,宽24m。

粉煤灰用量:每层控制粉煤灰松铺厚度为8cm。

2. 测量放样

按图纸放出中心桩和边桩,确定准确的平面位置和高程。把中线桩位引到路肩两侧路槽边缘线外1m,以辅助控制中心桩位,固定边桩,以免在结构层施工期间有中心偏位现象发生。在中心桩位复测的同时,对沿线固定水准点进行联测,误差控制在2mm以内,通过水准测量将灰土顶面的设计标高引到相应的中心桩和边桩上,便于施工中控制填土标高;施工路段上宜采用石灰线放出方格网,控制卸料纵横间距。

3. 运输、摊铺

用装载机配灰,40辆装载机每斗装粉煤灰量约2.4t,每斗配灰50m²,每格横向宽2.5m,纵向长20m。尽量保持每车装土量相等,保证每车数量一致,按格卸料,达到一定长度时用推土机摊铺,平地机初平,用钢轮压路机快速静压两遍,防止材料运输时碾出车辙。根据高程测量检验是否达到设计高程,高出部分用平地机铲除,不足部分补足。

4. 拌和

采用旋耕机配合铧犁进行拌和,为调整路拱和控制拌和深度,翻拌前调好铧犁的入土深度。铧犁翻拌沿外侧向内侧翻土,根据含水率和粉煤灰均匀程度确定翻拌次数。翻耕后立即用旋耕机进行拌和,拌和完成的标志是混合料色泽一致,无灰条、灰团、花面,土颗粒最大粒径不超过2cm。

5. 稳压、初平

用压路机以5km/h的速度对疏松的淤泥土粉煤灰混合料静压一遍,以暴露潜在的不平整,然后用平地机来回刮平,辅以人工整平,再用压路机快速稳压一遍。

6. 碾压

按碾压组合方式进行碾压,碾压前的含水率要略大于最佳含水率1%~2%。采用先轻后重的碾压方法,由边向中、由低至高碾压(弯道由内向外碾压),直至密实度达到要求。

第三节 无机结合料稳定类路面基层施工技术

一、水泥稳定碎石基层两层连铺施工工艺

1. 特点

(1)水泥稳定碎石基层铺筑时,两层连铺不需要等下基层达到要求的强度才能铺筑上基层,节省了工期,而且避免了铺筑上基层时对下基层强度的破坏。

(2)与传统做法相比,施工工效高,周期短,质量有保证,在工期、质量、安全、造价等方面有先进性和新颖性,综合效益显著。

2. 适用范围

适用于各种水泥稳定碎石基层道路工程施工。

3. 工艺原理

路基处理完成后,采用两套水泥稳定碎石摊铺设备,一套用于下基层摊铺,另一套用于上基层摊铺,在下基层摊铺约100m左右,开始碾压,达到规定压实度后,接着进行上基层摊铺,并碾压达到规定压实度。

4. 施工工艺流程及操作要点

1)施工工艺流程(见图4-11)

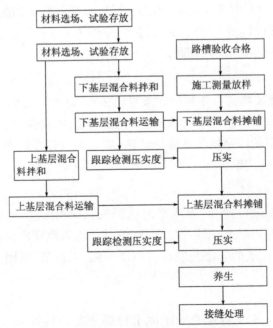

图4-11 水稳碎石两层连铺施工工艺流程图

2)操作要点

(1)施工放样

现场准备:下基层施工前,将路面清扫干净后,在边线和中线处分别沿路线方向每隔10m钉设加工好的"+"字形钢筋支柱,按松铺厚度测定高程并做好标记。边线处挂钢丝绳,作为下基层摊铺厚度的参考线;中线处挂好施工线,将加工好的铝合金支架沿施工线每隔5m摆放,将6m铝合金杆置于支架上,铝合金杆的顶面与施工线齐平,作为摊铺时的控制高程。混合料摊铺时设专人向前挪移铝合金杆,并保证相邻两个铝合金杆接头处平稳、无错台。上基层摊铺时边线及中线均用铝合金杆按上述方法控制高程。具体过程如图4-12和图4-13所示。

图4-12 施工摊铺

图4-13 碾压

(2)混合料拌和及运输

由于采用两层连续摊铺施工,因此在拌和过程中要设专人分别对两台拌和站的计量设备进行经常性的检查,保证配料准确;根据各种材料的天然含水率并考虑运输过程中含水率的损失,及时调整配合比,使混合料的含水率略大于最佳含水率,保证混合料运到现场摊铺后碾压时的含水率不小于最佳值。由于两层混合料的配合比不同,因此在运输前将运输车辆分别做不同的标记,上、下基层的混合料分别用不同标识的车辆运输。

(3)下基层摊铺

正式摊铺前应进行全面试车,对整平板、电脑传感器、横坡度仪等重点检查,发现问题及时解决。

试车后将下基层的两台摊铺机前后相隔30m就位,待运料车辆达到6~8辆时,自卸车倒驶至摊铺机喂料斗卸料,同时开动运输料器,待两侧挡板之间料量充足时,即开动摊铺机均匀地进行摊铺。

(4)下基层施工

下基层摊铺一定距离(约70m)后用CA25D振动压路机在全宽内进行碾压4~6遍,然后用YZ25胶轮压路机碾压至要求的密实度(≥97%)。碾压时,直线段由两侧向路中心碾压。每趟碾压时应重叠1/2轮宽;后轮必须超过两段的接缝处。后轮压完路面全宽时即为一遍。应在"水泥延迟时间"内碾压至要求的密实度,同时没有明显的轮迹。碾压过程中及时处理"弹簧""松散""起皮"等现象,严禁压路机在刚完成的和正在碾压的路段上调头、紧急制动,以保证路面表面不受破坏。碾压后保证表面平整,无轮迹和隆起现象,且纵向顺适,路拱和超高符合设计要求。碾压过程中,专人检测压实度,合格后用轮胎压路机碾压 1~2 遍,以消除轮迹。

(5) 上基层摊铺及碾压

下基层碾压完成经检测合格后立即进行上基层的摊铺(见图 4-14),摊铺时 2 台摊铺机成梯队行进,摊铺速度与下基层一致。摊铺上基层时,运输车辆要提前调头慢慢倒向摊铺机,禁止在碾压完成的下基层上紧急制动或调头,运输车辆卸完料后平稳地驶离下基层。上基层碾压过程同下基层碾压,碾压过程中,由专人检测压实度(≥98%)。水泥稳定碎石基层表面在碾压过程中始终保持潮湿,如表面蒸发得太快,应及时补洒少量的清水。

图 4-14 摊铺

(6) 养生

完工后,拟采用草帘覆盖的办法养生,养生不少于 7d,覆盖面要经常洒水,使基层表面始终处于潮湿状态。养生期间,除洒水车外封闭交通,并设专人进行看管。

(7) 接缝处理

接缝处理:接缝处理的好坏是稳定碎石基层质量的关键,尤其是两层连续摊铺过程中更应注意。

横向接缝的处理:摊铺机摊铺混合料时,尽量避免随意中断,摊铺机因故中断摊铺超过 2h 或当天工作段结束时要设置横缝。摊铺中断或每段工作结束时,摊铺机驶离摊铺的混合料末端,压实后碾压末端形成一个斜坡,摊铺新混合料之前,用 3m 直尺检测接缝处的平整度,沿垂直于路中心线方向将不合格部分垂直切去,然后再摊铺新的混合料。接缝处的碾压应当作为重点,碾压时应先顺路方向碾压,再沿横缝方向碾压,保证接缝处的平整度。

纵缝处理:摊铺时用 2 台摊铺机成梯队摊铺,保证中间不留纵缝,同时 2 台摊铺机接缝处着重检查平整度,遇不平处人工找平。

水泥稳定混合料在运输、摊铺、碾压过程中设专人指挥交通,尤其是指挥装有不同混合料的运输车到指定的摊铺机前卸料,并禁止任何车辆在摊铺完成的基层上面行驶。

(8) 分部工程验收

对水泥稳定碎石基层进行分部工程验收,合格后进行养护,然后施工沥青混凝土面层。

5. 应用实例

1) 沂邳线苍山至鲁苏界段路面工程(K137+652.238~K161+394.412):建设单位为临沂市公路局,路线全长 23742m,为沥青混凝土路面。全路段路面宽 12m,路基宽 16m,土路肩 2×2.0m,采用混合交通。路面结构为沥青混凝土面层 + 下封层 + 上、下基层,其中底基层及上、下基层均为 15cm 的水泥稳定碎石。

2) 湖北路工程:建设单位为临沂市道路所,湖北路位于临沂市高新技术开发区,西起涧贤路,东至科苑路,路线全长 9266.949m,道路为一块板形式,道路结构为 4cm 细粒式沥青混凝土 + 5cm 粗粒式 + 3×15cm 水稳碎石。

3)临沂市高新技术开发区启阳路道路工程:建设单位为临沂市道路所,位于临沂市西部,为开发区内主要交通要道,启阳路西段西起福山路,东至兖石铁路西,全长约11417.108m。本路段为一块板形式,道路宽度为15m,路面结构采用沥青混凝土路面,路面结构从上至下依次为4cm中粒式沥青混凝土+5cm粗粒式沥青混凝土+45cm水泥稳定碎石基层(3层)。

二、骨架密实型水泥稳定碎石基层振动成形施工工艺

当前,水泥稳定碎石基层在高速公路中的应用较为广泛,但随着我国经济的快速发展,重载交通运输成为高速公路的主要运输形式,在此大环境下,半刚性基层沥青路面的早期破坏现象十分严重。这些问题的存在与半刚性基层材料设计方法和评价标准落后于当前技术发展水平息息相关,主要因素有集料级配要求过宽;室内成形方式与现场碾压方式不匹配;质量控制指标单一;压实度标准偏低。针对上述问题,近年来广泛采用的水稳碎石振动成形施工技术与工艺措施得到了广泛的应用。

1.工艺特点

1)室内成形方式与现场碾压方式接近匹配

以采用振动成形机初步确定混合料干密度为基础,试验路校正压实度控制指标这一方式,使现场质量控制更为合理,并且压实机械压实效率的进步提高了基层的压实密度,建立了与时俱进的联动机制。

2)抗压强度提高

振动成形试件抗压强度远大于静压成形试件抗压强度,可以降低1%~1.5%水泥用量,这样不仅降低了工程造价,满足强度设计要求,更重要的是显著提高了半刚性基层的抗裂能力。

3)抗裂性能提高

采用优化的骨架密实型级配,减少了细料含量,振动压实降低了最佳含水率,降低了材料的自身收缩。

4)承载能力提高

通过提高压实机械效率和优化压实工艺与骨架密实型级配相匹配,增加了混合料的单位体积质量,提高了基层的回弹模量。

2.工艺原理

1)采用骨架密实型集料级配,粗集料相互嵌齐稳定,通过高强振动压实,可以获得较大的密度,提高抗裂性能,同时具有较高的内摩阻力、较好的耐疲劳性能。

2)压实控制标准和强度检验试件成形方式采用振动压实机成形,提高了密度和强度,降低了水泥剂量和最佳含水率;试验最大限度地模拟基层具体施工条件,使室内成果与基层实际应用效果具有可比性。

3)采用20t以上的振动压路机成形,充分发挥主流压实设备的压实效率,提高基层压实度。

3.工艺流程

施工准备阶段流程如图4-15所示。

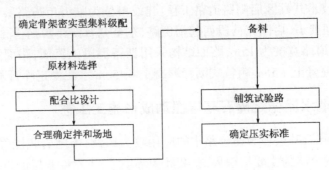

图 4-15 准备阶段流程图

4. 施工操作要点

1) 确定骨架密实型集料级配范围

骨架密实型水泥稳定类基层集料最大粒径不大于 31.5mm,级配范围宜符合表 4-2 的要求。

骨架密实型水泥稳定碎石级配设计范围   表 4-2

筛孔(cm)	31.5	19	9.5	4.75	2.36	0.6	0.075
建议级配(%)	100	77	48	27	22	12	2
建议级配范围(%)	100	68~86	38~58	22~32	16~28	8~15	0~3

2) 原材料选择

(1) 集料

加工工艺宜采用有整形、吸尘装置的加工设备,可以有效控制集料的颗粒形状和粉尘含量,有利于提高压实效率和获得符合设计级配要求的集料。

(2) 水泥

凝结时间的要求应满足施工高温季节从加水搅拌到碾压终了的时间,试验方法中的温度控制,应采用实际使用水泥温度和实际施工温度,因此,约定水泥交货条件、设置拌和场要考虑上述因素。

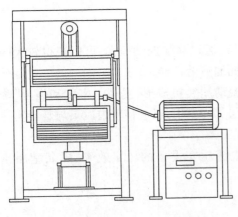

图 4-16 振动压实机示意图

3) 配合比设计

(1) 设计符合级配设计范围要求的集料级配曲线,确定集料组成比例。

(2) 使用振动压实机(见图 4-16)确定混合料室内最大干密度和最佳含水率。

(3) 选择 2%、3%、4% 3 个水泥剂量,制作无侧限抗压强度试件,确定符合设计强度要求的水泥剂量。

4) 合理确定拌和场地

确定拌和场位置的原则:

(1) 经济性。应根据施工路线和集料产地,以最小的成本综合确定。

(2) 就近性。受气候条件和水泥最长凝结时间限制,必须在允许最长的运输时间内选址。

(3) 环保性。进料和拌和会有扬尘和噪声发生,须考虑对周边人和物的影响距离。

5) 备料

(1) 根据混合料配合比设计比例,确定各档集料的进料比例。

(2) 如自加工集料,应根据天然级配的组成情况,对照设计比例,进行再加工或补充购买。

(3) 水泥等稳定材料,凝结时间应根据施工需要在合同中约定,较高的水泥温度会影响混合料凝结时间,如有必要,需进行约定。

(4) 洒水车和土工布等养护材料数量要满足需要。

6) 铺筑试验路

(1) 松铺系数。

(2) 最佳压实遍数。

(3) 压实密度。

(4) 现场最佳含水率。

(5) 满足最高效率的摊铺与压实机械组合。

(6) 搅拌机拌和速率和运输车辆数量。

(7) 人力配备。

7) 确定压实标准

根据试验路获得的压实密度结合室内最大干密度,确定现场压实度控制标准值。

8) 准备合格的下承层

对路基顶面的高程、平整度、宽度、压实度等技术指标进行检测,经验收后合格,用扫帚清除其表面的杂物,并用洒水车洒一遍水,以保证下承层的湿润。

9) 施工放样

根据中桩和边线位置,用石灰线画出摊铺边缘线,按摊铺机宽度和传感器间距,在两侧按10m一个断面,在中线和边线位置定好钢钎桩位置,钢钎应打在离铺设宽度以外30cm处。摊铺前测量钢钎位置底基层顶面高程,由该点的控制高程计算定架高度,然后挂上事先紧好的钢丝绳,钢丝绳直径为6mm,钢丝绳的拉力不小于800kN。中间厚度控制采用可移动导梁的形式控制中间摊铺厚度。

10) 混合料的拌和

混合料用厂拌进行拌和,拌和机械为稳定土拌和机,配备1个水泥罐和4个进料仓,生产前对各料仓称量装置标定。采用双卧轴螺旋叶片强制搅拌,能充分地将混合料搅拌均匀,设备计量全部由电脑控制,通过调节4个喂料机的流量,确保混合料的颗粒组成符合配合比要求,水泥计量均能控制在规范的范围内;拌和用水采用饮用水,用水泵抽到拌和楼前蓄水池,再由水泵供应拌和楼用水,水量大小由电控流量阀门控制;施工前,检查场内各处集料的含水率和级配,计算当天的施工配合比,并下发配合比通知单,交由拌和楼拌和施工,根据天气情况,调整实际含水率,外加水与天然含水率的总和要比最佳含水率略高,使混合料在摊铺时的含水率接近最佳值。成品混合料先装入料仓内,存储至料仓的2/3,由漏斗出料装车运输,装车时车辆应前后移动,分3次装料,先装车厢前部,再装车厢后部,然后装车厢中间,避免混合料离析。

11) 混合料的运输

运输车辆采用大型自卸车,运输车辆 10 辆,在运输过程中需篷布覆盖,以防水分蒸发过快。

(1) 运输车的运量比拌和能力和摊铺速度略有富余,摊铺机前方有 2 辆运料车等候卸料。

(2) 连续摊铺过程中,运料车在摊铺机前 10~30cm 处停住,不得撞击摊铺机。卸料过程中运料车应挂空挡,靠摊铺机推动前进。

(3) 卸料时,先顶起车厢一半,卸完半车料后,再将车厢全部顶起,防止车厢料一次滑落至摊铺机料斗。待全部料卸完后,车辆挂前进挡缓慢驶离摊铺机,并对车厢内进行检查,如有少量残余混合料,将混合料倒在指定地点,废弃不用。

(4) 车辆绕行过程中,经过路口较多,车辆按照指定线路行驶,在道口处设立交通标志,并由专人指挥交通,指挥人员必须穿反光背心。

12) 混合料的摊铺

两台摊铺机间距 5~8m 成梯队摊铺,左右两侧安装两根自动找平装置利用走钢丝法摊铺。

(1) 摊铺前要洒水,保持下承层的湿润,如果气温较高,须及时均匀补充洒水。

(2) 摊铺机起步:摊铺机熨平板下垫松铺厚度的方木先缓慢起步,并用 3m 铝合金直尺不断检测混合料表面与钢丝绳之间间隙,调整传感器,逐渐达到设定的摊铺速度和设计的摊铺厚度。

(3) 摊铺过程中摊铺机要调至最佳状态,调好螺旋布料器两端的料位传感器,并使链板送料器的速度和螺旋布料器的转速相一致,螺旋布料器的料量略高于螺旋布料器中心,以保证熨平板挡板前混合料在全宽范围内均匀分布。摊铺速度根据拌和楼生产能力控制在 1.2~1.5m/min。

(4) 在施工过程中,遵循拌和能力、运输能力与摊铺机能力相匹配原则,协调各机械的施工功率,杜绝机等料现象出现。运输车辆不能硬碰摊铺机,同时及时清除摊铺机履带下洒落的混合料,保证摊铺机平稳前进,摊铺的混合料未压实前,施工人员不得进入踩踏。

(5) 局部地段粗料过于集中时,允许人工将粗集料铲除,用细集料予以撒铺填补其空隙。

(6) 摊铺机的螺旋布料器应有 2/3 埋入混合料中。摊铺机在安装、操作时应采取防止混合料离析措施,如降低布料器前挡板的离地高度。在摊铺机后面设专人消除细集料离析现象,特别应该铲除局部粗集料"窝",并用新拌混合料填补。

13) 碾压

(1) 压实成形施工要点

①碾压时,压路机轮迹应重叠 1/2 轮宽。碾压时驱动轮朝向摊铺机方向,遵循由路边向路中、先轻后重、先下部密实后上部密实、低速行驶碾压的原则,压路机倒车应自然停车,无特殊情况,不许紧急制动;换挡要轻且平顺,不要拉动基层。在第一遍初步稳压时,倒车后尽量原路返回,换挡位置应在已压好的段落上,与未碾压的一头换挡倒车位置错开,要呈齿状,出现个别拥抱时,专配工人进行铲平处理。

②压路机应以均匀的速度碾压。压路机适宜的碾压速度视初压、复压、终压及压路机的类型而定,可参照表4-3通过试铺确定。

碾压速度表（km/h）　　　　　　　　　　　　　　　　　表4-3

路机类型	初 压	复 压	终 压
振动压路机	1.5~1.7	—	—
振动压路机	—	1.8~2.2	—
轮胎压路机	—	—	1.8~2.2

③碾压段长度控制在50~80m。碾压段落层次分明，设置明显的分界标志。

④在碾压过程中，如出现局部弹簧及时挖出换料，如出现松散、起皮现象，人工找平后重新进行整平碾压。

⑤在碾压过程中，为减少压路机粘轮情况出现，在压路机钢轮上成对角斜拉一条$\phi 12$左右的钢丝绳，刮除钢轮上黏附的水稳集料。最后轮胎压路机终压时，轮胎喷水进行碾压，根据天气情况及表面干燥程度调整轮胎压路机的喷水量。

⑥边部碾压：终压完成后，采用1台小型振动压路机对边部进行补压，来回碾压1遍，碾压时喷水碾压，碾压完成后，人工用带长柄的铁板工具将基层边坡拍打密实，并将边线修整平顺。

⑦严禁压路机在已完成的或正在碾压的路段上调头、紧急制动。

⑧成形后立即组织验收（高程、宽度、横坡、压实度）。

（2）压路机碾压方式

初压：1台220振动压路机静压1遍。

复压：2台220振动压路机强振5遍。

终压：1台胶轮压路机静压1遍。

14）接缝处理

横缝应与路面车道中心线垂直设置，接缝断面应是竖向平面。其设置方法：在靠近接头断面处，用3m直尺沿纵向位置，在铺筑层端部的直尺呈悬臂状，以铺筑层与直尺接触处定出接缝位置，拉沿线画出一条直线，人工切齐后铲除；继续摊铺时将铲切后留下的残渣扫干净，洒上少量水，摊铺熨平板从接缝开始，垫上相应松铺厚度的垫块，起步摊铺；碾压时用振动压路机进行横向压实，从先铺基层上跨缝逐渐移向新铺基层（稳），然后压路机从接缝位置开始向前推进，沿纵向方向进行碾压。注意施工时，超过2h停机后，必须将摊铺机移开，并设置施工缝，设置方式同上。

15）养生及交通管制

每一段碾压完成后应立即开始养生，不得延误。并用土工布覆盖。在整个养生期间（大于7d）都使水泥稳定碎石层保持潮湿状态；养生结束后，必须将覆盖物清除干净。

在养生期间未采用覆盖措施的水泥稳定碎石层上，除洒水车外，应封闭交通。在采用覆盖措施的水泥稳定碎石层上不能封闭交通时，应限制重车通行，其他车辆车速不得超过30km/h。

三、应用实例

实例一：申嘉湖杭高速公路地处杭嘉湖冲积平原，其中J12路面合同由浙江省交通工程建设集团承建。J12合同用此方法共完成了底基层113299m²，下基层114920m²，上基层130708m²，合计358927m²，单幅单层累计长度22115m。各项质量、降耗优于传统施工，社会效益明显。

实例二：黄衢南高速公路一期(浙江段)工程的 A3 合同为浙江省交通工程建设集团有限公司承建，起点桩号为 K83+764，终点桩号为 K102+205，全长 18.441km，主线(四车道)水泥稳定碎石基层铺筑长度为 16171m，其中 32cm 水泥稳定碎石底基层 437139m²，20cm 水泥稳定碎石基层 458219m²。按此工法施工底基层和基层。各项质量、降耗指标优于传统施工，社会效益明显。

实例三：黄衢南高速公路一期(浙江段)工程 A5 合同为浙江省交通工程建设集团有限公司承建，起点桩号为 K122+900，路基工程终点桩号为 K136+220，路面工程全长 37.14km，主线(四车道)水泥稳定碎石基层铺筑长度为 32.568m，其中 32cm 水泥稳定碎石底基层 940807m²，20cm 水泥稳定碎石基层 922842m²。按此工法施工底基层和基层。各项质量、降耗指标优于传统施工，社会效益明显。

实例四：黄衢南高速公路一期(浙江段)工程的 A2 合同为浙江省交通工程建设集团有限公司承建，路面工程主线部分起点桩号为 K72+780，与黄衢高速公路终点连接，终点为 K83+764，另外还有第 8 合同段的衢州互通 F 匝道连接线的路面工程。本合同主线部分路面全长 10.984km，连接线路面全长 8.35km，隧道全长 3.212km。其中主线 32cm 水泥稳定碎石底基层为 222279m²，20cm 水泥稳定基层 218026m²。按此工法施工底基层和基层，各项质量、降耗指标优于传统施工，社会效益明显。

第四节　大粒径透水性沥青稳定碎石基层施工

一、概述

大粒径透水性沥青混合料(Large Stone Porous Asphalt Mixes)是指混合料最大公称粒径大于 26.5mm，具有一定空隙率能够将水分自由排出路面结构的沥青混合料，大粒径透水性沥青混合料通常用作路面结构中的基层。这种大粒径透水性沥青混合料的提出来自美国一些州的经验，美国中西部的一些州对应用了 30 多年而运营状况相对良好的一些典型路面进行了相关调查，发现许多成功的路面其基层采用的是较大粒径的单粒径嵌挤型沥青混合料如贯入式沥青基层。因此提出以单粒径形成嵌挤为条件进行混合料的设计，从而形成开级配大粒径透水性沥青混合料(LSPM)。美国 NCHRP 联合攻关项目对大粒径沥青混合料也进行了相关研究，最终得到了研究报告 NCHRP Report 386，但是研究报告主要是针对大量实体工程的调查而且偏重于密级配大粒径沥青混合料，而且 NCHRP Report 386 对大粒径透水性沥青混合料材料与结构设计并没有进行系统地研究。山东省交通科研人员在国外研究的基础上从 2001 年开始进行了大量的研究和应用，并对其级配与各项技术指标进行研究，使其更符合我国的具体实际情况，根据研究结果与使用状况提出了本设计与施工指南，更好地指导工程实践。

大粒径透水性沥青混合料的设计采用了新的理念，从级配设计角度考虑，大粒径透水性沥青混合料(LSPM)应当是一种新型的沥青混合料，通常由较大粒径(25~62mm)的单粒径集料形成骨架由一定量的细集料形成填充而组成的骨架型沥青混合料。大粒径透水性沥青混合料(LSPM)设计为半开级配或者开级配。由于大粒径透水性沥青混合料(LSPM)有着良好的排水效果,通常为半开级配(空隙率为13%~18%)。它不同于一般的沥青处治碎石(ATPB)基层,也不同于密级配大粒径沥青混合料(ATB)。沥青处治碎石(ATPB)粗集料形成了骨架嵌挤,其基本上没有细集料填充,因此空隙率很大,一般大于18%,具有非常好的透水效果。但由于没有细集料填充,空隙率过大,其模量较低而且耐久性较差。密级配大粒径沥青混合料(ATB)也具有良好的骨架结构,空隙率一般在3%~6%,因此其不具有排水性能。大粒径透水性沥青混合料级配经过严格设计,其形成了单一粒径骨架嵌挤,并且采用少量细集料进行填充,提高混合料模量与耐久性,在满足排水要求的前提下降低混合料的空隙率,其空隙率一般为13%~18%,因此其既具有良好的排水性能又具有较高模量与耐久性。

研究和应用表明大粒径透水性沥青混合料具有以下优点:

(1)级配良好的大粒径透水性沥青混合料可以抵抗较大的塑性和剪切变形,承受重载交通的作用,具有较好的抗车辙能力,提高了沥青路面的高温稳定性;特别是对于低速、重车路段,需要的持荷时间较长时,设计良好的LSPM与传统的沥青混凝土相比,显示出十分明显的抗永久变形能力。

(2)大粒径透水性沥青混合料有着良好的排水功能,可以兼有路面排水层的功能。

(3)由于大粒径透水性沥青混合料有着较大的粒径和较大的空隙,它可以有效地减少反射裂缝。

(4)大粒径集料的增多和矿粉用量的减少,减少了比表面积,减少了沥青总用量,从而降低了工程造价。

(5)与通常的半刚性基层相比,提高了工程施工速度,减少了设备投入。

(6)在大修改建工程中,可大大缩短封闭交通时间,社会经济效益显著。

大粒径透水性沥青混合料路用性能主要体现在以下几个方面。

(1)高温稳定性

大粒径透水性沥青混合料(LSPM)为单一粒径骨架嵌挤型混合料,9.5mm以上粗集料比例在70%左右,形成了完整的骨架嵌挤,因此具有良好的高温稳定性。研究表明设计更合理的大粒径透水性沥青混合料是解决重载交通下高温车辙问题最经济有效的途径之一。

(2)水稳定性

沥青混合料在浸水条件下,由于沥青与矿料的黏附力降低,表现为混合料的整体力学强度降低。尤其对于大粒径透水性沥青混合料,由于孔隙较大,沥青用量少,矿料之间的接触点比普通沥青混合料少,更应该考虑水稳定性。为了更好地保证混合料的水稳定性,对于大粒径透水性沥青混合料的胶结料宜采用较高黏度的改性沥青(如MAC、SBS改性沥青),能够形成较厚的沥青膜,可使沥青膜的厚度大于 $12\mu m$。大量试验研究表明,大粒径透水性沥青混合料具有良好的水稳定性。

目前各国研究水稳定性的方法各不相同,并没有统一的标准,我国通常采用的试验方法是残留稳定度与冻融劈裂强度比。对于大粒径透水性沥青混合料结构由于其颗粒间的接触点明显减少,结构密实度较低,因此其马歇尔稳定度较低,甚至不容易测出,劈裂强度也明显低于密实结构的沥青混合料。目前针对大马歇尔试件的试验方法还不完善,难以保证试验的准确性,因此对于大粒径透水性沥青混合料的水稳定性主要从保证沥青膜厚度即沥青含量方面来进行检验与控制。

(3) 疲劳性能

沥青路面的疲劳开裂也是沥青路面最主要的破坏模式之一,因而沥青混合料的疲劳性能一直受到研究人员的广泛关注。沥青路面使用期间,经受车轮荷载的反复作用,其应力或应变长期处于交迭变化状态,致使路面结构强度逐渐下降。当荷载重复作用超过一定的次数以后,在荷载作用下路面内产生的应力就会超过路面结构强度下降后的结构抗力,在路面处治层底部产生疲劳开裂,在荷载继续作用下,裂缝扩展至路表面形成疲劳裂缝。

大粒径透水性沥青混合料为嵌挤型混合料,粗集料比例很大、沥青用量较低、空隙率较大,因此其疲劳性能要较密级配、密实型沥青混合料低,但与密级配沥青稳定碎石基层(ATB)疲劳性能相当。经验算大粒径透水性沥青混合料层出现较大拉应力时,可采用以下两种方法改善结构抗疲劳性能:

①精心进行路面结构组合设计,让 LSPM 层处于受压区域,基本上不出现拉应力。

②在 LSPM 层下增设细级配沥青混合料抗疲劳层。

(4) 渗透性能

大粒径透水性沥青混合料的主要功能之一是能迅速将渗入路面中的水排出,因此,渗透性能是评价透水性沥青混合料最为关键的指标之一。透水性能常用渗透系数表示,但目前我国尚没有标准试验方法测定透水性沥青混合料的渗透系数。

根据课题研究,对于大粒径透水性沥青混合料,当空隙率达到13%时,混合料的渗水系数发生突变,而空隙率达到18%以后渗水系数变化不明显,一般渗水系数为 $0.01 \sim 1.0 \text{cm/s}$,此时能够满足混合料排水性能的要求,而对于密级配沥青混合料即使空隙率达到10%,这也就是说混合料的渗水性能不仅与空隙率有关,更重要是与混合料的连通空隙有关。正是基于上面的原因大粒径透水性沥青混合料的设计空隙率可以定为 13%~18%,混合料渗水系数要求为大于 0.01cm/s。

(5) 抵抗反射裂缝能力

由于作用于路面的实际荷载为运动荷载,总会经历对称加载和非对称加载过程,在交通荷载作用下导致基层或旧路面中的裂缝向沥青面层反射的主要原因为裂缝尖端剪应力的奇异性。无论是对称荷载还是非对称荷载作用,裂缝尖端的应力强度因子都将随着加铺基层模量的增大而增大。沥青混合料是一种温度敏感性材料,其模量随温度的变化十分明显,因此冬季出现反射裂缝的概率远大于夏季,而且当气温下降速度和幅度都很大时,加铺层中反射裂缝的发展也很迅速。大粒径透水性沥青混合料由于空隙率较大、沥青含量低,因此其模量也较低,一般为 $400 \sim 600 \text{MPa}$,远较密级配沥青混合料低。大粒径透水性沥青混合料模量较低,而且空隙率较大,混合料中存在较大连通空隙,因此其具有较强的抵抗反射裂缝的能力。

综合以上对大粒径透水性沥青混合料性能的分析,可以得到其综合的性能特点:大粒径透水性沥青混合料由于粗集料形成了完整的骨架嵌挤结构,具有较强的抵抗车辙变形能力;采用了较高黏度的改性沥青,沥青膜厚度较大,具有较高的水稳定性;空隙率较大,渗水系数能够满足结构排水要求,能够将渗入路面的水分迅速排出结构以外;由于其模量不是非常高,而且存在大量的连通空隙,具有很高的抵抗反射裂缝能力;大粒径透水性沥青混合料也具有一定的缺点,即其疲劳性能较密级配混合料较低,这需要通过良好的混合料设计与结构设计来改善抗疲劳性能。

二、大粒径沥青混合料材料设计与施工技术要求

1. 材料要求

对沥青混合料的性能起决定性作用的集料指标包括认同特性和资源特性。认同特性是指粗细集料的棱角性、扁平细长颗粒含量、黏土含量。资源特性是指韧度(洛杉矶磨耗)、安定性、有害质含量。

所有的矿料必须无塑性,沥青混合料中的黏土颗粒成分可以引起沥青混合料的体积膨胀,在水的作用下引起沥青膜与矿料间的剥离现象。

(1)大粒径沥青混合料中粗集料起到骨架作用,粗集料的质量和物理性能严重影响着混合料的使用性能,因此混合料中粗集料应使用轧制的坚硬岩石。对大粒径沥青混合料而言,其粗集料颗粒性状良好。细长及扁平颗粒含量不应超过15%,集料压碎值应不大于20%,粗集料与沥青应有良好的黏结力。目前高速公路水损害出现的频率较高,要求粗集料与沥青的黏结力为5级,小于5级时应当采取抗剥落措施,以保证混合料达到水稳定性指标要求,未列出指标的应满足《公路沥青路面施工技术规范》(JTG F40—2004)中对热拌沥青混合料集料的要求。

(2)细集料包括人工砂、石屑和天然砂。采用反击式或锤式破碎机生产的硬质岩集料经过筛选的小于2.36mm的部分,具有较好的角砾性,可以作为人工砂使用,大粒径沥青混合料可以使用人工砂和石屑作为细集料,但不准采用天然砂。细集料棱角性必须大于42%,砂当量值不小于65%。

(3)由于大粒径沥青混合料为透水混合料,为了提高沥青混合料的抗水损害能力,填充料宜采用干燥消石灰粉或生石灰粉,填充料技术要求可根据当地情况而定,至少应满足Ⅲ级要求。

(4)为了保证大粒径透水性沥青混合料的耐久性,混合料需要比较厚的沥青膜,但同时必须防止混合料的析漏,因此应当采用黏度较高的沥青胶结料。根据课题研究混合料可以采用MAC-70号改性沥青或SBS改性沥青,MAC-70号改性沥青应满足表4-4的相关要求,SBS改性沥青技术要求参考《公路沥青路面施工技术规范》(JTG F40—2004)。

MAC-70号改性沥青的技术要求　　　　表4-4

试验项目	技术要求	试验方法
针入度25℃,100g,5s(0.1mm)最小	35~60	JTJ 052-93
延度(5cm/min,5℃)	≥4	T 0605
软化点,$T_{R\&B}$(℃)最小	70℃	T 0606
动力黏度60℃,(Pa.s)最小	300	ASTMD4957
闪点(℃)最小	230℃	T 0611
溶解度(%)最小	99%	T 0607
旋转薄膜烘箱试验(RTFOT)后残留物		T 0610
质量损失(%)最大	1.0%	T 0610
针入度比25℃(%)最小	70%	T 0604

注:表中常规指标现场做,其他指标可根据监理而定,动力黏度只有在有条件时才要求测定,用毛细管法测定;老化试验采用旋转薄膜烘箱试验(RTFOT),允许采用薄膜加热试验(TFOT)代替,但必须在报告中注明,且不得作为仲裁结果。

2. 级配设计

大粒径透水性沥青混合料作为基层要承受车辆荷载,另外还兼有排水功能,因此设计的混合料要形成骨架结构、空隙率要在15%左右。大粒径透水性沥青混合料没有固定级配曲线,其级配与原材料的性能有关,不同的原材料其级配曲线是不一样的。大粒径沥青混合料推荐级配见表4-5。

大粒径沥青混合料推荐级配　　　　表4-5

筛孔	52	37.5	31.5	26.5	19	13.2	9.5	4.75	2.36	1.18	0.6	0.3	0.15	0.075
LSPM-25	100	100	100	70~98	50~85	32~62	20~45	6~29	6~18	3~15	2~10	1~7	1~6	1~4
LSPM-30	100	100	90~100	70~95	40~76	28~58	19~39	6~29	6~18	3~15	2~10	1~7	1~6	1~4
LSPM-35	100	75~98	67~96	50~80	25~60	15~40	10~35	6~25	6~18	3~15	2~10	1~7	1~6	1~4

3. 大马歇尔试验配合比设计技术标准(见表4-6)

大粒径沥青混合料大马歇尔试验配合比设计技术标准　　　表4-6

试验指标	单位	大粒径透水性沥青混合料(LSPM)
公称最大粒径	mm	等于或大于26.5
马歇尔试件尺寸	mm	152.4×95.3
击实次数(双面)	次	112
空隙率VV	%	13~18
沥青膜厚度	μm	>12
谢伦堡沥青析漏试验的结合料损失	%	不大于0.2
肯塔堡飞散试验的混合料损失或浸水飞散试验	%	不大于20
参考沥青用量	%	3~3.5

三、混合料施工及质量控制

(一)准备工作

当大粒径透水性沥青混合料应用于新建公路时,为了保证下层与大粒径透水性沥青混合料的黏结以及密水性,应当对下层顶面进行处理,具体为首先保证层间黏结良好,应当对下层撒布乳化沥青,具体撒布量根据下层结构形式参照现行《公路沥青路面施工技术规范》(JTJ F40—2004);同时为了保证大粒径透水性沥青混合料渗透的水分不继续下渗而破坏下面结构层,在透层油之上还采用单层沥青表处作为封层与密水层。具体做法为使用道路石油沥青90号或70号热沥青作为黏结料,采用专用的热沥青撒布机进行施工,沥青用量为1.3~1.5kg/m²,然后撒布5~10mm厚的碎石。在石屑撒布完以后采用胶轮压路机碾压,以使石屑嵌入沥青之中。

当对沥青路面进行补强时,应当进行对原沥青路面表面出现的坑槽、松散、沉陷等严重破坏的部分进行挖补处理,挖补处采用密级配沥青混凝土回填压实。当对水泥路面进行补强时,水泥混凝土路面出现的严重破坏现象也必须进行相应的处理,裂缝严重呈现面板破碎路面、板边板角破碎与坑洞现象应进行挖除,然后采用水泥混凝土或密级配沥青混凝土进行回填压实,对于板底脱空、唧泥与沉陷部分应采用压浆处理。对原路面表面破损现象进行修补以后还需要进行承载力调查,路面结构承载能力的测定,可分为破损类和无破损类两类。破损类主要从路面各结构层内钻取试样,试验确定其各项计算参数,通过与设计标准比较,估算其结构承载能力。无破损类测定通过路表的无破损弯沉测定,估算路面的结构承载能力。对无破损检测可以采用 FWD 或现场回弹模量试验对承载力进行评价,对于承载力严重不足的地方(判定标准采用 ET 值 <120MPa)进行处理,使其达到承载力标准。同时,为了更准确地对旧路作出评价,还应进行少量破损检测,以对应无破损检测结果。

大粒径透水性沥青混合料还具有排水层的作用,大粒径沥青混合料中的水分是流通的,为了防止水分的继续下渗而破坏下面的结构层使其在旧路面以上排出,在对原路面修补与处理完成后需设置下封层。

(二)施工要求

1. 拌和站料厂要求

料堆应有硬化的倾斜铺面,并且有足够的排水系统以帮助从料堆中排水。装载机驾驶员应从有太阳的倾斜面对上取料,并避免使用料堆底部的集料。避免不同类型的集料混放。并避免细集料过湿,影响从料斗中自由下落。粗集料应避免使用刚刚破碎的新鲜集料,新集料应放置一周以上才能使用,以防止沥青混合料的剥离发生。

2. 混合料的拌和

混合料的拌和、摊铺、压实能力必须相匹配。为保证大碎石混合料的连续施工,沥青混合料拌和机生产量不能小于 240t/h。拌和机必须配备计算机进行逐盘打印且具有二级除尘装置,二级除尘以后的回收粉不允许采用。混合料在生产以前必须对生产配合比进行严格调试,根据目标确定的配合比首先应进行热料仓振动筛的设置,然后进行热料仓筛分调试生产初试级配,根据抽提筛分结果确定采用生产级配,最后再确定最佳沥青用量。

因为透水沥青混合料矿料中细颗粒成分较少,在干燥筒中容易过热,拌和时会促使沥青老化,故应对拌和温度进行严格控制。大粒径沥青混合料与传统沥青混合料存在较大的差异,这种差异可以体现在施工的每一个环节。当混合料采用 MAC-70 号改性沥青时,沥青采用导热油加热,加热温度在 170～180℃,集料加热温度应比沥青温度高 10～20℃。拌和站混合料的出场温度宜控制在 170～185℃,废弃温度为 195℃。拌和时间由试拌来确定,必须使所有颗粒全部覆裹沥青结合料,并以沥青混合料拌和均匀为度。拌和的混合料应均匀一致、无花白料、无结团成块或严重粗细集料分离现象,不符合要求时不能使用,并及时调整。大粒径沥青混合料最大粒径比较大、粗集料多而且沥青用量小,为此必须延长拌和时间,根据课题研究过程中试验路铺筑经验,拌和时间一般至少 45s,以提高混合料的均匀性。

(三)施工工艺

1. 运输与摊铺

为了防止混合料中的细料黏结在料车底部或周壁并积聚,最后倒入摊铺机在路面形成油斑,料车在每天装料前应适当涂抹油隔离剂,同时在摊铺过程中也应当注意细料的积聚并清除。运输过程中应尽量避免紧急制动,以减少混合料的离析。由于混合料的特殊性容易离析,所以要从开始就注意避免离析的发生,在往运输车装料时要求料车做到前后移动,分多堆装车;运输车应当在摊铺机前10~30cm处停住,不得撞击摊铺机,卸料过程中运输车应挂空挡由摊铺机推动前进;运输车辆应当备有覆盖篷布,以保证混合料在运输过程中温度尽量不损失。同时运输能力要比摊铺能力有所富余,以避免摊铺机的长时间待料,并保证摊铺的连续性。

大碎石混合料的设计厚度一般情况下最小为8cm,按照以往传统密级配混合料的施工经验是不可以一次性摊铺的。但是根据相关研究,混合料铺筑厚度至少为最大公称尺寸的3倍,例如,LSM-25其最大公称尺寸为26.5mm,这样最小铺筑厚度应为79.5mm。研究证明,如果采用两层摊铺,在铺第二层时会对第一层造成很大破坏;另外由于大粒径透水性沥青混合料的设计级配为骨架空隙结构,同时也为了避免更多的粗骨料破碎和混合料的严重离析,所以应采取一次摊铺。

摊铺厚度的增大,要求必须对摊铺机做调整。混合料的摊铺应保持合理的速度,根据拌和站的拌和能力进行合理调整,一般不得大于2m/min,做到缓慢、均匀、不间断地摊铺。摊铺机应调整到最佳工作状态,调整好螺旋布料器两端的自动料位器,并使料门开度、链板送料器的速度和螺旋布料器的转速相匹配。布料器中料的位置应以略高于螺旋布料器2/3为宜,同时螺旋布料器的转速不宜太快,避免摊铺层出现离析现象。要注意摊铺机料斗的操作方法,减小粗细集料的离析,摊铺机料斗应在刮板尚未露出约10cm的热料时收拢,基本是在运输车刚退出时进行,而且应该做到在料斗两翼刚复位时下一辆料车开始卸料,做到连续供料,避免粗集料集中。

混合料的摊铺厚度应为设计层厚乘以松铺系数,摊铺前应确定观测点来验证松铺系数,根据室内试验研究,混合料的松铺系数为1.18~1.20。当然,在每一工程大面积开工以前都应铺筑试验段,以验证确定的各项参数。

2. 混合料的压实

大粒径沥青混合料的压实是保证基层质量的重要环节,应选择合理的压路机组合方式和碾压步骤。由于大碎石混合料是一种完整的粗骨料骨架结构,施工时既要保证粗骨料的骨架结构,又要防止由于过碾而导致骨架棱角的破坏。试验段的主要目的之一就是要通过试验确定适宜的大粒径沥青混合料压实工艺和控制方法。为达到良好的压实效果,必须使用大吨位的双钢轮振动压路机和较大吨位的轮胎压路机。基本配备如下:

11~13t 双轮振动压路机	2台
20~30t 胶轮压路机	2台
7~11t 钢轮压路机	1台

通常轮胎压路机的轮胎压力为552~621kPa,或更大,每轮胎质量至少为1270~2041kg。

根据试验,初压时温度应控制在165~175℃,压路机应紧跟摊铺机,并在压实过程中不得急转弯,振动压路机应尽可能减少洒水量,保持合理的压实速度。为保证压实过程中不出现粘轮现象,振动压路机水箱中应加入少量的洗衣粉类表面活性剂。轮胎压路机不要洒水,可以在压实过程中适量喷洒或涂抹隔离剂并以不粘轮为原则,即等到轮胎温度升高后不再粘轮时就可停止喷洒了。

混合料摊铺以后,振动压路机即可进行跟踪压实,可以采用的压实工艺有两种,具体如下:

(1)2台双轮振动压路机,初压第1遍前进静压,后退振动;第2遍前进、后退均为振压。压实速度为1.5~2km/h,为防止过分振动振碎粗骨料,压路机宜采用高频低幅进行压实,相邻碾压带轮迹重合为 20cm 左右。洒水装置进行间断洒水,只要保证不粘轮即可。振动过后,轮胎压路机再碾压 1~2 遍,随后即可进行赶光。赶光可采用 7~11t 钢轮压路机,速度可控制在 3~4km/h。

(2)轮胎压路机紧跟摊铺机进行跟踪碾压,为了避免粘轮严重,最先可以洒少量水,等到轮胎温度升高后则不用洒水。在胶轮压路机压实 1 遍后,使得混合料的骨架结构变得紧密,稳定了混合料,此后用振动压路机同工艺(1)压实 2 遍后,再用轮胎静压 1 遍,最后赶光。

由于混合料冷却到一定温度以下用振动方式容易造成集料过度压碎,因此,在此温度以下不应再用振动碾压。另外,由于大碎石混合料空隙率较大,表面粗糙,在重车通行下表面容易发生松散,因此在施工完成以后,应尽量避免非施工必须通过的车辆驶入,或在尽可能短的时间内铺筑沥青面层。

每一个工程项目开始之前,应修筑一试验段,来检验混合料体积性质是否满意和评价摊铺与压实技术。这个试验段必须用计划中的相同施工技术,在相同的混合料温度下摊铺与压实,这一点是很重要的。

(四)离析控制

所谓离析,是指混合料中的粗集料与细集料分离开来,呈现出粗细集料在某一部位局部集中的现象。离析是大粒径透水性沥青混合料在生产施工中应当预防和注意的最常见问题。沥青混合料中主要发现 3 种离析:随机离析、纵向离析和运输离析。

1)随机离析

随机离析通常是因为料场对粗集料的堆积不当或冷料进料过程中有问题。在堆料时粗集料容易沿料堆向下滚落到料堆底部,在送向冷料斗之前,必须用前端装载机将集料拌和均匀。如果没有重新拌和,粗集料会被装载机集中地放在一个冷料斗中,这会根据拌和楼的生产方式,明显地改变混合料中集料的级配。

2)纵向离析

仅发生在摊铺机一侧连续的离析,通常是由于卡车在拌和楼或储料仓不正确的装料引起的。如果混合料不能卸载在载货汽车车底的中间位置,最粗的颗粒就可能滚到一侧并沿边上堆积。当混合料装进摊铺机漏斗时,离析的混合料将会置于道路的同一侧,这样就会在摊铺机一侧纵向出现离析的粗纹理区。

3)运输离析

大粒径沥青混合料运输离析发生在载货汽车运送混合料到摊铺机的过程中。当运输道路不平整时,极容易发生离析现象。通常载货汽车在拌和楼装料过程就是这种离析发生的地点。在载货汽车装料过程中,为避免装料和运输离析,最好移动载货汽车位置,将混合料在卡车中装成前、后、中 3 小堆,以减少集料滚动的距离。

减少离析的途径可采取以下主要措施。

1)集料堆积和运输

分层堆积集料(尤其是粗集料)可以减少随机离析问题。在料场场地容许的情况下,尽可能减少料堆的高度。如果粗集料在料堆底部发生了离析,应当用前端装载机将料重新拌和后,再送到冷料斗中。加强料堆卸料和装料的管理,是减少随机离析的关键。

2）汽车装卸料

为防止因汽车装载而形成的离析，在装载过程中，应至少分3次装载：第一次靠近汽车的前部，第二次靠近汽车的尾部，第三次在汽车的中部，通过这种方法基本上能消除因装载形成的离析。如果每拌一盘料就进行装载，通过滑模在汽车的上方移动，可对汽车进行均匀装载，它比分3次装载的效果还要好。另外，当汽车内的混合料进入摊铺机时，应使混合料作为一个整体进入摊铺机的料斗，这样可以避免因汽车卸载时引起的离析。

3）摊铺机铺筑作业

在摊铺过程中保持摊铺机料斗至少半满，只有在必要时才收起料斗，料斗的收起能消除料床上的料沟，能使下一车的料作为一个整体卸在摊铺机的料斗里，这样会明显减少离析程度。当汽车卸载在摊铺机上时，卸载速度应尽可能快，当摊铺机的料很满时，混合料就从汽车的底部运走，这样就减少了材料的滚动，一定程度上减少了离析。尽可能保证摊铺机进行连续作业，不要停顿。调整摊铺机的摊铺速度使之与拌和厂的供料速度一致。

4）保证摊铺厚度

根据对大粒径透水性沥青混合料离析的研究，摊铺厚度对混合料离析有很大影响，当摊铺厚度变厚时，可以明显减少离析程度，因此在摊铺过程中应注意检查摊铺的厚度，保证混合料的最小摊铺厚度。

第五节 沥青路面基层再生施工新技术

一、简介

早在1915年美国就开始了对沥青路面再生利用的研究，但后来由于大规模的公路建设而忽视了对该技术的进一步研究。1973年爆发石油危机后，美国对沥青路面再生利用技术才重新重视，研究出一些新技术，如冷刨法、热再生法、现场热再生法、冷再生法、全厚再生法，并在全国范围内进行广泛研究，并于20世纪80年代末90年代初进入了工业试验阶段，到90年代末美国再生沥青混合料的用量几乎全部路用沥青混合料的50%，并且在再生剂开发、再生混合料的设计、施工设备的研究等方面日趋成熟，沥青路面的再生利用技术在美国非常成熟，材料的重复利用率高达80%。

20世纪70年代，我国曾不同程度地利用过废旧沥青混合料来修路，但均作为废料利用考虑，所得的成品一般只用于轻交通道路、人行道或道路的垫层。由于对沥青再生技术不够重视，致使我国对冷再生方面研究的深化与延伸基本处于停滞状态。

随着我国公路由修建阶段慢慢进入养护阶段，大量沥青铣刨废料引起相关单位的重视，冷再生技术逐渐得到推广。

二、再生的方案与策略

与常规修复技术相比，所有的再生方法都有其优缺点。但究竟选用何种特定的再生方法主要根据原路面破坏情况而定。这是因为并非所有的再生方法都同等适用于不同的破坏形式。某种再生技术是否适用，不仅依据路面的缺陷形式，还依据破坏的范围和严重程度。因此,在决定选用任何再生方法前,对原路面进行综合分析是必要的。一旦破坏的类型、范围和差异被确定,应在效率和费用比较分析的基础上选择再生方法。

沥青再生和回收协会(ARRA)定义了下面几种主要破坏类型:①表面缺陷;②变形;③开裂;④养护补丁;⑤基层/底基层问题;⑥行驶性能/平整度差。在这些破坏类型的基础上,ARRA 建议将表4-7作为选择再生方法的指南。从表4-7中可以看出,厂拌热再生可用于处治除基层或底基层问题以外的所有类型的破坏。热现场再生可用于处治除反射裂缝、养护补丁和基层、底基层问题以外的所有破坏。我国目前大多数高速公路都采用半刚性基层的路面结构形式,反射裂缝较多,热现场再生方法并不是较好选择。冷现场再生和全深再生可处治车辙、开裂和养护补丁。只有全深再生可用于解决基层或底基层的问题。冷现场再生和全深再生不用于处治表面缺陷,但是这两种方法和热现场再生的多面层铺面方法,一般需加铺新面层。面层的形式依交通量和交通类型而定。沥青处治层如表面处治、稀浆封层或开普封层可用于轻交通路段,重交通路段应使用热拌沥青混合料罩面。

再生方法选择指南(全深或集料基层沥青路面) 表4-7

路面破坏类型	冷磨平	厂拌热再生	热现场再生	冷现场再生	全深再生
表面缺陷					
松散	×	×	×2		
泛油	×	×	×5		
滑溜	×	×	×2		
变形					
波浪(水漂)		×			
车辙—浅3	×5	×	×5		
车辙—深4	×5	×	×5	×6	×6,7
开裂/荷载					
龟裂		×		×	×
纵向—轮迹		×	×8	×	×
路面边缘		×		×	×
滑动		×	×9		
开裂—非荷载					
块裂(收缩)		×		×	×
纵缝		×	×10		
横缝(温度)		×			
反射裂缝		×		×	×
养护补丁					
水溅		×11			×
去皮		×11			×
坑洞		×			×
下陷(热拌混合料)		×			×
问题基层/底基层(软、湿)					×
行驶质量/平整度					
总体不平整	×	×	×		
凹陷(沉降)	×12	×12	×12		×13
斑点(上浮)	×12	×12	×12		×14

说明：

(1)路面底基层之上的各层都使用沥青混合料，或以水泥、石灰、石灰—粉煤灰、粉煤灰或氯化钙改性。

(2)适用于表面层厚度不超过38mm。

(3)车辙仅限于路面结构上部(表面38~50mm)。

(4)车辙从路面下部发展(表面层以下，包括基层和底基层)。

(5)可能是临时修补，未将整个破坏层移走或是添加特殊的沥青混合料进行处治。

(6)对于不稳定混合料可能需要添加新鲜集料。

(7)如果土过软、过湿，可能需添加化学稳定剂稳定基层。

(8)仅适用于路面表面层开裂。

(9)适用于已处治到滑动层以下的深度。

(10)仅适用于路面表面层开裂。

(11)有些情况下，在进行这些处治前(考虑是否沥青过多、泛油)用冷磨平将水溅区域和去皮补丁移走。

(12)可能只是临时修补，破坏与底基层问题有关。

(13)用于过软、过湿底基层造成的凹陷。

(14)用于霜冻或底基层膨胀性土的膨胀引起的斑点。

第六节 温拌沥青施工技术

目前，道路建设的沥青路面基本上都采用传统的热拌沥青混合料HMA(Hot Mix Asphalt)，然而HMA的应用会导致环境破坏、能源的大量消耗和人类生存圈缩小等负面影响。新型环保节能产品——温拌沥青混合料WMA(Warm Mix Asphalt)可以通过一定的技术措施，降低沥青的黏度，从而沥青混合料可在相对较低的温度下进行拌和施工，同时保证其路用性能不低于HMA的沥青混合料技术，达到节能及环保的目的。

一、温拌沥青的概况

热拌沥青、冷拌沥青是传统沥青混合料的两种形式，热拌沥青混合料路面具有较高的结构强度及较好的稳定性。目前这种技术在我国等级较高的路面结构中大量应用。但热拌沥青混合料施工中将产生极大的有害气体，对环境、人将造成极大的危害。在环境日益恶化的今天，温拌沥青技术诞生，这种技术具有热拌、冷拌两种技术的优势，在公路工程路面施工中得到了广泛的应用。温拌沥青或沥青混合料(Warm Mix Asphalt，简称WMA)，是利用相应技术方式，在温度较低的情况下确保沥青能够进行拌和施工作业，并确保温拌沥青技术水平高于HMA的使用性能。温拌沥青技术的重点在于HMA路用性能在不受到损害的情况下，就能在较低温度下降低沥青的拌和黏度。现阶段，实现温拌技术主要利用外加料材料对沥青混合料的高温黏度进行有效降低。

二、公路路面施工温拌沥青材料准备

1. 温拌活性剂和沥青

作为一种液体成分,温拌活性剂存储时间必须控制在90d以下,如在90d以上,必须检测液体成分。一般常温封闭保存活性剂,防止阳光对其进行直接照射。运输改性沥青的温度可控制在150℃,以140℃为存储温度最低值,同时对沥青存储时间加以严格控制。

2. 纤维添加剂

利用纤维添建设备进行纤维添加剂的投放,首先标定纤维添加设备的所有参数,确保纤维添加设备和拌和楼搅拌设备参数符合要求。在室内空架保存聚酯纤维,避免室内潮湿。

3. 检测石料

检测进场石料质量,施工中不能使用不合格石料,必须硬化处理石料堆放场,同时对规格不同的石料进行隔离墙的设置,避免混杂现象的出现,明确标注堆料,当现场检测外观颗粒组成不合理,必须进行筛分检测。

4. 罩面层施工

在原沥青面层罩面施工中,必须检测各项质量标准,确保路面具有良好的整平性,如出现问题,应及时铣刨不平整位置,并确保原有沥青路面的清洁性。在罩面施工前,可进行乳化沥青黏结层的喷洒,遵循 $0.3 \sim 0.4 L/m^2$ 的标准,通过人工方式,补洒边沿与喷洒不足的位置。

三、公路路面温拌沥青施工工艺

1. 拌和

温拌混合料与热拌沥青混凝土在拌和施工中具有相同的施工工艺,在温拌沥青混凝土施工中,应将其石料温度控制在130~140℃,沥青加热温度应控制在165℃,出厂混凝土温度则控制在135~140℃。

2. 运输

在温拌沥青混凝土施工中要对其出厂温度及施工温度进行测量,一般选用的测量工具为数字显示插入式热电偶温度计。进行放料施工时,应前后移动运输车,多次装料,尽可能降低离析粗细料现象的发生。根据拌和能力、摊铺速度进行材料运输量的确定,在运输过程中确保2辆以上的车进行等候运料和卸料。在车辆行驶前应将质量合格的篷布设置在运输车上。在连续摊铺中,在摊铺机前方10~30cm的位置运输车要停止行驶,不能出现与摊铺车相撞的情况。运输车辆在卸料过程中必须挂空挡,在摊铺机附近前行。

3. 摊铺

在公路工程路面温拌沥青混凝土施工中,必须提前0.5~1h对熨平板进行预热,确保其温度在100℃以上,只有这样才能进行摊铺作业。摊铺施工中必须确保振捣的频率及幅度符合施工要求,进而达到路面最初压实度的提升。如出现问题,必须及时对熨平板进行调整,避免混合料出现离析等情况。在摊铺施工中还要对机械设备的行驶速度进行有效控制,通常在2~2.5m/min。必须遵循慢行、匀速、连续性的原则进行施工,不允许速度随意转换、突然停止等情况的出现,进而达到平整度提升的目的,尽可能对混凝土离析现象进行有效控制。没有压实摊铺后的温拌沥青混凝土前,不允许人员通行或车辆通行。在施工中如没有特殊要求,则不需要人工修整。当出现部分离析情况时,必须选用人工方式进行填补或进行混合材料的替换,避免对整个公路工程质量造成影响。

在摊铺施工中必须确保机械设备始终处于良好的工作状态,要将螺旋布料器两边的自动料位器调整好,确保各个机械部件之间不存在质量问题,只有这样才能确保混合料不出现离析等状况。

4. 碾压

为达到最佳压实度,必须根据施工路段的实际情况进行碾压施工,以此提高公路工程路面施工的质量。首先进行初次碾压施工。应选用 2 台双钢轮压实机进行压实作业,通常将其碾压遍数定为 2 遍,确保其温度在 135℃ 以上,并将其速度控制在 2~3km/h,压实必须在摊铺后及时进行。随后再次进行碾压施工,也可以称为复压,通常将其碾压遍数定为 2~3 遍,温度要控制在 110℃ 以上,并将其速度控制在 2.5~5km/h 以上。最后碾压施工必须确保其温度在 90℃ 以上,遍数不少于 2 遍,其速度与复压相同。在压路机行驶中,要重视其初始速度和结束速度的缓慢变化,并指派专人对各种机械设备进行配合利用。根据施工相关规定进行碾压遍数、速度的确定,避免出现碾压过度或没有碾压的情况。

5. 接缝

(1) 纵接缝

为避免对交通通行造成影响,可选用半幅摊铺的方式进行薄层罩面施工。半幅摊铺碾压完成后,对完成摊铺的半幅纵向接缝实施切缝处理,以此确保接缝的平整性,并清理纵向接缝,确保其整洁性。第 2 个半幅摊铺时,可将一层乳化沥青黏结层喷射到纵缝内,碾压施工时,在完成摊铺施工中,压路机向新摊铺半幅缓慢移动,每次进行 20~25cm 移动后,进行 1 遍碾压,确保新摊铺面层上碾压符合规定后,停止施工。

(2) 横接缝

平接缝为高等级公路横向接缝的主要类型。完成摊铺碾压工作后,在混合料没有完全冷却的状况下,路面平整度与厚度可通过 3m 直尺进行详细测量。与施工要求不符的部分,可利用人工或机械措施切除摊铺面。摊铺新混合料前,应清理干净接缝位置,并涂抹黏层油,摊铺接缝位置后,应马上进行压实作业,按照横向至纵向的顺序进行压实。

综上所述,公路施工中,沥青混凝土路面施工占有重要地位。基于此,施工企业必须重视其施工质量,在温拌沥青路面施工中,必须按照相关施工要求,有效提升施工技术水平,规范施工作业流程。只有这样才能确保公路工程的整体质量,才能提高高速公路施工的安全性及延长工程的使用年限。

第七节　废旧橡胶沥青路面施工技术

将废胎胶粉应用于道路工程,不仅节约资源,保护环境,而且能降低路面噪声,改善沥青路面的使用性能。欧美发达国家从 20 世纪 80 年代起开始,将废胎胶粉生产橡胶沥青大量应用于道路工程。近年来我国通过一系列的研究和推广,橡胶沥青技术取得了长足的进步,铺筑了大量实体工程,实现了废旧轮胎资源化利用,保护了环境,改善了路面的使用性能,延长了道路的使用寿命。

一、部分材料要求

(一)废旧胶粉

1. 废旧胶粉的种类和规格

根据胶粉细度分为3种规格:

(1)粗胶粉:40目以下(0.425mm以上);

(2)细胶粉:40~80目(0.425mm~0.180mm);

(3)微细胶粉:80~200目(0.180~0.075mm)。

根据胶粉用途分为橡胶沥青混合料用胶粉和洒布用胶粉,其规格应符合表4-8的要求。

路用废胎胶粉规格 表4-8

胶粉用途	通过下列筛孔的质量百分率(%)				
	10目	16目	30目	50目	200目
	2.0mm	1.18mm	600μm	300μm	300μm
橡胶沥青混合料	100	65~100	20~100	0~45	0~5
橡胶沥青洒布	100	55~85	10~35	5~15	0~1

2. 路用废胎胶粉的物理指标要求

路用废胎胶粉的物理技术指标参见山东省地方标准《山东省废旧橡胶粉沥青及橡胶沥青混合料施工技术规范》。

3. 路用废胎胶粉的化学成分指标要求

路用废胎胶粉的化学成分指标应符合表4-9的要求。

路用废胎胶粉的化学成分指标要求 表4-9

检测项目	灰分(%)	丙酮抽出物(%)	碳黑含量(%)	橡胶烃含量(%)
技术标准	≤8	6~16	28~40	42~65
试验方法	GB 4498	GB/T 3516	GB/T 14837	GB/T 14837

(二)橡胶沥青

(1)橡胶沥青可用于沥青混合料、碎石封层、应力吸收层、防水黏结层或其他路面结构层。

(2)加工橡胶沥青的基质沥青宜选用70号(A/B级)道路石油沥青,其等级的选用和质量应符合《公路沥青路面施工技术规范》(JTG F40—2004)的相关技术要求。

(3)橡胶沥青的质量应符合表4-10的技术要求。

橡胶沥青技术要求 表4-10

项目	单位	技术指标	试验方法
175℃动力黏度	Pa·s	1.5~4.0	T 0625
25℃针入度	0.1mm	25~70	T 0604
软化点,不小于	℃	56	T 0606

续上表

项　　目	单　　位	技术指标	试验方法
25℃弹性恢复,不小于	%	56	T 0662
5℃延度,不小于	cm	5	T 0605

注:动力黏度标准试验方法采用旋转黏度计法,旋转黏度按照50%扭矩内插获得,参照相关标准进行试验。

二、配合比设计

(一)一般规定

(1)橡胶沥青混合料的配合比设计,宜在对同类公路配合比设计和使用情况充分调查研究的基础上进行,充分借鉴成功经验,选用符合要求的材料,进行配合比设计。

(2)按照马歇尔体积法进行配合比设计时,要根据混合料设计空隙率的要求,并结合其他体积参数,确定混合料的最佳油石比。

(3)橡胶沥青混合料的矿料级配均应采用间断级配。根据矿料情况,以间断级配、骨架结构为原则,优化设计矿料级配。

(二)矿料级配

常用的橡胶沥青混合料按生产工艺分为湿法和干法。橡胶沥青混合料的矿料级配为间断级配,公称最大粒径一般不大于19mm。橡胶沥青混合料的工程设计级配范围可按表4-11选用。

ARHM 推荐矿料级配范围　　　　表4-11

级配类型		通过下列筛孔(mm)的质量百分率(%)										
		26.5	19	16	13.2	9.5	4.75	2.36	1.18	0.6	0.3	0.15	0.075
中粒式	ARHM-20	100	90~100	72~88	59~76	40~54	17~35	12~26	8~19	5~15	3~11	2~8	1~6
	ARHM-16		100	90~100	69~86	48~68	17~35	12~26	8~19	5~15	3~11	2~8	1~6
细粒式	ARHM-13			100	90~100	60~80	22~40	15~31	10~24	7~18	5~14	3~11	2~8
	ARHM-10				100	90~100	30~48	21~36	15~27	11~21	8~16	6~12	4~9

(三)混合料设计标准

1. 橡胶沥青混合料设计方法

橡胶沥青混合料设计采用马歇尔试验配合比设计方法。当采用其他方法设计橡胶沥青混合料时,应按本规定进行马歇尔试验及各项配合比设计检验,并报告不同设计方法各自的试验结果。

2. 橡胶沥青混合料马歇尔试验技术指标

(1)ARHM 的马歇尔试验技术指标应符合表4-12的要求,并具有良好的施工性能。长大坡的路段按重载交通路段考虑。

ARHM 马歇尔试验技术指标要求 表 4-12

试 验 指 标		单位	轻交通	中等交通	重载交通	特重交通	试验方法
击实次数(双面)		次	75				T 0702
试件尺寸		mm	101.6×63.5				
空隙率 VV	范围	%	3~5		4~6		T 0705 T 0707
稳定度 MS,不小于		kN	7				T 0709
流值 FL		mm	1.5~4				

(2) ARHM 的矿料间隙率(VMA)和沥青饱和度(VFA)宜符合表 4-13 的要求。

ARHM 的矿料间隙率和沥青饱和度要求 表 4-13

集料公称最大粒径(mm)	设计空隙率(%)	相应于以下公称最大粒径(mm)的最小 VMA				试验方法
		19	16	13.2	9.5	
矿料间隙率 VMA 不小于 (%)	3	14.5	15	15.5	16.5	T 0705 T 0707
	4	15.5	16	16.5	17.5	
	5	16.5	17	17.5	18.5	
	6	17.5	18	18.5	19.5	
沥青饱和度 VFA(%)		65~80		70~85		

(3) 橡胶沥青的密度或相对密度

橡胶沥青的密度或相对密度应通过密度试验(T 0603)测定。

(4) 橡胶沥青混合料理论最大相对密度

按湿法工艺生产的橡胶沥青混合料,理论最大相对密度宜采用计算法;按干法工艺生产的橡胶沥青混合料,理论最大相对密度应采用真空法(T 0711)测定。

(5) 橡胶沥青混合料压实试件的毛体积相对密度测试方法

当马歇尔试件的吸水率小于 2%,宜采用表干法测定;当吸水率大于 2%,应采用蜡封法测定。

3. 橡胶沥青混合料使用性能技术要求

ARHM 的使用性能应符合表 4-14 的技术要求。

ARHM 使用性能技术要求 表 4-14

试 验 项 目			单位	轻交通	中等交通	重载交通	特重交通	试验方法
高温车辙 试验	上面层	动稳定度不小于	次/mm	1500	2500	3000	4000	T 0719
	中、下面层	动稳定度不小于	次/mm	1200	2000	2500	3000	
水稳定性 试验	浸水马歇尔残留稳定度不小于		%	85				T 0709
	冻融劈裂试验强度比不小于		%	80				T 0729
低温弯曲 试验	破坏应变 不小于 (-10℃,50mm/min)		$\mu\varepsilon$	2500				T 0715

续上表

试验项目		单位	轻交通	中等交通	重载交通	特重交通	试验方法
渗水试验	渗水系数不大于	中粒式	mL/min	120			T 0730
		细粒式		100			
线膨胀系数,不大于		%	1				—

注:渗水系数指标仅适用于配合比设计室内试验的压实试件检验,不适用于施工现场检验。

(四)橡胶沥青混合料配合比设计

橡胶沥青混合料配合比设计,应参照《公路沥青路面施工技术规范》(JTG F40—2004)中关于沥青混合料的目标配合比设计、生产配合比设计、生产配合比验证3阶段的要求进行。

1. 目标配合比阶段

用工程实际使用的材料按《公路沥青路面施工技术规范》(JTG F40—2004)中附录B的方法,优选矿料级配,确定最佳沥青用量,符合配合比设计技术标准和配合比设计检验要求,以此作为目标配比,供拌和机确定各冷料仓的供料比例、进料速度及试拌使用。

2. 生产配合比阶段

橡胶沥青混合料的生产宜采用间歇式拌和机,应按规定方法取样测试各热料仓的材料级配,确定各热料仓的配合比,供拌和机控制室使用。同时选择适宜的筛孔尺寸和安装角度,尽量使各热料仓的供料大体平衡。并取目标配合比设计的最佳沥青用量OAC、OAC±0.3%等3个沥青用量进行马歇尔试验和试拌,通过室内试验及从拌和机取样综合确定橡胶沥青混合料生产时的最佳沥青用量。由此确定的最佳沥青用量与目标配比设计结果的差值不宜大于±0.2%。

3. 生产配合比验证阶段

(1)拌和机按生产配合比结果进行试拌、铺筑试验段,并取样进行马歇尔试验,同时从路上钻取芯样检测空隙率的大小,由此确定生产用的标准配合比。标准配合比的矿料合成级配中,至少应包括0.075mm、2.36mm、4.75mm和9.5mm及公称最大粒径筛孔的通过率接近目标设计级配。对确定的标准配合比,宜再次进行车辙试验和水稳定性试验。

(2)确定施工级配允许波动范围。根据标准配合比及施工质量管理要求中各筛孔的允许波动范围,制订施工用的级配控制范围,用以检查沥青混合料的生产质量。

(3)经设计确定的标准配合比在施工过程中不得随意变更。生产过程中应加强跟踪检测,严格控制进场材料的质量,如遇材料发生变化并经检测沥青混合料的矿料级配、马歇尔技术指标不符合要求时,应及时调整配合比,使混合料的质量符合要求并保持相对稳定,必要时重新进行配合比设计。

三、橡胶沥青及混合料施工

(一)一般规定

(1)橡胶沥青混合料(ARHM)适用于各等级公路的沥青面层。

(2)橡胶沥青混合料路面的适宜层厚30~80mm。

(3)橡胶沥青路面各面层集料的最大粒径宜从上至下逐渐增大,并应与压实层厚度相匹配。单层的压实厚度不宜小于集料公称最大粒径的2.0~3.0倍。

(二)橡胶沥青的生产

1. 橡胶沥青的加工方式

橡胶沥青宜采用现场加工方式,加工厂的设置必须符合国家有关环境保护、消防、安全等规定。

2. 橡胶粉的存储

橡胶粉的存储应注意以下几点:
(1)为防止橡胶粉颗粒结团,橡胶粉中宜掺入约占其总重2%~4%的碳酸钙或滑石粉。
(2)橡胶粉应存储在通风、干燥的仓库中,并采取有效的防淋、防潮和防火措施。
(3)橡胶粉现场存储时间一般不宜超过180d。

3. 橡胶沥青加工的工艺流程及设备

1)橡胶沥青加工的基本工艺流程

图4-17为橡胶沥青加工的基本工艺流程,主要分为以下几个步骤:

第一步,基质沥青的快速升温。
第二步,基质沥青、橡胶粉等原材料的添加。
第三步,基质沥青、橡胶粉等原材料的预混。
第四步,橡胶沥青的反应过程。
第五步,橡胶沥青质量监控。

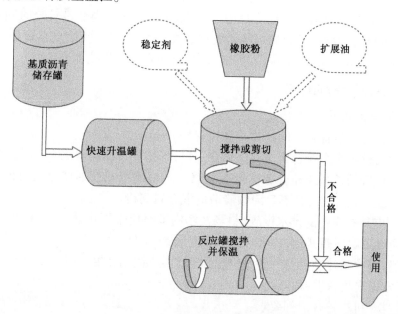

图4-17 橡胶沥青的加工流程图

2)橡胶沥青加工的基本设备

(1)基质沥青的存储罐、快速升温设备。

(2)橡胶粉的添加设备。
(3)其他添加剂的添加设备。
(4)基质沥青与橡胶粉等原材料的预混罐(应具备剪切或强力搅拌功能)。
(5)橡胶沥青的反应罐(应具备立式和卧式搅拌功能)。
(6)橡胶沥青加工设备的加温和控温系统。
(7)橡胶沥青质量的监控设备。

3)橡胶沥青生产前,设备中的计量装置应进行标定,并按要求粘贴计量合格标志。对于固定式的加工设备,按计量有效期年限的频率进行标定;对于移动式设备,每项工程开工前均需要标定。计量标定的范围包括称重设备传感器、温度传感器、流量计和搅拌器的转速。

4)在正式生产前应进行试生产,检查橡胶沥青设备的运转情况。

4. 橡胶沥青的加工

(1)橡胶沥青宜采用低速剪切或强力搅拌法加工。
(2)橡胶沥青生产分为连续式和间歇式,宜采用专用设备间歇式生产橡胶沥青。
(3)橡胶沥青的加工温度宜控制在180~200℃,当橡胶粉掺量较大或天然橡胶含量较高时,加工温度可适当提高,但不应高于210℃。
(4)橡胶沥青在反应罐加工搅拌的时间,即反应时间,一般为45~60min。
(5)在生产过程中,应及时检测每锅橡胶沥青的技术指标。当采用连续式生产时,应每隔45~60min抽样检测橡胶沥青的技术指标。

5. 橡胶沥青的使用与储存

橡胶沥青原则上应在10h内使用完毕。当由于不可抗力,如需临时存储时,应将橡胶沥青的温度降到145~155℃范围内存储,存储时间一般不超过3d。当经过较长时间存储,再次使用前,应检测橡胶沥青的指标是否满足技术要求。如果不满足要求,则应重新加工或掺加一定剂量(掺量一般小于10%)的废胎胶粉,重新预混、反应直至满足技术要求。

(三)橡胶沥青混合料的拌和

1)拌和厂的准备如下:
(1)橡胶沥青混合料宜采用间歇式拌和机拌制。
(2)拌和厂的设置必须符合国家有关安全、环境保护等方面的规定。
(3)拌和厂位置的选择应充分考虑运距和路况的影响以及交通堵塞的可能,确保混合料的温度下降不超过规定要求,且不致因颠簸造成混合料离析。
(4)拌和厂应具有完备的排水设施,料场及场内道路应做硬化处理,各种集料必须分隔储存,细集料场应设防雨顶棚,防止材料污染和相互混杂。

2)橡胶沥青混合料拌和设备的各种传感器必须定期检定,频率不少于每年1次。冷料供料装置需经标定得出集料供料曲线。

3)间歇式拌和机应符合下列要求:
(1)总拌和能力满足施工进度要求。拌和机除尘设备良好,能达到环保要求。
(2)冷料仓的数量满足配合比需要,通常不宜少于5~6个。

4)拌和机的矿粉仓应配备振动装置以防止矿粉起拱。添加消石灰、生石灰等外掺剂时,宜增加粉料仓,也可由专用管线和螺旋升送器直接加入拌和锅,若与矿粉混合使用时应避免二者因密度不同发生离析。

5)拌和机必须有二级除尘装置,一级除尘部分可直接回收使用,二级除尘部分可进入回收粉仓使用(或废弃)。

6)橡胶沥青混合料的拌和时间应根据具体情况经试拌确定,以沥青均匀裹覆集料为标准。采用湿法工艺时,一般间歇式拌和机每盘的生产周期不宜少于45~50s,其中干拌时间不少于3~5s。采用干法工艺时,拌和机应配备同步添加橡胶粉的投料和称重计量装置,橡胶粉宜在集料投入的同时自动加入,经10~15s的干拌,使废胎胶粉在集料中充分分散,拌和均匀后,再同时喷入沥青、投入矿粉,每盘的生产周期不宜少于55~65s。

7)橡胶沥青混合料的拌和温度按表4-15执行。当橡胶沥青黏度大于2.5Pa·s时,橡胶沥青的加热温度应提高5~10℃。

橡胶沥青混合料的拌和温度参数　　　　　　　　表4-15

类　　型	石料加热温度(℃)	沥青温度(℃)	出料温度(℃)	废弃温度(℃)
湿法工艺	180~200	175~195	≥180	>200
干法工艺	190~210	155~165	≥180	>200

8)拌和机宜备有保温性能良好的成品储料仓,储存过程中混合料温降不得大于10℃,且不能有沥青滴漏。橡胶沥青混合料宜随拌随用,储存时间不宜超过10h。

9)拌和机在生产过程中应打印每盘料的生产数据,包括每盘料各个热料仓的矿料、填料、沥青用量和拌和的时间(精确到秒)、温度。每天应用拌和总量检验各种材料的配比和油石比的误差。定期对拌和机的计量和测温装置进行校核。

(四)橡胶沥青混合料的运输

(1)橡胶沥青混合料宜使用较大吨位的运料车运输,但不得超载运输,不得紧急制动、急弯调头,以免损伤透层或封层。运料车的运力应稍有富余,施工过程中摊铺机前方应有运料车等候。对高等级道路,待等候的运料车宜多于5辆后再开始摊铺。

(2)运料车每次使用前后,必须清扫干净,在车厢板上涂一薄层防止沥青黏结的隔离剂或防黏剂,但不得有余液积聚在车厢底部。从拌和机向运料车上装料时,应多次前后挪动汽车位置,平衡装料,以减少混合料离析。运料车厢四周外壁和顶部需用厚棉被或其他保温材料裹覆,以减少混合料在运输过程中的温度损失,并防雨、防污染。

(3)现场应设专人指挥运料车就位,配合摊铺机卸料。运料车进入摊铺现场时,轮胎上不得粘有泥土等可能污染路面的脏物,否则应清洗干净。宜采用数显插入式热电偶温度计(必须经常标定)检测橡胶沥青混合料的出厂温度和运到现场温度,若混合料不符合施工温度要求,或已经结成团块、已遭雨淋的不得铺筑。

(4)摊铺过程中运料车应在摊铺机前10~30cm处停住,空挡等候,由摊铺机推动运料车前进开始缓缓卸料,应避免料车撞击摊铺机,影响摊铺层的平整度。卸料过程应尽量保持连续、均衡,以减少混合料离析,并避免洒落到下承层上。运料车每次卸料必须倒净,如有剩余,应及时清除,防止硬结。

(五)橡胶沥青混合料的摊铺

(1)铺筑高速公路、一级公路橡胶沥青混合料时,1台摊铺机的铺筑宽度不宜超过6(双车道)~7.5m(三车道以上),通常宜采用2台或更多台数的摊铺机前后错开10~20m成梯队方式同步摊铺,两幅之间应有30~60mm宽度搭接,并躲开车道轮迹带,上下层的搭接位置宜错开200mm以上。

(2)橡胶沥青混合料宜采用履带式沥青摊铺机摊铺。在摊铺时应提前调整摊铺机的工作状态,即在摊铺前的0.5~1h将熨平板预热,使其不低于100℃。摊铺时熨平板应采用中强夯等级,使铺面的初始压实度不小于85%。摊铺机熨平板必须拼接紧密,不应存有缝隙,防止卡入粒料将铺面拉出条痕。

(3)摊铺机应缓慢、均匀、连续不间断地摊铺,不得随意变换速度或中途停顿。摊铺速度宜控制在1~3m/min。摊铺过程中应随时观察粗细料是否均匀,松铺厚度是否符合规定,当发现异常或混合料出现明显的离析、波浪、裂缝、拖痕时,应及时分析原因,予以消除。

(4)摊铺机应采用自动找平方式,下面层宜采用钢丝绳引导的高程控制方式,中、上面层宜采用非接触式平衡梁或雪橇式摊铺厚度控制方式。

(5)摊铺机的螺旋布料器应根据摊铺速度进行调整,并保持一个速度均衡的转动,两侧应保持有不少于送料器2/3高度的混合料,以减少在摊铺过程中混合料的离析。

(6)用机械摊铺的混合料未压实前,施工人员不得进入踩踏,不宜用人工反复修整。特殊情况下,不得不由人工做局部找补或更换混合料时,需仔细进行,特别严重的缺陷应整层铲除。

(7)橡胶沥青路面施工的最低气温应不低于15℃,寒冷季节遇大风降温,不能保证迅速压实时不得铺筑橡胶沥青混合料。橡胶沥青混合料的最低摊铺温度应根据铺筑层厚度、气温、风速及下卧层表面温度确定,不得低于表4-16要求。每天施工开始阶段宜采用较高温度的混合料,但拌和机出料温度不应超出废弃温度。

橡胶沥青混合料的最低摊铺温度 表4-16

下卧层的表面温度(℃)	相应于下列不同压实层厚度的最低摊铺温度(℃)	
	≤50mm	50~80mm
15~20	175	170
20~25	170	165
>25	165	160

(8)对高等级道路,橡胶沥青混合料的松铺系数应通过试验路段的试铺、试压确定。对于低等级道路松铺系数可通过试验路确定,也可按照经验确定,一般为1.18~1.20。

(六)橡胶沥青混合料的压实

(1)橡胶沥青路面施工应配备足够数量的压路机,根据初压、复压、终压(包括成形)的碾压步骤,选择合理的压路机组合方式,以达到最佳碾压效果。高速公路铺筑双车道橡胶沥青路面的压路机数量不宜少于5台。施工气温低、风大、碾压层较薄时,压路机数量应适当增加。

(2)压路机钢轮上的淋水喷头,应疏通、调试好,使其能有效控制喷水量。在碾压过程中,应根据情况随时调整喷水的大小,不得过度喷水碾压。

(3) 在整个碾压过程中，应有专人指挥，负责碾压各个阶段的衔接。

(4) 压路机应以慢而均匀的速度碾压，碾压速度应符合表 4-17 的规定。压路机的碾压路线及碾压方向不应突然改变而导致混合料推移。碾压区的长度应大体稳定，两端的折返位置应随摊铺机前进而推进，横向不得在相同的断面上。

压路机碾压速度（km/h） 表 4-17

压路机类型	初 压		复 压		终 压	
	适宜	最大	适宜	最大	适宜	最大
钢筒式压路机	2~3	4	3~5	6	3~6	6
振动压路机	2~3（静压或振动）	3（静压或振动）	3~4.5（振动）	5（振动）	3~6（静压）	6（静压）

(5) 压路机的碾压温度应根据混合料种类、压路机、气温、层厚等情况经试压确定。在不产生严重推移和裂缝的前提下，初压、复压、终压都应在尽可能高的温度下进行。同时不得在低温状态下反复碾压，使石料棱角磨损、压碎，破坏集料嵌挤。橡胶沥青混合料的初压温度不宜低于 155℃，复压温度不宜低于 135℃，终压的结束温度不宜低于 105℃。

(6) 初压应紧跟摊铺机后面，并保持较短的初压区长度，以尽快使表面压实，减少热量散失。采用振动压路机初压时，可直接采用"高频、低幅"的模式碾压 1~2 遍。碾压时应将压路机的驱动轮面向摊铺机，从外侧向中心碾压，在超高路段应从低处向高处碾压，在坡道上应将驱动轮从低处向高处碾压。在整个碾压过程中应控制钢轮上的洒水量，以刚好不粘轮的洒水量为宜。

(7) 复压应紧跟在初压后进行，且不得随意停顿。碾压段的总长度应尽量缩短，通常不超过 50m。采用不同型号的压路机组合碾压时宜安排每台压路机作全幅碾压，以保证不同部位压实度的均匀性。宜优先采用振动压路机复压，碾压 2~4 遍。钢轮压路机的静压力应不低于 12.5t。振动压路机的振动频率宜为 35~50Hz，振幅宜为 0.3~0.8mm。层厚较薄时采用高频率低振幅，以防止集料破碎。相邻碾压带重叠宽度为 10~20cm。振动压路机折返前应先停止振动。

(8) 在复压结束后，应用 3m 直尺检测路面的纵横向平整度，结合终压及时修补，以保证良好的平整度水平。终压可选用双轮钢筒式压路机或关闭振动的振动压路机碾压，宜不少于 2 遍，至无明显轮迹为止。

第八节　连续配筋水泥混凝土路面施工技术

一、连续配筋水泥混凝土路面施工工艺

1. 施工准备工作

连续配筋水泥混凝土路面与一般水泥混凝土路面的施工准备工作基本相同，但应注意以下几点。

1) 施工场地布置

连续配筋水泥混凝土路面施工时，除须具有水泥混凝土拌和与原材料堆放场地外，还应布

置好钢筋制作场地。钢筋制作场应布置在距路面施工路段较近处,以便将预制加工好的钢筋运至工地。场地应利于排水,防止由于积水而降低钢筋品质。同时,需有充足的电源保证钢筋制作所需电力。

2)机械设备及试验器具

连续配筋水泥混凝土路面施工应按工程规模和计划工期配备必要的机械设备,如水泥混凝土拌和、运输、浇筑机械与钢筋制作、焊接、安装机械。对于保证工程质量的主要试验项目,如水泥混凝土的材料检验、强度试验和钢筋的抗拉试验应重点检查,并应具备必要的试验器具。

3)标准试验

开工前应认真做好各项标准试验,水泥混凝土应做配合比设计试验,钢筋应做抗拉试验,其结果须符合设计要求。

2. 钢筋设置

钢筋设置是连续配筋水泥混凝土路面不同于普通水泥混凝土路面施工的主要内容,也是连续配筋水泥混凝土路面施工中的关键工序。

钢筋在进场前应进行检验,并在施工中进行抽验。试验和抽验数据必须符合设计要求。采购的钢筋必须按不同品种、牌号分别验收堆存,不得混杂。钢筋在运输、储存过程中应避免锈蚀和污染。钢筋宜存放在仓库(棚)内,露天堆置时应垫高并进行遮盖。

3. 混凝土施工

在完成前期准备工作、模板安装、钢筋制作和安装、端部矩形地梁施工后即可浇筑路面混凝土,施工方法与普通水泥混凝土路面施工基本相同。

连续配筋水泥混凝土路面的压纹、养生、拆模等工序与普通混凝土路面施工相同,其施工工艺流程见图 4-18。

二、连续配筋水泥混凝土路面施工质量控制

连续配筋水泥混凝土路面工程的质量控制有两个要点:一是钢筋的制作、安装与定位,这是与其他混凝土路面施工的不同之处;二是混凝土及其相关质量因素的控制,这是混凝土工程根本所在。

1. 原材料检验

原材料主要有钢筋、水泥、粗集料、细集料、水和混凝土外掺剂。

(1)钢筋:应有出厂合格证书,并由承包人会同监理进行抗拉强度试验,合格后方能使用。

(2)水泥:可采用 525 或 425 水泥,并应有出厂检验合格证。承包人应对水泥取样,送由监理指定的检测单位进行强度等级和安装定性试验,其中任一项(包括水泥富余强度)不合格者不能使用。

(3)粗集料:在确定碎石母岩强度(应为混凝土设计抗压强度的 2.5 倍以上)的同时,还应控制两个指标,即最大碎石粒径和碎石级配。

(4)细集料:选用中、粗砂,且控制其含泥量在 3% 以下。

(5)水:要求纯净、无污染及杂物。

(6)混凝土中所用外掺剂:由承包人试验后自选,未作为监理重点。

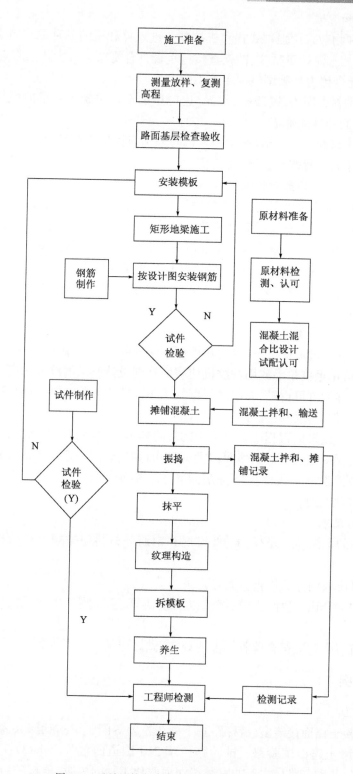

图 4-18 连续配筋水泥混凝土路面施工工艺流程图

2. 混凝土搅拌和运输

(1) 混凝土拌和物应采用强制式拌和机拌制。进入拌和机的各种原材料必须按施工配合比准确计量。用袋装水泥计量时，应抽查其质量是否符合要求。每班开工前应实测砂、石料的含水率，并以设计配合比为基础调整确定施工配合比。

(2) 拌和机的进料顺序为砂、碎石、水泥，边搅边加水。混凝土每批的搅拌时间应根据拌和机性能与拌和物的和易性确定。

(3) 混凝土采用自卸机动车运输，运距较远时采用搅拌运输车运输。

(4) 混凝土装运时不得漏浆，并防止离析。

3. 钢筋制作安装及混凝土浇筑施工

钢筋的质量控制主要有以下内容：根据设计要求对钢筋的接头进行检查，并取样对接头焊接点进行抗拉力检查。钢筋安装时应严格按照设计规定的位置进行布设。对钢筋的纵横向距离、高度和绑扎进行检查，经检查符合规范要求时，可进行下道工序。纵向钢筋应放在路面厚度的1/2处。在钢筋安装时，应注意同一断面的焊接钢筋根数不大于总根数的50%。

混凝土混合物浇筑时，为了保证抗折强度和平整度的要求，采用"三振、一拖滚、二拌、一拉毛"成面法进行施工。

4. 路表修整和拆模养生

修整时要与上次拌过痕迹重叠一半，在板面低洼处要补填混凝土，并用3m直尺检查平整度。抹面结束后，可用毛刷拉毛或用刻纹机使表面达到设计要求的纹理深度。

模板达到一定强度方可拆模，一般是根据气温条件按小时数控制。模板拆模应仔细，不得损坏板的边角，尽量保证模板的完好。

养生是混凝土强度形成过程中不可缺少的重要环节。拉毛2~3h后，根据面层的情况，用塑料薄膜覆盖新鲜混凝土表面。到薄膜内没有热水珠时，改用浸透含水的麦秸、麻袋等覆盖混凝土表面。养生应使混凝土表面始终呈潮湿状态。养护14d时，可达到设计强度的80%以上，清除覆盖物，开放交通。

5. 质量检验与记录

(1) 混凝土用的水泥、砂、碎石、水、外掺剂和钢筋等材料应按规范进行检查和试验，并做好记录。

(2) 钢筋混凝土板网片的检查应做好记录。

(3) 混凝土的配合比、搅拌、支模、浇筑以及接缝等，应在施工中按规定频度和项目检查，并做好记录。

(4) 混凝土抗折强度应符合验收标准的规定，做好记录。

三、应用案例

1. 试验路概况

针对水泥混凝土路面接缝多、特殊路基下耐久性差等问题，在国道210线宜君泉段修筑了连续配筋水泥混凝土路面试验路。试验路位于210国道西包公路K137+915~K138+250段，系1985年由陕西省公路局主持的宜君淌泥河改建工程的一段，全长335m。原设计路基宽度为10m，路面宽度为9m。路面结构：2cm沥青石屑封层+4cm沥青贯入+20cm碎石灰土+

20cm 手摆片石。但由于水文地质不良,岩层裂隙水丰富并未能根治,加之施工中存在的问题,致使路基路面出现了严重病害。

后又根据原线形将路面改建为水泥混凝土路面,但路基水患(地表水和地下水)未彻底根除,短短几年间混凝土路面相继出现唧泥、脱空、断板、沉陷等病害,严重地影响了过往车辆的行驶安全。为彻底治理该病害路段,通过专家论证,在采取修筑纵、横向土工织物盲沟和增设挡土墙护脚等工程的同时,对病害严重的 K137+915~K138+250 段路面采用连续配筋水泥混凝土路面,其他坏板如基层无问题则按普通混凝土路面做换板处理,以改善路面使用品质。路面结构如图 4-19 所示。

图 4-19 连续配筋水泥混凝土路面结构图

在对连续配筋水泥混凝土路面进行端部结构设计时,采用了设置锚固地梁和设置胀缝的端部处理办法,如图 4-20 所示。

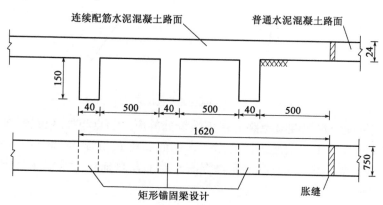

图 4-20 连续配筋混凝土路面设置锚固地梁(尺寸单位:mm)

2. 连续配筋水泥混凝土路面试验路施工与检测

连续配筋水泥混凝土路面试验路段按前述施工技术施工。为了考察连续配筋水泥混凝土路面在车辆荷载作用下的受力特点与使用情况,工作人员对试验路进行了跟踪调查与测试。调查项目为横向裂缝位置、数量和间距,测试项目为弯沉与应变。考虑到端部锚固连续配筋水泥混凝土路面结构与一般连续配筋水泥混凝土路面结构有所不同,对这两个位置进行了应力对比测试。

图 4-21 列出了加载位置和测点位置,其中共 8 个测点,5 个加载位置。

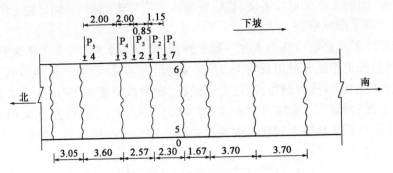

图 4-21 连续配筋混凝土路面应力测试位置(尺寸单位:m)

图 4-22 显示出板表面应力在不同加载位置时的变化情况。从图中可见,当荷载作用于测点顶面时,该测点受压,且压应力最大。其他板顶测点的应力较小。由于连续配筋水泥混凝土路面内纵向钢筋具有较高的传荷能力,故其他测点既可能受拉,也可能受压,且分布在较大的路面范围内,充分说明连续配筋水泥混凝土路面具有更高的荷载扩散能力。当车辆荷载作用于图 4-21 所示 P1 位置时,0 号测点为拉应力,这与前述有限元分析结果一致。

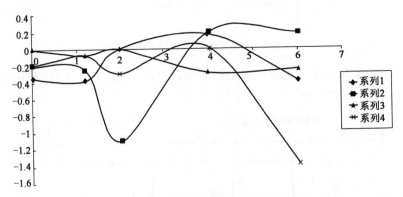

图 4-22 连续配筋混凝土路面板顶应力测试结果

图 4-23 为连续配筋水泥混凝土路面锚固端墙处的应力测点与加载位置,图 4-24 是相应的测试结果,从图中可以看出与前述测试规律基本相似。在 P_5 加载时,测点 6 与测点 7 均为拉应力,说明有锚固地梁支撑的连续配筋水泥混凝土路面与普通连续配筋水泥混凝土路面的受力状态有一定区别。

3. 部分材料要求

1) 碎石

(1) 用于连续配筋混凝土路面结构的粗集料必须采用质地坚硬、耐久、洁净的Ⅲ级以上石料,其质量技术要求应满足规范要求。其中碎石的最大公称粒径不应超过 31.5mm。

(2) 用作连续配筋混凝土路面的粗集料不得使用不分级的统料,应按最大公称粒径的不同,采用 2~4 个粒级的集料进行掺配,有一定的合成级配。

2) 砂

砂应不低于Ⅱ级,采用洁净、坚硬的天然砂宜为中砂,也可使用细度模数 2~6.2 的砂。同一配合比用砂的细度模数变化范围不应超过 0.3,否则,应分别堆放,并调整配合比中的砂率后使用。含泥量不超过3%,硫化物及硫酸含量(折算为SO_3)不超过1%,云母含量不超过2%,有机物含量不深于标准溶液的颜色。

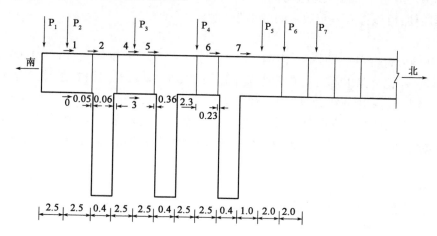

图4-23 端部连续配筋混凝土路面应力测试点位(尺寸单位:m)

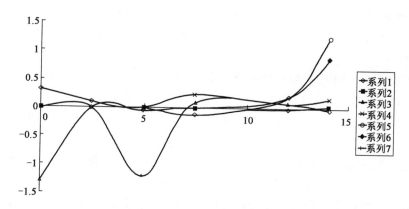

图4-24 端部连续配筋混凝土路面板顶应力测试结果

3)水

混凝土搅拌和养护用水应清洁,宜采用饮用水。使用非饮用水时,应经过化验,其硫酸盐含量(按SO_4计)不得超过2700mg/L,含盐量不得超过500mg/L,pH值不得小于4,不得含有油污。

4)外加剂

(1)外加剂的掺入,应根据配合比试验确定,其外加剂的产品质量应符合《公路水泥混凝土路面施工技术细则》(JTG/T F30—2014)中表3.6.1中各项技术性能指标的要求,并报监理工程师批准。

(2)满足摊铺工艺对混凝土工作性能的特殊要求,掺用外加剂时,根据不同目的,可按以下规定选用:

①为减少混凝土拌和物的用水量,改善和易性,节约水泥用量,提高混凝土早期强度,可掺入减水剂。

②为改善混凝土的触变性,保证滑模过后混凝土不塌边和麻面,提高混凝土抗折强度,可

掺入引气剂。

③夏季施工或由于混凝土运输时间过长,可掺入缓凝剂。

④根据需要,可以掺入一定数量的微膨胀剂。

5)钢筋

(1)钢筋网应符合《钢筋混凝土用钢 第 2 部分 热轧带肋钢筋》(GB/T 1499.2—2018)和《钢筋混凝土用钢 第 1 部分 热轧光圆钢筋》(GB/T 1499.1—2017)的技术要求。

(2)纵向钢筋应采用Ⅱ级螺纹钢筋,横向钢筋应采用Ⅱ级螺纹钢筋。纵向钢筋一般不必进行防锈处理,但为防止纵向钢筋锈蚀,不得采用含氯离子的外加剂,必要时可掺加阻锈剂。

(3)钢筋应顺直,不得有裂纹、断伤、刻痕、表面油污和锈蚀。钢筋断口应垂直光圆,不得有毛刺。

6)粉煤灰

连续配筋混凝土路面工程可掺用质量指标符合规范要求的Ⅰ、Ⅱ级干排或磨细粉煤灰。粉煤灰的技术指标须满足规范要求。

7)养生剂

用于连续配筋混凝土路面施工养护的养生剂,喷洒后薄膜应密封性好,保水率高,强度和耐磨性损失小,干燥快、储存时间长而稳定、耐雨水冲刷。不得使用易被水冲刷掉的和对混凝土强度有影响的养生剂。

4.连续配筋混凝土 CRC 的配合比设计要求

1)用于铺筑水泥混凝土面层的各种材料,应提前通过试验进行混合料组成配合比设计,这些设计应包括材料标准试验、混凝土抗折和抗压强度、集科级配、水灰比、坍落度、水泥用量、质量控制等。

2)水泥混凝土路面面层配合比设计,在兼顾经济性的同时应满足下列 3 项技术要求:

(1)弯拉强度

路面板的 28d 设计弯拉强度标准值 f_r,应符合《公路水泥混凝土路面设计规范》(JTG D40—2011)的规定。按下式计算配制 28d 弯拉强度的均值:

$$f_c = \frac{f_r}{1 - 1.04c_r} + ts \tag{4-1}$$

式中:f_c——配制 28d 弯拉强度的均值(MPa);

f_r——设计弯拉强度标准值(MPa);

s——弯拉强度试验样本的标准差(MPa);

t——保证率系数,由规范查表确定;

c_r——弯拉强度变异系数在 0.05 ~ 0.10 内取值,在无统计数据时,弯拉强度变异系数应按设计取值;如果施工配制弯拉强度超出设计给定的弯拉强度变异系数上限,则必须改进机械装备和提高施工控制水平。

(2)工作性

采用三辊轴机组摊铺水泥混凝土的出机坍落度应满足 30 ~ 50mm,采用摊铺机坍落度应满足 10 ~ 30mm,最大单位用水量为 153kg/m³。一般 CRC 的坍落度宜比一般铺筑方式的普通混凝土大 10 ~ 20mm。

(3) 耐久性

在无抗冻性及抗盐冻性要求的情况下,水泥混凝土路面的含气量不得超过6.2%,其上下误差不得超过1.0%,满足耐久性要求的最大水灰(胶)比和最小单位水泥用量应符合表4-18的规定,最大单位水泥用量不宜大于400kg/m³。掺粉煤灰时,最大单位胶材用量不宜大于420kg/m³。

满足耐久性要求的最大水灰(胶)比和最小单位水泥用量　　　表4-18

最大水灰比		0.44
最小单位水泥用量(kg/m³)	52.5级	
	42.5级	300
	32.5级	310
掺加粉煤灰时最小单位水泥用量(kg/m³)	52.5级	
	42.5级	260
	32.5级	280

3) 外加剂的使用

外加剂的使用应符合下列要求:

(1) 高温施工时,混凝土拌和物的初凝时间不得小于3h,否则要采取缓凝或保塑措施;低温施工时,终凝时间不得大于10h,否则要采取必要的促凝或早强措施。

(2) 外掺剂的掺量应由混凝土试配试验确定。

(3) 引气剂与减水剂或高效减水剂等其他外加剂复配在同一水溶液中时,应保证其共溶性,防止外加剂溶液发生絮状现象。如产生絮状现象,应分别稀释、分别加入。

4) 配合比参数的计算

配合比参数的计算应符合下列要求:

(1) 水灰(胶)比的计算和确定。

根据粗集料的类型,水灰比可分别按下列统计公式计算:

$$\frac{W}{C} = \frac{1.5684}{f_c + 1.0097 - 0.3595 f_s} \tag{4-2}$$

式中:W/C——水灰比;

f_s——水泥实测28d抗折强度(MPa)。

掺用粉煤灰时,应计入超量取代法中代替水泥的那一部分粉煤灰用量(代替砂的超量部分不计入),用水胶比$\frac{w}{c+f}$代替$\frac{W}{C}$。

应在满足弯拉强度计算值和耐久两者要求的水灰(胶)比中取小值。

最优砂率应根据砂的细度模数和粗集料种类查《公路水泥混凝土路面施工技术细则》(JTG/T F30—2014)确定。

碎石混凝土的单位用水量按下式计算:

$$W_0 = 104.97 + 0.309 S_L + 11.27 \frac{C}{W} + 0.61 S_p \tag{4-3}$$

式中:S_L——坍落度(mm);

S_p——砂率(%);

C/W——灰水比。

掺加外加剂时,应考虑减水效果,掺加外加剂时单位用水量按下式计算:

$$W_{ow} = W_o\left(1 - 1 - \frac{\beta}{100}\right) \tag{4-4}$$

式中:β——外加剂实测减水率(%)。

(2)单位水泥用量用下式计算,并不能低于360kg/m³:

$$C_o = \left(\frac{C}{W}\right)W_o \tag{4-5}$$

(3)粗、细集料用量一般按密度法计算,取单位质量为2450kg/m³。

为了确定在整个施工过程中,混凝土混合料配合比是否需要调整,可按规定做7d的抗折强度试验。

混凝土配合比除应保证设计强度、耐磨、耐久性外,还必须满足摊铺对混凝土拌和物工作性能的要求。一般CRC的坍落度宜比一般铺筑方式的普通混凝土大10~20mm。试验室理论配合比,必须经过试验路段的试拌、试铺检验,检验满足要求后,将确定的配合比资料报监理工程师批准后才能用于施工配比。

已批准的混凝土施工配合比,施工方法和材料,除由于原材料天然含水率变化引起的用水量变化需适量调整外,未经监理工程师的同意不应改变,如须改变时,承包人应重新报送资料,试拌试铺经监理工程师批准后才能使用。

混凝土配合比设计的其他要求按《公路水泥混凝土路面施工技术细则》(JTG/T F30—2014)的规定进行。

四、连续配筋混凝土 CRC 的施工技术

1. 设备要求

1)施工前,必须对混凝土拌和设备、运输车辆、布料设备、摊铺设备、拉毛养生设备等施工机械,经纬仪、水准仪或全站仪等测量基准线仪器和人工辅助施工的振捣棒、整平梁、模板等机具、工具及试验仪器进行全面检查、调试、校核、标定、维修和保养,并试运行正常。同时,对主要设备易损零部件应有适量储备。

2)混凝土的搅拌、运输、摊铺、表面整修与纹理制作等设备必须与其相配套,搅拌机的生产率、混凝土运输生产能力必须与摊铺速度合理匹配。

3)混凝土拌和设备。混凝土拌和机必须采用计算机自动控制强制式搅拌机,设有集料配料系统、供水系统、外加剂加入装置和水泥及粉煤灰供应系统。搅拌站的生产能力应保证摊铺均衡地、不停顿地作业,按现有路面宽度的1/3宽摊铺所需要的水泥混凝土量来决定,其生产能力不宜小于200m³/h。采用多台搅拌机组合时,必须保证新拌混凝土的质量均衡性。搅拌站应有备用搅拌机和发电机组,应保证搅拌、清洗、养生用水的供应,并保证水质。应配备足够的试验设备和人员,以对混凝土的质量进行检验与控制。

4)新拌混凝土的运输应采用10~20t的大吨位自卸汽车为主,辅以汽车式混凝土搅拌运输车,自卸汽车的车斗要平整、光滑、不渗漏,后挡板应关闭严密,不漏浆、不变形。运料时应加

盖,以防水分蒸发,每天应检查清洗运输车辆。

2. 模板安装与钢筋架设

滑模机械铺筑时须配备辅助模板用于纵缝拉杆安放时进行稳固边缘,采用其他铺筑方式时须安放固定模板。

1)模板安装

连续配筋混凝土路面的施工模板必须采用刚度足够的钢模板。模板的(加工矫正)精确度及尺寸要求应符合《公路水泥混凝土路面施工技术细则》(JTG/T F30—2014)(以下简称JTG/T F30)的规定。下卧层验收合格后,应对路面施工段的中线和高程测量,中线和高程测量数据应符合设计标准误差的要求。采用设计厚度高的钢模板,模板应根据测量的高程进行准确安装,应安装稳固、牢靠。模板安装完毕后,应检查其安装准确与否。模板安装完毕后,禁止扰动,特别是正在摊铺时,严禁碰撞和振动。

纵向施工缝的拉杆一般由横向钢筋外延替代,因此模板中部的穿孔间距应根据横向钢筋的直径与间距确定;横向施工缝端模板应按图纸规定的纵向钢筋直径和间距开槽,以利于纵向剪力钢筋穿过。模板的数量应根据施工进度和施工气温确定,并应满足拆模周期内周转需要。模板架设和安装及拆除的技术要求及允许偏差应符合JTG/T F30的规定。

2)钢筋架设

(1)连续配筋位置设置在水泥混凝土顶面下板厚的1/3处,横向钢筋的布置与中线夹角为60°。

(2)纵向钢筋必须紧密绑扎、安装好且稳固可靠(所有接点必须稳固),搭接点可采用细铁丝绑扎或者点焊,一般采用绑扎方式。纵向钢筋最小搭接绑扎长度为35d(d为钢筋的直径);当采用搭接焊或绑条焊时,钢筋的焊缝长度应符合下列要求:双面焊不应小于5d,单面焊不应小于10d。钢筋搭接位置应错开布置,同一垂直断面上不得有2个以上的焊接或绑扎接头,相邻钢筋的焊接或绑扎接头应分别错开500mm和900mm以上。

(3)横向钢筋布置于纵向钢筋之下,一般不应搭接,若有搭接也应错开布置,搭接长度不小于钢筋直径的35倍。纵横向钢筋绑扎的钢筋网必须平直,呈带片状,至板边的侧距应相等。除了临时中断的施工缝以外,钢筋网应保持连续。

(4)支架应按照设计图纸设置,也可以采用其他可靠的方法。一般应采用活(滑)动支架,支架不得锚入下层中,如图4-25所示。支架每平方米应配置4~6个,以确保钢筋网在混凝土堆压与路面施工机械的作用下,不下陷、不移位,并能承受施工人员的踩踏。

(5)混凝土摊铺和振捣期间,钢筋的排列和间距应保持和控制在正确的位置,且在规定的允许误差范围内。混凝土摊铺前,对安设好的钢筋网要进行仔细检查。钢筋网应平直,至板边的侧距应保持相等,并符合图纸要求;钢筋不得有贴地、变形、移位、松脱和开焊等现象。

(6)钢筋网的安设精度应符合下列要求:纵向钢筋间距允许误差为±5mm,横向钢筋间距绑扎施工允许误差为±20mm,横向钢筋间距点焊施工允许误差为±10mm,纵向钢筋中心线竖向位置允许误差为±5mm,外侧钢筋至板边距离允许误差为±10mm。钢筋网的安放位置与精度应满足设计及JTG F30的要求。

(7)施工缝和纵缝处外露的普通钢筋和补强钢筋宜进行防锈处理。一般情况下,要保证在摊铺机前预留1km长的钢筋施工范围,以确保有足够的时间在摊铺混凝土前对钢筋进行检查和调整。

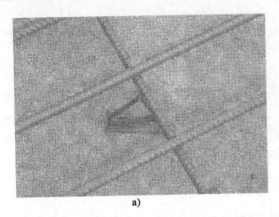 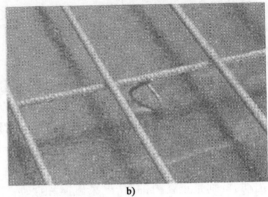

a) b)

图 4-25 钢筋网支架

3. 混凝土的搅拌与运输

1) 混凝土的搅拌

混凝土拌和机必须采用强制式搅拌机,设有集料配料系统、供水系统、外加剂加入装置和水泥及粉煤灰供应系统。

(1) 搅拌站的生产能力应保证摊铺均衡地、不停顿地作业,按设计摊铺宽度所需要的水泥混凝土量来决定,其生产能力不宜小于 $200m^3/h$。采用多台搅拌机组合时,必须保证新拌混凝土的质量均衡性。

(2) 搅拌站应有备用搅拌机和发电机组,应保证搅拌、清洗、养生用水的供应,并保证水质。

(3) 应配备足够的试验设备和人员,以对混凝土的质量进行检验与控制。

(4) 拌和站各种规格的集料应分开堆放和供料,取自不同料源的集料应分开堆放,每个料源的材料要进行抽样试验。搅拌站的计量系统在工地安装之后,应进行检定、校正,经检验合格后方可正式投入生产。

(5) 混凝土拌和物的拌和时间应根据搅拌机的性能和拌和物的和易性确定。净拌最短时间,即材料全部进入拌和楼起,至拌和物开始出料的连续搅拌时间。对自动控制的强制式搅拌一般不应小于 35~40s。

(6) 对搅拌站的大型搅拌机的生产性验证,应根据试验室提供的配合比试拌,进行混凝土和易性、含气量、弯拉强度等 3 项检验,并从每台搅拌机试拌时的初期、中期和后期分别取样制作试件,以检验各台搅拌机拌制混凝土的均匀性。

(7) 每天应对混凝土的生产进行全面监督,并要求将多台搅拌机的实际配料记录和材料使用统计、机械操作参数以及搅拌混凝土生产时间、数量等记录进行统计,并作定期分析,以提高混凝土生产质量的均匀性。

2) 混凝土的运输

混凝土拌和物从搅拌机出料后,运至铺筑地点进行摊铺完毕的最长允许时间,由试验室根据水泥初凝时间、施工气温以及坍落度试验结果确定,一般不应大于 1.5h,在气温不同的条件下,可以采用外掺剂来调节初凝时间。

混凝土的运输应采用 10~15t 的大吨位自卸汽车为主,辅以汽车式混凝土搅拌运输车,自卸车的车斗要平整、光滑,不渗漏,后挡板应关闭严密,不漏浆,不变形,每天应对运输车辆进行检查清洗。在夏季或冬季施工时,自卸车箱上应加遮盖,以防水分蒸发。混凝土出料时应注意移动自卸汽车,避免离析。出料时的卸料高度不得超过 1.5m。

自卸汽车装运混凝土拌和物时,不得漏浆,并应防止离析。在夏季或冬季施工时,车厢上应加遮盖。混凝土出料时应注意移动自卸汽车,避免离析。出料时的卸料高度不得超过 1.5m。

4. 混凝土的摊铺与振捣

1) 混凝土的摊铺

(1) 在摊铺的开始阶段,应测量校核路面高程、厚度、宽度、中线、横坡等技术参数,并及时进行调整,保证混凝土板的板厚、密实度、平整度及饰面质量。

(2) 连续配筋混凝土的摊铺可根据实际情况,分别选择滑模机械、轨道摊铺机、三辊轴机组和小型机具配三辊轴等摊铺方式。摊铺宽度应根据 CRC 的板块划分来确定,一般超车道与行车道宜一次摊铺,硬路肩板单独摊铺,也可分为 3 块板进行摊铺。混凝土的摊铺应满足 JTG/T F30 的要求。

(3) 由于钢筋网的影响,CRC 摊铺时采取切实可行的横向布料方式,常用的布料机械有:侧向上料的布料机、侧向上料的供料机、带侧向上料机构的滑模摊铺机、挖掘机加料斗侧向供料、吊车加短便桥钢凳车辆直接卸料等方式。宜采用侧向进料方式,在没有侧向布料机的情况下,可采取挖掘机加料和混凝土搅拌运输车配人工布料。在人工辅助摊铺时,不应对混合料进行抛掷和搂耙,以防离析。水泥混凝土摊铺如图 4-26 所示。

(4) 摊铺应保持均匀摊铺速度,应随时观察新拌混凝土的级配和稠度情况,并根据其稠度调整摊铺的速度和振捣频率。摊铺后的混凝土表面应无麻面、漏浆现象。如有少量麻面、气泡、边角塌陷等,应及时用人工修整,如缺陷严重,应立即对摊铺工序加以调整,经调整后仍不能克服的,应立即停机,查出原因,清除问题后方可继续工作。

a) 侧向布料机

b) 挖掘机加料斗侧向供料

图 4-26

c)吊车加短便桥钢凳车辆直接卸料　　　　d)混凝土搅拌运输车配人工布料

图 4-26　水泥混凝土摊铺

（5）在摊铺施工过程中，要求供料与摊铺速度密切协调，尽可能减少停机次数，尽量保证连续施工，以减少横向缝的数量。当不得不中断施工时，其间距不宜小于 200m。在施工缝处增加纵向抗剪钢筋，钢筋的数量与纵向钢筋数量相同，其布置位置保证距两根纵向钢筋的间距相等，钢筋的直径与纵向钢筋相同，且应具有足够的长度，抗剪钢筋应伸入先施工的面板一端至少 95cm，后摊铺的面板一端为 245cm。

（6）施工缝端部应平整、光洁、无麻面，先浇筑混凝土的一端应凿毛，后摊铺的一端应在稳定的气候条件下摊铺（即日温差较小，在 0~10℃ 范围内），摊铺时应非常仔细，以避免蜂窝麻面，通过振捣保证混凝土紧密地裹覆钢筋。如果预测日温差超过 10℃，养生方法必须改进，以保证养生温度均匀稳定，可在两侧面板表面（包括自由边）喷洒隔热材料，喷洒长度最小为 60m。隔热材料应至少保留 72h，且保持温润。施工应采用湿法养生，直到新浇混凝土强度达到 3.9MPa，在混凝土养生期间，隔热材料也应保留在两侧板上。

2）混凝土的振捣

对混合料进行振捣，应及时检查排振的设置位置、振幅与频率、行走速度。人工振捣时，每一位置的持续时间应以混凝土停止下沉，不再冒气泡并泛出砂浆为准，振捣时间不宜太长。振捣时应辅以人工找平（见图 4-27），并随时检查模板有无下沉、变形和松动。混凝土的振捣应满足 JTG/T F30 的要求。

a)　　　　　　　　　　　　　　b)

图 4-27　混凝土振捣

3）滑模施工时纵向施工缝拉杆的布设

滑模施工时纵向施工缝边缘由于滑模板阻隔,不能将横向钢筋外延作为拉杆,纵向施工缝边缘须单独另外布设纵缝拉杆。可在 CRC 板中间厚度的位置,在混凝土滑模摊铺时,模板滑过后采用人工植入方式,放置拉杆并固定,如图 4-28 所示。

a)　　　　　　　　　　　　　　　　b)

图 4-28　滑模施工时纵向施工缝拉杆的布设

5. 混凝土表面修整

（1）混凝土摊铺、捣实、刮平作业完成后,应用饰面设备进一步整平,使混凝土表面达到要求的坡度和平整度。混凝土表面修整应满足 JTG/T F30 的要求。

（2）饰面作业时,不得在混凝土表面洒水或洒水泥粉,当烈日暴晒或干旱风吹时,宜在遮阴篷下进行。

（3）修整作业应在混凝土仍保持塑性和具有和易性的时候进行,以确保从路表面上清除水分和浮浆。表面低洼处不得填以表面的浮浆,而必须用新制混凝土填补与修整（见图 4-29a）。

a)　　　　　　　　　　　　　　　　b)

图 4-29　混凝土的修整与养生

6. 混凝土养生

（1）混凝土浇筑完成后,应开始养生并进行防护。混凝土的养生应满足 JTG/T F30 的要求。养生方式宜采用喷洒养护剂同时保湿覆盖,见图 4-29b）,也可采用覆盖保湿膜、土工毡、土工布、麻袋、草袋、草帘等洒水养生方式,不宜使用围水方式。混凝土的摊铺应满足 JTG/T

F30 的要求。

（2）采用喷洒养护剂的方式进行养护时，应采用专用的养生机喷洒，养护剂的品种和数量应满足规范的要求，并应均匀喷洒两遍，面板两侧也应喷洒。养生剂的喷洒量必须以在混凝土表面形成完全封闭的薄膜为度，然后再用塑料薄膜覆盖进行湿治养生。在养护膜未形成前，如遇雨水侵袭，应重新喷洒。

（3）应控制养生初期的养生温度。养生时间应随混凝土强度的增长情况而定。

五、CRC + AC 端部处理施工

CRC + AC 复合式路面与普通 CRCP 路面存在差异，普通 CRCP 和端部接缝处没有上覆的沥青面层，不需考虑 CRCP 端部变形对上部沥青面层的影响，因此，CRC + AC 复合式沥青路面端部处理采用桥梁伸缩缝的方式。施工按桥梁伸缩缝中毛勒缝的施工工艺进行施工，其施工要求按桥梁工程中有关规定进行，如图 4-30 所示。

a)　　　　　　　　　　　　　　　b)

图 4-30　连续配筋混凝土复合式路面端部毛勒缝处理

六、CRC 施工质量控制要点

1. 用水量的控制

根据国外资料，连续配筋混凝土在施工过程中，对施工温度、用水量比普通混凝土路面有更严格的要求。国内某条 CRC 道路在夏天施工，施工温度较高，且拌和场离施工现场较远，运输到施工现场后由于水分挥发很快，混凝土从车上卸不下来，现场工人临时往车里加水才得以倒出，这样混凝土的含水率得不到控制，结果 7~8d 后，该结构层出现了许多长度不一的纵向裂缝和许多间距很小的横向裂缝。应每天准确测定砂石的含水率，对于拌和场的进水流速和时间也应控制好，才不会出现表面网裂现象。因此，在连续配筋结构层施工时一定要控制好用水量和水灰比，尤其在高温季节施工的时候。

2. 混凝土的坍落度控制

在施工过程中，要求混凝土的坍落度为 1~4cm，实际施工过程中，坍落度大部分为 1~2cm，混凝土的流动性较差，在进行混凝土摊铺时很费力，因此，要求加强振捣。从拆模后混凝土板的侧面看，混凝土还是比较密实的，很少有蜂窝状孔洞。由于用水量需要控制，可通

过掺用高效减水剂来增加混凝土的坍落度,改善混凝土的流动性,增加工作性。

3. 混凝土的振捣控制

由于混凝土的坍落度较小,且连续配筋混凝土加铺层中间有钢筋,如果混凝土不加强振捣,钢筋下的混凝土的空隙将会很大,在抹面之后,混凝土会在重力的作用下流动以填充空隙,这样容易形成塑性沉降裂缝,导致混凝土表面出现短的纵向裂缝。本次施工过程中,要求施工方加强振捣。在混凝土被侧向布料后,混凝土经过振捣棒、振捣扳、振捣梁3次振捣,基本上能将混凝土振捣密实,混凝土表面没有出现短的纵向裂缝;从拆模之后的侧面来看,也没有较明显的蜂窝状溶洞。

4. 纵向钢筋的支撑支架

纵向钢筋应位于板中面,需要一定的支撑架将其固定在板中面位置。根据国内施工经验和依照施工规范,本次施工中,以每0.7m布置一根 $\phi16$ 螺纹钢筋作为支撑纵筋的胎架,如图4-31所示;以 $\phi8$ 光面钢筋制作成"✕"焊接100mm×50mm×3mm的钢板上作为胎架的支撑点(见图4-32),两者共同支撑纵筋,两两之间相互绑扎,形成稳固的钢筋网。施工过程中,纵筋和横筋没有出现明显的翘曲。该制作方式工序简单,安装方便,牢固可靠,在以后的连续配筋施工中值得推广。

图4-31 常规简易支架

图4-32 专门设计的滑动支架

5. 纵向钢筋的绑扎

在国内其他的连续配筋路面铺筑过程中,纵向钢筋采用焊接方式进行连接,当温度变化时,钢筋便会收缩或膨胀。计算表明,当钢筋长度为500m,温差为10℃时,钢筋伸缩量为4.5cm,这么大的伸缩量会带动与之连接的钢筋支座移动,刺破沥青混合料隔离层。本次施工中,纵向钢筋采用绑扎方式连接,搭接长度为钢筋直径的35倍;纵向钢筋和横向钢筋之间及横向钢筋和钢筋支座也是采用绑扎方式进行连接。由于绑扎方式允许钢筋之间有一定的错动,钢筋之间及钢筋与支座之间有一定的伸缩空间,施工过程中没有出现沥青混合料隔离层被刺穿或钢筋网严重变形的情况。

第五章 桥梁施工新技术

第一节 装配式桥梁施工技术

装配式梁桥的主梁通常在施工现场的预制场内预制,也有的在桥梁厂预制,预制好的梁体运输至需安装位置进行安装就位。

相对于就地浇筑工艺而言,梁桥装配式施工的上、下部结构平行作业,可缩短工期,预制件可实现工厂化生产,混凝土的收缩徐变影响小,质量易于控制,并且安装不受桥跨基础状况的影响。但需要较大的场地进行预制场建设,还要有专用的大型设备。

随着桥梁施工工艺标准化、生产过程工厂化流水作业的发展趋势和要求,装配式梁桥的施工技术也得到不断发展。从最早的普通钢筋混凝土梁、板预制,到近年来的预应力高性能混凝土梁预制;从原始的滚筒支垫移梁、运输,到先进的龙门吊机、运梁台车的应用;从简单的行走式吊机安装构件,到大型浮吊的整体吊装;从简陋的自拼架桥机架梁,到自行步履式纵横移全功能架桥机架梁;从简支梁的安装,到分节段拼装的实现,梁桥的装配式施工技术得到长足发展。

混凝土梁桥的装配式构件主要有空心板、T形梁、箱梁等形式。

预制工艺根据预应力的施加时间分为先张法和后张法预制两种。目前,先张法在预制较小梁、板(跨度一般不超过25m)中应用较多,而较大的预制构件一般采用后张法预制。

预制工艺根据预制构件的拼装方式不同,一般分为单件法预制、长线法预制和短线匹配法预制3种方法。单件法预制较简便,构件各自分别预制,上桥后再连成整体,本方法最常见。长线法预制是将单跨梁体分节段在长线台座上依次预制,以保证各节段间的匹配良好和安装后的线形。本方法占用场地大,工期长,较少使用。短线匹配法预制是在台座上将梁体节段两两依次匹配、预制,通过空间坐标转换来控制线形,是国外大型桥梁上部结构施工应用较广泛的成熟施工技术,国内应用还较少,具有推广价值。

装配式梁桥施工技术的发展,与工程机械、设备制造技术的发展是分不开的。很显然,如果安装设备的起重性能和操作性能无法满足,预制构件则无法按照预期运输、安装到桥上。大型桥梁的不断修建,给工程机械、设备制造业提出了更高的要求;先进的工程机械、设备的出现,也为装配式梁桥的施工提供了保障,促进了装配施工技术的进步。

装配式梁桥的安装一般是逐跨安装,每跨在横向分为多件T形梁或空心板,先完成横向安装,再前移进行下一跨安装。近年来,梁桥的纵向分节段拼装技术得到了运用和发展,将每跨按照纵向分成若干节段,短线匹配法预制梁体节段,在桥上依次拼装形成整跨。

简而言之,装配式梁桥的施工,关键是解决如何预制构件、如何运输、如何安装的问题,施工方法、施工组织、设备配置等也都围绕这几个关键环节来展开。

一、施工工艺流程

装配式梁桥主要施工工艺流程如图5-1所示。

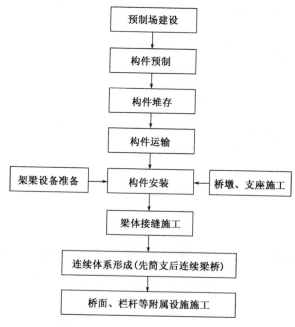

图5-1 装配式梁桥总施工工艺流程图

二、构件预制施工

1.预制场施工

梁桥构件预制场是构件预制施工、存放、出运的综合性生产场地,其布置和功能划分是否合理直接决定了预制、运输、安装等一系列生产活动能否顺畅进行。

1)预制场的布置

预制场的布置遵循以下原则:

(1)功能齐全,能满足构件预制要求。

(2)布局合理,各作业工序联系紧凑且互不干扰。

(3)安全环保,不得存在安全隐患和造成环境污染。

(4)经济适用,在满足施工要求的前提下尽量节省成本。

预制场一般包括预制区(台座)、储梁区(台座)、出运通道、施工道路、吊装设备(龙门吊等)以及辅助生产区(包括钢筋加工场、模板加工或修整场、原材料及半成品堆存、试验室、机修、仓库等),并设置合理的排水系统、供电系统、围栏等辅助设施。在条件许可的情况下,一般预制场还设有混凝土拌和站。

某大桥引桥施工预制场布置如图5-2所示。该工程预制梁分50m T形梁和25m T形梁两种形式,由于场地限制,预制场只能借用55~62号跨(25m跨)墩下位置作为预制场,在各墩桩基、承台施工完成后夯实，设置14个50m T形梁预制台座，25m T形梁在该台座上改装后预制。其中在55~57号墩跨仅在右幅设置台座，左幅墩身施工完毕，先预制该部分梁体，在预制场内设置2台吊重为100t的龙门吊安装该两跨梁体，该部分作为架桥机起始安装平台，也作为后续运梁的喂梁、出运平台。由于场地限制，将混凝土拌和站靠近预制场设置，而将辅助生产区域设置在预制场以外的区域，图中未示出。

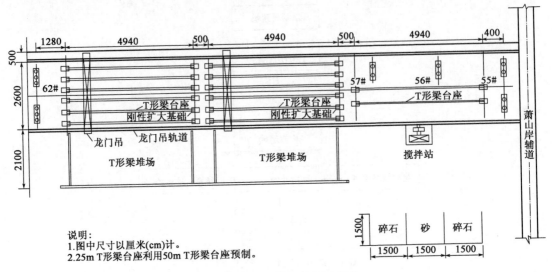

图5-2 某大桥预制场布置示意图

2) 预制场施工

(1) 场地选择

桥梁预制场地一般选择在桥台后引道路基上，也有选择在基础较好、地势较平的桥下或桥侧地面上。预制场与桥梁的相对位置和地形的不同，决定了构件运输路径和方式，同时，预制场的各功能区的相对位置也有所不同。

(2) 基础处理

预制场的基础处理方法视预制场基础情况和施工荷载要求而定，采取换填、压实、夯实、碎石桩等不同的方法，确保预制场基础的承载力，减少预制台座、龙门吊轨道基础、道路等的沉降变形，也可降低质量和安全隐患。在预制场不同的区域，因荷载的不同，处理要求也应区别对待，例如，台座处的基础要求比其他区域要高。

基础密实处理后，场地整平，一般铺筑低强度等级的混凝土并硬化。在基础处理时，要同时做好排水管网的设计和施工。

(3) 预制台座施工

根据预制工艺、构件尺寸进行预制台座的设计和施工。

①先张法预制台座。张拉台座是先张法预制施工最重要的设施，要求有足够的强度和稳定性。根据结构造型的不同，张拉台座可分为墩式和槽式两种。

墩式台座长度和宽度由场地大小、构件类型和产量等因素确定。由传力墩、定位钢板、台面和横梁等组成。其构造通常采用传力墩与台座板、台面共同受力形式，依靠自重和土压力来平衡张拉力所产生的倾覆力矩，并依靠土壤的反力和摩擦力来抵抗水平位移。传力墩可根据基础情况和受力情况因地制宜采取不同的形式,如锚桩、地下混凝土梁、三角墩等,一般为钢筋混凝土结构。横梁是将预应力筋的张拉力传递给传力墩的结构,一般采用型钢加工而成。定位钢板用来固定预应力筋的位置,按照构件的预应力设计位置开孔,应具有足够的刚度。

某工程先张法预制空心板的墩式台座构造如图5-3所示,台面基础处理后浇筑10cm厚的C25混凝土,∠50mm×50mm的角钢护边,顶面铺设5mm厚的钢板。由于空心板放张后起拱,主要荷载集中在台座两端,为防止台座不均匀沉降,在台座两端采用扩大基础,适当配筋后浇筑片石混凝土的方法。

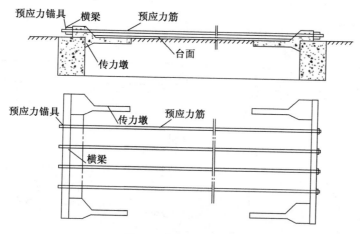

图5-3 墩式台座构造图

当现场基础条件差,台座不长时,将两端的传力墩连成一个整体梁,称为传力柱,并与横系梁、台面整体浇筑钢筋混凝土,即形成槽式台座,主要依靠传力墩抵抗张拉力和位移,其余构造与墩式台座相同。

②后张法预制台座。后张法预制梁体的台座,实际上就是梁体的底模平台。一般由混凝土基础、底模骨架、底模面板、起吊点活动底模等组成。

混凝土基础依据梁体的荷载情况进行配筋,一般张拉后梁体起拱会导致端部受力加大,应重点处理。梁体一般采用扁担梁起吊,故须在起吊点相应的台座位置下设置活动底模,在梁体张拉后拆除,穿扁扭梁起吊。底模骨架作为底模与基础的传力结构,底模高程的调整也通过其实现,由型钢或钢板焊接制作而成。底模面板一般为钢板,也有的采用竹胶模板,尤其是两端张拉后应力集中处,底模面板容易损坏,多用竹胶模板,在竹胶板和钢板之间需涂抹一层黄油,以减小两块模板之间的摩擦力。

某工程50m T形梁预制台座构造如图5-4所示。

对于短线匹配法预制箱梁,台座为可调式支腿钢平台结构。

(4)龙门吊施工

一般大型预制场布置龙门吊作为施工起重设备,其起重能力由最大的预制梁体质量决定。对于顺桥向布置的预制场和较大型的预制场,往往是2台龙门吊同步抬梁起吊作业。

龙门吊主要由轨道、立柱、横梁、天车起吊系统和滚轮行走系统等组成。

龙门吊的主体结构(立柱、横梁)一般用万能杆件、贝雷桁架、型钢等组拼而成,也有采用钢管八字形布置作为立柱,可根据可用材料情况灵活选用。龙门吊根据跨度、高度和荷载(包括风载等)要求进行强度和刚度设计,现场组拼安装。目前,一些专业的设备制造厂家也可根据用户要求定做龙门吊设备。

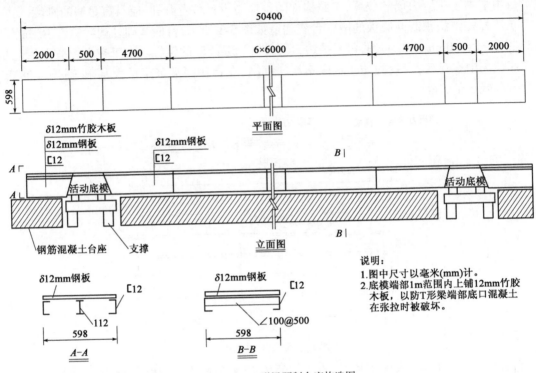

图 5-4　50m T 形梁预制台座构造图

根据轨道数量的不同,龙门吊有单轨和双轨之分。一般来说,双轨龙门吊横向稳定性较好,但轨道基础及轨道、滚轮等的费用较高。龙门吊轨道基础根据地基情况可选择不同的处理方式,地基沉降较小,可选择刚性基础,在钢筋混凝土地梁上铺设轨道,高程和位置一般不再作调整;地基沉降较大或有待继续观察,则应选择柔性基础,在铺筑好的碎石垫层上安装枕木,再安装轨道,施工过程中必须加强观测,及时调整位置及高程偏差,确保轨距和轨道高差。

龙门吊的天车为主要起重机构,有的龙门吊还在横梁上安装电动葫芦(一般不超过 10t),作为辅助起重设备,在起吊模板、钢筋等小质量物件时,速度较快。

与天车一样,滚轮行走系统要由专业机电工程人员设计、安装。龙门吊两侧行走系统必须同步,在用 2 台龙门吊抬吊同一构件时,也必须同步,以保证安全。

某工程龙门吊结构如图 5-5 所示,预制场内共设 2 台龙门吊,单榀 T 形梁最大质量为 165t,皆由 2 台龙门吊抬吊。双轨龙门吊设计吊的最大质量为 100t,用 N 形万能杆件组拼而成,净跨径为 28m,总宽度为 32m,总高度约为 19m,吊高净空 15m,每台龙门吊质量约 100t。

(5)其他配套设施施工

①混凝土运输设施。预制场混凝土一般采用吊罐模的浇筑方式,如果不是商品混凝土,一般没有混凝土运输罐车,所以需要单独的混凝土运输设施。可在龙门吊轨道内侧,设置运输轨道和小车,将吊罐放在小车上,自行或卷扬机牵引运输,再由龙门吊吊罐入模浇筑混凝土。

②根据生产需要和文明规范施工的要求,进行预制场的排水、供电、道路、场地硬化、混凝

土输送等其他配套设施施工。尤其是排水设施的施工,对预制台座、龙门吊轨道的沉降影响很大,必须引起足够重视。

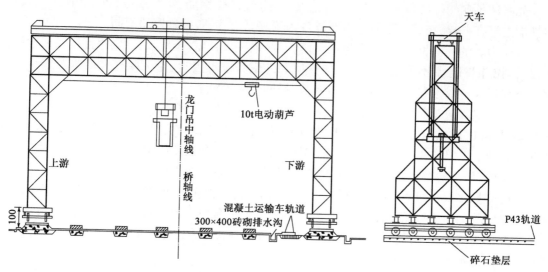

图 5-5　双轨龙门吊结构示意图

2. 先张法预制构件施工

1) 预制施工工艺流程

以预制空心板为例,施工工艺流程如图 5-6 所示。

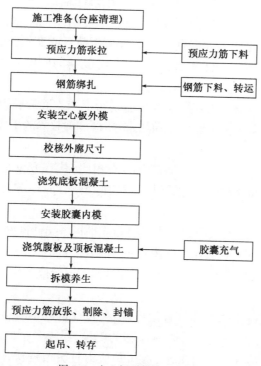

图 5-6　空心板预制施工流程图

2) 施工要点

(1) 预应力施加

先张法预制构件的预应力材料一般有高强钢丝、冷拉钢筋、钢绞线等,各种预应力筋在材料性能上存在差异,在施工工艺上主要体现为锚夹具形式、张拉程序的不同。

预应力筋的下料长度,应综合考虑台座长度、锚夹具长度、千斤顶长度、焊接接头或墩粗预留量、冷拉伸长值、弹性回缩量、张拉伸长值和外露长度等因素,需按照有关规范要求精确计算。下料过长造成浪费,下料过短则给张拉、锚固带来困难。

预应力锚具应按照设计要求采用,并能满足分级张拉和放松预应力的要求,具有可靠的锚固性能、足够的承载能力和良好的适用性,能保证充分发挥预应力筋的强度,安全地实现预应力张拉作业。工具式夹具应有良好的自锚性能、松锚性能和重复使用的性能。

张拉前,详细检查台座、横梁和各种张拉机具设备,符合要求后可进行操作。

同时张拉多根预应力筋时,应预先调整其初应力,使相互之间的应力一致;张拉过程中,应使活动横梁与固定横梁始终保持平行,并应抽查力筋的预应力值,其偏差的绝对值不得超过一个构件全部力筋预应力总值的5%。预应力筋张拉完后,与设计值的偏差不得大于5mm,同时不得大于构件最短边长的4%。

(2) 钢筋工程

所有钢筋在后场按设计图纸下料、制作,然后转运现场绑扎,钢筋尺寸偏差、间距误差、搭接长度等均符合规范及设计要求。

(3) 模板工程

一般采用先张法预制施工的底模,与台座应一并设计施工,在张拉之前要清除锈迹、打磨光洁、涂抹脱模剂。侧模板根据构件外形尺寸制作定型钢模板或木模,加工精度满足规范要求,安装时采用对拉螺杆固定。内模根据设计要求采用模板或充气胶囊。若采用充气胶囊,应由专业厂家生产,使用前进行气密性和耐压性实验,将胶囊周围涂满肥皂水,充气直至达到工作压力值,并检查是否漏气,如有漏气及时修补。

混凝土浇筑过程中检查模板,尤其是检查胶囊是否上浮。因为胶囊的上浮直接导致构件顶板厚度偏小,可通过调整胶囊定位钢筋尺寸和加密、严格控制胶囊的工作压力等措施避免上浮。

(4) 混凝土施工

先张法预制构件混凝土与梁体就地浇筑混凝土相比,具有方量小、缓凝时间短、外观要求高的特点。混凝土原材料选择和配合比设计根据实际要求进行,应有利于早期强度的形成和收缩徐变的减少。

混凝土浇筑一般为常规施工,采用插入式振捣器或平板振捣器振捣。在振捣腹板混凝土时采用小棒对称振捣,防止胶囊上浮,严禁用振动棒赶料、拖料、接触钢绞线。当混凝土强度达设计要求时胶囊放气拔出,拆模时间根据当天气温确定。根据气候情况选择养护方式,养护时间不少于7d。

(5) 预应力筋的放张

预应力筋放张时的混凝土强度须符合设计规定,设计未规定时,不得低于混凝土设计强度等级值的75%。在力筋放张之前,应将限制位移的侧模、翼缘模板或内模拆除。

预应力筋的放张顺序应符合设计要求,放张预应力宜缓慢进行,设计未规定时,应分阶段、对称、相互交错地放张,同时符合以下要求:

①应先放张预压力较小区域的预应力筋,后放松预压力较大区域的预应力筋。
②板类构件应按照对称原则从两边同时向中间放张,以防止在放张过程中板发生翘曲、裂缝。
③对用胎模生产的构件,放张时应采取防止构件端部产生裂缝的有效措施,并使构件能自由移动。

多根整批预应力筋的放张,可采用砂箱法或千斤顶法。用砂箱放张时,放砂速度应均匀一致;用千斤顶放张时,放张宜分数次完成。单根钢筋采用拧松螺母的方法放张时,宜先两侧后中间,并不得一次将一根力筋松完。

钢筋放张后,可用乙炔氧气切割,但应采取措施防止烧坏钢筋端部。钢丝放张后,可用切割、锯断或剪断的方法切断;钢绞线放张后,应用砂轮锯切断。

长线台座上预应力筋的切断顺序,应由放张端开始,逐次切向另一端。

3. 后张法预制构件施工

1)预制施工程序

以常见的先简支后连续 T 形梁预制为例,其施工工艺流程如图 5-7 所示。普通简支 T 形梁(不

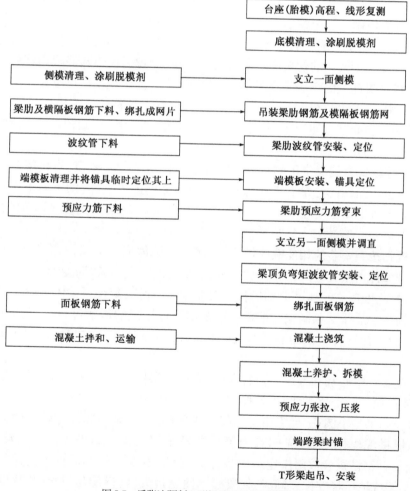

图 5-7　后张法预制 T 形梁施工工艺流程图

连续)的施工工艺中无"梁顶负弯矩波纹管安装、定位"工序,其余工序与先简支后连续 T 形梁相同。

若为预制箱梁,可上下一次浇筑或分两次浇筑,并在底板混凝土浇筑完成后,及时安装内模。一次浇筑时,应先浇筑底板(同时腹板部位浇筑至底板承托顶面),待底板混凝土稍沉实后再浇筑腹板、顶板混凝土;分两次浇筑时,先浇筑底板至底板承托顶面,按施工缝处理后,再浇筑腹板、顶板混凝土。

2)施工要点

(1)模板施工。后张法预制梁体的模板主要由底模、侧模、端模组成,其中箱形梁和空心板还有内模。根据材料的不同,模板主要分为钢模、木(竹)模和钢木复合模板 3 种。

①底模施工。为了抵消因梁板的预应力张拉造成的梁体中部上拱量,保证桥面铺装跨中最小厚度的要求,后张法预制梁台座及钢底模需设置反拱,即底模板不是水平的,而是一个向下挠的曲线,中间低,两端高。跨中反拱度值应经计算并结合施工经验确定,其余各点预拱度值对称按二次抛物线分布。

为确保预制梁底板外观质量,要求底模的所有接缝必须进行焊接并打磨光,也可将底模面板清理干净后上一层清漆防锈,这样不仅可以防止绑扎钢筋时底模生锈,而且有利于合底模的清理,同时可省去使用底模脱模剂。

②侧模施工。侧模系统一般由侧模、侧模支撑桁架及必要的调节螺杆、对拉螺杆组成。侧模定位时,通过支撑桁架上的螺旋调节装置进行调位,到位后底口与底模用螺栓连接固定。侧模顶、底口设对拉螺杆。侧模应具有足够的强度和刚度,能满足多次反复使用的要求。

对于 T 形梁,一般设有横隔板,横隔板模板与侧模连成整体。侧模的分块大小根据横隔板位置、起重能力和安装方便程度综合而定,分块太大,则安装、拆卸较笨重;分块太小,则拼装工作量大,线形控制较难。

侧模的支撑方式直接决定了侧模的安装方法。普通的分块侧模,直接用龙门吊吊运到安装位置安装就位。如果在支撑桁架下安装滚轮并与侧模连成整体,则可人工推移模板到指定位置安装。如果将支撑桁架固定在地面,在桁架上安装调节螺杆,则顶撑调节螺杆即可将模板安装到位。

拆除模板则按照安装的相反顺序作业,应注意对梁体成品的保护,尤其是梁体边角、隔板位置应防止碰撞掉角或开裂。同时,也要控制模板的均匀受力,以防变形。

拆除侧模后,及时在台座两侧加撑杆将梁体稳定、加固,禁止对梁体碰撞,以免翻倒。

③端模施工。后张法预制梁体端模一般根据张拉槽口的形状进行制作,根据预应力位置开孔,并将预应力锚具临时固定在端模上,在混凝土浇筑后拆除端模,预制箱梁模板结构如图 5-8 所示。

④内模施工。空心板和箱梁必须有内模,应根据梁体内腔尺寸和施工要求选择和设计内模,并充分注意模板的安装、拆卸难易程度,要求简捷实用。

梁体内腔如果是小圆孔,可采用充气胶囊或拔芯法;如果内腔尺寸较小(1~2m),可用组合钢模或木模拼成内模,木杆或钢管加顶撑螺栓十字支撑。如果梁体内腔较大(如预制箱梁),可采用组合钢模拼装或制作定型模板作为内模,内模主要由顶板底模、腹板内侧模及角模组成,脚手架或油压杆支撑。同时,如果梁体预制量大,则标准化、自动化程度越高,如安装内模滑轨、油压顶撑等。

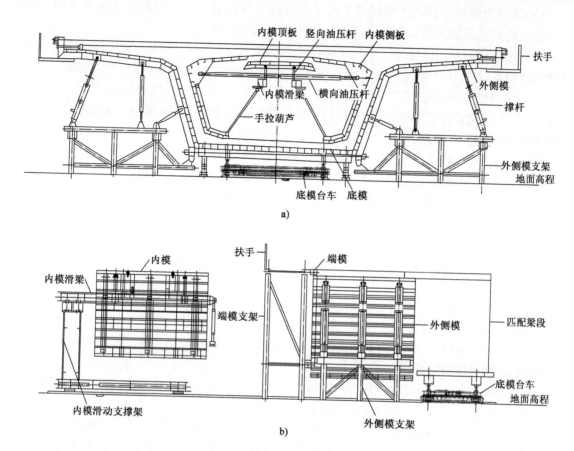

图 5-8 预制箱梁模板结构示意图

(2) 钢筋施工。预制梁的钢筋施工主要有 3 种方式：

①直接在台座上绑扎。这种方法适用于小型的预制件，无须更多的转运、起重设备，但绑扎时需搭设临时支架，台座占用时间长，对 T 形梁模板周转不利，梁体预制周期也较长。

②后场绑扎钢筋单元、台座组拼。将部分钢筋在后场钢筋加工区先拼成网片或其他单元，将这些单元整体运输、吊安到台座上再绑扎、组拼成型。这种方法使用灵活，适用于各种预制构件钢筋施工，可以减少钢筋绑扎时的放线工作，无须现场搭设钢筋支架，为台座的周转节约大量的时间，而且这样绑扎出的钢筋间距均匀。但需要专门的运输设备，起重设备使用也较频繁。

③钢筋骨架整体吊装入模。本方法是将梁体钢筋骨架先在专门的钢筋绑扎台座上绑扎成型，再用龙门吊整体吊装入模。某预制箱梁节段钢筋绑扎台座，根据梁体形状，利用型钢搭设台座、支架，在台座上绑扎梁段钢筋成型。钢筋骨架采用专用吊具多点起吊，钢筋骨架顶板与底板之间用连接杆进行临时连接，以增加骨架整体性。

这种方法需要专门的钢筋绑扎台座和支架、吊具，为标准化流水作业，预制周期短，钢筋质量易得到保证。在梁体钢筋绑扎的同时，应进行所有预埋管件的埋设，并悬架保护层垫块。

(3)预应力施工。后张法预制梁体的预应力施工与就地浇筑主梁的施工基本类似,但根据梁体结构的差异和预制场作业的特点,应在以下方面进行改进:

①采用焊接网片定位管道。同种梁体在相同的位置管道位置也是一定的,根据各断面的管道位置焊接定位钢筋网片,直接安装在钢筋骨架中,可减少现场作业时间,定位准确。

②浇筑混凝土前先穿钢绞线。由于后张法预制梁的预应力筋一般数量多、管道弧度半径较小,混凝土浇筑后再穿束就相当困难,管道也易被混凝土砂浆堵塞,所以一般都在混凝土浇筑前穿束,检查管道封堵良好后再支侧模,在混凝土浇筑完成后再人工将孔道内钢绞线来回拉动,避免管道内的砂浆固结。

③预应力张拉顺序尤其重要。一般采用后张法预制梁位薄壁结构的细长杆(如 T 形梁)、刚度差时必须严格按照张拉顺序进行张拉,以免造成梁体侧弯、起拱过大,影响到后序施工或使用功能。

④张拉端的安全防护。在预制场张拉,作业人员较多,在张拉前必须确认正对千斤顶方向没有站人,如果施工需要有人在张拉端前方作业,需在正对千斤顶位置安放钢板制作的防护挡板,以免张拉断丝造成人员安全事故。

⑤封锚长度的控制。对于需要封锚的构件,首先将封锚梁端凿毛,并用砂轮切割机将多余钢绞线割除(注意预留长度不小于 3cm)。在焊接封锚钢筋网片时,应避免电弧焊伤锚板及夹片。封锚模板支好后,应着重检查梁体的有效长度和封锚端面的垂直度,并注意模板的加固,以免影响后期梁体的安装。

(4)混凝土施工。后张法预制梁由于构件较大、钢筋、预应力管道较密,T 形梁等还有放大"马蹄"脚,混凝土要求具有好的和易性和足够的缓凝时间,以保证混凝土的密实和不出现冷缝。同时,由于构件外观要求一般较高,除在模板的打磨、清理、脱模剂等上严格控制外,还应在混凝土泌水性、流动性、振捣等方面努力,保持原材料的质量稳定,确保预制构件结构可靠、表面光洁、颜色均匀、线形顺直,无明显缺陷。

混凝土一般吊罐入模,水平分层或斜向分层布料。在混凝土浇筑时要注意层与层之间的连接,并且层与层之间的相隔时间不宜太长。

后张法预制梁混凝土的振捣一般采用高频电机加插入式振捣相结合的方式,高频电机安装在侧模上,根据构件外形和振捣难易程度分层布置,上下层之间一般交错呈三角形布置,且在振捣时严格控制振捣时间和顺序。尤其是在 T 形梁马蹄部分,一般容易气泡集结,混凝土下料一定不能太厚,尽量做到薄下料、多振捣(高频的振捣总时间一般控制在 60~90s,再根据混凝土的坍落度作局部调整)。在插入式振捣棒能去的地方应尽可能使用插入式振捣棒,振捣棒应尽可能不碰到钢筋和避免触及管道,以免管道破裂而影响后期 T 形梁张拉和压浆。

充分重视混凝土的养护工作。混凝土浇筑完成初凝后应及时进行养护,采用洒水覆盖养护,养护时间不少于 7d。冬季预制混凝土施工时,采用热水或蒸汽养护。特别要加强对梁的两端和横隔板及其凹角处的养护。在施工中梁体棱角处的养护往往被忽视,因而极易造成拆模时掉角。

4. 预制构件的堆存

如果预制的构件不能马上上桥安装,必须转运到堆存区存放。堆存区应平整夯实,构件应按吊运及安装次序顺序堆放,尽量缩短预应力混凝梁或板的堆放时间。构件堆垛时,应放置在垫木上,吊环向上,标志向外。混凝土养护期未满的,应继续洒水养护。水平分层堆放构件时,其堆垛高度应按构件强度、地面承载力、垫木强度以及堆垛的稳定性而定。承重大构件一般以2层为宜,不应超过3层;小型构件一般以6~10层为宜,层与层之间应以垫木隔开,各层垫木的位置应在吊点处,上下层垫木必须在一条竖直线上。雨季和春季融冻期间,必须注意防止因地面软化下沉而造成构件断裂及损坏。

三、装配式构件的起吊

主梁装配式构件的起吊主要有吊耳法和扁担梁法两种。

1. 吊耳法

在梁体钢筋绑扎时预埋钢筋或钢板制作的吊耳,与钢筋骨架连接并浇筑在混凝土中。起吊时,将吊具卡环或钢丝绳穿过吊耳,进行梁体的起重作业。这种方法适用于梁体质量较小的构件,吊耳须进行结构受力计算。

2. 扁担梁法

在吊运大型梁体时,采用扁担梁法。吊具由上担梁、销栓、吊带、下担梁组成,经过计算确定其材料和规格尺寸,如图5-9所示。其中上担梁与下担梁基本一致,其上安装吊耳穿钢丝绳起吊。吊带由钢板加工,两端开孔穿入销栓。销栓进行抗剪计算,常采用40Cr材料,强度高,直径小。对于T形梁和箱梁,吊带穿过翼缘的位置应预留孔道。

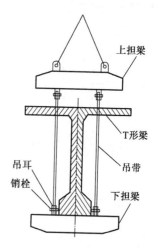

图5-9 扁担梁起吊T形梁结构示意图

四、装配式构件的运输

构件在台座上预制好后,要经过运输才能到达堆存区和安装位置。运输方式根据现场的运输距离、设备情况、运输路径的基础条件等进行选择,主要有以下方法。

1. 龙门吊运输

如果运输目的地在龙门吊的作业范围,直接用龙门吊将预制构件吊运至指定位置。这种方法运输作业范围有限,一般作为其他运输方式的起点,在龙门吊作业范围以外采用其他方式。

2. 滚筒横移法

在没有设置龙门吊的预制场或需横移到龙门吊范围以外的情况下,采用滚筒横移法将预制好的构件横移到纵移轨道上。滚筒横移法是指依靠滚筒减少摩擦力,将梁体横向移动的方法。

如图5-10所示,在与预制台座正交的方向布置横移轨道,在台座之间布置纵移轨道。

以T形梁横移为例,滚筒横移的结构示意图如图5-11所示,其基本操作步骤为:

(1)将T形梁两端活动底模取走。

(2)为确保T形梁顶升安全,采用单端顶升,将另一端T形梁两旁用15cm×15cm的方木斜撑T形梁翼缘根部,斜撑必须稳固不滑移。

(3)在T形梁马蹄宽度内放置2台千斤顶,对称布置,梁一端进油顶升时,另一端两旁斜撑必须专人守护,预防支撑松动,同时,顶升端两旁也需要用方木支撑,因顶升时方木要松动,需在顶升时随时加撑。将T形梁顶升到一定高度后便可将横移托梁放入横移轨道内,托梁一般由型钢制作。

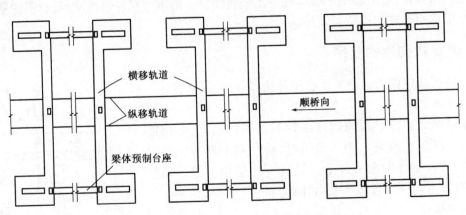

图 5-10 预制场台座与纵、横移轨道位置示意图

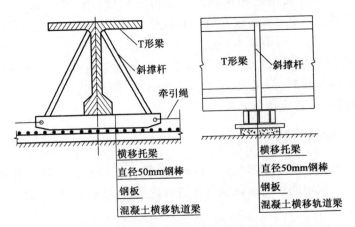

图 5-11 滚筒横移法结构示意图

(4)调整托梁及其下方的滚筒钢棒与T形梁居中,用千斤顶卸载,将T形梁放在托梁上,将托梁两端的刚性斜撑杆安装并撑于梁翼缘根部。同时,可用手拉葫芦和钢丝绳将T形梁捆紧在托梁两端,以保证安全。

(5)用相同的方法将T形梁另一端安放在横移托梁上加固。

(6)检查稳妥后,在T形梁两侧各用一个10t倒链葫芦牵引托梁,实现T形梁横向移动,两端横移速度应大致相同。为防止滚筒将混凝土横移梁局部压坏,减少摩擦阻力,在滚筒下铺设钢板。钢板太厚(5mm)则受力弯曲形成的拱形使T形梁上坡,很难被拉动,太薄的钢板易挤皱而不能重复使用。

(7)待T形梁进入纵移轨道后,利用与台座上顶梁相反的顺序,将纵移轨道上的运梁小车喂进,取出横移托架,便可纵向移动T形梁。

3. 轨道小车运输

利用龙门吊或滚筒横移将梁体安放到运梁小车上,小车在纵移轨道上移动,这就是常见的轨道小车运输法,图 5-12 为 T 形梁轨道小车运输示意图。梁体在运梁小车上一定要固定稳妥,尤其是 T 形梁,稳定性较差,因此要有可靠的防倾措施,一般是采用斜撑加手拉葫芦方法固定。

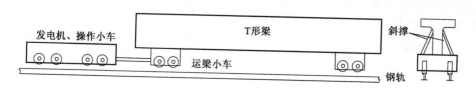

图 5-12　T 形梁轨道小车运输示意图

根据需要,运梁轨道可安装在预制场,也可安装在已安装的梁段上,下垫枕木或混凝土支墩,严格控制轨道间距和轨顶高程,并防止不均匀沉降。

4. 轮胎平车运输

在地形复杂,需要转向运输的情况下,可采用轮胎平车运输梁体,如图 5-13 所示。制作轮胎运输平车,轮胎数量和大小根据梁体尺寸和质量而定,平车托梁(由 I56a 制作)与底座间设置转动销,在曲线运输时可转动。梁体在预制场上经 2 台龙门吊抬运到小车上后,用卷扬机或装载机、汽车等运梁平车前行。当运输途中存在下坡时,运梁平车后车设 1 台卷扬机,边走边放,以防运梁平车下行速度或加速度过大而失控。

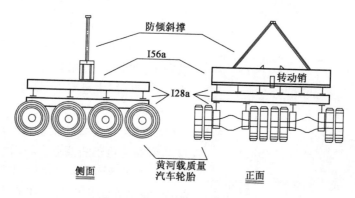

图 5-13　轮胎运梁平车结构示意图

五、构件安装施工

预制梁的安装,是装配式梁桥施工中的关键工序,应结合施工现场的条件、桥梁跨径大小、设备能力、设计要求等具体情况,从安全、工期、造价等方面综合考虑,以选择最合适的架梁方法。

安装方法的不同,主要体现在安装设备的选择上。随着桥梁施工的机械化、标准化程度越来越高、逐步向工厂化的发展,架梁设备也越来越先进,并逐渐向大型化、标准化发展。例如,杭州湾跨海大桥全长 36km,作业环境恶劣,主要依靠大量的装配式梁施工;苏通长江大桥,75m 箱梁节段预制安装,在施工工艺和跨径上都有较大的突破。

架梁是安全风险较大的施工作业,涉及设备、人员、结构等各个方面。在施工中如何保证操作人员的生命安全、预防工程事故的发生,这是贯穿施工方案的选择、施工机具设备的设计和选用、施工工艺的细化、操作工法的制订、安全措施的制订和落实、操作人员的培训等各个方面的一项基本方针。尤其是架梁设备的各个工况下的受力状况、抗倾覆稳定性、安全措施等,必须经过严格地设计计算,具有足够的安全储备,并严格按照设计进行制作、组拼和操作。

下面介绍几种目前常用的架桥机架设法。

1. 简易安装方法

对于跨度小、高度较低的小型桥梁,因地制宜采用简易的安装方法。

(1) 自行式吊车架设法

如果桥下可以设置便道,吊车的起重能力足够大,直接用自行式吊车将梁体安装到位。如果梁体质量较大,可采用2台吊车抬吊。这种方法机动灵活,架设简便。

(2) 跨墩龙门吊架设法

若能在桥两侧设置龙门吊轨道,龙门吊高度足够,就可安装1台或2台跨墩龙门吊架梁。这种方法安装位置准确、安全,但如果龙门吊和运梁通道基础处理太困难,相应地经济成本就较高。

(3) 移动支架架设法

在桥下基础良好可铺设轨道时,在两墩台之间搭设支架,支架下设置滚轮在轨道上可移动,将梁端安放在支架上,牵引移动到位后落梁。这种方法的支架抗倾覆安全性是施工难点,一般较少采用。

2. 水上浮吊架梁

在海上和深水河流桥梁施工中,也常采用浮吊安装预制梁。浮吊具有起重能力大,功效高的特点。目前国内最大浮吊"小天鹅"的起重能力达2500t,在杭州湾跨海大桥、东海大桥施工中,"小天鹅"浮吊发挥了很重要的作用。图5-14为该浮吊安装箱梁的情形。利用水上浮吊架梁,需要有足够的水深,并修建预制梁出运码头,配套拖轮、驳船等船机设备。在流速大、波浪高的水域作业时,须充分重视浮吊的稳定性,防止工程安全事故的发生。

图5-14 "小天鹅"浮吊吊装图

3. 高空架桥机架梁

随着大量桥梁的修建,桥下地形千变万化,桥梁高度不断突破,架桥机架梁作为一种标准化施工的先进技术,不受高度和桥下基础、地形限制,得到了不断发展,其工艺也日趋成熟,功能日益完善。

早起的架桥机一般以万能杆件或贝雷桁架拼装为主,目前在中、小桥梁架设中仍使用较多。成型设备的架桥机在20世纪90年代逐步推广应用。根据导梁的数量,分为单导梁式和双导梁式两种。对于双导梁架桥机而言,又经历类三支点两跨连续导梁架桥机和两支点后配重架桥机阶段,前者依靠导梁后段的自重平衡实现架桥机前移过跨,后者则需在导梁后段加重物配重平衡来前移过跨,但两者均须铺设架桥机前移轨道,通过卷扬机牵引或自行前移。

近年来,双导梁步履式架桥机逐步应用,前设引导梁、两支点简支、步履纵移,具有自重轻、无须铺设纵移轨道、可实现全方位、曲线架梁、操作工法标准化等特点,成为大型桥梁架设的首选。

下面重点介绍常用的贝雷梁(万能杆件)自拼架桥机和双导梁步履式架桥机架梁施工工艺。

1)贝雷梁(万能杆件)自拼架桥机架梁

利用贝雷梁(万能杆件)自拼架桥机架梁,是中小企业和中小装配式梁桥中应用较多的施工方法。在施工过程中,可根据桥型和要求变换拼装成需要的结构,施工简便;所有架桥机材料均可周转其他用途,造价较低。

贝雷梁(万能杆件)自拼架桥机架梁施工工艺流程如图 5-15 所示,如果是先简支后连续梁,则在一联完成后及时进行连续施工。

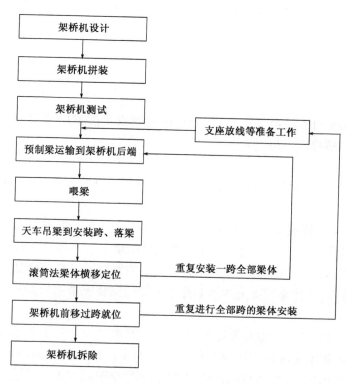

图 5-15　贝雷梁(万能杆件)自拼架桥机架梁施工工艺流程图

(1)架桥机的构造

贝雷梁(万能杆件)自拼架桥机主要由导梁、横梁、支腿、天车起吊系统、卷扬牵引系统等组成。其中,在较大跨度的梁体安装施工时,为控制导梁的挠度变形,须在导梁设置塔柱,采用预应力筋或钢丝绳斜拉,以保证导梁的刚度。

如图 5-16 所示,某大桥引桥 50m T 形梁安装的中塔斜拉式自拼架桥机,最大荷载为 160t。该架桥机除天车横梁及中、后钢横梁采用[22a 焊接外,余均以 N 形万能杆件组拼,导梁宽 2m,高 4m,两导梁间距 4.9m(净空),架桥机全长 114m,跨径布置为 56m+48m+10m 悬臂,塔柱高

20m,断面尺寸 1m×1m,以 N2、N3 杆件构成格构体,两塔柱间距 10.4m(中到中),斜拉绳采用 10φ21.5mm 钢丝绳,塔顶和架桥机前后锚点各设一个 5 柄大滑车,塔柱下方设一固点,通过 1 个 5t 手拉葫芦与斜拉绳连接,用以调整斜拉绳松紧度,天车采用 P50 双轨,以增加架桥机横向稳定及有利于荷载均匀分布。

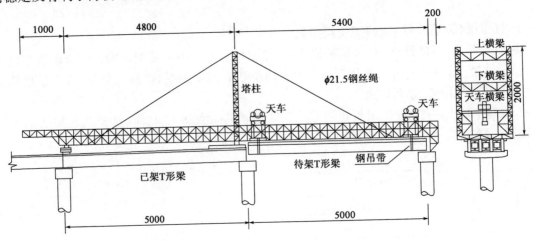

图 5-16 拱中塔斜拉式自拼架桥机结构示意图(尺寸单位:cm)

同时,必须将架桥机支腿荷载尽可能分散,以免造成 T 形梁的集中应力过大而开裂。架桥机空载前行时,前端挠度不得过大,否则不易跨上盖梁。

(2)架桥机的拼装

应根据工程具体情况和设备的情况灵活制订架桥机的拼装方案,架桥机可一次拼装成型,也可分次拼装成型。

以上述的某大桥引桥施工为例,因台后引线为弯道,弯道与桥轴线夹角约 20°,台后直线距离为 20m,在变道与直线段接合处为预制场龙门吊吊梁上小车场地,故而在安装 0 号台至 1 号墩间的第 1 孔 T 形梁时,架桥机不能采用完全成形的架桥机安装,否则靠上方的导梁将会阻挡 T 形梁的运输路线,经计算后决定在第 1 孔 T 形梁的安装中采用长 64m 的简支导梁进行安装(跨径 54m)。

在拼装时考虑到现场无大型起重设备,在水上只有 1 艘 40t 浮吊,若长 64m,高 4m 的导梁一次拼装成型,浮吊根本无法吊安导梁就位。现场先在台后拼长 64m,高 2m 的桁架,用浮吊吊起导梁前端,尾部用 ZL50 型装载机往前推送,直至导梁前端跨上 1 号墩,然后在其上续拼高 2m 桁架,直至架桥机成型。

待第 1 孔 T 形梁架设完成后,续拼设计所余部分架桥机,直至整体成型。

(3)架桥机的试吊

为检验架桥机的实际结构承载能力的可靠性和施工工艺的可行性,在正式安装前,应对架桥机进行试吊、试运行的测试。

试吊步骤及其注意事项:

①将钢材、万能杆件等作为试吊荷载,荷载质量按照最大梁质量的 1.1~1.2 倍考虑,2 辆天车各吊 1/2,天车间距与吊梁的两吊点间距相同。也有的工程直接用预制梁作为试吊荷载。

②两片导梁顶面横向同一位置须水平,纵向同一坡度。

③天车吊重物前行时,天车尽可能居中,以防止架桥机偏心受载,并随时用测量仪器观察架桥机前、后的跨中挠度变化。

④天车吊重至安装跨跨中时,检测导梁下挠度,并进行梁的提升、降落试运行,以测试卷扬机等起重机具是否能正常工作,检查其制动是否有效。

⑤检查各控制系统,天车是否超重、卷扬机是否正常工作等。

⑥检查各杆件连接情况。

⑦检查前、中、后支腿稳固情况。

在测试前应编制详细的试吊方案,试吊过程中各部位均安排责任人观察,如果发现异常情况,如架桥机跨中出现超出设计允许的挠度变形、支腿歪斜或沉降过大、天车运行异常、听到异响、卷扬机故障等,应立即暂停试吊,如有可能,应将天车缓慢移回后跨,卸载,对架桥机受力进行分析,拿出整改措施,确认稳妥后再继续测试。

(4)运梁小车喂梁

将事先后移至架桥机尾部的前天车吊起至梁体前端,前天车同后运梁小车一起将梁体往前运送,直至梁体后吊点位于后天车正下方,用后天车吊起T形梁后端。

(5)落梁(以T形梁架设的边梁为例)

待天车吊运T形梁至安装跨正下方时,将T形梁徐徐下放至盖梁的平板上,将4台5t手拉葫芦交叉拉于T形梁前后端及左右两导梁上,防止T形梁倾倒,如图5-17所示。

(6)横移

用与预制场滚筒横移相同的方法进行梁体在盖梁上的横移,但在盖梁上横移施工高空作业,操作空间狭窄,这时可借助架桥机导梁稳定梁体,防止发生侧翻。架梁前在桥台及盖梁上铺设T形梁横移走道,做好横移准备。在T形梁横移方的前后盖梁上各连接1个5t手拉葫芦,作为横移牵引力,收紧此葫芦链条,T形梁朝安装方向移动,同时T形梁上部防倾葫芦随T形梁的移动,靠T形梁横移正方向的两个葫芦逐渐收紧,反方向的两个葫芦逐渐放松。

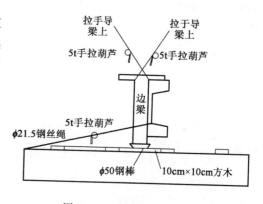

图5-17 T形梁横移示意图

在架梁前须对桥台及盖梁的支座垫石进行纵轴线、横轴线、高程、平整率进行复测及检查,放出支承垫石的纵、横向中心线及梁端横向、纵向线。当梁横移至设计位置时落梁,落梁采用4台100t螺旋式千斤顶,将T形梁两端顶起,撤去平板及滚筒、方木等,再将梁徐徐落下,落下过程中须观察梁与设计位置的重合情况,随时进行轻微调整。

梁体安装到指定位置后,必须对梁体进行加固,如斜撑、斜拉、横向连接等,以保证梁体的稳定性,防止侧翻。

(7)架桥机过跨

架桥机过跨是指安装完一跨后,空载前移到下一跨安装位置和状态的过程,是架梁施工中安全控制的重点和难点。

待一跨T形梁安装完毕,横隔板连接完后,即可将架桥机前行至下一跨进行下一跨T形梁的安装。

①两导梁横向连接:因塔柱位于两导梁外侧,对两导梁产生偏心力,故须在架桥机前行时,将两导梁横向连接起来。

②拉紧斜拉绳:检查塔顶滑车和斜拉绳状况,用手拉葫芦收紧斜拉绳到达设计拉力(45t)。

③放平导梁:用液压千斤顶顶起架桥机尾部,撤去方木,纵向垫上 $\delta=5cm$ 厚脚手板与 $\phi 50mm$ 钢棒,顶起架桥机前端,撤去方木,使前端悬空。

④前行、就位:用1台8t卷扬机牵引架桥机整体前行,直至架桥机前端跨上下一个盖梁,顶起前端,垫上方木,顶起后端,也垫上方木,调平架桥机,放松斜拉绳,拆去横向连接,形成安装状态。

2)双导梁步履式架桥机架梁

以某工程使用的SDLB170/50A型双导梁步履式架桥机为例,对利用该设备进行架梁施工的工艺进行介绍。

(1)架桥机技术性能

为确保架桥机安全运行,架桥机的设计安全系数为1.45,力求以整机质量最轻、悬臂最短为原则,拼装、拆卸、转运等作业方便、快捷。

SDLB170/50A型双导梁步履式架桥机的结构示意图如图5-18所示,主要由起重行车、主横梁、主横梁纵移台车、主导梁、辅导梁、辅支腿、前支腿、后支腿、前横梁、卷扬小车、整机横移台车、电动葫芦、前(后)摇滚总成、液压泵站、前横联、后横联、电气控制箱等组成整机的横移行走系统,主辅纵梁及支撑系统,横梁及起吊行走系统,导梁纵移系统,摇滚台车纵移系统,液压系统,边梁起吊系统,电器控制系统组成。

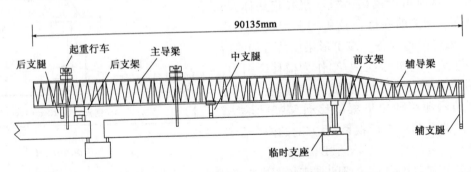

图5-18 SDLB170/50A型双导梁步履式架桥机

SDLB170/50A型双导梁步履式架桥机的主要技术参数为架桥跨径≤50m;额定起吊质量170t;适宜纵坡±3%;抗风力≤6级;有效起吊高度为4.1m;整机功率为80.8kW;外形尺寸 $90135mm\times 13546mm\times 8140mm$;结构件最大质量为6.85t,整机质量为192t。

架设桥型:弯桥半径R≥350m,转向角度0°~45°。整机横移幅宽不限,摇滚台车纵移速度5.8m/min,整机横移速度1.18m/min,主横梁纵移速度4.5m/min,导梁纵移速度1.39m/min,卷扬小车横移速度2.93m/min。

该架桥机有以下特点:

①结构质量轻、承载能力大,提高了整机在桥面上的通过能力。

②纵横移运行方便、稳定性好,整机纵、横运行只需按钮操作即可实现,两纵梁间用横联及斜拉连成整体,运行平稳。

③该机配有不同桥型(直桥、斜桥、弯桥)的安装孔,稍作调整即具有一机多用的功能。

④机械化程度高,架梁速度快,该机所有动作均为电动或液压。

⑤操作方便,使用安全可靠,整机由一个电控箱控制,只需一人即可操作,液压泵站操作简便。而且所有的部件动作均有自锁装置,在坡道上运行无滑坡危险。

⑥组拼、拆卸快,转运运输方便。

⑦整机前移不再铺设纵轨,前端设置辅导梁,更便于弯桥架设。

(2)架桥机拼装和试吊

架桥机拼装按照先支腿、后主导梁、最后台车及机电系统的顺序进行,在安装完成后,必须进行调试,试吊试验后方可正式进行架梁施工。

在试吊前,应先检查如下部位:前、后横移轨道的位置和支垫情况,两主导梁是否连接可靠,各台车的连接和润滑是否良好,横移台车和轨道的相对位置是否准确,前后支架连接是否可靠,主横梁的连接可靠度、高差及平行度,起重行车的卷扬机、钢丝绳等的安全性和可灵活性,电气各部件是否运转正常、运梁平车及轨道是否可靠。

利用梁体进行试吊,应考虑到安全系数,在梁上对称平衡添加梁质量10%的重物(如钢筋、钢轨等),即试吊荷载为梁质量的1.1倍。试吊步骤如下:

①运梁平车运梁到架桥机尾部。

②将架桥机整机超平,纵向误差±100mm,横向误差±50mm。

③按照喂梁、起吊等各个工序进行吊梁操作,在进行每一步操作时均应先较小动作,检验无误后再动作到位。例如,起吊梁时,先启动卷扬机,使梁前端离开平车50mm左右,检查卷扬制动是否正常、支腿等是否有异常等,当确认均没问题时,再将梁提高到要求的高度。

④整机横移试验。将梁前后吊平,纵移到落梁处停止,整机横向运行数次。

⑤退梁。回梁到喂梁位置,按照起吊、喂梁相反的顺序,将梁退回至运梁平车上。

⑥观测数据、结果,总结、分析、整改,并详细检查各部件,保证下一次正常使用。

同样,应编制详细的试吊方案,按照架桥机试吊工法操作。试吊过程中各部位均安排责任人观察,用测量仪器观测各部分的挠度、变形情况。如果发现异常情况,如架桥机跨中出现超出设计允许的挠度变形、支腿歪斜或沉降过大、两侧导梁不均衡、系统运行异常、听到异响等,应立即暂停试吊或退梁、卸载,对架桥机受力进行分析,拿出整改措施,确认稳妥后再继续测试。必要时,可在受力关键部位设置应力、应变检测元件,对架桥机的结构状况进行全面检测。

(3)架梁(以某工程先简支后连续50m T形梁架设为例)

预制好的T形梁利用龙门吊自预制场吊至运梁轨道平车上,然后运梁平车通过轨道移动到安装位置旁,用架桥机起吊T形梁两端、安装就位,使其支承在临时支座上。

先简支后连续梁安装施工工艺流程如图5-19所示。

①架梁前的准备工作

用全站仪对本桥跨距进行认真复核,提供架梁前的第一手资料。对支座垫石进行抹平处理,严格控制垫石的平整度和高程,同时确认盖梁已达到规定强度并按要求张拉、压浆。

安全是T形梁架设的重点,因此应对施工区域进行封闭,安装跨下不得行人、行车、通航,以保证安全。

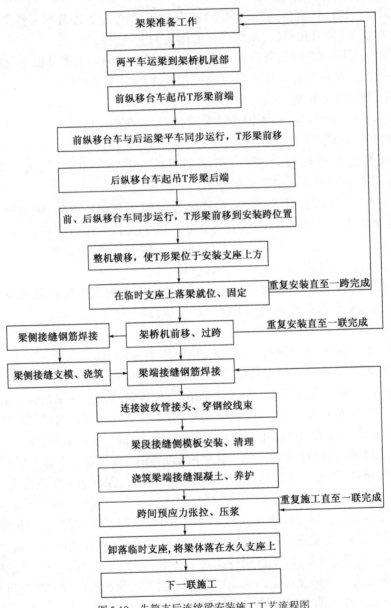

图5-19 先简支后连续梁安装施工工艺流程图

②临时支座设置

对于先简支后连续体系,在简支状态下,梁体首先安装在临时支座上,一般3~5跨为一联,待一联的各跨间通过顶部的预应力连成整体后,再将临时支座卸载,连续梁体安放在永久支座上。

T形梁安装的临时支座主要有两种形式(见图5-20):双砂筒结构和卸荷块结构。

对于对称的易于稳定的中梁,其临时支座采用双砂筒结构,砂筒采用下大上小的钢管制作而成。上面小直径钢管(245mm)为内塞,灌注混凝土;下面较大直径钢管(273mm)为砂筒,填入洁净、干燥的砂子,每个砂筒上用两个直径24mm螺栓作为塞子,卸荷时拧出螺栓使砂流出。砂筒配套后,先进行预压以消除砂子的松散变形,预压采用H50型钢制作的反力梁体系。待预压完成后,内塞与砂筒之间浇热沥青封水,使砂稳定。

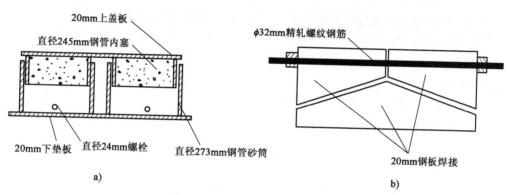

图 5-20 临时支座结构示意图

但由于砂筒在梁体安放其上时可能存在沉降,可能会给边梁的稳固带来困难,存在安全隐患,故将边梁的临时支座改为卸荷块。用 δ20mm 钢板制作,块间钢板间抛光、上黄油,左右两块之间用 φ32mm 精轧螺纹钢筋对拉,卸荷时松开精轧螺纹钢筋。在安装前,先在型钢反力台座梁上进行静压试验,待符合强度要求后才能使用。

临时支座的高度根据支座处的高度确定,通过砂子的多少或精轧螺纹钢筋的收放来控制其高度。如果盖梁存在坡度,可将临时支座底面设置成相同坡度,安装时注意方向。

需要指出的是,这两种临时支座结构也常用作其他现场支架等的卸落装置。

③架梁

喂梁:运梁小车将T形梁运至架桥机下,架桥机天车开至相应位置进行吊装。

捆绑梁:在预留吊装位置孔内安装吊带及底托梁,起吊时先以缓慢的速度进行,当T形梁离开地面后,架桥机两侧要同步升降,使T形梁在起吊的过程中保持水平;架桥机运梁时应严密监视电机是否同步,否则应及时采取措施。

落梁:架梁前即放出每个支承垫石的横向、纵向中心线及梁端横向、纵向中心线,安好临时支座,当梁运至横向、纵向中心线与支承垫石横向、纵向中心线重合后落梁。

④稳定安全措施

边梁和次边梁的安装:由于考虑到架桥机横移的稳定性及盖梁悬臂的受力,进行边梁安装时必须先将边梁临时安装在次边梁位置上,再利用架桥机外单导梁桁架重新吊起边梁,外移至边梁位置。

边梁和次边梁的安装是整跨安装的重点和难点,已安装梁必须采取撑、拉等各种因地制宜的方法加固,并在下一相邻梁安装时小心操作,防止扰动和碰撞已安装梁体。同时,在工艺上可加以改进,如可采取依次挪位、边梁和次边梁一起安装定位等措施来保证安全。

中梁安装:中梁安装需在边梁和次边梁安装好后进行,每相邻两梁安装好后,及时将相邻的梁体焊接连接,并在一跨安装完成后尽快浇筑梁侧的接缝混凝土。

其他安全注意事项:梁体起吊时,其重心尽量与平放时吻合,减小其旁弯程度。特别是边梁的起吊。梁体吊安前须检查架桥机各部件,在试运行没有问题后才能起吊安装。在吊安过程中,除无须测量观测挠度外,其余步骤与试吊相同,架桥机各位置均应由专人负责进行观察,及时发现和解决可能的问题。

⑤质量控制措施

质量控制措施主要是控制梁体安装的平面位置、梁体垂直度、顶面高程。

平面位置、梁体垂直度主要用锤球吊线定位控制。在梁端面画出梁体中心线,安装时锤球吊线检查是否与支座中心重合,梁端中心线是否垂直(垂直度≤1.2‰)。确认在误差范围以内,再落梁定位。

T形梁顶高程利用水准仪控制。在梁体安装但未加固时,测量梁体顶高程,临时支座安装时宁低勿高。如果因砂筒沉降而偏低,可以在砂筒顶垫钢板,钢板厚度由砂筒顶高程控制。

⑥架桥机过跨

待一跨安装好后,架桥机向前推进,以便安装下一跨。

后支架前移:先垫好后支腿下的垫木,用水平尺超平,使后支腿压在垫木上,后横轨离开桥面(其高度能保证后台车及其横轨一次前移20m)。开动后电葫芦前行,当后摇滚台车行至距主导梁前端27m时停止。将后摇滚台车落于桥面且落实。

主导梁前移:确认摇滚架上与导梁无挂联,同时启动前后摇滚和导梁上两纵移台车,使导梁前移(当辅支腿到达前桥台时停止),纵移台车后移(两纵移台车移至尾部停止)。

桥机转角:架桥机转角原理是靠调整导梁下弦与前摇滚上两平滚的间隙来实现的。因此,架桥机转角时,开动后横移台车向右幅横移,直至前摇滚上导梁下弦与两平滚无间隙时停止。将中支腿顶出,使前部横轨离开枕木。调整前摇滚架与导梁纵向垂直,再顶出前支架至前部横轨落实于枕木上。这时桥机恢复转角前的状态。如果转角满足不了架桥要求,可再重复以上动作,直至桥机摆正为止。架桥机转角是曲线桥安装的重点。

前后支架前移就位:顶出中支腿,使前台车及横轨离开桥台。然后前支架整体前移,直至前台车行至前桥台落梁一边上方时止。辅支腿缩回至前台车枕木能够落实于桥台上。注意,前支架固定时要与前桥台平行。然后顶出中后支腿,至后支架便于前移为止。开动后电葫芦前行至距前支架52m时止。将中后支腿缩回,后台车落实于桥面上。此时后支架固定应与前支架平行。

主导梁前移就位:同时启动前后摇滚,使导梁前移。当主导梁前端距其后的前支架中心1m左右时停止。然后将前后摇滚架与导梁索紧。

架桥机过跨后先检查各部件运转情况。如一切正常后,即可试吊梁,准备安装下一跨。

⑦接缝及预应力连续施工

安装的各梁之间和各跨之间存在接缝,各梁之间的接缝按照先横隔板后翼缘的顺序进行钢筋焊接、吊模混凝土浇筑施工。

安装跨间的先简支后连续如图5-21所示。安装时先采用临时支座简支安装,然后将梁端头预埋钢筋相互搭焊,再施工墩顶现浇段混凝土(即跨间接缝)。梁体生产时顶板预留有预应力孔道和锚固齿块,待墩顶混凝土强度达到100%时进行预应力张拉、灌浆,然后拆除临时支座完成体系转换,即由单跨的简支梁变成多跨的连续梁。

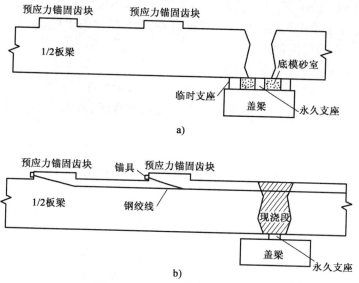

图 5-21 先简支后连续结构示意图

由于梁体底面离盖梁底面空间很低,墩顶底模无法用常规模板,一般采用砂室:将永久支座周围包裹好,在需铺设底模范围四周砌筑砖墙,填砂,顶面铺设层板(在支座处开孔)作为底模。混凝土浇筑、张拉后,拆除砖墙,高压水冲出砂子,即是拆模。

临时支座卸载、拆除后即完成间支到连续的体系转换,应对称逐孔拆除,并充分注意操作安全。

4. 顶推法施工技术简介

顶推法施工是在沿桥纵轴线方向设置预制场,分节段预制梁段,并用纵向预应力连成整体,然后水平液压千斤顶顶推,使梁体在滑动装置上向前顶进,就位后落梁,更换正式支座,完成梁体的安装施工。

一般顶推法施工工艺流程如图 5-22 所示。

1) 顶推施工方法

(1) 根据顶推的施力方法分类

①单点顶推法。顶推装置集中设置在靠近主梁预制场的桥台或桥墩上、前方各墩支点设置滑动支承进行顶推。滑动支承一般为四氟乙烯板,滑动摩擦因数一般为 0.04 ~ 0.06。可设置竖向千斤顶联动,依次顶高、水平顶进、落梁,再移动竖向千斤顶,继续顶推施工。

②多点顶推法。在纵向的各个墩、台上设置一对千斤顶,将顶推力分散到各墩上。多点顶推法操作要求高,施工关键在于各墩上千斤顶的同

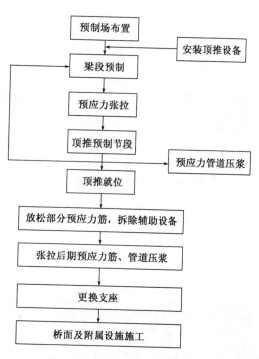

图 5-22 顶推法施工工艺流程图

步动作,保证同时启动、前进、停止和换向。多点顶推施工中,单个墩受水平分力较小,在柔性墩上也可采用。免去了单点顶推的大规模顶推设备,每个墩顶的千斤顶吨位较小,能有效控制顶推梁的偏位,也可实现弯桥顶推作业。

(2)根据支承系统分类

①设置临时滑动支承的顶推施工。在墩上临时设置顶推施工的滑道,主梁顶推就位后,千斤顶顶起主梁,更换正式支座。支座的更换操作复杂而敏感,高度、受力等需周密计划,统一操作。

②使用与永久支座兼用的滑动支承顶推施工。将永久支座先安放在设计位置,施工中改造成顶推滑道,主梁就位后无须顶梁和更换支座。可单点顶推,也可多点顶推。

(3)根据顶推方向分类

①单向顶推。单向顶推是指预制场设置在一端,主梁在预制场依次预制、逐段顶推到对岸的顶推施工方法,这是顶推最基本、最常用的施工方法。

②双向顶推施工(简称双向顶推)。双向顶推施工是指在拆梁的两端、桥台后同时设置预制场,主梁从两个预制场同时预制、顶推,在跨中某处合龙。此方法施工速度快,节省预应力筋,但须增加顶推设备投入。

2)顶推施工的临时措施

与其他施工方法一样,顶推施工也有一些临时设施,以保证施工的顺利进行。

(1)横向导向装置

在桥墩(台)的两侧安置水平千斤顶,通过滑块顶在梁体下部,以调整顶推过程中梁体的横向位置。一般设置在离开预制场的位置和梁体最前端跨桥墩上。

(2)减少施工内力的措施

顶推过程中,结构体系不断转换,截面正负弯矩交替出现。为了减少施工内力和增加安全性,有时还设置导梁、临时墩、塔柱拉索、托架、斜拉索等临时措施。图5-23为各种措施示意图,须经过专门的设计计算确定结构构造,并应充分考虑动力系数和安全储备,从技术、安全、造价、工期等各方面综合比较选择适合工程特点的临时措施,可单独使用或组合使用。

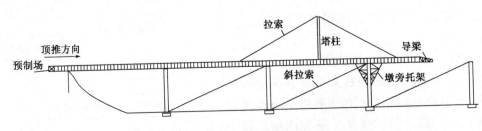

图5-23 顶推施工各种临时措施示意图

导梁安装在主梁的前端,采用等截面或变截面的桁架或型钢梁的形式,底缘与主梁底齐平,可减少主梁负弯矩,并方便搭建下一桥墩。

临时墩搭建在两桥墩间,可减少顶推跨径,应具有足够的强度和刚度,常采用空心薄壁混凝土墩。

塔柱拉索系统设置在主梁前端,塔柱为钢结构,通过连接件与主梁铰接,塔柱下端设置竖向千斤顶,调整拉索在不同工况下的索力。

墩旁托架依附墩身而搭建,以减少顶推跨径和梁的内力。

斜拉索用于顶推时加固桥墩,以减少桥墩的水平力,尤其适用于较大纵坡和较高墩身的情况。

第二节　装配式墩台施工

装配式墩台是将高大的墩台沿垂直方向、按一定模数、水平分成若干构件,在桥址周围的预制场地上进行浇筑,通过运输车船,现场拼装。装配式墩台适用于桥梁长度较长,桥墩数量较多,桥墩高度相对较高;现场无混凝土拌和施工场地或较难布置;混凝土输送管道设备较难布置的桥梁墩台的施工。装配式墩台的主要特点是:可以在预制场预制构件,受周围外界干扰少,但相对来说,对运输、起重机械设备要求较高。

装配式柱式墩系将桥墩分解成若干构件,如承台、柱、盖梁(墩帽)等,在工厂或现场集中预制,再运送到现场装配成桥墩,如图5-24所示。

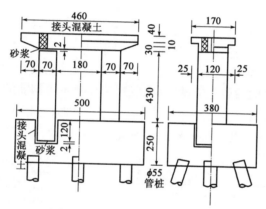

图5-24　装配式柱式桥墩(单位:cm)

装配式墩台施工工序主要为预制构件、安装连接与混凝土填缝。其中拼装接头是关键工序,既要牢固、安全,又要结构简单便于施工。常用的拼装接头有以下几种。

(1)承插式接头

将预制构件插入相应的承台预留孔内,插入长度一般为1.2~1.5倍的构件宽度,底部铺设2cm的砂浆,四周以半干硬性混凝土填充,常用于立柱与基础的接头连接。

(2)钢筋锚固接头

构件上预留钢筋形成钢筋骨架,插入另一构件的预留槽内,或将钢筋互相焊接,再浇筑半干硬性混凝土,多用于立柱与墩帽处的连接。

(3)焊接接头

将预埋在构件中的钢板与另一构件的预埋钢板用电焊连接,外部用混凝土封闭。这种接头易于调整误差,多用于水平连接杆与立柱的连接。

(4)扣环式接头

相互连接构件按预定位置预埋环式钢筋,安装时柱脚先坐落在承台的柱芯上,上下环式钢筋互相错接,扣环间插入U形钢筋焊接,立模浇筑外侧接头混凝土。

（5）法兰盘接头

在相连接构件两端安装法兰盘，连接时用法兰盘连接，要求法兰盘预埋件位置必须与构件垂直。接头处可以不用混凝土封闭。

装配式柱式墩台施工应注意以下几点：

①墩台柱构件与基础项面预留杆形基座应编号，并检查各个墩、台高度和基坐标高是否符合设计要求，即基口四周与柱边空隙不得小于2cm。

②墩台柱吊入基杯内就位时，应在纵、横方向测量，使柱身竖直度成倾斜度以及中面位置均符合设计要求，对质量大、细长的墩柱，用风缆或掉木固定后，方可放吊钩。

③在墩台柱顶安装盖梁前，应先检查盖梁上预留槽眼位置是否符合设计要求，否则应先修凿。

④柱身与盖梁（墩帽）安装完毕并检查符合要求后，可在基杯空隙与盖梁槽眼处浇筑稀砂浆，待其硬化后，撤除楔子、支撑或风缆，再在楔子孔中灌填砂浆。

随着预应力技术的成熟与发展，预应力开始应用于墩台上，特别是后张法预应力钢筋混凝土装配式墩台。它的施工方法与装配式柱式墩台施工方法相似，除了安装时的接头技术外，节段预制构件之间的连接方式主要依赖于预应力钢束。

后张法预应力钢筋混凝土装配式墩台采用的预应力钢材主要有高强度低松弛钢丝和冷拉Ⅳ级粗钢筋两种。高强度低松弛钢丝，其强度高，张拉力大，预应力束数较少；施工时穿束较容易，在预应力钢束连接处受预应力钢束连接器的影响，需要局部加大构件壁厚。冷拉Ⅳ级粗钢筋要求混凝土预制构件中的预留孔道精度高，以利于冷拉Ⅳ级钢筋的连接。

后张法预应力钢筋混凝土装配式墩台的预应力张拉方式有以下两种：张拉位置可以在墩帽顶上张拉，如图 5-25 所示；也可以在墩台底的实体部位张拉。一般采用墩帽顶上张拉。

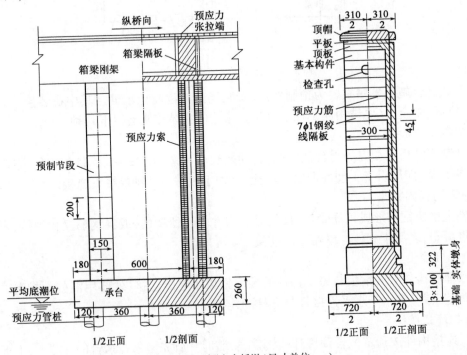

图 5-25 装配式预应力桥墩（尺寸单位：cm）

(1)墩帽顶上张拉预应力钢束的主要特点:①张拉操作人员及设备均处于高空作业,张拉操作虽然方便,但安全性较差;②预应力钢束锚固端可以直接埋入承台,不需要设置过渡段;③在墩底截面受力最大位置可以发挥预应力钢束抗弯能力强的特点。

(2)墩底实心体张拉预应力钢束的主要特点:①张拉操作人员和设备均为地面作业,安全方便;②在墩底处要设置过渡段,既要满足预应力钢束张拉千斤顶安放要求,同时,又要布置较多的受力钢筋,满足截面在运营阶段的受力要求;③过渡段构件中预应力钢束的张拉位置与竖向受力钢筋相互关系较为复杂。预应力钢束的张拉要求、预应力管道内的压浆要求与预应力混凝土梁的要求一致,不再重述。特别应注意的是,压浆最好由下而上压注,构件装配的水半拼装缝采用35号水泥砂浆,砂浆厚度为15mm,一方面可以调节水平,另一方面还可避免因渗水而影响预制构件的连接质量。

第三节　大跨径连续梁桥悬臂施工

悬臂施工方法是从桥墩处开始,对称地不断将悬臂接长直至主梁合龙的施工方法。根据悬臂接长的方式不同,悬臂施工分为悬臂浇筑和悬臂拼装两种方法。

悬臂浇筑实际上是一种梁桥就地浇筑施工的方法,是在桥墩两侧对称安装施工挂篮,逐段地浇筑混凝土,待混凝土达到一定的强度后张拉预应力,移动挂篮继续下一段施工。悬臂拼装法实际上是一种装配式的主梁施工方法,将梁体预制成节段,从桥墩两侧利用起吊设备依次对称拼装,张拉预应力筋,悬臂不断接长直至合龙。在悬臂施工的过程中,悬臂状态的结构是T形刚构,合龙后形成连续梁,在施工过程中需进行体系转换,包括必要的墩梁固结和解除等。

悬臂施工方法充分利用预应力混凝土的受力特性,无须搭设施工支架和使用大型的设备,不影响桥下的通航、行车,施工受季节和河流水位影响小,适应性强。所以,这种施工方法不仅用于悬臂体系的桥梁施工中,还广泛应用于斜拉桥、拱桥等各种桥型,主要是在挂篮或桥面吊机上作一些适应该桥型的变化而已。

悬臂施工方法目前已经成为大跨度桥梁施工中的一种重要的施工方法,它的广泛应用,推动了桥梁向大跨度、高难度发展。

一、施工特点

悬臂浇筑施工(简称悬浇)是目前连续刚构桥梁施工的最主要的方法。

1. 悬臂浇筑施工的优点

(1)不需要占用较大的预制场地。

(2)逐段浇筑过程中不断调整梁段位置,线形易控制,整体性好。

(3)不需要大型机械设备。

(4)施工干扰小,可全天候作业。

(5)流水重复作业,施工人员少,工作效率高。

2. 悬臂浇筑施工的缺点

(1)梁体与墩柱不能平行作业,施工周期较长。

(2)悬臂浇筑混凝土加载龄期短,混凝土收缩、徐变对线形控制、预应力损失等影响较大。

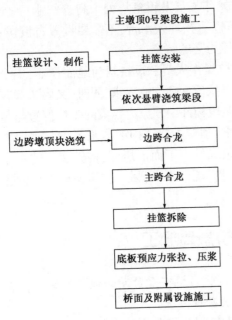

图 5-26 悬臂浇筑施工的总体施工工艺流程图

二、施工工艺流程

连续刚构桥悬臂浇筑施工的总体施工工艺流程如图 5-26 所示。如果是多跨 T 构连续梁桥,其合龙顺序直接影响到成桥的恒载内力,由徐变引起的内力重分布数值也不同,但总体遵循对称、平衡的原则组织施工。

下面拟就各工序的具体施工工艺进行介绍。

三、主墩顶 0 号块施工

悬臂浇筑施工的墩顶块一般编号为 0 号,是悬臂浇筑施工的起始段,也是挂篮安装的操作平台。一般采取就地浇筑的施工方法,如果墩较矮,则可采用落地支架浇筑混凝土,但一般连续刚构桥桥墩较高,所以常采用依附在墩身上的托架进行 0 号节段的混凝土浇筑。

某工程 0 号块混凝土浇筑托架结构构造如图 5-27 所示。柔性双薄壁墩顶设置预埋件牛腿,再利用工字钢、槽钢等组合施工 0 号块托架,在其上铺设底模。托架的设计除考虑托架结构本身承受施工荷载的强度和刚度要求外,还必须对牛腿预埋件在墩身混凝土中的抗拔力、墩身的承受能力等进行验算,必要时,应通过增加预埋件数量分散集中力。由于 0 号块底面存在一定的坡度,卸荷砂筒、卸荷块等设置难度较大,且数量多但周转次数少,所以,一般 0 号块托架在主梁和分配梁之间设置槽(角)钢桁架形成坡度,拆架时,将分配梁和底模用钢丝绳捆绑在已浇的混凝土上,割除该桁架实现卸荷。

0 号块的钢筋、模板、预应力等的施工与支架就地浇筑主梁施工的工艺相似,施工工艺流程如图 5-28 所示。

根据 0 号块的尺寸和荷载情况,0 号块可一次浇筑或水平分层两次浇筑。同时,考虑到挂篮安装需要的足够的操作空间,有的桥(如南充清泉寺嘉陵江大桥)将 0 号、1 号节段整体在托架上水平分层浇筑,再安装挂篮进行悬浇。如果水平分两次浇筑,则须充分注意接缝施工质量。

墩顶块施工中预应力管道埋设是重点,须确保管道加固的强度,位置准确,顺直。混凝土浇筑前、后及浇筑过程中应仔细检查管道是否损坏,如发现问题应及时处理,确保以后顺利穿束。考虑托架及内支架受力后的变形,应对底板底模及顶板底模设置预拱量。

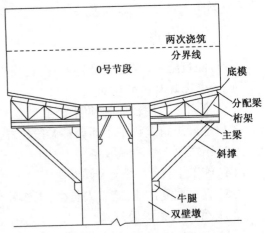

图 5-27 0 号块混凝土浇筑托架结构构造示意图

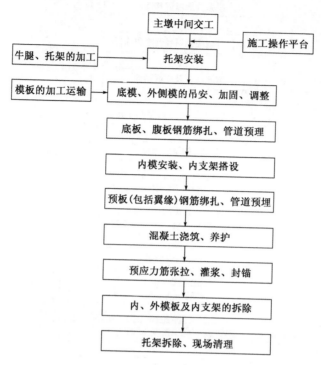

图 5-28 0 号块施工工艺流程图

同时,0 号块上还有许多为挂篮安装准备的预埋件、吊孔等。施工中防止遗漏或偏位。

四、挂篮悬浇施工

连续刚构桥主梁一般为变截面连续箱梁,梁底下缘及底板上缘均按抛物线变化,悬浇节段高度也随之变化。主桥为对称结构,由中跨及边跨组成。

例:某大桥 T 构箱梁分段结构如图 5-29 所示。

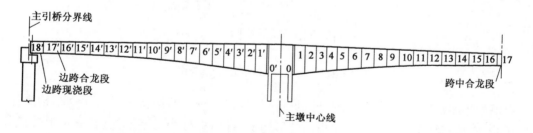

图 5-29 T 构箱梁分段结构图

挂篮悬浇施工工艺流程如图 5-30 所示。

1. 挂篮构造

挂篮作为悬浇施工的主要设备,应具备安卸和移动方便、安全可靠的基本要求。

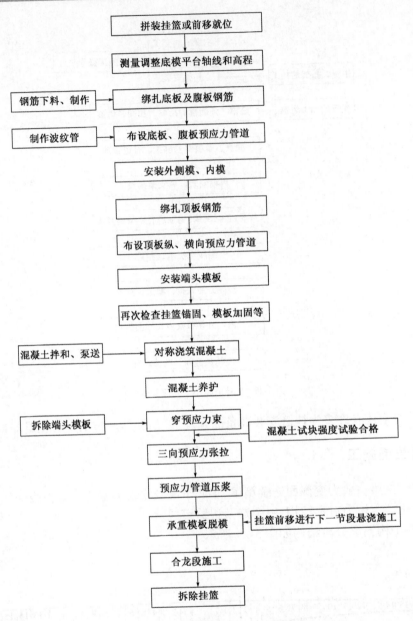

图 5-30 挂篮悬臂浇筑施工工艺流程图

有的较小的挂篮直接利用万能杆件、贝雷桁架拼装,较大的挂篮一般采用钢结构制作,焊接和栓接、销接相结合。根据挂篮主桁的外形构造,挂篮可分为一字形挂篮、三角形挂篮和菱形挂篮 3 种。

一般挂篮由主承重纵钢箱梁(或是桁梁)、后横梁、前横梁、底模平台、前吊杆、后吊杆、内滑梁、后锚、分配梁、轨道、操作平台等部件组成,有的挂篮抗倾覆能力不足时,在挂篮后还有压重块。

某工程菱形挂篮结构如图 5-31 所示。

第五章 桥梁施工新技术

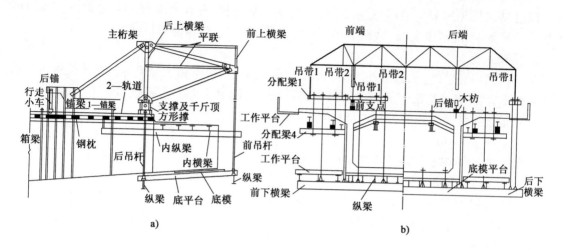

图 5-31 菱形挂篮结构示意图

根据挂篮的各部分功能,可分为主桁架系统、横梁系统、行走及锚固系统、吊挂系统、底平面台系统、模板系统 6 大部分。

1) 主桁架系统

主桁架由两片大刚度箱梁(一字形挂篮)或菱形桁架(菱形挂篮)或三角桁架(三角形挂篮)组成,用前后上横梁横向连接成整体。主桁一般是采用型钢拼焊或钢板制成的箱形梁,应满足强度及变形要求。

2) 横梁系统

横梁系统包括前、后上横梁和下横梁,上横梁将主桁连成整体,同时也是吊挂系统的支承梁。下横梁通过吊杆悬架在上横梁上,是底模平台的承重梁。

3) 行走及锚固系统

行走及锚固系统包括行走轨道、滑船、锚固筋,有的挂篮还设置有纵向顶伸油缸作为行走推进机具,有的还设置配重锚固。挂篮悬浇一段箱梁后,在混凝土强度达到设计强度的要求后张拉预应力,张拉完毕后前移挂篮。前移时,先顶起支点,将轨道(一般为工字钢)前移,再固定轨道,在前后支点底的滑船上涂黄油,采用手拉葫芦、千斤顶反拉或纵向顶伸油缸推进等方法,使挂篮前进。前移挂篮时,挂篮后支点采用倒挂滚轮始终锚固在轨道上,防止倾覆。将挂篮前、后支点锚固在箱梁上,锚固筋数量根据挂篮抗倾覆计算确定。

4) 吊挂系统

吊挂系统是指除主桁、上横梁和轨道以外的挂篮的其他部分,均通过吊挂系统悬挂在横梁和已浇混凝土的预留孔上。一般采用 $\phi32mm$ 精轧螺纹钢作为吊杆,如果吊杆在已浇混凝土外可与挂篮一起自由移动(如前端和翼缘外的吊杆),可与底平台铰接;如果吊杆穿在已浇混凝土预埋孔内(如后端和内模等的吊杆)则利用倒挂滚轮与滑梁连接,挂篮前移时滑梁随之在倒挂滚轮上滑动,在到位后向前再转换吊杆吊点。有的还根据需要设置分配梁,用以调整挂篮受力、吊杆长度和操作位置。通过吊杆长度的调整来调整模板系统的高程。

5) 底平台系统

以前、后横梁(如156等)为主梁,通过分配梁支承底模,并设置必要的安全设置。前后横梁悬吊于横梁上,浇混凝土时,后横梁锚固于已浇箱梁底板,在移动时拆除。

6) 模板系统

除已提到的底模外,还包括外侧模、翼缘底模、内侧模、顶模和压脚模等。挂篮模板可采用0号块模板改装,直接悬架于前后上横梁和锚固在已浇混凝土上。前移挂篮时下放底平台,所有模板均随挂篮移动。内侧模与内顶模断开,设收分铰,以利于拆模。

2. 挂篮安装及试压

挂篮主要构件在专业钢结构加工厂制造,严格按照设计要求的材料、焊缝、精度加工。在现场0号块上组拼成形,构件的单件质量严格按照现场可用的起重设备能力控制。

挂篮的安装按照主桁、横梁、吊挂、模板的顺序进行安装,注意及时锚固,安全第一。

挂篮安装完成后,仔细检查各部位的安装情况,在正式使用前进行试压。挂篮的试压可参照支架试压的各种方法进行,也可根据挂篮主要结构点受力的特点,采取悬架水箱或在已浇混凝土上用千斤顶反拉的方法进行试压。

选择主要吊杆位置作为试压受力点,后横梁上的吊点加设千斤顶与已浇混凝土反拉,前横梁上的吊点悬架水箱或用钢绞线在已浇混凝土上斜拉,模拟混凝土浇筑时的挂篮受力,逐级加载、观测,检验挂篮结构的安全性能,并得出挂篮弹性变性、塑性变性的数据,为后续悬浇线形控制提供参考。

值得注意的是,如果通过加水、压载等措施进行试压,T构两侧应对称均匀加载,防止T构偏心受力。

3. 挂篮悬浇施工

1) 挂篮前移就位

混凝土浇筑完成后,强度达到设计规定强度张拉、压浆后即可前移挂篮。一般挂篮前移施工步骤依次为:脱模、解除后锚、安装千斤顶、移动轨道、移动挂篮、锚固、模板就位。

移动挂篮时箱梁中轴线两侧和T构两侧必须匀速、同步,防止不平衡受力。并随时观察挂篮中线与箱梁轴线的偏差,及时纠正,保证挂篮中轴线相对箱梁中轴线不会有大的偏移,为挂篮就位后的调整作准备。

2) 节段悬浇施工

挂篮混凝土的悬浇施工,与其他就地浇筑混凝土类似,钢筋、模板、预应为、混凝土的要求也基本相同,以下重点就挂篮悬浇特点相关问题进行介绍。

(1) 挂篮的检查和维护。挂篮经过设计计算和试压,便可以投入使用。由于挂篮在施工过程中不停地前移、锚固、解除等作业,因此,挂篮需经常性检查,尤其是浇筑混凝土前的检查相当重要。必须每次都按照操作工法要求进行作业、检查,以保证挂篮系统的安全性。

(2) 模板的移动与定位。挂篮底模、侧模、翼缘模板一般随挂篮的前移而整体移动,内模系统则根据挂篮细部构造的差异以及挂篮移动时的倾覆安全性的不同,依靠内滑梁整体随挂篮移动,也可先悬架在已浇梁段上,待挂篮前移到位后,再用手拉葫芦将其拉动前移到待浇梁段位置。

(3) 钢筋绑扎的避让。箱梁悬浇段的普通钢筋均为现场绑扎。绑扎钢筋应保证预埋件位置正确且不受损害,当两者冲突时可适当移动普通钢筋的位置(或弯折或割除),但待预埋件施工完毕应恢复原位或重新焊接,确保钢筋的根数和保护层厚度。

(4)预应力的保护和接长。在钢筋施工的过程中,需要及时、准确、稳固预埋预应力管道。连续箱梁一般为三向预应力,横向预应力一般为端锚预应力,一端锚固在混凝土中,一端单根张拉,在混凝土浇筑前先穿在管道内;竖向预应力一般为精轧螺纹钢筋,下端锚固在混凝土中,顶端张拉;纵向预应力分底板、腹板、顶板预应力3部分,根据设计要求,有的在阶段浇筑后即穿束、张拉,有的接长管道在后续施工的某一节段穿束、张拉,有的还需要先张拉,后用接长锚具接长后再张拉。

因此,悬浇施工的预应力管道的保护和接长的工作十分重要,每一个节段的管道情况将直接决定后续的预应力能否顺利施加。如果存在变形和堵塞,将给穿束、张拉带来严重的影响。主要措施有:

①预埋波纹管必须用定位筋固定,并不得使管道变形,布设后的管道须平顺、无折角。

②纵向预应力波纹管接头采用外接头,对称旋紧,并以胶带将接缝缠好,防止混凝土浆渗入;有条件时,在浇筑混凝土前,波纹管内插入塑料衬管,防止浇筑混凝土过程中出现波纹管漏浆及变形,混凝土浇筑后及时活动衬管。

③纵向预应力锚垫板埋设时应保证有压浆孔的锚垫板上的压浆孔在张拉、灌浆前的畅通,可用海绵堵塞压浆嘴。其他各预埋的压浆管应接上顶板或底板混凝土面以上,封堵、固定好。

④浇筑混凝土之前应仔细检查有无串孔,孔道是否牢固、密封,位置是否偏差;检查无误后,清除管道内的杂物。浇筑混凝土过程中,专人检查管道情况,施工人员、机械、振动棒等均不得碰撞管道。

⑤始终禁止电焊、气割等作业接触预应力筋,以免对预应力筋造成损害。

⑥穿束前必须检孔,确保孔道畅通无阻。穿束采用人工穿束或卷扬机穿束。在节段较少、管道不长时采用人工单根穿束,钢绞线端头必须套以钝头钢套(常称"子弹头"),用力须均匀。当节段较多、管道太长时无法用人工穿束,这时采用卷扬机穿束。其方法如下:先将卷扬机的钢丝绳穿过管道,钢丝绳自由端绑结钢绞线接头,用卷扬机通过滑车匀速地将钢绞线牵引通过管道。

(5)混凝土的对称浇筑。这里所说的对称包括两层含义:以墩轴线为对称轴的T构两悬臂对称和以箱梁中心线为对称轴的挂篮两侧对称,悬臂两端的挂篮同时浇筑,同一挂篮的两侧浇筑高度基本一致,这也是保证施工安全和结构安全的关键点。混凝土浇筑布料时,根据混凝土拌和数量、混凝土浇筑高度进行调整,保证对称位置的浇筑速度同步,荷载一致。同时,张拉施工的顺序也应按设计要求对称张拉,施加预应力平衡。

(6)防止底板压模翻浆。浇筑箱梁混凝土时,先浇筑底板混凝土,待倒角处的混凝土密实并不再翻浆时,再浇筑腹板混凝土,浇筑此部分混凝土时应特别注意振捣范围,不得将振捣棒深入已浇筑部分太深,否则会引起倒角处混凝土的翻浆。同时,也可临时用模板对底板倒角外的底板混凝土进行加压,防止混凝土上翻。

(7)施工过程测量控制。悬浇施工一般由专门的监控单位在对施工各阶段的受力分析的基础上,确定各个节段施工的立模高程,在已浇节段的纵向束张拉后测量箱梁顶高程,确定下一节段的立模高程,其值为箱梁设计高程、浇筑梁段引起已浇悬臂的弹性变形、挂篮变形、徐变影响、日照、温差修正值和施工荷载引起的弹性变形的代数和。

施工中测量控制的要点如下：

①浇筑混凝土前挂篮各控制点、线观测。

②浇筑混凝土过程中的高程和轴线观测。

③浇筑混凝土后的高程观测。

④预应力张拉后的高程和轴线观测。

⑤合龙前，相接的2个悬臂最后2~3段在立模时必须进行联测，以便互相协调，保证合龙精度。

由于温度影响的存在，相同的观测内容最好选择相同的时段观测，并作出早、中、晚观测数据的对比，为线形控制提供参考。最后一段箱梁悬浇段立模高程须考虑施工荷载的变化、合龙束张拉、体系转换等影响。

五、边跨现浇段施工

在边跨交界墩顶的梁段，即为边跨现浇段，边跨现浇段的施工具有施工作业面小、要求高的特点。由于梁段一部分在墩顶范围，另一部分悬出墩顶，荷载不平衡。梁段下安支座，在混凝土浇筑后，将梁段与交界墩临时固结，待边跨合龙后再解除固结，支座发挥作用，变成T构的伸缩端。

边跨现浇段一般为等截面箱梁，端部堵头设置横梁，中线上留有入洞。一般采取支架就地浇筑的施工方法进行边跨现浇段施工，主要工序的施工工艺流程如图5-32所示。

梁段在墩顶范围的部分，采用砂胎底模，可参考装配式梁桥的墩顶现浇接缝底模的施工方法。

梁段悬出墩顶部分的底模，安装在支架上。根据墩高和基础情况，可采用落地支架，也可采用与主墩顶0号块浇筑施工类似结构的托架，依托墩身形成支撑平台，其强度、变形经计算满足施工要求。

在安装底模前安装单向活动橡胶支座，安装时严格按设计及规范要求，其四角高差不得大于1mm，支座安装在墩顶垫石上，垫石设预留孔，支座地脚螺栓伸入预留孔内，孔内灌注环氧树脂砂浆，其配合比经实验室试验合格后才能使用。

同时，由于边跨现浇段需要临时锚固在墩顶，在交界墩盖梁施工时就应预留锚固点，如图5-33所示。一般采取精轧螺纹钢筋插入盖梁中作为锚固筋，在边跨现浇段浇筑前，用连接套筒接长，上端张拉、锚固在端横梁顶，锚固筋的数量经计算确定。

边跨现浇段的其余钢筋、模板、混凝土施工较常规，不再赘述。

六、合龙段施工

连续刚构桥的合龙段的施工，实现了由独立T构向连续结构的体系转换，是控制全桥受力状态和结构线形的关键工序。

合龙施工总体上遵循对称、平衡、同步的原则进行，其中又以中跨合龙最为严格，其主要工序的施工工艺流程如图5-34所示。

下面就中跨合龙的主要工艺措施进行介绍。

第五章 桥梁施工新技术

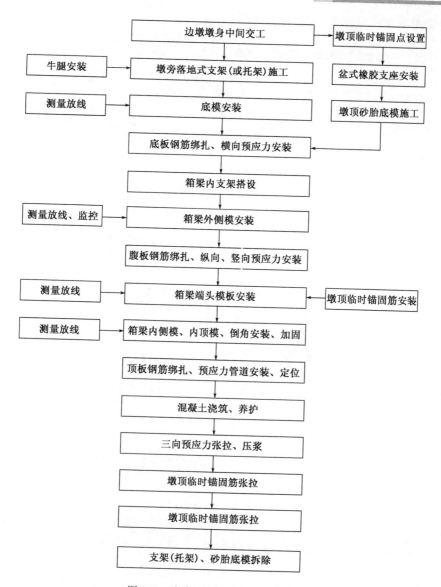

图 5-32 边跨现浇段施工工艺流程图

1. 挂篮改造成吊架

在悬浇到合龙段时,两侧 T 构的挂篮相遇,这时需要将其中一个挂篮的底模和侧模在两悬臂混凝土上锚固后,形成合龙吊架,如图 5-35 所示。待吊架形成后,拆除挂篮所有吊杆,用卷扬机将挂篮主梁整体拉至主墩附近,或采取与前移相反的方向后退挂篮至主墩附近,利用主墩侧的塔吊拆除挂篮。也有的挂篮暂不拆除,而根据挂篮在 T 构上的位置进行高程平衡控制。挂篮后退时,T

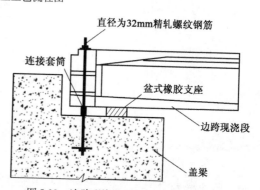

图 5-33 边跨现浇段需要临时锚固示意图

构两侧的挂篮距主墩位置基本一致,保持平衡。

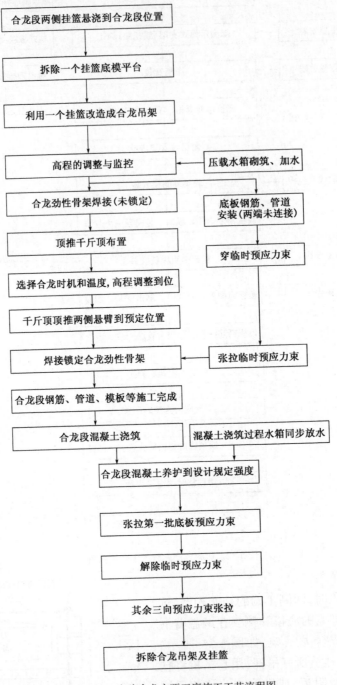

图 5-34 中跨合龙主要工序施工工艺流程图

2. 高程调整与控制

合龙施工时的平衡既指单个 T 构的平衡,也指全桥多个 T 构之间的平衡,它直接反映在对高程的控制上。主要措施有以下几项。

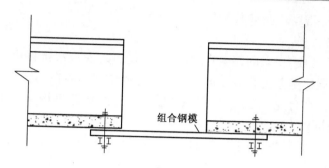

图 5-35　中跨合龙吊架(底模部分)示意图

1)水箱压载平衡

在各 T 构的悬臂端利用砖砌筑压载水箱,水箱大小以能装 1/2 合龙段混凝土质量的水量为宜。压载水箱的目的有二:

(1)在合龙前调整合龙段两侧以及 T 构两侧的平衡。由于悬浇过程中不可避免地存在差异,各悬臂端的高程也可能存在差异,高差过大,对结构受力和外观线形均影响较大。通过对悬臂水箱中的水量的控制,直接调整悬臂的弯矩和变形。

(2)在合龙混凝土浇筑时,通过同步等质量放水来保证过程中结构体系的受力均衡。合龙段混凝土浇筑施工时,随着混凝土的不断增加,利用水箱的同步等质量放水来使该位置荷载平衡,保证合龙段劲性骨架和临时预应力束的安全,也使合龙质量得到保证。

水箱位置如图 5-36 所示,水箱在合龙段张拉后拆除。

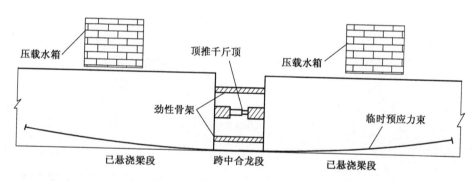

图 5-36　中跨合龙临时措施示意图

2)挂篮位置控制

挂篮在主梁的不同位置上时,对 T 构的主墩弯矩不同,导致悬臂高程也有差异。因此,有时也将挂篮作为高程调整控制的辅助措施,通过适度地前移或后退,来调整高程。

3)温度选择

一般设计要求最佳的合龙温度为 15~20℃,但由于工程组织的时间原因,也有工程正好在夏季高温天气或冬天寒冷天气施工。一般说来,同一天中温差过大对合龙是不利的,预应力混凝土的温度变形会导致悬臂段的长短和高度变化。某大桥在夏季合龙,55m 的悬臂端同一断面在同一天最大高差可达 3cm。因此,一般选择在夜间温度最低的时段进行合龙施工,这样,随着混凝土的强度增长,温度升高产生的温度应力朝着有利于减少合龙段拉应力的趋势发展,有利于减少合龙段混凝土裂缝数量。

3. 位移的调整与控制

合龙后连续体系形成,主墩间还会存在以下相对位移:底板束张拉后的位移、混凝土后续收缩和徐变的位移、梁体温差变化导致的位移等。这些位移的存在,会使连续梁内出现附加的拉应力,对结构不利。在合龙施工时,采用顶推措施来将两相邻T构间的相对距离加大,以抵消这种不利位移的影响。

顶推位移根据监控计算的上述各种位移之和确定,并根据位移量和T构的刚度情况计算所需顶推力的大小,以选择适宜的千斤顶。在每个合龙段的两腹板安装千斤顶(见图5-37),对称、同步加载顶推。以顶推力和位移进行双控,以位移控制为主。

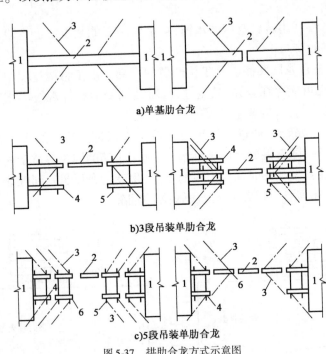

a)单基肋合龙

b)3段吊装单肋合龙

c)5段吊装单肋合龙

图5-37 拱肋合龙方式示意图

1-墩台;2-基肋;3-风缆;4-拱脚段;5-横尖木;6-次拱脚段

例如,某大桥跨中合龙计算顶推位移为:底板束张拉为10mm + 混凝土后期收缩和徐变为7mm + 梁体温差变化为7mm = 24mm,根据刚度计算,每顶开1mm所需的顶推力为56.2kN,所以顶推力为 $56.2 \times 24 \approx 1350$ kN,每段合龙段选择2台1000kN的千斤顶作业,可达到预期目的。

4. 临时锁定措施

在合龙段混凝土浇筑之前,通过高程控制措施使合龙高程基本一致,相邻T构间通过顶推获得相对位移,就需要采取措施将这种良好的位置关系保持下来,也就是临时锁定合龙段两侧相邻悬臂。这实际上也是一种临时的结构体系转换,即在合龙段混凝土、预应力等未发挥作用前,保持连续体系的结构形式。

1) 劲性骨架

中跨合龙劲性骨架主要承受两T构间的各种相互作用力,如顶推千斤顶撤除后的反压力、混凝土收缩应力、临时束张拉力、温度应力等,并约束各种导致两悬臂位置变化的位移,使合龙段的尺寸保持稳定。因此,劲性骨架的设计要充分考虑抗压、抗剪强度和结构稳定性。此外,由于在合龙施工时,腹板端面上同时有千斤顶顶推装置、劲性骨架、预应力管道、普通钢筋等,位置狭小,在结构设计时需要充分考虑相互避让和操作的便捷程度。

在每个合龙段的两腹板上设置预埋件,安装劲性骨架,当顶推到位后立即锁定劲性骨架。在水平杆焊接好后,拆除千斤顶,再焊接上下水平杆间的斜撑,以加强稳定性。

2)临时预应力束

临时预应力束的张拉是为了使劲性骨架受力合理,使合龙段两侧的 T 构在合龙初期形成更好的整体状态,它在已浇梁段底板应贯穿一定的距离,以保证底板的抗拉能力。临时预应力束的张拉在劲性骨架锁定焊接好后对称进行,待混凝土达到一定强度(一般不少于75%的设计强度)后张拉底板为永久预应力束,并解除临时预应力束。

例如,某大桥每跨跨中合龙段两束临时预应力束长约 44m,根据劲性骨架承载力 1800kN 和顶推力 1350kV 推算,临时预应力束的最大容许张拉力为(1800 - 1300)/4 = 125kN,现场张拉时按每束 800kN 加载。

5. 边跨合龙段施工

相对中跨合龙段施工而言,边跨合龙段施工较简单。一般在中跨合龙后进行,也有的桥先合龙边跨后合龙中跨。

中跨合龙后,T 构间连成整体,稳定性强,边跨合龙可不同步进行,也无须顶推。合龙时的温度要求、合龙时间的选择、水箱压载并在浇筑混凝土时同步放水平衡荷载等要求与中跨合龙相同。值得注意的是,边跨合龙段混凝土浇筑完成后,应及时拆除边跨现浇段的临时锚固,使梁体可在支座上自由伸缩,减少内部应力。

第四节 拱桥施工

拱桥施工从方法上可分为支架施工和无支架施工两大类。在我国,支架施工常用于石拱桥和混凝土预制块拱桥;无支架施工多用于肋拱、双曲拱、箱形拱、桁架拱和钢管混凝土拱桥,也有采用两者结合的施工方法。

一、拱圈施工

拱圈施工是拱桥施工中的重要工艺,施工中必须掌握对称与均匀,注意拱的平衡,表现在各部位变形对称。

1. 现浇混凝土拱圈

1)连续浇筑

跨径小于 16m 的拱圈或拱肋混凝土,应按拱圈全宽度从两端拱脚向拱顶对称地连续浇筑,并在拱脚混凝土初凝前全部完成。如预计不能在限定时间内完成,则应在拱脚预留一个隔缝并最后浇筑隔缝混凝土。

2)分段浇筑

跨径大于或等于 16m 的拱圈或拱肋,应沿拱跨方向分段浇筑。分段位置应以能使拱架受力对称、均匀和变形小为原则,拱式拱架宜设置在拱架受力反弯点、拱架节点、拱顶及拱脚处,满布式拱架宜设置在拱顶、L/4部位、拱脚及拱架节点等处。各段的接缝面应与拱轴线垂直,各分段点应预留隔槽,其宽度一般为0.5~1.0m,但安排有钢筋接头时,其宽度尚应满足钢筋接头的需要。如预计拱架变形较小,可减少或不设间隔槽,而采取分段间隔浇筑。

分段浇筑程序应符合设计要求,应与拱顶对称进行,使拱架变形保持均匀且尽可能最小,并应预先做出设计。分段浇筑时,各分段内的混凝土应一次连续浇筑完毕,因故中断时,应浇筑成垂直于拱轴线的施工缝;如已浇筑成斜面,应凿成垂直于拱轴线的平面或台阶式接合面。间隔槽混凝土,应待拱圈分段浇筑完成后且其强度达到75%和接合面按施工缝处理后,由拱脚向拱顶对称进行浇筑。拱顶及两拱脚间隔槽混凝土应在最后封拱时浇筑。封拱合龙温度应符合设计要求,如设计无规定时,宜在接近当地年平均温度或5℃~15℃时进行。封拱合龙前用千斤顶施加压力的方法调整拱圈应力时,拱圈(包括已浇间隔槽)的混凝土强度应达到设计强度。

3)大跨径拱圈的浇筑

为减轻拱架负担,大跨径拱桥一般采用分环、分段的浇筑方法。分环的方法一般是分成两环或三环。分两环时,先分段浇筑底板,然后分段浇筑肋墙、隔墙与顶板。分三环时,先分段浇筑底板,然后分段拱浇筑肋墙、隔墙,最后分段浇筑顶板。

分环浇筑可采用分环填充间隔缝合龙和全拱完成后一次填充间隔缝合龙两种不同的合龙方法。分环合龙时,已合龙的环层可产生拱架作用。在浇筑上面环层时可减少拱架负荷,但工期较长。采用最后一次合龙法时,拱圈和拱肋仍必须一环一环地浇筑,但不是浇完一环合龙一环,而是在最后一起填充各环间隔缝合龙,因此,采用这种合龙方法时,上下环的间隔缝应互相对应和贯通,其宽度一般为2m左右,有钢筋接头的间隔缝一般为4m左右。

浇筑大跨径钢筋混凝土拱圈(拱肋)时,纵向钢筋接头应安排在设计规定的最后浇筑的几个间隔槽内,并应在这些间隔槽浇筑时再连接。浇筑大跨径拱圈(拱肋)混凝土时,宜采用分环(层)分段法浇筑,也可沿纵向分成若干条幅,中间条幅先行浇筑合龙,达到设计要求后,再按横向对称、分次浇筑合龙其他条幅。其浇筑顺序和养护时间应根据拱架荷载和各环负荷条件通过计算确定,并应符合设计要求。大跨径钢筋混凝土箱形拱圈(拱肋)可采取在拱架上组装并现浇的施工方法。先将预制好的腹板、横隔板和底板钢盘在拱架上组装,在焊接腹板、横隔板的接头钢筋形成拱片后,立即浇筑接头和拱箱底板混凝土,组装和现浇混凝土时应从两拱脚向拱顶对称进行,浇底板混凝土时应按拱架变形情况设置少量间隔缝并于底板合龙时填筑,待接头和底板混凝土强度达到设计强度的75%以上后,安装预制盖板,然后铺设钢筋,现浇顶板混凝土。

2. 拱圈劲性骨架浇筑

大跨径劲性骨架混凝土拱圈(拱肋)的浇筑,可采用分环多工作面均衡浇筑法、水箱压载分环浇筑法和斜拉扣挂分环连接浇筑法。浇筑前应进行加载程序设计,准确计算和分析钢骨架以及钢骨架与先期混凝土层联合结构的变形、应力和稳定安全度,并在施工过程中进行监控。

1)分环多工作面均衡浇筑法

分环多工作面均衡浇筑劲性骨架混凝土拱圈(拱肋)时,各工作面可根据模板长度分成若干工作段,各工作面要求对称均衡浇筑,两对应工作面浇筑进度差不得超过一个工作段。

2)水箱压载分环浇筑法

用水箱压载分环浇筑劲性骨架混凝土(拱肋)时,当混凝土浇筑至 L/4 截面区段,应严格控制好拱圈的竖向及横向变形,防止钢骨架杆件应力超过极限强度而导致失稳。为使混凝土适应钢骨架变形,避免开裂,浇筑第一环(层)混凝土时,可在 L/4 截面处设变形缝,变形缝宽 200mm,待浇完第一环混凝土后用高一级混凝土填实。

3)斜拉扣挂分环连接浇筑法

用斜拉扣挂分环连接浇筑劲性骨架混凝土拱圈(拱肋)时,应选择可靠和操作方便的扣挂及张拉系统,选好扣点和索力,设计好扣索的张拉与放松程序,以便有效地控制拱圈截面应力和变形,确保混凝土从拱脚向拱顶连续浇筑。

浇筑劲性骨架混凝土拱圈(拱肋)时,应严格控制钢骨架及先期混凝土层的竖、横向变形,其变形值应符合设计要求,相对高差和横向位移应符合检测标准,否则应采取纠正措施。

3. 拱圈无支架安装

无支架施工方法,指将整孔吊装,钢管吊装后锁定于拱座的铰上,或在拱座横梁上利用桥台、桥墩承担水平推力。如桥墩承担水平推力有困难时,可将钢管两端焊上临时锚箱,张拉临时拉杆,拉杆中间需设辅助吊杆;而后泵送混凝土及吊装横梁,张拉吊杆,利用横梁作为支点。张拉部分纵向索,以及浇筑桥面板及加劲纵梁现浇段,然后张拉全部预应力束。或将钢管分 3 段吊装,在桥台或桥墩上设独脚拔杆,设前后拉索,后拉索锚在地上,前拉索扣住钢管,吊装中段利用预埋螺栓孔将接头固定,待风撑安装后,各接头施焊,并用扣索将钢管固定,防止失稳。

1)扣架的布置规定

(1)扣架一般设在墩、台顶上,扣架底部应固定,架顶应设置风缆。

(2)各扣索位置必须与所吊挂的拱肋在同一竖直面内。

(3)扣架上索鞍顶面的高程应高于拱肋扣环高程。

(4)扣架应进行强度和稳定性验算。

2)风缆的布置与安装

各段拱肋由扣索悬挂在扣架上时,必须设置风缆,其布置与安装应符合下列规定:

(1)拱肋分 3 段或 5 段拼装时,至少应保持两根基肋设置固定风缆,拱肋接头处应横向连接。

(2)固定风缆应待全孔合龙、横向联结构件混凝土强度满足设计要求后才可撤除。

(3)在河流中设风缆时,必须采取可靠的防护措施,防止风缆受到碰撞。

(4)情况复杂时应按照有关规定对风缆进行专门设计。

3)拱肋的吊装

整根拱肋吊装或每根拱肋分两段预制、吊装,对中小跨径的箱形拱桥,当其拱肋高度大于 0.009~0.012 跨径,拱肋底面宽度为肋高的 0.6~1.0 且横向稳定安全系数不小于 4 时,可采取单肋合龙,嵌紧拱脚后,松索成拱,如图 5-37a)所示。

大、中跨径的箱形拱,其单肋合龙横向稳定安全系数小于 4 时,可先悬扣多段拱脚段或次拱脚段拱肋,然后用横夹木临时将相邻两肋连接后,安装拱顶段单根肋合龙,松索成拱,如图 5-37b)、c)所示。

拱肋的合龙温度应符合设计规定,如设计无规定,宜在气温接近年平均温度(一般在 5～15℃)时进行;天气炎热时可在夜间洒水降温进行合龙。

当拱肋跨径不小于 80m 或横向稳定安全系数小于 4 时,应采用双基肋合龙松索成拱的方式,即当第一根拱肋合龙并校正拱轴线,楔紧拱肋接头缝后,稍松扣索和起重索,压紧接头缝,但不卸掉扣索和起重索,待第二根拱肋合龙,两根拱肋横向连接固定好并拉好风缆后,再同时松卸两根拱肋的扣索和起重索。

当拱肋分 3 段吊装,采用阶梯形搭接接头时,宜先准确扣挂两拱脚段,调整扣索使其上端头较设计值抬高 30～50mm,再安装拱顶段使之与拱脚段合龙。采用对接接头,宜先悬扣拱脚段初步定位,使其上端头高程比设计值抬高 50～100mm,然后准确悬扣拱顶段,使其两端头比设计值高出 10～20mm,最后放松两拱脚段扣索使其两端均匀下降与拱顶段合龙。

当拱肋分 5 段吊装时,宜先从拱脚段开始,依次向拱顶分段吊装就位,每段的上端头断面不得扭斜。首先使拱脚段的上端头较设计高程抬高 150～200mm,次边段定位后,使拱脚段的上端头抬高值下降 50mm 左右,应保持次边段的上端头抬高值约为拱脚段的上端头抬高值的两倍,否则应及时调整,以防拱肋接头处开裂。

当 7 段拱肋吊装,受施工条件或地形限制无法采用双肋合龙时,须对风缆系统进行专门设计,确保拱肋横向稳定安全系数不小于 4,拱肋接头强度满足该施工阶段设计要求,并经监理工程师审批后,可采用单肋合龙。

在各段拱肋松索过程中,应符合下列规定:

(1)松索前应校正拱轴线位置及各接头高程,使之符合要求。

(2)每次松索均应采用仪器观测,控制各接头、拱顶及 1/4 高程,防止拱肋接头发生非对称变形而导致拱肋失稳或开裂。

(3)松索应按照拱脚段扣索、次拱脚段扣索、起重索三者的先后顺序,并按比例定长、对称、均匀松卸。

(4)每次松索量宜小,各接头高程变化不宜超过 10mm,每次松索压紧接头缝后应普遍旋紧接头螺栓 1 次。当接头高程接近设计值时,宜用钢板嵌塞接头缝隙,再将扣索、起重索放松到基本不受力,压紧接头缝,拧紧接头螺栓,同时用风缆调整拱肋轴线的横向偏位,并应观测拱肋各接头、1/8 跨及拱顶的高程,使其在允许偏差之内。

(5)大跨径箱形拱桥分 3 段或 5 段吊装合龙成拱后,根据拱肋接头密合情况及拱肋的稳定度,可保留起重索和扣索部分受力,等拱肋接头的连接工序基本完成后再全部松索。

4)拱肋接头电焊作业

拱肋接头电焊作业应在调整完轴线偏差、嵌塞并压紧接头缝钢板之后和全部松索成拱之前进行。拱肋接头部件电焊时,应采取分层、间断、交错方法施焊,每层不可一次焊得过厚,以免周围混凝土烧坏。最后应将各接头螺栓拧紧并焊死。

4. 拱圈少支架安装

为了便于拱肋吊装和减少扣索,在条件许可的情况下,可采用少支架施工。支架的构造,应根据支架高度及荷载大小而定,并满足稳定性要求。地基必须有足够的承载力,对漂浮物要有可靠的防护措施。当纵梁足够高时,可以采取少支架施工。如果河流有通航要求,中间可预留通航孔以维持临时通航,在临时通航孔外搭设少量支架,以便搁置纵梁。一般用先筑纵梁后

架拱的方案。对于先预制加劲梁,在支架上浇筑接缝及接头,而后架设钢管拱肋及浇灌拱肋混凝土。施工方案如下:

(1)设置临时墩及主墩支承浇筑端块及端横梁。

(2)吊装预制加劲梁节段,在支墩上现浇纵向连接梁;并吊装部分横梁现浇接头,形成平面框架,张拉横梁预应力及部分纵向预应力筋;在浇筑中预留吊杆的位置。吊装构件时,应结合实际情况和设备条件采用独脚扒杆、人字扒杆、自行式吊机或缆索吊机进行吊装,河中有水时可在船上设立人字扒杆进行吊装。

(3)架设其余横梁及钢管拱肋,浇筑横梁接头及张拉预应力筋,设置风撑及灌注钢管混凝土;按设计要求张拉吊杆。

(4)铺设桥面空心板,张拉其余纵向预应力筋。拆除支架,浇筑桥面铺装。

二、转体施工

将拱圈分为两个半跨在岸坡上预制(或拼装),通过转动使拱圈达到设计位置,形成拱的跨越。根据转体的方向,分为竖向转体、平面转体以及竖转、平转结合法3种类型。竖转法是利用地形或支架在竖直位置浇筑或拼装拱肋,在两边逐渐放倒合龙成桥。主要适用于转体重量不大的拱桥或某些桥梁预制部件(塔、斜腿、劲性骨架)。平转法是在桥侧按照拱圈仰角预制或拼装拱肋,在拱肋的拱脚上安装转盘,通过扣挂、牵引等措施,使拱肋水平转动直至设计位置,合龙成拱。主要适用于刚构梁式桥、斜拉桥、钢筋混凝土拱桥及钢管拱桥。竖转、平转结合法是在地面上预制或拼装拱肋,先将拱肋竖向转动成设计仰角,再水平转动成拱。

1. 预制和拼装

桥体的预制及拼装,应按照设计规定的位置、高程,并视两岸地形情况,设计适当的支架和模板(或土胎)进行。预制时应充分利用地形,合理布置桥体预制场地,使支架稳固,工料节省,易于施工和安装。严格掌握结构的预制尺寸和质量,其允许偏差为±5mm,重量偏差不得超过±2%,桥体轴线平面允许偏差为预制长度的±1/5000,轴线立面允许偏差为±10mm。环道转盘应平整,球面转盘应圆顺,其允许偏差为±1mm;环道基座应水平,3m长度内平整度不大于±1mm,环道径向对称点高差不大于环道直径的1/5000。

2. 有平衡重平转施工

有平衡重平转施工工艺,可以采用不同的锚扣体系。箱形拱、肋拱宜采用外锚扣体系;桁架拱、刚架拱宜采用内锚扣(上弦预应力钢筋)体系;刚构梁式桥、斜拉桥为不需另设锚扣的自平衡体系。桥体混凝土达到设计规定强度或者设计强度的80%后,方可分批、分级张拉扣索,对扣索索力应进行检测,其允许偏差为±3%。张拉达到设计总吨位左右时,桥体脱离支架成为以转盘为支点的悬臂平衡状态,再根据合龙高程(考虑合龙温度)的要求精调张拉扣索。

采用外锚扣体系时,扣索宜采用精轧螺纹钢筋、带轧丝锚的HRB500级圆钢筋、带镦头锚的高强钢丝、预应力钢绞线等高强材料,安全系数不应低于2。扣点应设在梁悬臂端点或拱顶点附近,控制好扣索合力作用点的位置,使桥体截面应力处于允许的受力状态。扣索锚点高程不应低于扣点,宜与通过锚点的水平线形成0°~5°的角度,以利于扣索调整和桥体脱架。用千斤顶张拉扣索,张拉力先按设计张拉吨位控制,再按桥体脱开支架的要求适当调整。

采用内锚扣体系时,扣索采用结构本身钢筋或在其杆件内另穿入高强钢筋。利用结构钢筋时应验算其强度。完成桥体转体合龙,浇筑接头混凝土并达到设计强度时,应解除扣索张力。

转体合龙时,严格控制桥体高程和轴线,误差应符合要求,合龙接口允许相对偏差为±10mm;控制合龙温度,当合龙温度与设计要求偏差3℃或影响高程差±10mm时,应计算温度影响,修正合龙高程。合龙时应选择当日最低温度进行。合龙时,宜先采用钢楔剎尖等瞬时合龙措施,再施焊接头钢筋,浇筑接头混凝土,封固转盘。在混凝土达到设计强度的80%后,再分批、分级松扣,拆除扣、锚索。

平转转盘有双支承式转盘和单支承式转盘两种,除大桥和重心较高的桥体外,宜采用构造简单实用的中心单支承式转盘。制作安装时,球面绞柱由不低于C50的混凝土浇筑于盘中央,球面用母线器成型,直径不小于100mm的定位销(钢质或钢管混凝土)固于球面绞柱中心,在球面打磨光滑,偏差符合要求后,其上覆盖塑料薄膜3~5层,浇筑球面绞柱混凝土盖,达到设计强度后,拆去薄膜,将盖、绞进行反复磨合,至单人以3m杠杆推动为止。盖、绞磨合符合要求后,其接触面应涂以二硫化钼或黄油四氟粉等润滑剂,再将绞盖浇固于上盘混凝土中。浇固于上盘周边的4个或6个辅助支腿,应对称均匀布置,与下环道保持不大于20mm的间距,以备浇筑上盘混凝土或转体时做保持平衡临时支承(支垫钢板)。

转体牵引索可用两根(钢绞线、高强钢丝束),其一端引出,另一端绕固于上转盘上,形成一转动力偶。牵引动力可用卷扬机、牵引式千斤顶等,也可用普通千斤顶斜置在上、下转盘之间(注意应预留顶位)。转动时应控制速度,通常角速度不宜大于0.01~0.02rad/min或桥体悬臂线速度不大于1.5~2.0m/min。

3. 无平衡重平转施工

采用锚固体系代替平衡重平转法施工,是利用锚固体系、转动体系和位控体系构成平衡的转体系统。转动体系由拱体、上转轴、下转轴、下转盘、下环道和扣索组成。转动体系施工可按下列程序进行:安装下转轴、浇筑下环道、安装转盘、浇筑转盘混凝土、安装拱脚绞、浇筑脚绞混凝土、拼装拱体、穿扣索、安装上转轴。施工时下转轴一般设置在桩基上,桩柱混凝土浇筑至环道设计高程下时,应安装用钢板卷制加工的轴圈。轴圈安装前应先进行试装,防止钢轴的支承角钢与桩柱主钢筋发生干扰,轴圈与转轴的平面位置与竖直度应符合设计要求,然后点焊固定在桩柱主盘上,浇筑填心混凝土。转盘可用钢带焊制而成,其内径、走板平面平整度、焊缝均应符合设计要求。转轴与转盘套合部分应涂润滑油脂。环道上的滑道宜采用固定式,其平整度应控制在±1.0mm内,环道上应按照设计尺寸铺设四氟板。当转盘填心混凝土达到75%设计强度后,可拨动转盘转至拱体预制位置。转轴与轴套应转动灵活,其配合误差应控制在0.6~1.0mm。拱铰铰头可用钢板加工,其配合误差应小于2mm。浇筑铰脚角锥体混凝土时可采用预制钢筋混凝土模板,承托拱体可利用第一段拱体的横隔板,并将其封闭,增设受弯钢筋来承担。

锚固体系由锚碇、尾索、支撑、锚梁(或锚块)及立柱组成。锚碇可设于引道或其他适当位置的边坡岩层中。锚梁(或锚块)支承于立柱上。支撑和尾索一般设计成两个不同方向,形成三角形稳定体系,稳定锚梁和立柱顶部的上转轴使其为一固定点。当拱体设计为双肋,并采取对称同步平转施工时,非桥轴向(斜向)支撑可省去。锚固体系施工时,锚梁锚固处应设置张拉尾索的设备。锚梁施工时,应注意防止钢筋尾索、扣索和预应力钢材穿孔的干扰。浇筑的锚梁混凝土达到设计强度的50%后,方可将轴套穿入上下轴套和环套中。桥轴向的支承可根据实际情况,利用引桥的梁作为支承,或采用预制、现浇的钢筋混凝土构件。非桥轴向(斜向)的支撑须采用预制或现浇的钢筋混凝土构件。

无平衡重拱进行平转时,应对全桥各部位包括转盘、转轴、风缆、电力线路、供体下的障碍等进行测量、检查,符合要求后,方可正式平转。若启动摩阻力较大,不能自行启动时,宜用千斤顶在拱顶处施加顶力,使其启动,然后应以风缆控制拱体转速。风缆走速在启动和就位阶段一般控制在 0.5~0.6m/min,中间阶段控制在 0.8~1.0mm/min。上转盘采用四氟板作滑板支垫时,应随转随垫转动并密切注意四氟板接头和滑动支垫情况。拱体旋转到距设计位置约5°时,应放慢转速,距设计位置相差1°时,可停止外力牵引转动,借助惯性就位。当拱体采用双拱肋在一岸上下游预制进行平转达一定角度后,上下游拱体宜同步对称向桥轴线旋转。

4. 竖转施工

对混凝土肋拱、刚架拱、钢管混凝土拱的施工,当地形、施工条件适合时,可选择竖转法施工。其转动系统由转动铰、提升体系(动、定滑车组,牵引绳等)、锚固体系(锚索、锚碇等)等组成。

待转桥体在桥轴线的河床上设架或拼装,根据提升能力确定转动单元为单肋或双肋,宜采用横向连接为整体的双肋为一个转动单元。支承提升和锚固体系的台后临时塔架可由引桥墩或立柱替代,提升动力可选用 30~80kN 卷扬机。

桥体下端转动铰可根据推力大小选用轴销铰、弧形柱面铰、球面铰等,前者为钢制,后者为混凝土制并用钢板包裹铰面。转动前应进行试转,以检验转动系统的可靠性。竖转速度可控制在 0.005~0.01rad/min,提升质量大者宜采用较低的转速,力求平稳。两岸桥体竖转就位,调整高程和轴线楔紧合龙缺口,焊接钢筋,浇筑合龙混凝土,封填转动铰至混凝土达到设计强度后,拆除提升体系,完成竖转工作。

三、钢管混凝土拱施工

1. 钢管加工

钢管混凝土拱所用钢管直径大,超过600mm 的采用钢板卷制焊接管,其中对桁式钢管拱中直径较小的腹杆、横联管可直接采用无缝钢管。

钢板卷制焊接管可采用工厂卷制和工地冷弯卷制。由于工厂卷制质量便于控制,检测手段齐全,推荐采用工厂卷制焊接管。在有条件的情况下,优先选用符合国家标准系列的成品焊接管。根据不同的板厚和管径,可采用螺旋焊缝和纵向直焊缝两种形式。制管工艺程序包括钢板备料、卷管、焊缝检查与补焊、水压试验等工序。

2. 钢管拱肋加工制作

钢管拱肋(桁架)加工的分段长度应根据材料、工艺、运输、吊装等因素确定。在加工制作前,应根据设计图的要求绘制施工详图,包括零件图、单元构件图、节段单元图及组焊、拼装工艺流程图等。加工前应按半跨拱肋进行1:1精确放样,注意考虑温度和焊接变形的影响,并精确确定合龙节段的尺寸,直接取样下料和加工。

加工前,首先在现场平台上对1/2拱肋进行1:1放样,放样精度需达到设计和规范要求。根据大样按实际量取拱肋各构件的长度,取样下料和加工。量测时应考虑温度的影响。按拱肋加工段长度(一般为拱肋吊装分段长度)进行钢管接长。在可能的情况下均应作双面焊接或管外焊接,对不能进行管内施焊的小直径管可采用在进行焊缝封底焊后再进行焊接的办法。焊接完成后严格按设计要求进行焊缝外观质量检查和超声波与 X 射线检测。工地弯管一般采用加热顶压方式,加热温度不得超过800℃。利用模架对弯管节施加作用,使之弯曲,直到成形。

在钢管拱肋(桁架)加工过程中,应注意设置混凝土压注孔、防倒流截止阀、排气孔及扣点、吊点节点板。如拱肋(桁架)节段采用法兰盘连接。为保证螺栓连接的精度,宜采用3段啮合制孔工艺。对压注混凝土过程中易产生局部变形的结构部位(如腹箱)应设置内拉杆。钢管拱肋(桁架)节段形成后,钢管外露面应按设计要求做长效防护处理,宜采用热喷涂防护,其喷涂方式、工艺及厚度应符合设计要求。

3. 钢管拱肋(桁架)安装

钢管混凝土拱桥施工中最主要的工序之一就是拱肋安装,钢管拱肋(桁架)的安装采用少支架或无支架缆索吊装、转体施工或斜拉扣索悬拼法施工。

钢管拱肋成拱过程中,应同时安装横向连接系,未安装连接系的不得多于一个节段,否则应采取临时横向稳定措施。钢管混凝土拱桥的拱圈形成主要分两步,一是钢管拱圈形成,二是在管内灌注混凝土形成最终拱圈。钢管拱既是结构的一部分,又兼作浇筑管内混凝土的支架与模板。采用千斤顶斜拉扣挂悬拼装安装就是利用在吊装时用于扣挂钢管的斜拉索的索力调整,来控制吊装高程和调整管内混凝土浇筑时拱肋轴线变形,千斤顶斜拉扣挂悬拼安装系统包括吊运系统和斜拉扣挂系统两部分,如图5-38所示。

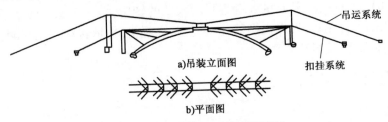

图5-38 千斤顶斜拉扣挂悬拼示意图

节段间环焊缝的施焊应对称进行,施焊前需保证节段间有可靠的临时连接并用定位板控制焊缝间隙,不得采用堆焊。合龙口的焊接或栓接作业应选择在结构温度相对稳定的时间内尽快完成。

空中接头处一般钢管拱肋处于悬臂状态(节点以外)。为保证钢管不产生整体变形,便于空中对接,都应设置固定架,待接头连接后拆除。另外应在前一已安装段管(多管截面时为下层管)外侧底部和内侧上部焊上临时支承板,以便于施工。悬臂拼装过程中,采用水准仪或全站仪控制高程,调整扣索索力和拱肋高程。采用斜拉扣索悬拼法施工时,扣索与钢管拱肋的连接件应进行设计计算。扣索根据扣力计算采用多根钢绞线或高强钢丝束,安全系数应大于2。

吊运系统主要用于预制钢管拱肋段的运送。扣索系统中扣索采用钢绞线,各根扣索用多大的钢绞线或由几根组成,应根据扣力大小决定。扣索索力计算与拱桥悬拼施工相似。扣索经扣塔顶索鞍弯曲转向进入地锚张拉锚固,如图5-39所示。

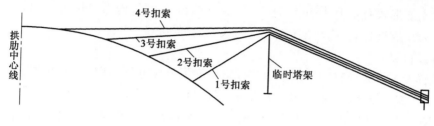

图 5-39　扣索系统

4. 管内混凝土浇筑

管内混凝土浇筑可采用人工浇和泵送顶升压注两种方法。钢管混凝土压注工艺流程为：堵塞钢管法兰间隙→清洗管内污物，润湿内壁→安设压注头和闸阀→压注管内混凝土→从拱顶排浆孔振捣混凝土→关闭压注口处闸阀稳压→拆除闸阀完成压注。

钢管混凝土压注前应清洗管内污物，润湿管壁，泵入适量水泥浆后再压注混凝土，直至钢管顶端排气孔排出合格的混凝土时停止。完成后应关闭设于压注口的倒流截止阀。管内混凝土的压注应连续进行，不得中断。

为保证混凝土泵送的顺利进行，对大跨径钢管混凝土拱桥，需按实际泵送距离和高度进行模拟混凝土压注试验。钢管混凝土的泵送顺序应按设计要求进行，宜采用先钢管后腹箱的程序。钢管混凝土的质量检测办法应以超声波检测为主，人工敲击为辅。

5. 桥面系安装

（1）带有可靠锚头的吊杆宜采用具有良好力学性能和防腐效果的挤包护层扭绞成型拉索。纵、横梁安装完成后，按高程控制的吊杆应按设计要求进行内力调整（内力测定），再进行桥面施工。

（2）预应力系杆应有可靠的防腐措施。位于拱肋及横梁上的吊杆锚头应做防水、防老化的构造措施。

（3）预应力系杆的张拉应与加载相对应。施工过程中除了严格控制系杆的内力和伸长量外，还应监测和控制关键结构的变位，不得超过设计允许范围。

第五节　悬索桥施工

悬索桥是指以悬索为主要承重结构的桥梁，主要由锚碇、塔、主缆、加劲梁和桥面系组成。主塔一般为钢筋混凝土结构或钢结构，顶部设置索鞍；锚碇承受主缆的巨大拉力，并保持桥跨的稳定；主缆一般采用冷拔高强钢丝束，塔、锚、缆三者共同受力，形成悬索桥的主要受力体系。大跨度悬索桥的桥面系一般为钢结构，且设有加劲梁。钢筋混凝土梁由于自重较大、抗拉能力差，在柔性结构的悬索桥中使用较少。

一、锚碇施工

锚碇是主缆锚固装置的总称，是悬索桥区别于其他桥梁独有的结构，由混凝土锚块（含钢筋）及支架、锚杆、鞍座（散索鞍）等组成。

锚碇的主要形式有重力式锚碇、隧道式锚碇(岩洞式)等,根据基础条件进行选择。若锚碇处有坚实岩层靠近地表,修建隧道式(岩洞式)锚比较经济。

1. 重力式锚碇

重力式锚碇基坑开挖时应采取沿等高线自上而下分层开挖,在坑外和坑底要分别设置排水沟和截水沟,防止地面水流入积留在坑内,引起塌方或基底土层破坏。原则上应采用机械开挖,开挖时应在基底标高以上预留150~300mm厚的土层,用人工清理,不要破坏基底结构。如采用爆破方法施工,应使用如预裂爆破等小型爆破法,尽量避免对边坡造成破坏。对于深大基坑的边坡处理,应采取边开挖边支护措施保证边坡稳定。支护方法应根据地质情况采用。

重力式锚碇锚固体系施工,型钢锚固的锚杆、锚梁制造时必须严格按设计要求进行抛丸除锈、表面涂装和无破损探伤等工作。出厂前应对构件连接进行试拼,其中应包括锚杆拼装、锚杆与锚梁连接、锚支架及其连接系平面试装。锚杆、锚梁制作及安装精度应符合表5-1的要求。

锚杆、锚梁制作安装要求 表5-1

项目		规定值或允许偏差
锚杆制造(mm)	长度	±3
	高度	
	宽度	
支架安装(mm)	中心线偏差	±10
	横向安装锚杆之平联高差	-2,+5
锚杆安装(mm)	X轴	±10
	Y轴	±5
	Z轴	±5
后锚梁安装	中心偏位	5mm
	偏角	符合设计要求
漆膜厚度		不小于设计要求

预应力锚固体系的锚头安装防护套,并注入保护性油脂,加工件必须进行超声波和磁粉探伤检查。预应力锚固系统施工精度应符合表5-2的要求。

预应力锚固系统施工要求 表5-2

项目	规定值或允许偏差	项目	规定值或允许偏差
拉杆张拉力	符合设计要求	连接器轴线(mm)	5
前锚孔道中心坐标(mm)	±10	拉杆轴线偏位(mm)	5
前锚面孔道角度(°)	±0.2		

大体积混凝土应采用分层施工,每层厚度为1~1.5m,应视混凝土浇筑能力和降温措施而定。后一层混凝土浇筑前需对已浇好的混凝土面进行凿毛、清除浮浆,确保混凝土结合面黏结良好。层间间歇宜为4~7d。根据锚碇的结构形式、大小等采取分块施工,块与块之间预留湿

接缝,槽缝宽度宜为 1.5~2m,槽缝内宜浇筑微膨胀混凝土。混凝土浇筑完后须按照规定覆盖并洒水进行养护。当气温急剧下降时须注意保温,并应将混凝土内外温差控制在 25℃以内。

2. 隧道式锚碇

隧道式锚碇在隧道开挖时采用小型爆破,不得损坏周围岩体。开挖后应正确支护并进行锚体灌筑。

锚体混凝土必须与岩体结合良好,宜采用微膨胀混凝土,防止混凝土收缩与拱顶基岩分离。混凝土浇筑完毕后,必须采取混凝土养生措施,确保混凝土的质量。洞内应具备排水和通风条件。

锚碇混凝土施工精度应符合表 5-3 的要求。

锚碇混凝土施工精度要求 表 5-3

项　目		允许偏差(mm)
锚碇结构轴线偏位	基础	20
	锚面槽口	10
断面尺寸		±30
基础底面高程	土质	±50
	石质	+50,-200
顶面高程		±20
大面积平整度		5
预埋件位置		符合设计要求

二、索塔施工

吊桥桥塔通常做成空心断面,用钢结构或负筋混凝土制成。当采用钢筋混凝土桥塔时,可使用滑模工艺施工。对于高度不大的桥塔,可采用设在塔旁的悬臂吊车来拼装塔架。当桥塔高度较大时,则需要使用能沿桥塔爬高的吊车,以便随桥塔的接装而逐步上升,继续拼装桥塔上一节段的构件。塔顶钢框架的安装必须在索塔上系梁施工完毕后方能进行。

桥塔完工后,须测定裸塔倾斜度、跨距和塔顶标高,作为主缆线形计算调整的依据。索塔施工精度应符合表 5-4 的要求。

索塔施工精度要求 表 5-4

项　目	规定值或允许偏差(mm)
混凝土强度	在合格标准内
塔柱底水平偏位	10
倾斜度	塔高的 1/3000,且不大于 30 或设计要求
断面尺寸	±20
系梁高程	±10
索鞍底板面高程	+10,-0
预埋件位置	符合设计要求

三、主缆架设

悬索桥的钢缆可分为钢丝绳钢缆和平行线钢缆两类,中、小跨度的悬索桥一般用钢丝绳钢缆,主跨大于500m的大跨悬索桥用平行线钢缆。平行线钢缆根据架设方法又分为空中送丝法(AS法)及预制索股法(PWS法)。

1.空中送丝法

采用空中送丝法架设主缆时,在桥两岸的塔和锚碇等都已安装就绪后,沿主缆设计位置,在两岸锚碇之间布置一无端牵引绳,即将牵引绳的端头连接起来,形成从这岸到那岸的长绳圈。将送丝轮扣牢在牵引绳上某处,且将缠满钢丝的卷筒放在一岸的锚碇旁,从卷筒中抽出钢丝头,暂时固定在某靴跟处,称为"死头"。继续将钢丝向外抽,由死头、送丝轮和卷筒将正在输送的丝形成一个钢丝套圈,用动力机驱动牵引绳,于是送丝轮就带着钢丝送向对岸。在钢丝套圈送到对岸时,就用人工将套圈从送丝轮上取下,套到其对应的靴跟上。随着牵引绳的驱动,送丝轮又被带回这岸,取下套圈套在靴跟上,然后又送向对岸。当丝数达到一丝股钢丝的设计数目时,就将钢丝"活头"剪断,并将该"活头"同上述暂时固定的"死头"用钢丝连接器连起来。这样,一根丝股的空中编制就完成了。钢丝束被编成一股以后,每隔2~3m绕上镀锌软铁丝,以保证截面的紧密和截面的形式。为了防止钢丝锈蚀,通常采用镀锌的钢丝或在钢丝绳的空隙中填以红铅油、地青,也可在钢丝绳外面加一层柔性或刚性索套。

2.预制索股法

用预制索股法架设主缆,其目的是使空中架线工作简化。预制股张束61丝、91丝或127丝,两端嵌固热铸锚头,在工厂预制,先配置成六角形,然后挤紧成圆形。架设的过程同空中送线法一样,但在猫道之上要设置导向滚轮以支持绳股。

四、加劲梁架设

加劲梁通常采用钢桁梁、钢箱梁和钢板梁制成,加劲梁架设的主要工具是缆载起重机。架设顺序可以从主跨跨中开始,向桥塔方向逐段吊装;也可以从桥塔开始,向主跨跨中及边跨岸边前进。

钢桁梁的架设方式像钢桁架桥那样,从桥塔开始向主跨跨伸和岸边逐段吊装。在每一梁段拼好以后,立即将其与对应的吊索相连,使其自重由吊索传给主缆。对于三跨悬索桥而言,一般需要4台缆载起重机,分别从两塔各向两个方向前进。边跨和主跨的跨径比各桥不同,为了使塔顶纵向位移尽可能小,对于当主跨拼成多段时,边跨应拼几段,应该进行推算。从桥塔开始吊的优点是施工比较方便,缺点是桥塔两侧的索夹首先要夹紧,此时主缆形状与最终几何线形差别最大,因而主缆中的次应力较大。

钢筋梁的安装可选用卷扬机提升跨缆吊机或液压提升跨缆吊机,启用前必须进行试吊。吊装过程应观察索塔变位情况,应根据设计要求和实测塔顶位移量分阶段调整索鞍偏移量,以保证工程质量和施工安全。安装前应确定安装顺序,一般可以从中跨跨中对称地向两边进行,安装完一段跨中梁段后,再从两边跨对称地向索塔方向进行。钢箱梁水上运输必须由有经验的人员担任。架设前,宜进行现场驳船定位试验,以保证定位精度。各工作面上,吊装第二节段起须与相邻节段间预偏一定间隙(0.5~0.8m),至高程后,牵拉连接,避免吊装过程与相邻节段发生碰伤,影响吊装工作顺利进行。安装合龙段前,必须根据实际的合龙长度,对合龙段长度进行修正。悬臂吊装时,可先利用塔顶的吊装设备安装好靠塔柱的节段,再在桁梁上安装移动式悬壁吊机,利用移动式悬臂吊机从塔柱往主跨跨中及锚碇方向对称均衡地将桁梁安装到位。对于桁梁节段质量较小者,也可采用缆索吊装。钢加劲梁的安装应符合表5-5的要求。

钢加劲梁安装后的允许偏差　　　　　　　表5-5

项　　目	规定值或允许偏差(mm)
吊点偏位	20
箱或桁梁顶面高程在两吊索处高差	20
相邻节段匹配高差	2
吊索防护	符合设计要求
箱或桁梁段工地连接	符合规范和设计要求
钢箱或桁梁工地防护	符合设计要求

第六章 隧道施工新技术

第一节 非爆破机械开挖施工技术

一、铣挖法

铣挖法是指将一种专用的铣挖头安装在挖掘机臂上,利用刀头的旋转切削围岩,配合出渣运输设备完成隧道开挖作业。根据围岩的软硬程度可选择不同的铣挖头,开挖速度一般可达到 $10\sim50m^3/h$。开挖后要及时进行初期支护,小断面隧道在地质条件允许时,可一次开挖成型后再初期支护,大断面隧道可分台阶或分部开挖,台阶长度或分部尺寸根据围岩条件和施工组织确定,每次开挖进尺根据围岩条件决定,软弱围岩一般控制在1m以内。铣挖法开挖下来的围岩粒径小且均匀,可直接作为路基填料。

铣挖法在隧道施工中具有振动小、噪声低、对围岩扰动少、劳动强度低、安全程度高、开挖成型好等优点,适合在中低硬度的岩层中使用。国外已应用多年,具有较成熟的施工经验。铣挖法相关图片如图6-1～图6-3所示。

 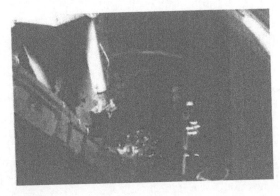

图6-1 铣挖法施工

1. 铣挖法的特点

1) 铣挖范围广

在中低硬度的岩石如风化岩、凝灰岩中,挖方工效最大可达到 $25\sim40m^3/h$(随岩石的密度、破碎度不同而不同),也可铣挖无钢筋或有少量钢筋的混凝土。使用装在300t挖机上的ER5000系列铣挖机,可以铣挖配有钢筋直径在30mm以下的混凝土。

a)　　　　　　　　　　　　　　b)

图 6-2　国外铣挖机

图 6-3　国外某隧道采用铣挖机施工

2) 低振动、低噪声

可在有振动或噪声限制的地域如古建筑、医院周围有效地替代爆破施工,并能很好地保护环境。

3) 精确控制施工

可以快速准确地修整构造物轮廓,应用在隧道开挖中,不但可以解决令施工单位头疼的欠挖问题,还降低了施工单位"宁超勿欠"所引起的成本增加问题。铣挖下来的物质粒径小且均匀,可直接作为回填料。

4) 安全性好

使用铣挖机可以取代人工进行软岩或破碎岩层的隧道掘进,排除掌子面前方工人开挖的危险,从而大大提高了隧道施工的安全性。

5) 结构简单,使用方便

铣挖机可以安装在任何一台既有的液压挖掘机上,可利用液压破碎锤或液压钳的液压回路进行安装,使用方无须额外购买挖掘机。

2. 铣挖机的应用范围

铣挖机可以广泛应用于隧道、沟渠、市政管线开挖;公路路面破碎、采矿、岩石冻土开挖;建筑物拆除、表面出新以及钢铁工业、林业等多种施工领域。

在多数情况下,铣挖机(如德国艾卡特)只用于隧道轮廓的开挖,但是在中低硬度的岩层及冻土层等适合的地层中,铣挖机可以直接用于隧道的掘进,尤其在破碎岩层及老黄土中,开挖量可达 30m/h,开挖过程中对地层扰动小、安全性高,特别适合不宜爆破施工的地段。铣挖机操作简单,可控性高,开挖轮廓线清晰准确;可轻松解决隧道内欠挖修整、内表面凿槽及开挖边沟等问题。图 6-4 为在黄土或软岩隧道中铣挖槽施工。

a) b)

图 6-4 铣挖施工

3. 铣挖机的性能参数

铣挖机性能参数见表 6-1,钻牙磨耗率见表 6-2。

钻牙磨耗率为 0.02 个/m³(岩石强度为 40~80MPa 中低强度)。

艾卡特铣挖机铣挖量图表   表 6-1

型号	ER1200				ER1500				ER3000				ER5000			
适用岩层强度(MPa)	10	20	30	35	20	30	40	45	50	70	80	90	70	90	100	120
最小铣挖量(m³/h)	15	10	6	5	25	15	8	6	20	10	8	6	30	20	18	13
最大铣挖量(m³/h)	30	20	12	10	50	30	16	12	40	21	16	12	60	40	35	25

钻牙磨耗率   表 6-2

岩石种类	盐矿	页岩	石灰石	白云石	砂石	花岗岩	混凝土
磨耗率(个/100m)	0.2~1	0.5~2	0.5~5	2~6	4~10	10~100	10~30

二、悬臂掘进机开挖法

悬臂掘进机是一种集开挖、装载、运输于一体的综合机械化施工设备,能够进行非爆破振动施工,对围岩扰动小,可连续开挖作业,效率高、超挖小,节约衬砌材料。

悬臂掘进机在煤矿巷道中大量使用,设备成熟,地层适应性较强,如图 6-5 所示。

从国际(日本、西欧、北美)隧道施工实例来看,城市浅埋铁路隧道施工主要采用的非爆破开挖方法是使用悬臂掘进机、铣挖机等机械进行切削法施作,且已经形成了比较完善的工法体系。日本三井三池公司从 1968 年研制第一台悬臂掘进机以来,先后生产了 600 多台此类设备,其中 S200 型掘进机有 100 多台应用于交通隧道工程。其应用情况见表 6-3。

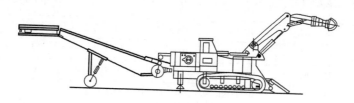

图 6-5 悬臂掘进机

日本悬臂掘进机应用情况一览表

表 6-3

序号	工程名称	施工单位	断面面积 (m^2/m)	掘进时间	单轴抗压强度 (kgf/m^2)	岩石种类
1	灵南隧道	安腾建设	80/1225	1986年1月~1987年3月	800~1500	花岗岩
2	盘道岭引水洞	熊谷组	22/16000	1987年7月~1990年3月	200~500	砂岩
3	都夫良野隧道	黑井建设	125/842	1987年1月~1988年4月	200~400	风化花岗岩
4	大成隧道	大成建设	50/600	1988年12月~1989年2月	200~1000	黏板岩
5	姬户隧道	奥村组	71/490	1990年1月~1990年	300~800	砂岩页岩互层
6	银河隧道		100/3388	1990年10月~1993年	50~1600	日高黏板岩
7	叶高隧道	佐藤工业	20/600	1991年5月~1991年7月	150~200	泥岩
8	岩石隧道	清水校高JV	50/900	1994年2月~1994年4月	50~800	凝灰岩
9	女鹿隧道	大成建设	50/3000	1994年7月~1997年10月	50~400	泥岩、凝灰岩
10	赤井隧道	大成建设	50/1300	1995年9月~1997年2月	70~400	砂岩
11	喜野隧道	太平工业	50/700	1993年8月~1994年9月	100~800	安山岩
12	然别隧道		55/150	1992年5月~1992年8月	500~1000	安山岩
13	奥羽南邮隧道	大林组	50/600	1989年11月~1990年6月	100~400	火山砾、凝灰岩
14	武田山隧道	奥村组	80/1500	1986年1月~1988年2月	500~1500	花岗岩
15	武田山隧道	鹿岛建设	80/930	1986年9月~1987年8月	500~1300	花岗岩
16	武田山隧道	奥村组	60/300	1987年4月~1987年6月	600~1100	花岗岩
17	高玉东隧道	大林组	80/1532	1987年1月~1987年12月	200~400	风化花岗岩
18	增位山隧道	大成建设	80/800	1988年2月~1988年6月	600~1300	角砾凝灰岩
19	祝津隧道	近藤	80/400	1988年9月~1988年12月	100~500	角砾岩
20	连泷隧道	奥村组	80/600	1988年9月~1988年12月	100~500	风化花岗岩
21	浦岛隧道	熊谷组	35/300	1989年1月~1989年3月	400~1200	黏板岩
22	西山隧道南	东京建设	75/2466	1988年10月~1990年6月	300~1200	凝灰角砾岩
23	蓝那隧道	熊谷组	45/300	1989年6月~1991年9月	700~1200	砂岩
24	恨河隧道	户田	100/3388	1990年1月~1993年	50~1600	日高黏板岩
25	寒狭川隧道	飞岛建设	18/1200	1990年3月~1990年6月	700~1200	花岗岩
26	代太郎隧道	太平工业	70/1800	1990年3月~1992年9月	600~900	凝灰岩

续上表

序号	工程名称	施工单位	断面面积（m²/m）	掘进时间	单轴抗压强度（kgf/m²）	岩石种类
27	杖立隧道	今村建设	70/890	1990年4月~1991年3月	800~1000	凝灰岩
28	玉川隧道	前田建设	52/500	1990年8月~1991年3月	200~600	凝灰岩
29	山内隧道	鹿岛建设	50/2400	1990年11月~1993年6月	100~700	凝灰岩
30	东内隧道	奥村组	80/1500	1991年6月~1992年10月	200~1500	凝灰岩
31	横于隧道	户田建设	50/800	1991年7月~1992年6月	100~400	泥岩
32	水犬丸隧道	大来建设	73/150×2	1991年12月~1992年6月	400~600	砂岩
33	再度山隧道	两松建设	70/460	1994年1月~1994年12月	200~500	风化花岗岩
34	东山隧道	奥村组	80/1500	1994年4月~1995年3月	200~1500	花岗岩
35	天神山隧道	奥村组	55/915	1994年6月~1995年9月	400~800	砂岩

注：1kgf/m² = 980.665MPa

其他国家应用悬臂掘进机施工的工程实例，见表6-4。

其他国家部分隧道悬臂掘进机施工情况统计表 表6-4

序号	隧道名称	长度/断面积（m/m²）	悬臂掘进机型号	地质情况	进度水平与施工方法	国家
1	维也纳供水管线隧道	5500/10	AM130	黑色页岩占60%。无侧限抗压强度5~40MPa；石英含量占10%~30%；石炭质砂岩占30%，无侧限抗压强度60~100MPa	20m/d	奥地利
2	毕尔巴鄂市地铁		WAV178/300	无侧限抗压强度20~50MPa	最高开挖速100m³/h	西班牙
3	悉尼市南郡铁路隧道	2200/90	AM150	隧道全在砂岩中，无侧限抗压强度20~70MPa，石英含量在70%以上	净开挖速度100m³/h，刀具消耗每1m³小于0.2个，长台阶法	澳大利亚
4	多京根公路隧道	2173/90	WAV408	泥灰岩占10%，无侧限抗压强度为30~50MPa；石英含量占1%~5%，白云岩占20%，无侧限抗压强度为80~120MPa；石灰岩占70%，无侧限抗压强度为30~50MPa；石英含量在3%~10%	平均开挖速度《W/h，每天进尺大约4.5m，长台	德国

我国交通行业学者从20世纪90年代开始对非爆破机械隧道开挖施工进行研究。但实践不多，没有形成完整的成功案例。部分隧道曾使用包括取芯机、破碎锤和静态破碎剂在内的施工技术，但施工距离都在50m以内。未发现长距离隧道机械开挖的工程实例。

煤炭行业因其地质特殊性而尽量避免爆破作业，高效机械化掘进与支护技术是保证矿井实现高产高效的必要条件,也是巷道掘进技术的发展方向。我国煤巷高效掘进方式中最主要的方式是悬臂式掘进机与单体锚杆钻机配套作业线,也称为煤巷综合机械化掘进。此方式在我国国有重点煤矿已得到广泛应用,但目前国产的掘进机与国际先进技术尚有相当的距离。

三、预切槽技术简介

机械预切槽法是指采用专用的预切槽机沿隧道横断面周边预先切割或钻一条有限厚度的沟槽。在硬岩中,切槽可作为爆破的临空面,起爆顺序与传统爆破顺序相反,不是由里向外而是由外向里逐层起爆,这种方法可以显著降低钻爆法施工的爆破振速。在软岩中,切槽后立即向槽内喷入混凝土,在开挖面前方形成一个预衬砌,随后才将切槽范围内的掌子面开挖处理,这样就能有效地减少因掌子面开挖而产生的围岩变形与地表沉降,并能在预衬砌的保护下安全高效地进行工作面的挖掘、渣土装运、仰拱、防排水、二次衬砌等施工作业。

1. 预切槽技术的基本原理

预切槽技术的基本原理是沿修建隧道的拱圈切割一条有限厚度的沟槽,填充混凝土后形成连续结构,在软岩地层中起超前支护、初期支护或衬砌作用,控制围岩的应力释放,提高地层的稳定性,减小地表及拱顶沉降,保证掌子面的稳定。主要优点表现为:

①激光准确定位,切割面光滑平整,基本上消除了超挖。
②减少临时支护,便于使用高效率的掘进设备,大大加快隧道掘进速度。
③混凝土喷射量大大减少,且可准确定量。
④地层沉降易于控制,人身安全和附近建筑物保护大大改善。

软岩中的预切槽法也称预衬砌法,是超前支护的一种。软岩中的切槽厚度一般为15~50cm,切槽深度一般为3~5m,每段切槽沿隧道轮廓线稍呈喇叭状,以便相邻两段预衬砌之间有一定的搭接长度,此长度通常在0.5m左右。随着机械设备的发展,目前切槽深度和宽度都在增加,当切槽灌注混凝土厚度在40cm以上时,可以作为隧道的初期支护,特别是意大利的从预切槽技术新发展而来的pretunnel工艺,即切槽先行隧道衬砌,其混凝土灌注厚度最大达到90cm,完全可以作为隧道永久衬砌使用。

2. 预切槽机械设备的构成及工作方式

1)预切槽机的设备机型

预切槽的设备机型主要有适用于岩石的钻槽式,适用于软岩的拱架直线链刀式、拱架弧形链刀式和回转中心轴链刀式。

预切槽机从整体结构布局上可分为拱架式和回转中心轴式,一般以拱架式结构为主。

(1)拱架式预切槽设备

拱架式预切槽设备主要由与隧道轮廓相似的弧形主拱架、在主拱架前面可沿主拱架轮廓环向移动的刀架以及刀架上布置的可移动链式切刀组成,整个设备可在地面上布置的轨道上行走,也可由步进梁结构自行走。适合施工的隧道面积范围较宽,但设备受结构形式限制,拱架一旦确定,只能适用于同一形状尺寸隧道截面,调整量较少。

法国生产的预切槽机一般都是拱架式。日本20世纪90年代生产的新PLS工法预切槽机是拱架式结构。我国20世纪90年代由中铁五院集团公司设计的预切槽机也是拱架式结构。

（2）回转中心轴式预切槽设备

回转中心轴式预切槽设备主要由设备主机架支撑的回转中心轴、连接在回转中心轴上的可移动刀梁以及刀梁上布置的可移动链式切刀组成，刀梁与中心轴之间通过可伸缩立柱连接。整个设备可通过主机架之间安装的履带式底盘结构实现自行走。

此类设备切槽深度较深，可通过调整支腿高度和变幅立柱长短，在较大范围内调整中心高和切割半径来适应不同尺寸隧道截面，更适合大断面隧道施工。

意大利新发展的 pretimnel 技术使用的预切槽机是回转中心轴式结构。我国于 2013 年由中国铁建重工集团有限公司生产的 YQC7000 预切槽机也是回转中心轴式结构。

2）预切槽机的设备构成

典型的预切槽机械包括预切槽刀具、导轨、龙门架和走行机构，其中预切槽刀具为一类似于大型链锯的双链刀盘，如图 6-6a）所示。导轨做成隧道外轮廓形状，使刀具可以沿特定路线进行切割作业；龙门架用以确保导轨的结构强度和稳定性，下方有足够的净空保证开挖机械和出渣车辆顺利通过；走行机构的设计可根据工程项目的需要采用导轨式或履带式等。

为了施工的灵活性考虑，两边的走行机构是可以沿隧道纵断面移动的。具体形式是整个预切槽机分步向前和向后移动。走行机构可以直接安装在轨道上面，这样的移动是连续的。一般的走行机构由一个箱形梁组成，安装在液压调节支架上面。龙门架底座反扣在走行机构的横梁上面，可以沿着横梁移动。另外一种方式是龙门架直接通过操作台安置在隧道底板上面，走行机构的横梁相对于龙门架移动，图 6-6b）为一般走行结构。

a)

b)

图 6-6　一般走行结构

为了适应不同的隧道断面和地层的需要，预切槽机设置有调节和定位系统。在走行机构上设有一个龙门架的定位装置，使得刀头可以沿着特定的路线进行切割作业。由于走行机构和龙门架下设有足够的净空，可以保证凿岩台车和出渣车顺利通过。

3）预切槽技术的特点及优势

预切槽技术适用于未固结和软岩等多种地层的铁路、高速公路等大断面隧道的施工。其主要技术特点及优势如下：

（1）采用预切槽机械施工，可以有效降低对围岩的扰动，减少地层的应力释放，有效控制拱顶以及地表沉降。

(2)隧道横向、纵向形成连续的空间拱形结构,在连续拱壳保护下再进行开挖等后续作业,可以有效地保证隧道施工人员及设备的安全。

(3)在拱壳保护下一般采用全断面法或台阶法施工,相对于侧壁导坑法等分部开挖法,全断面法或台阶法施工空间能满足大型机械化施工要求,同时减少了临时支护、打设锚杆、架立钢架等作业内容,施工效率和施工进度显著提高。

(4)预切槽和灌注混凝土采用机械同步施工,完全避免了隧道的超挖、欠挖现象,施工质量易于控制。

(5)预切槽兼具超前支护、施工支护及永久支护的功能,全部或部分替代了超前小导管、锚杆、钢架、喷混凝土等支护措施,工程造价相对较低。

(6)预切槽机械设备体积小,易于运输、安装和控制,施工灵活性较好。

第二节　软弱围岩大(全)断面施工技术

一、岩土控制变形分析(ADECO-RS)施工工法简介

岩土控制变形分析(ADECO-RS)施工工法是通过对隧道掌子面超前核心岩土体的勘察、量测,预报围岩的应力—应变形态,并将其划分为A、B、C3种类型,辅以信息化设计支护措施,确保隧道安全穿越复杂地层和实现全断面开挖的一种设计施工指导原则。

该工法在过去约10年间,被意大利公路及铁路领域广泛采用并纳入规范,现在主要欧洲国家的大型隧道项目施工也广泛采用此工法。

2004年8月高新强等人发表的《新建铁路隧道动态设计系统的构思》提及了ADECO-RS工法的优点;2006年7月原铁道部组织考察了佛罗伦萨—博洛尼亚高速铁路采用ADECO-RS工法施工的Raticosa隧道施工现场;2006年10月意大利特莱维集团组团来中国,考察了郑西客运专线黄土隧道的施工现场,并与中国同行进行了学术交流。2006年11月在北京召开的"中国高速铁路隧道国际学术研讨会"上,意大利特莱维集团对ADECO-RS工法做了专题报告,并将ADECO-RS工法的名称用中文解释为"新意法",同时,国际岩石力学学会(ISRM)的Frederic L. Pellet教授在2006年中国的巡回讲学中也将其称为"新意大利隧道施工法"[New Italian Tunnelling Method(NITM)]。

1. ADECO-RS工法的理论基础

ADECO-RS工法,是意大利人Pietro Lunardi在研究围岩的压力拱理论和新奥法施工理论的基础上提出的,该工法把主要的注意力放在掌子面超前核心土的稳定上,并以此为基础对施工方法进行选择。

Pietro Lunardi等人认为隧道结构承受最大应力的阶段并不是隧道施工完成后,而是在隧道开挖阶段。在此阶段,原岩地应力沿着隧道开挖轮廓线产生"拱部效应"ADECO-RS工法根据压力拱在隧道径向的形成和远近把压力拱分为3个类型,即在近部立即形成、在远离隧道深部形成、不能形成,如图6-7所示。

隧道"拱部效应"的形成及其位置取决于隧道开挖介质对开挖施工"变形反应"的特性以及大小。对于隧道设计工程师来讲,最重要的一点是要研究在隧道开挖时是否存在拱部效应

以及如何形成拱部效应,下一步才是选用适当的隧道开挖和支护措施。

在此认识的基础上通过对1000多例隧道的研究,形成了ADECO-RS工法的核心观点:掌子面前方超前核心岩土的滑动与隧道塌方之间紧密联系,隧道塌方总是发生在核心土体滑动之后。掌子面超前核心岩土的强度、稳定性以及对变形的敏感性在隧道施工中起到决定性作用。

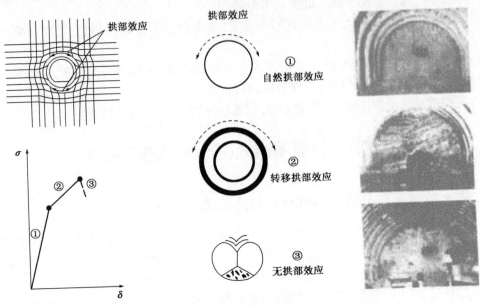

图6-7 隧道"拱部效应"

注:①接近隧道开挖轮廓面;②远离隧道开挖轮廓面;③不存在。

2. ADECO-RS工法的主要指导思想和原则

ADECO-RS工法是一种通过研究隧道掌子面超前核心岩土的变形状态为基础形成的设计施工指导原则,其特点如下:

(1)这种方法采用的新型地下工程概念是基于掌子面超前核心岩土体系的应力—应变分析方法。强调对掌子面超前核心岩土体变形的监控量测,掌握变形反应。突出了掌子面超前核心岩土的预加固要求。

(2)基于ADECO-RS工法的隧道设计是依据施工信息的动态设计。

此工法的应用目的是控制前方岩土体的力学性质,即使在相当复杂的地质条件下,也能满足隧道有序开挖掘进和机械化全断面施工的要求。

(3)ADECO-RS工法对围岩条件较好及差的隧道都适用,特别是对难以形成自然拱效应的松散围岩隧道更能体现其优越性。

3. ADECO-RS工法的步骤

ADECO-RS工法的隧道设计、施工主要分为勘察、评价、设计、施工、监控5个步骤进行动态施工,施工步骤流程图如图6-8所示。

1)勘察阶段

在此阶段,工程师首先判定影响隧道稳定的岩土力学性质,并根据地质力学性质预先判断围岩的稳定性,勘察阶段是隧道施工的基础工作。

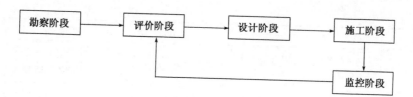

图 6-8 施工步骤流程图

2）评价阶段

在此阶段，运用在勘察阶段收集的信息，根据以上所述地质情况预测的应力—应变的形态、由开挖引起的变形发展特点荷载类型，将隧道稳定状态划分为掌子面稳定型（A类）、掌子面短期稳定型（B类）、掌子面不稳定型（C类）3种类型（见图6-9和表6-5）。掌子面稳定状态的3个类型与按"压力拱效应"划分的3个类型是对应的。

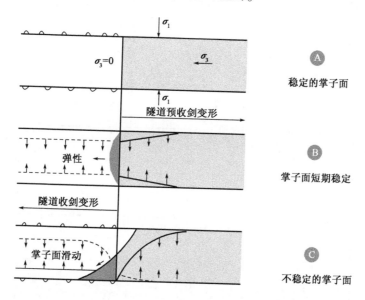

图 6-9 掌子面稳定分类

ADECO-RS 工法的隧道稳定性分类判定条件 表 6-5

判定条件	A 类	B 类	C 类
岩体强度	岩体强度能够保持隧道稳定	岩体强度能保持隧道短期稳定时	岩体强度小于岩层应力，隧道失稳
拱部效应	拱部效应接近隧道墙体	拱部效应在离洞壁较远处形成	拱部效应不会形成
围岩变形	变形现象在弹性范围内发生，大小以厘米（cm）计	变形在弹—塑性范围内以厘米（cm）计	无加固情况下围岩会出现明显的不稳定现象
掌子面	整个断面是稳定的	隧道掌子面在短期内稳定	没有支护处理情况下，掌子面将坍塌

续上表

判定条件	A 类	B 类	C 类
地下水	隧道的稳定不会因有地下水而受影响	受水的影响较小	受水的影响很大,尤其是受动力水的影响
支护方式	一般的处理,主要是防止洞壁弱化,落石	在掌子面后,允许采用传统的径向围岩支护措施	采取超前拱部预支护而形成拱部效应

3) 设计阶段

设计阶段主要是根据前两个阶段的结论对隧道的加固措施提出设计方案。设计阶段针对不同分类选取不同的支护方案和控制变形的技术方法,见表6-6。

支护方案和控制变形的技术方法 表6-6

支护方式	支护断面示意图	稳 定		短 期 稳 定			不 稳 定				
		A_1	A_2	B_1	B_2	B_3	C_1	C_2	C_3	C_4	C_5
径向锚杆支护		•		•							
喷射混凝土加固				•	•			•	•	•	•
玻纤锚杆加固核心土					•			•			
玻纤锚杆加固隧道围岩										•	
隧道仰拱				•	•	•	•	•	•	•	
预切槽							•	•			
小导洞径向岩层加固									•		
高压旋喷加固								•			
超前预注浆											•
设置排水管		•	•	•	•	•		•	•		
超前支护				•							
变形现象		厘米级		10cm级			不可接受				

注:A,B,C 为隧道掌子面稳定状态 A,B,C 类的细分。

设计阶段一个主要任务是提出隧道洞身的支护方式。对于 A 类形式可以采用常规支护方式;对于 B 类形式即断面处于短期稳定下的隧道,可以根据隧道所要达到的掘进速度,在预支护或常规设计阶段,另一个主要任务是设计控制岩土变形的措施,主要是控制前方核心土变形、控制前方地下水的影响、控制后方变形。加固岩体的组合技术如图 6-10 所示。

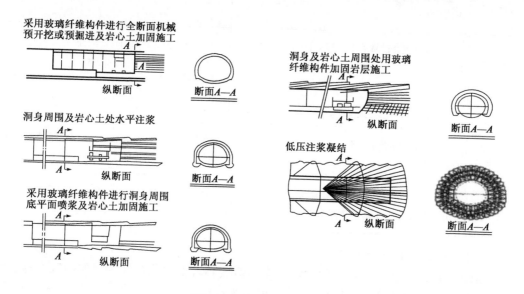

图 6-10　加固岩体的组合技术

4)施工阶段

在此阶段根据设计方案,施作隧道稳定支护措施。包括注浆、水平旋喷、玻璃纤维锚杆等多种方法进行支护和预支护加固,并采用相应的质量控制标准检测加固效果。

5)监控阶段

在此阶段,进行以掌子面核心岩土变形为重点的施工监控量测,检验评价阶段和设计阶段的预测准确性,其结果还将最终补充到掌子面和隧道的稳定性设计中。

施工中,根据监控量测结果决定是否继续执行或更改予设计断面类型,是否需要修正工程量。

监测的主要内容有超前核心土的挤压变形、预收敛变形和掌子面表面变形;常规量测,如收敛变形、沉陷观测等。

根据掌子面挤压变形以及围岩收敛变形的关系,决定隧道开挖掘进何时停止,何时开始进行下一循环的掌子面超前支护加固,从而使超前核心土体加固的深度较小,以节省投资。

4. 与新奥法的异同对照

ADECO-RS 工法是以掌子面超前核心岩土的变形与隧道的稳定性为主要评价目标,设计和施工都是以此为基础进行确定。它不但考虑到了隧道后方的变形影响,同时重点考虑前方掌子面的变形对隧道稳定性的影响。而新奥法则没有考虑前方掌子核心岩土的影响。两者的区别见表 6-7。

ADECO-RS 工法与新奥法对照表　　　　　表 6-7

类别		ADECO-RS 工法	新 奥 法
不同点	岩土观点	重视掌子面超前岩土的稳定性	没有重视
	隧道量测	重视掌子面超前核心岩土的收敛变形和挤压变形的量测	没有重视
	超前支护	强调掌子面超前核心岩土的人工控制,岩体强度的改善	只注重了前方轮廓的预加固,没有对超前核心土加固
	断面开挖	机械化全断面开挖	断面分步开挖
	工期	可以在设计阶段较准确地预测完成时间	设计阶段只能大概的估计时间
	设计、施工、量测关系	强调了预收敛量测和洞身的收敛量测,及时反馈设计调整参数的动态设计	没有进行预收敛量测,只是对洞身的量测,属于被动测量,因此动态设计的及时性较弱
最重要的区别		强调了对超前核心岩土的控制量测、动态设计,突出了机械化全断面、均率开挖的理念	没有对超前核心岩土的控制,更偏重分步开挖的手段

5. ADECO-RS 工法的配套设备

由于 ADECO-RS 工法是一种以关注掌子面超前核心岩土的稳定性为主要研究手段,满足大断面机械化施工要求的工法,因此在施工过程中要有相应的配套设备,如高效率的双臂管棚钻机、全断面钢拱架架设机、混凝土自动喷射机等。由于在加固掌子面超前核心土的同时也要考虑到易于用机械化开挖,因此在国外一般都采用抗拉强度高、抗剪强度低的玻璃纤维注浆锚杆来加固,在监测方面也要有相应的收敛量测、掌子面核心土的挤压变形、预收敛量测等设备。双臂钻机和钢拱架设机分别如图 6-11 和图 6-12 所示。

图 6-11　双臂钻机　　　　　　　　图 6-12　钢拱架设机

综上所述,ADECO-RS 工法运用于隧道施工领域使隧道施工技术取得了很大的成功,特别是在软弱大断面隧道中应用时和我们目前所采用的 CRD 工法、眼镜工法相比,其安全性、施工质量、施工进度都具有较大的优越性。除双臂管棚钻机外,其他配套机械设备和玻纤注浆锚杆等都已国产化,因此,ADECO-RS 工法在我国具有较大的推广前景。当然,该工法也可以为岩土工程界的工程技术人员提供参考和借鉴。

二、软弱围岩隧道超前预加固大断面施工技术及工艺研究

1. 软岩隧道施工现状

我国是世界铁路隧道大国,预计到 2020 年,我国铁路隧道总长将达 2 万 km 左右,位居世界第一,其中,软弱围岩隧道占有相当大的比例。随着经济的快速发展,隧道修建的规模和速度将进一步加快,将有越来越多的隧道穿越各种软弱不良地层。

从目前隧道施工来看,我国铁路隧道大断面施工机械化水平比较低,劳动强度大,设备配套技术水平、施工装备和装备国产化仍处于隧道施工初期水平。多采用台阶法、CRD 法等多分部、小断面形式,施工空间狭小,大多数仍以人工作业为主,既不能快速施工,也不利于机械化作业。影响施工速度与质量,施工安全性较低,难以满足日益增长的隧道大断面快速施工需求。

20 世纪 70 年代中期,意大利的 Pietro Lunardi 教授开始对此进行研究,并逐步提出岩土控制变形分析(ADECO-RS)工法。它强调控制围岩变形、强调掌子面前方围岩的超前支护和加固,通过监测和控制掌子面前方的围岩,采用配套的机械化作业,实现全断面开挖。

软弱围岩隧道大断面施工是指在Ⅳ、Ⅴ级围岩及部分Ⅵ级围岩中,以信息化设计支护措施,采用配套的机械化作业,控制围岩变形,确保隧道安全快速穿越复杂地层,实现隧道全断面或大断面开挖的动态设计施工技术。

大规模机械化作业是今后隧道施工技术的发展方向,可在较短时期内完成大规模的各类隧道建设任务。软岩隧道大断面施工技术可减少常规施工方法分部开挖、多次支护所需的施工人、料、机和时间;初期支护结构整体封闭时间短,对周边地层影响较小,可减少由于分部开挖、支护、拆撑等多次扰动造成地层大范围应力重新分布所导致的隧道结构大变形、塌方等风险。另外,大断面施工具有空间大,机械利用程度高、适用范围广的特点,可有效提高生产效率,确保施工进度持续、稳定。

近年来,社会劳动力资源渐趋紧张,人工成本日益高涨,传统的人力密集型施工方法已不适应社会发展和地下工程施工的行业市场要求,大断面机械化作业将是今后隧道施工技术的发展方向。

2. 隧道超前预加固(支护)技术

影响隧道开挖过程中隧道稳定性以及掘进速度的工程因素主要有:

(1)隧道超前预加固(支护)措施。
(2)开挖方法(TBM、爆破、非爆破等)。
(3)开挖方式(全断面、台阶法、CRD 法等)。
(4)开挖步长。
(5)断面形状。
(6)掘进速度。

隧道超前预加固(支护)措施是其中的首要影响因素,不仅影响到隧道的长期、短期稳定性,在开挖过程中这些措施采用与否直接影响到围岩承载力的有效性,还会对其他影响因素造成影响。

软弱围岩隧道全（大）断面施工常用的超前加固方法主要有 5 种，如图 6-13 所示。

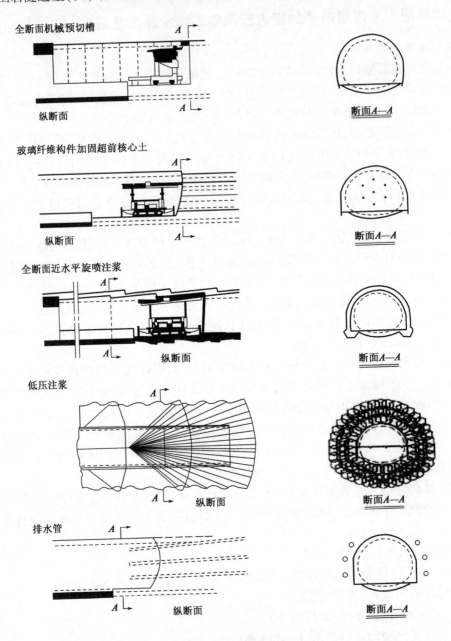

图 6-13 常用的超前加固方法

这里主要介绍玻璃纤维描杆（组合锚杆）超前预加固技术。

在掌子面进行干钻，钻孔近似平行于隧道轴线并均匀分布在掌子面上，长度一般大于隧道直径。钻孔后将玻璃纤维锚杆（组合描杆）插入孔内并立即注入水泥灰浆。当隧道掘进后，掌子面超前核心土中玻璃纤维锚杆（组合锚杆）的剩余长度不足以确保洞室的预约束（可通过隧道掌子面核心土挤出变形量测数据评估）时，则须布设另一组玻璃纤维锚杆（组合锚杆）。

玻璃纤维锚杆(组合锚杆)有良好的抗拉强度和较大的脆性,既能有效抑制掌子面挤出变形,开挖机械又能够很容易地将其挖断。

该方法的设计参数有锚杆(组合锚杆)的长度、安设频率、搭接长度、几何形状分布,典型设计如图6-14所示。施工期间应按照设计方案所确定的锚杆(组合锚杆)布设方案实施,若地层和勘察资料出入较大,施工时也可能根据需要进行适当调整。

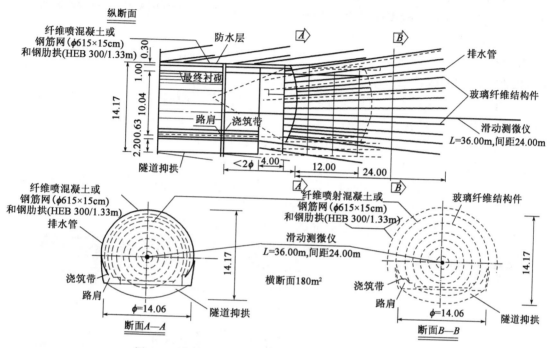

图6-14 玻璃纤维超前预加固技术设计断面图(尺寸单位:m)

该技术可用于黏结性、半黏结性土层及破碎围岩中,在采取措施确保钻孔完整性的情况下甚至也可用于黏结性非常低的土层中。

如果其设计和施工适当,可以改善隧道掌子面超前核心土的应力—应变特性,使得掌子面超前核心土的应力—应变反应得以预测和控制,从而充分发挥洞室的预约束效应。

该技术还可结合其他超前加固技术的优点,如机械预切槽、预切成洞衬砌技术等。

3. 近水平方向旋喷注浆加固

旋喷注浆是一项地层处理技术,通过一定直径的喷嘴在高压(30~60MPa)下将一定量的水泥混合物注入待改良地层中。其注浆方法有多种(单液、双液、三液),但在隧道水平注浆作业中较多采用单液(水泥混合物)注浆系统。传统注浆主要是基于浆液的渗透,因此会受到地层吸收性的限制。旋喷注浆主要基于水力劈裂,该技术是在高压、高速下借助于喷射浆液的力学作用使地层破裂,以此搅拌、压实、固结地层。通过改良处理提高地层的力学特性,其渗透性和强度特性与混凝土相当。

该工艺的工序分为以下两个步骤:

①采用尾部配有特殊注浆装置(跟踪注浆)的钻杆进行钻孔,深度不小于隧道直径。

②在拔出和旋转钻杆的同时,通过跟踪注浆装置、设定速度进行注浆。

经验表明,该技术可用于所有抗剪强度可在高压下通过喷射浆液而破裂的颗粒土和黏结性土层中,也可处理非均质土层并确保获得均匀的固结度和不透水性。如果水头不大于 5~6m,则在静水压下情况下不会破坏改良处理效果,如果掺加适宜的速凝剂,在 1cm/s 左右的水动力下也能维持改良效果。

改良土体的力学强度主要取决于浆料的水灰比及原位地层的粒度曲线。对于砂和砾石层,强度值一般为 12~18MPa;对于细颗粒土层,在水泥含量高的情况下,其强度值则在 2~14MPa 之间变化。

改良地层范围大小取决于原位天然地层的特性以及改良作业参数,一般可获得直径在 0.40~0.80m 之间的改良土柱体。

在隧道工程中采用近水平的旋喷注浆技术,可在隧道开挖断面轮廓形成互相咬合的有相当强度的旋喷桩体,并具有以下功能:

①在纵向方向上保护超前核心土,减轻其荷载并提供稳定性。
②在横向方向上形成洞室约束作用,防止地层释压和变形。

借此可在成拱效应保护下安全地进行后续的隧道开挖作业。若隧道变形较小,说明最终作用在初期支护结构力较小,可以不必施作过厚的二次衬砌。

近水平方向水平旋喷注浆加固全断面施工步骤如图 6-15 所示。

步骤1:
采用玻璃纤维结构件进行掌子面超前核心土预约束

步骤2:
开挖(全断面,0.7~1.00m)

步骤3:
在掌子面和洞室表面施作喷射混凝土,保护隧道洞壁

步骤4:
在步骤2所开挖段设置钢肋拱并连接加筋件

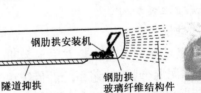

步骤5:
施作纤维喷射混凝土初期支护

图 6-15

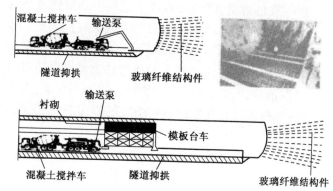

步骤6:
靠近掌子面开挖并浇筑隧道边墙和仰拱

步骤7:
在距掌子面≤4~5倍洞径处浇筑最终衬砌

图 6-15　近水平方向水平旋喷注浆加固全断面施工步骤

4. 超前预注浆

采用超前注浆进行洞室预加固是指以设定的长度、强度和加固拱几何尺寸对掌子面前方地层进行注浆处理,以形成改良土体加固拱。以这种方式在掌子面超前核心土周围形成的加固拱,具有一定的力学特性,能够径向约束周围地层并阻止其释压、松弛。

当地层改良结束后,即在加固拱地层保护下进行隧道开挖作业,循环进尺要小于加固地层段的长度。

在地层条件很差的情况下,或者是在城市浅埋隧道中需要严格控制地表沉降时,还应对掌子面超前核心土进行地层改良处理。在特殊情况(浅埋大直径隧道)下,可从导洞或者洞外进行传统注浆作业。

传统注浆技术通常用于掌子面不稳定的隧道中,穿越地层为非黏结性地层,渗透系数不小于 $10 m^{-6}/s$,注浆作业通常采用插有袖阀管(套管)的注浆孔进行。超前注浆加固技术如图 6-16 所示。

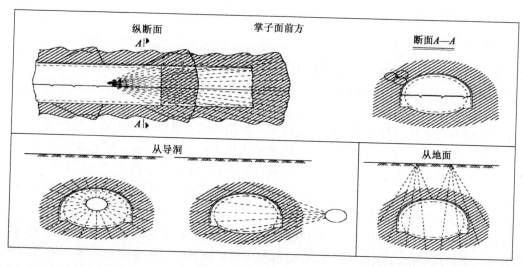

图 6-16　超前注浆加固技术

在进行注浆改良作业前应根据待改良地层强度、变形性、孔隙渗透性、断裂性的地质勘察等数据确定以下参数:

(1)钻孔的数量和分布(取决于地层力学特性及预约束程度,需在设计阶段确定)。
(2)注浆阀间距(取决于土层的渗透系数)。
(3)注浆压力(通常小于岩层不连续体的极限强度)。
(4)水泥的细度(影响浆液的渗透性及浆液凝结时间)。
(5)浆液特性,如黏性(对于快速注浆加固作业,黏性必须要低)、水灰比(其对于最终改良地层的力学参数具有直接影响)、适宜的添加剂(如缓凝剂、充填大缝隙的材料等)。

5. 排水管

在动水情况下开挖隧道时,可在地下水位以下施作排水管管棚,在洞室周围形成一个高渗透性区域,可以部分或者完全降低地下水位,同时也可以降低水力梯度及作用在衬砌上的水压力。

以地质力学的观点来看,岩土的剪切强度受到地层孔隙和不连续面水压力的负面影响,降低水压力将明显提高其剪切强度。

将开孔排水管插入掌子面前方,形成截锥状管棚,用于拦截隧道超前核心土周围地层中的水流,阻止掌子面超前核心土地层内的水循环,降低水压,目的是为了改善超前核心土的天然强度和变形特性,并以此施加明显的洞室预约束作用。为此,必须以截锥状形式在超前核心土范围之外,即在横断面轮廓之外安设排水管。在隧道重新开始掘进时,依次重复安设排水管,使超前核心土始终完全处在保护之下。隧道开挖步骤和排水管的安设必须交替进行,以便截锥状管棚能够实现连续搭接,其长度不小于隧道直径。

排水管长度取决于隧道直径、地层渗透性以及隧道通过段的地下水位,其长度由作业机具决定,排水管长度一般为隧道直径的3倍。

在停止开挖并钻完第一个钻孔后即开始安设排水管。排水管通常为PVC管,其前段开孔(位于孔底,用于汇集地下水),并包有一层土工织布(无纺布)以防止堵塞,第2段则未开孔,通过注浆液与孔壁胶结。

三、水平旋喷预加固技术

水平旋喷在国外已有较广泛的应用,日本和意大利是研究开发水平旋喷技术较早的国家,意大利RODIO公司于1983年首次将水平旋喷技术用于隧道预支护。美国在20世纪80年代开始使用此项技术。

水平旋喷与普通旋喷最大的区别是设计了一种位于高压喷水枪端头的排泥装置。这一结果,使排泥和地基内压力得到合理的控制,使地基内压力稳定,也就避免了在水平施工中出现地表变形的可能性。该方法不仅适用于水平的注浆加固,也适用于垂直的、倾斜的、多方位的注浆加固。水平旋喷管由高压泥浆管、高压水管、压缩空气管及负压吸泥管4根管道共同包含于一根大管道中。除负压吸泥管外,其他三根管道均与喷嘴连接;高压水管与负压吸泥管在头部连接在一起。当水平旋喷作业时,硬化材料及压缩空气分别从硬化材料喷嘴喷出,此时钻杆做旋转或一定角度的摆动切削土体,硬化材料与土体颗粒混合后可形成加固体。与此同时,高压水喷嘴同时进水,并高速回流,在出浆管口形成真空,从而把水泥浆置换出来的泥浆从出浆管排出。

水平旋喷预加固法是利用工程钻机钻孔至设计深度后,用高压注浆泵等高压发生装置,通过安装在钻杆(喷杆)杆端,置于孔底的特殊喷嘴,向周围土体高压喷射固化浆液,同时钻杆(喷杆)以一定的速度旋转后退提升,高压射流切割土体,使一定范围内的土体结构破坏,并强制地层土体与固化浆液混合,凝固后便在土体中形成具有一定力学性能和形状的固结体。

喷射流的移动方式一般分为旋转喷射(简称旋喷)、定向喷射(简称定喷)和摆动喷射(简称摆喷)。另外,按喷射介质及管路多少,高压喷射注浆法又分为单管法、二管法和三管法。

隧道水平高压喷射注浆主要基于单管高压旋喷法,常规隧道喷射注浆施工包括:掌子面水平桩喷射注浆、玻璃纤维锚杆施工,隧道周边近水平咬合喷射桩注浆施工,拱脚锁脚桩喷射注浆施工,帷幕桩喷射注浆施工。

水平钻孔旋喷注浆的应用和隧道施工技术的发展有密切联系。在覆盖较薄的松软地层中修建地下结构面临着地层不稳定,较易引起坍塌和地面沉陷等严重问题。高压喷射注浆的开发成功,使工程技术界想到利用它来提高隧道围岩的稳定性。从地面竖直钻孔在隧道周边进行旋喷存在钻孔深度过大,钻孔精度及各固结体之间搭接不易保证等缺点。另外,受固结体之间的黏结强度及抗剪强度控制,加固范围比较大。

水平旋喷预加固技术适用于细砂、粉砂、粉土、黏性土、新近沉积土、软土地段地层的加固和周边止水喷射注浆施工。

四、国内外发展状况

1. 日本水平旋喷发展状况

1) CCP-H 工法

CCP-H 工法是 20 世纪 80 年代初,日本在单管旋喷的基础上开发的专用于水平钻孔的旋喷工法。它是在注浆管的后端位置设置一个扩径钻头,以加强对土体的破坏。扩径钻头在钻进时缩于钻杆的凹槽内,后退开始旋喷时,靠阻力自动打开,在旋喷前先搅动土层以确保并扩大水平旋喷柱体的直径。为了加速浆液和土粒的固结,在浆液中加适量的速凝剂和硬化剂。日本国铁第一工程局用此法进行过试验和施工。

2) RJFP 工法

随着旋喷技术的不断发展,日本又提出 RJFP 工法。此法可在隧道拱部外缘旋喷成的固结体中插入钢筋或钢管,使形成的固结体拱棚除了有横向抗压能力外,还有纵向抗弯能力。他们已用此法成功地修建了几十座隧道。该法一般只加固隧道的拱部,使旋喷柱体相互搭接成拱棚。其钻孔长 3m,旋喷 11m,每段拱棚搭接 1m。这些隧道所用的喷射压力为 40MPa 左右,形成的固结体直径为 60~70cm,旋喷固结体的单轴抗压强度为 3.5~8.0MPa。

3) MJS 工法

MJS 工法是"全方位高压喷射技术"的简称,施工实例如图 6-17 所示。此法的最大特点是具有排泥机构,是针对一般旋喷工法的剩余泥浆大量从孔口涌出,污染作业环境,随着旋喷孔深度增加,排浆难度增大,喷射、搅拌效果降低等不足

图 6-17 MJS 工法施工实例

而开发的。

在监控器上设 MJS 装置,该装置是在喷嘴后方装的排泥浆吸入口,由该吸入口吸入泥浆,还可调整排泥量及对地基的压力,使喷射压力充分运用。该装置不仅用在竖直大深度旋喷,在水平、倾f斜方向也能运用。由于钻管内还装设有大小7根管线,所以又叫七管旋喷法。

该工法的优点是不污染现场,保持良好的施工环境,但设备过于复杂,占用空间较多,搬运不便。

2. 欧美水平旋喷发展现状

意大利是多山国家,其隧道及地下工程的施工技术比较发达,水平旋喷技术的开发应用在欧洲处于领先地位。在1992年 Sloveia 召开的隧道及地下建筑施工国际会议上,该国代表系统总结了该国及世界各国隧道围岩的加固方法,把高压喷射注浆法和静态注浆、冻结法和机械预切槽等一并列为隧道围岩加固的基本方法。最典型的做法是沿拱部外缘用水平钻孔旋喷柱体相互搭接形成拱棚,在它的保护下开挖上部断面。用台阶法施工时,为提高拱脚地层的强度,在坑道内两侧倾斜打入钻孔,将旋喷柱体连接成墙体。

从意大利的工程实践得知,在砂粒土和中细砂地层,水平旋喷质量良好,固结体平均抗压强度达 18~19MPa,接近 C20 等级混凝土。在水平旋喷柱体相搭接形成的旋喷拱棚的保护下,通过对开挖过程中设置的拱肋受力量测表明,其受力极小,说明旋喷拱棚的刚度很好,承受住了山体的压力。

德国波恩地铁一段区间隧道通过松散未固结、渗透率平均为8mm/s的莱茵河砾石及不均匀泥砂层,平均埋深为3.5m,顶部还有一条污水管通过。为控制地面深陷并确保污水管的安全,拟用旋喷注梁结合新奥法施工,获得良好效果。本次旋喷柱长12m,柱体直径为60cm,中心距为47cm,搭接长3m,柱体向外倾斜10°。旋喷压力大于40MPa时,曾引起地面隆起达91mm,采取降压及钻卸压孔等措施后得以控制,旋喷引起地面隆起问题已引起工程界重视。

美国于20世纪80年代初期首次应用旋喷技术并获得成功,由于此项技术价廉及对各种土壤的普遍适用性而在美国得到广泛应用。华盛顿地铁在海军工厂以东区间隧道修建过程中采用大范围水平旋喷注浆,使土压平衡盾构得以从百年前修建的直径 18ft(5486.4min)的砖和素混凝土结构的下水道下方通过。

在修建苏黎世地铁时,瑞士首次使用水平旋喷技术作预支护。在 Si. Antoniuskirch 车站到 Stadehofen 车站之间有一段松散破碎的冰碛石带。虽然覆盖层在整个工程中是最薄的,但因上部有铁路线而不能明挖施工。区间隧道采用机械掘进,遇到松散破碎的冰碛石层时,出现了最严重的塌方事故。最后改为水平旋喷注浆对地层进行预支护,成功地通过了松散破碎带。开挖前,隧道拱部设置了23根长16m、直径为70cm的水平旋喷柱体在隧道拱部形成一个支护拱,其钻孔直径为10cm,旋喷压力为40~80MPa。旋喷拱棚完成并待固结体充分固结后,用台阶法施工,上部台阶每进尺1m,相邻两旋喷段搭接2m。完成一个旋喷段的开挖要7d时间。

3. 我国水平旋喷工法现状

在我国,水平旋喷加固技术作为一种新型的施工工艺,在岩土工程中的研究和应用起步较晚,大多数还处于试验、摸索阶段。我国铁道科学研究院于1987年在内蒙古自治区乌兰浩特附近轻亚黏土层进行了首次水平旋喷试验。试验结果表明,在20MPa压力下柱径可达58cm,

固结体强度为 2.8MPa,拱棚厚度为 20~25cm,无空洞和断柱。浆液在高压射流作用下注入部分软土和土缝中,势如树根,土体得到一定加固,取得了初步成果。随后各施工单位、高校、研究院也开始了这方面的研究,并将水平旋喷加固技术应用于各种工程建设中,如神延铁路沙哈拉峁隧道、北京长安街热力隧道复线、广州地铁 2 号线新磨区间隧道、深圳地铁一期大剧院—科学馆区间隧道等。同时,中铁二十局集团有限公司根据神延铁路沙哈拉峁隧道的施工实际情况,开发了"隧道水平旋喷预支护施工工法"。

目前,在国内工程中使用的水平旋喷机多是由普通成孔设备改造而成的,在施工效率、质量、精度上亟须提高。但随着我国城市地下空间开发建设和轨道交通建设的快速发展,水平旋喷加固技术在我国将得到越来越广泛的应用。所以,需要选择合适的水平旋喷施工设备以提高施工效率、降低施工成本,更好地适应国内的需要。

水平旋喷施工机械设备主要包括高压泵站、旋喷机械和其他配套设备 3 部分。

1) 高压泵站

选择高压泵站的组合,需要依据施工选择旋喷技术和施工确定的旋喷压力等因素。

高压泵(见图 6-18)的额定压力,流量应大于施工中选用压力、流量的 1~2 倍,拌浆设备(见图 6-19)的拌浆能力需大于最大施工需求,拌浆速度要快,排浆量在 100L/min 以上,并能保证浆液质量稳定。

a) 120SV 型高压泵

b) 17T-505J 型高压泵

图 6-18 高压泵

图 6-19 SJM-45 型拌浆设备

高压泵设备技术参数见表6-8。

高压泵设备技术参数一览表　　　　　　　　　　　　　表6-8

型 号	压力(MPa)	流量(L/min)	功率(kW)	尺寸(L;W;H)(mm)	生产厂家	备 注
CF—120SV	40	120	90	2200;1550;1600	KG Flowtechno	高压泵
7T—505J	90	599	350	—	SOILMEC	高压泵
SGM—45	—	750			SOILMEC	拌浆设备

2）旋喷机械

旋喷机械在选择时应考虑以下因素：旋喷机械的外形几何尺寸应与隧道施工断面以及施工方法相匹配；动力要求大于施工设计量；适应隧道复杂施工环境；操作简单，维修方便；尾气排放达到国家允许排放标准；满足施工质量和施工要求；与配套设备衔接平稳等。

旋喷机械设备如图6-20所示。

a)HD2350型摇臂钻机

b)PST-60型摇臂钻机

c)MJS-60H型台架钻机

图6-20　旋喷机械设备

高压旋喷机械技术参数见表6-9。

高压旋喷机械技术参数一览表　　　　　　　　　　　　　表6-9

型 号	功率(kW)	作业幅度(°)	作业高度(mm)	扭矩(kN·m)	尺寸(L;W;H)(mm)	生产厂家	备 注
HD23150	75/2200r/min	250	7050	745	2600;3800;3700	CSI	摇臂钻机
PST—60	130/1600r/min	240	17500	770	4510;2500;3700	SOILMEC	摇臂钻机
MJS—60H	45	—	—	10.78	2600;1940;2500	KG Flowtechno	台架钻机

第六章　隧道施工新技术

第三节　长大隧道施工机械化配套

一、瑞典斯德哥尔摩市北部环城高速公路 NL35 标

1）概况

该标段为隧道工程,工程量2.4km/1座,为双洞双向四车道,局部三车道,平均开挖断面180m²,岩性主要为花岗岩,岩体局部破碎,有裂隙水,采用径向及掌子面注浆堵水,效果良好。瑞典斯德哥尔摩市北部环城高速公路隧道如图6-21所示。

a)　　　　　　　　　　　　　　　b)

图6-21　瑞典斯德哥尔摩市北部环城高速公路隧道

2）工期

开挖支护30个月,加上设备安装工期为48个月。

3）投资

总投资10亿瑞典克朗,折合人民币约11亿元。

4）施工组织及方式

(1)采用项目法组织施工,承包单位为德国HOCHTIEF公司和瑞典ODEN公司联合体。

按工序组织专业分包进行施工,专业分包按开挖、支护、出渣等工序进行。在专业分包中,开挖租赁Atlas Copco公司的凿岩台车、芬兰产的装药台车,按实际工程量及消耗进行费用结算;支护租赁芬兰产的"诺麦特"三联机机械手、拟租用Atlas Copco公司产的锚杆台车;出渣利用专业公司的资源。

(2)工作面设置。在隧道中部位置设置长约600m的横通道进入正洞,开辟4个工作面向进出口方向组织施工。

(3)作业组织。按大循环方式,组织2个作业班组,每个班组10人(包括仓库、电气、维修各1人,测绘及地质描绘2人,开挖、支护、注浆共7人)。

(4)循环情况。采用大循环制,5个循环5d,即1个循环1d,其中全断面超前注浆2d。循环进尺:钻孔深6m,进尺5.8~6.0m,断面钻孔数190~200个,掏槽方式采用直眼(利用4个伞102中孔)。

循环时间：钻眼 3.5h（单机），装药 2h，通风 0.5h，出渣 4h，支护 4h，共计 14h。

(5) 注浆。在设计中全隧道采用帷幕注浆。注浆循环图如图 6-22 所示。

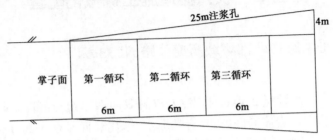

图 6-22　注浆循环图

如图 6-23 所示，开挖前，沿掌子面周边钻 25m 注浆孔，实施注浆作业，至孔底形成隧道开挖轮廓外 4m 的注浆帷幕，浆液采用水泥单液浆。注浆完成后，依次进行第一、第二以及第三循环的爆破开挖，每循环进尺为 6m。

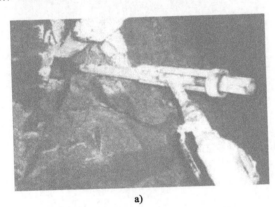
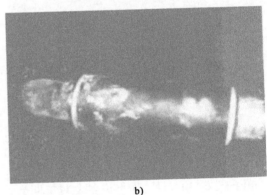

图 6-23　实施注浆作业

注浆孔采用 Atlas 凿岩台车成孔，采用全孔一次性注浆，距离孔口 2m 处设置止浆塞（类似于我国机械式止浆系统）。

注浆采用注浆台车来完成，注浆台车集成了浆液搅拌、注浆泵等装置。

(6) 初期支护不设置钢支撑，由 5m 的树脂系统锚杆和喷射混凝土共同组成隧道的初期支护。系统锚杆见图 6-24。

(7) 通风方式。采用压入式通风方式，洞口设置 2 台 Zitron 轴流通风机进行通风，拉链式软风管直径为 1.8m，只要洞内有作业人员，就必须进行通风。

(8) 混凝土方式。采用商品混凝土，利用混凝土专用运输车进行运输。

(9) 人员进出管理。隧道内设置无线发射及接收装置 1 台，每个进洞人员胸卡均为接受仪。通过此装置，可知道洞内每个操作人员的具体位置。

5) 主要设备配置

(1) 开挖生产线配置 2 台 WE3C0 三臂全电脑凿岩台车（瑞典 Atlas Copco）（见图 6-24）进行钻孔作业，每个掌子面 1 台，钻孔深度为 6m；采用 1 台装药台车装药。凿岩台车同时承担超前支护和锚杆钻孔作业(见图6-25)。由于4个掌子面作业,凿岩台车不能完全满足循环时间要求,又配置了1台全液压锚杆台车。注浆采用注浆台车(集成了浆液搅拌、注浆泵等设施),如图6-26所示。现场配置了移动维修工厂及人员。

图6-24 WE3CO 三臂电脑台车

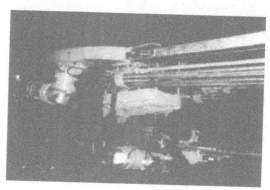

图6-25 系统锚杆图

a)注浆台车

b)注浆台车上的注浆泵

图6-26 注浆台车及注浆泵

(2)出渣生产线:大功率装载机装渣(3~3.5m³/斗)、反铲配合,大容量自卸运输车(25t、30t)运输。配置装载机1台/面,反铲1台/面,汽车若干台。现场配置了移动维修工厂及人员。

(3)初期支护生产线:喷混凝土采用湿喷法,三联机(湿喷机、存储、泵送,芬兰产),机械手(见图6-27)配合施工,混凝土运输车运输混凝土。锚杆施工以凿岩台车钻孔,利用升降车人工安装。现场配置了移动维修工厂及人员。

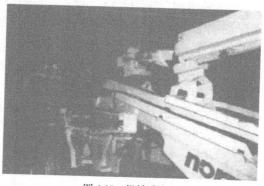

图6-27 机械手施工

二、西班牙毕尔巴鄂 BILBAO 高速公路隧道工地

1)概况

毕尔巴鄂隧道为一高速公路隧道,设置为双洞双向四车道,隧道长约3km,位于西班牙毕

尔巴鄂市郊,采用先贯通上大半台阶,后施工下台阶的方法进行施工。隧道围岩较破碎,地下水比较丰富。目前左线上半断面掘进约400m,右线约250m。洞口采用锚喷网加锚杆锚索联合支护。西班牙毕尔巴鄂隧道洞口及洞身如图6-28所示。

a)
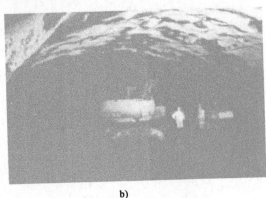
b)

图6-28 西班牙毕尔巴鄂隧道洞口及洞内

2)工期

土建部分5年。

3)投资

总投资1.17亿欧元,折合人民币约11亿元,平均18.3万元/m。

4)施工组织及方式

(1)采用项目法组织施工。按工序组织专业分包进行施工,专业分包按开挖、支护、出渣等工序进行。在专业分包中,所有设备都采用租赁方式。现场配置了移动维修工厂及人员。

(2)工作面设置。开辟进出口两个工作面组织施工。

(3)作业组织。按三班制组织循环施工,每个班组7人(包括开挖、装运、支护),共21人。每条生产线均实现全机械化作业。

(4)运输方式。采用无轨运输方式。利用装载机装自卸大型汽车运渣,反铲配合出渣,每个掌子面采用1台装载机装1台大车,1台反铲配合;混凝土运输采用汽车专用罐车;钢支撑采用专用支撑车进行支顶运输到加设面进行安装。

(5)开挖方式。采用全机械化钻爆法施工方式。钻孔采用全电脑液压凿岩台车(1台1个掌子面),利用装药台车进行装药爆破。

(6)支护方式。采用5m的全长系统树脂锚杆加喷射混凝土;围岩较差地段,采用初期支护V形钢拱架(可伸缩式)加喷射混凝土。喷射混凝土均采用湿喷钢纤维混凝土。

(7)通风方式。隧道通风采用压入式通风,洞口设置2台轴流风机往洞内送风。拉链式软风管直径为1.5~1.8m。通风管道如图6-29所示。

5)主要设备配置

(1)开挖生产线。每个作业面配置1台Atlas Copco WE3三臂全电脑凿岩台车;1台装药台车装药。台车如图6-30所示。

(2)出渣生产线。每个作业面配置1台CAT966H装载机装渣、1台CASE反铲配合,3台以上VQLVOA30D(30t)自卸运输车运输。出渣设备如图6-31所示。

 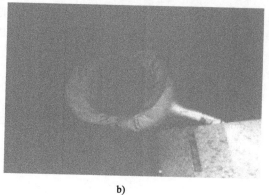

a) b)

图 6-29 通风管道

 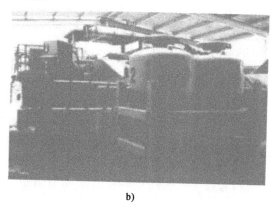

a) b)

图 6-30 台车

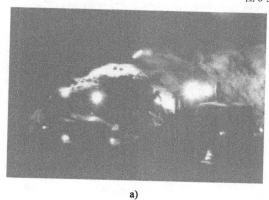 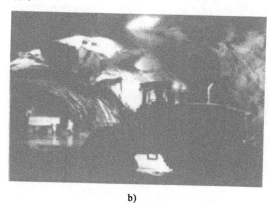

a) b)

图 6-31 出渣设备

（3）初期支护生产线。1台全液压锚杆台车；1台钢架安装车；1台喷混凝土三联机机械手（湿喷机、存储、泵送，芬兰产），3台混凝土运输车。

三、西班牙马德里高速铁路隧道

1）概况

该标段为一座2.08km的EJEL.A.V.高速铁路隧道，位于西班牙首都马德里市郊，隧道上方为运营中的高速公路,附近有部分建筑物为避免隧道开挖对周边环境造成破坏,隧道开挖采用了悬臂式掘进机。设置为单洞双线,内轨面以上开挖断面为 85.7m²,以变质石英砂岩为主,岩石抗压强度约为 80MPa。

2) 工期

土建部分 5 年。

3) 施工组织及方式

(1) 采用项目法组织施工。按工序组织专业分包进行施工,专业分包按开挖、支护、出渣、衬砌等工序进行。在专业分包中,所有机械设备都采用租赁方式。现场配置了移动维修工厂及人员。

(2) 工作面设置。开辟进出口两个工作面组织施工。

(3) 作业组织。按两班制组织循环施工,每个班组 10 人(包括开挖、装运、支护,不含衬砌),共 20 人。每条生产线均实现全机械化作业。

(4) 运输方式。采用无轨运输方式,利用装载机装自卸大型汽车运渣,反铲配合出渣,每个掌子面采用 1 台装载机装 1 台大车,1 台反铲配合;混凝土运输采用汽车专用罐车。

(5) 开挖方式。采用单臂掘进机(1 台 1 个掌子面)开挖方式。掌子面如图 6-32 所示。

(6) 支护方式。初期支护不设钢支撑和锚杆,采用 30cm 厚的喷射纤维混凝土,喷射混凝土均采用湿喷工艺。

(7) 通风方式。隧道通风采用压入式通风,洞口设置 2 台轴流风机往洞内送风。拉链式软风管,直径为 1.8m,同时在掌子面附近设置吸尘器,有效降低洞内粉尘。通风管如图 6-33 所示。

图 6-32 掌子面

图 6-33 通风管

(8) 衬砌方式。采用整体式液压钢模板衬砌台车,待全隧贯通后进行二次衬砌。

(9) 进尺情况。每天每口 2 个循环,每循环进尺 4m。

4) 主要设备配置

(1) 开挖生产线。每个作业面配置 1 台 WIRTH 单臂掘进机,如图 6-34 所示。

(2) 出渣生产线。每个作业面配置 1 台装载机装渣、1 台反铲配合,3 台以上 25~30t 自卸运输车运输。

(3) 初期支护生产线。1 台喷混凝土三联机机械手(湿喷机、存储、泵送,芬兰产),3 台混凝土运输车,如图6-35所示。

图6-34　WIRTH单臂掘进机

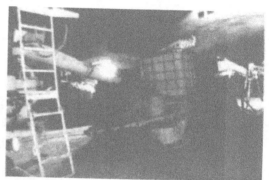

图6-35　喷射机械手及运输车

（4）衬砌生产线。1台12m长衬砌台车(在进口工地组装),如图6-36所示。

图6-36　模板台车

第七章 改扩建施工技术

第一节 路基拼接填筑施工控制技术

道路扩建中的路基直接拼接,工程难度和施工组织要求明显高于一般新建道路。因此,需要施工单位精心组织与施工、规范操作、加强检测,以保证扩建工程的施工质量和施工期间的老路运营安全。

扩建工程建设,应设立先导试验段,选择典型地质条件、代表性断面形式,长度不小于100m,作为先导试验段(Pilot Test)。先导试验段施工中,所用材料和施工机具,应与大规模施工所用的材料和施工机具相同。通过先导试验段试验与检测,结合气候条件,来确定最优的施工工艺和施工组织,并应加强对有关控制指标的检测,及时写出试验报告并报监理工程师批准。

结合先导段试验,得出施工控制要点,并应遵守交通运输部《公路软土地基路堤设计与施工技术细则》(JTG/T D31-2—2013)、《公路路基施工技术规范》(JTG F10—2006)《公路工程质量检验评定标准 第一册 土建工程》(JTG F80/1—2017)等标准和规范。

一、浅层软土及河塘处理

拓宽工程施工清表后,在填筑路基之前,应认真进行现场踏勘,以确认是否存在下列不良地质情况,即泥沼、暗沟、暗塘路段;表层积水路段或常水位以下路段;老路堤边坡或路面出现不均匀沉降的地段;机械行走时有弹簧土现象的路段。

(一)浅层软土处理

道路工程中,浅层软土底板埋深小于3m时,可以视为浅层软弱土层。尽管城市道路路基填筑高度相对较低,荷载相对较小,但是拓宽改造工程新老路基直接拼接,对路基沉降控制要求很高。因此,根据地基处理的基本原则,一般应采取浅层置换法处理。根据填筑材料来源,视不同情况,可采取以下不同处理方法:

(1)软土层深度小于1.5m,可直接挖除后换填。

(2)软土层深度小于3m,且下卧层土质良好,也可采用挖除后换填的方法。

(3)软土层深度大于1.5m,且下卧层土质较软弱,建议采用深层地基处理技术,如水泥搅拌桩竖向加固体复合地基,且最小处理深度一般不小于5m。

浅层置换采用填料,应充分考虑材料来源,可以选用石灰改良土、石灰粉煤灰改良土、钢渣、碎石土、砂砾、山渣土、山皮土等分层回填至原地表。施工质量控制的基本要求:第1层置换土的压实度≥87%,以上各层压实度≥90%,回填至原地表或按设计要求执行。

(二)河塘处理

拼接工程过河塘段,必须进行清淤处置,施工过程中应注意:

(1)抽水不影响老路堤稳定的段落,可采用抽水清淤。河塘清淤前必须认真调查分析老路堤的稳定性,确保清淤时老路堤的稳定。施工过程中要密切监视老路堤的稳定变化情况,若出现异常情况(如老路堤边坡松动微裂)时,必须立即报告监理,并及时采取补救措施。

(2)河塘清淤后,直接回填时,地下水位以下的填筑材料,宜采用透水性材料,如砂砾、碎石土及透水性良好无环境不良影响的工业废渣等,分层填筑厚度宜根据填料最大粒径确定,一般宜小于30cm。水位以上部分,则可通过经济比较,选用5%灰土、碎石土、砂砾、山皮土分层回填。施工控制标准:第1层压实度≥87%,以上的各层压实度≥90%,直至原地表。

二、路堤直接拼接填筑施工

(一)施工准备工作

(1)机械准备

为满足拼接路堤施工及提高压实度的要求,施工必须配置重型压实机械。每个施工段最少应配置:平地机1台、路拌机1台、重型振动凸轮压路机1台(激振力+自重≥50t)、重型振动钢轮压路机1台(激振力+自重≥50t)、静力压路机3台(自重≥18t)、挖掘机3台、推土机2台、小型压实机具、洒水车、其他辅助机械和设备等。

(2)老路边坡清理

①老路边坡表土由于植草防护、雨水浸润和冲刷等原因,普遍存在着松散、过湿、压实度不足等问题,因此需要在开挖每一级台阶前,将台阶开挖范围的边坡防护拆除,并清理表土,边坡表土的清理厚度不少于30cm。若清理后老路边坡土依然松散,则可继续加大清理厚度(10cm)。必要时,可组织密实度检测方法,对于均质土质路堤,也可采用如DCP贯入仪等现场快速检测方法。不合格的薄弱边坡路段,应加大清理厚度,直至老路边坡土符合拼接要求。

②老路边坡清理需根据开挖每一级台阶的范围分级进行,不宜一次性清理整个老路边坡,尤其是高填方地段,以防止老路边坡在雨季被冲刷或长期晾晒。

③每一级老路边坡清理的范围,可参照如下方法:被清理边坡高度是本级开挖台阶高度的2倍,即从低到高,下一次开挖台阶的边坡位置是本次清理边坡的范围。

(3)填前整平压实准备

①新征地部分要填前整平、翻松20~30cm,掺石灰5%拌和均匀后整平并压实至87%;

②老路堤的护坡道、排水沟及隔离带(水沟边缘至原隔离栅)先整平,当排水沟低于地表时,需要将表层挖除,分层回填压实至原地表;当排水沟高于地表时,高出部分整平,压实厚度约20cm;若压实厚度大于20cm,则分2次整平压实。每个整平层均掺灰5%,压实度90%;

③老路堤坡脚外至新路堤坡脚外,须全部整平压实,并形成不小于2%外向横坡。

(4)土源准备

挖方利用土场、借土场和其他取土场用作填料的土应进行下列试验项目,其试验方法按《公路土工试验规程》(JTG E40—2007)执行。试验项目一般要求如下:

①液限、塑限、塑性指数、天然稠度或液性指数。
②颗粒大小分析试验。
③含水率试验。
④土的击实试验。
⑤土的强度试验(CBR 值)。

(二)施工排水

(1)临时便道通过灌溉渠、排水渠时必须设置临时涵管,确保排灌顺畅不积水。

(2)临时排水设施,可在新路堤边沟外侧开挖临时排水沟,梯形断面不宜小于 60cm×60cm,纵坡不小于 3‰,临时排水沟和灌溉渠不能共用和互通。

(3)路基拼接前对旧路面的表面排水,要相对集中设置排水通道,防止路面水对老路基开挖台阶的冲刷。

(4)台阶的开挖应采取分级的方式进行,应尽量避免台阶开挖面的长时间暴露或大气降水雨水冲刷。对已开挖的台阶要做好施工组织,合理安排施工进度。多雨季节可对已开挖的老路基台阶用防水布覆盖。

(5)在老路的桥头锥坡防护拆除、锥坡填土开挖后,极易形成雨水冲刷面。在老路的桥头锥坡开挖后,可采用喷射砂浆的临时防护措施来保证安全。

(三)先导试验段指导意义

路基直接拼接工程,由于其复杂性,且未有成熟的指导性规范规程,建议采用先导试验段,确定合理的施工组织设计和施工质量控制标准。应选择具有代表性的施工段落作为施工试验段,来确定压实机具的组合、最佳含水率、松铺厚度、碾压遍数、施工工艺等。及时写出试验报告并报批。

拼接路堤施工要求多点分段平行流水施工,确保在计划工期内完成路基拼接施工。每个施工段采取五流程、三阶段组织流水作业,确保施工进度。

五流程:

(1)施工准备:清表,修筑临时便道、临时排水设施,取土坑排水和便道,拆除护坡、边沟等。

(2)基底处理:填前翻松、掺灰并压实,开挖台阶等。

(3)分层填筑:按预定的松铺厚度上土,翻拌晾晒或补水,掺灰拌和、平整压实。

(4)分层检测报验:按规定自检,测量压实度、石灰剂量、含水率等,报请监理抽查,合格后进行下道工序。

(5)整修:每层完成后应对路基的边坡、坑槽、表层松散、剥落层进行整修,特别是雨后或间隔时间较长的填土层,须刮除松散层、洒水复压,保证层间接合不留夹层。

三阶段:

(1)填前翻晒或补水作业阶段。
(2)掺灰、(若必要时)平整、碾压阶段。

(3)自检、报验、复检阶段。

(四)路堤拼接台阶的施工

路基直接拼接时,开挖台阶是最常见的衔接形式。一般有如下基本要求:

(1)路基直拼的一般台阶尺寸为60cm×90cm(高度×宽度),保证台阶水平宽度≥90cm。考虑到现场边坡坡率的变化,每级台阶开挖的控制点为台阶的高度60cm,由底至上。最上层台阶无法控制高度,仅控制宽度150cm(由老路路肩边缘算起)。在挖掘机开挖前,需要用白石灰在老路边坡上沿行车方向划线,以标记本次台阶开挖的位置。

(2)台阶的开挖采用挖掘机结合人工的方式进行。挖掘机的挖斗沿着白石灰线往下垂直切,形成粗糙的台阶,然后人工手提式内燃铲修整,形成尺寸基本准确、垂直平整、无松散土的台阶。

(3)由于是新老路相拼接,原老路边坡将从原防护作用转换为路基承载作用。经过若干年的通车运营,原老路边坡土势必会在自然侵害的作用下发生变化,部分地段可能会松散。不论是否处于软基地段,都应对台阶处的老路填土进行检测,如DCP贯入仪进行现场快速检测,对于DCP贯入击数低于判别值的软弱台阶,应进行换填处理。台阶开挖时若老路堤出现渗水,须及时报告监理,采取处理措施后才可继续施工。

(4)普通路段的台阶开挖应结合路基施工分段落、分级进行开挖。高填方路段,应对老路基进行稳定性验算后再决定台阶开挖的工序安排。台阶自下而上随填土进度逐层开挖,台阶暴露时间一般不超过3~4d(指完成最后一层填土);超高段的台阶开挖,为调坡需要,可在96区以下(即路床底面以下部分)逐渐调平,96区起(即路床底面)为水平坡,然后形成超高。

(5)台阶90cm宽度位置的老路基土,需向下翻松20cm,与新路堤填土一起掺灰拌和、粉碎,然后和新路堤的填土同步压实。在进行碾压作业时,应加强对老路台阶位置的碾压,必要时需人工清理台阶结合处的虚土,然后压路机碾压到边。

(6)对与老路基的结合部位应作为重点碾压部位进行施工,考虑到老路基的稳定性,对与老路基的结合部位不宜采用振动压路机进行强振碾压,宜采用高吨位的静力压路机进行碾压,同时应较普通路段多碾压3~4遍。应达到无漏压、无死角,确保碾压均匀。碾压后的结合部位不得有松散、软弹、翻浆及不平整现象。如不合格,必须重新处理。重型压路机碾压不到的边角部位,须采用小型振动夯夯压密实。

(7)填挖交界处当填土高度H≤1.6m时,进行原地面开挖处理,确保开挖后路基高度H≥1.6m,路床底面以下翻松40cm分两层掺灰6%回填,第一层压实度≥93%,第二层压实度≥95%,下卧层翻松25cm掺灰翻拌平整压实,压实度≥90%。

(五)路堤拼接的压实度要求

路基土的压实最佳含水率及最大干密度及其他指标应在相应土源使用半个月前,在取土地点取具有代表性的土样进行击实试验确定。

击实试验方法按现行部颁《公路土工试验规程》(JTG E40—2007)进行。每一种土至少应取一组土样试验。施工中如发现土质有变化,应及时补做相关的土工试验。

土质路堤的压实度应不低于表7-1的设计控制标准。本节内容与设计文件不符时,按设计文件执行。压实度等指标的分层检测及频率,可参照表7-1的检测标准执行。

土方路基质量检验标准 表7-1

检查项目		质量要求和允许偏差	检查规定	
			检查频率	检查方法
压实度	(上路床)0~30cm	≥96%	4断面/200m/层	密度法,重型击实标准
	(下路床)30~80cm	≥96%	4断面/200m/层	密度法,重型击实标准
	(上路堤)80~150cm	≥94%	4断面/200m/层	密度法,重型击实标准
	(下路堤)>150cm	≥93%	4断面/200m/层	密度法,重型击实标准
	(零填及路堑路床) 0~30cm	≥96%	4断面/200m/层	密度法,重型击实标准
纵断高程(mm)		-15,+10	4断面/200m	水准仪检查
路基宽度(m)		≥设计值	4处/200m	尺量
中线偏位(mm)		50	4点/200m	经纬仪检查
横坡(%)		±0.5	4断面/200m	水准仪检查
平整度(mm)		≤15	4断面/200m	3m直尺检查
边坡(%)		≤设计值	4处/200m	水准仪、钢尺检查
弯沉(0.01mm)		≤设计值	按规范要求	弯沉仪
外观要求		路基边坡顺直,平整稳定,曲线圆滑,无软弹和翻浆现象		

(六)土工格栅的施工

1. 土工格栅的施工要求

(1)对于地基条件较差的地段,若路基底层要求铺筑土工格栅,则最下层台阶尺寸应采用100cm×150cm,保证格栅至少有1.5m伸入老路堤范围,一般土工合成材料加筋锚固长度宜大于3.0m。

(2)拼接路堤最上层土工格栅设在上路床顶面以下20cm,上路床施工要求预留20cm的填筑厚度和老路堤路肩加固一起施工。土工格栅在老路堤一侧须伸入老路路肩边缘3.0m,格栅长度按设计要求布置。

(3)土工格栅施工技术要求如下:

①铺设土工格栅的土层表面应平整,表面严禁有碎、块石等坚硬凸出物;在距土工格栅8cm以内的路基填料时其最大粒径不得大于6cm。

②单向土工格栅在铺设过程时,应将格栅受力方向置于垂直于路堤轴线方向。

③土工格栅的搭接应牢固,在受力方向联结处的强度不得低于材料设计抗拉强度,且其叠和搭接长度不应小于20cm。

④土工格栅不允许有褶皱,应人工拉紧并采用插钉等措施固定土工格栅于填土层表面。

土工格栅铺筑后应及时填土(暴露时间不应超过48h),格栅上的第一层填土应采用轻型推土机或前置式装载机逐段推进。一切车辆、施工机械只允许沿路基的轴线方向行驶,禁止直接在格栅上行驶。

⑤土工格栅上铺筑石灰土时,须采用场外拌和法施工。

2. 土工格栅的质量检查与验收

(1)基本要求:土工格栅的材料质量指标(如抗拉强度、变形率等)应符合设计要求,外观无破损、无老化、无污染现象。

(2)土工格栅施工质量的检查、验收可参见表 7-2 标准执行。

土工格栅施工质量标准 表 7-2

检查项目	质量要求		检查规定	
	要求值或允许偏差	质量要求	检查频率	检查方法
下承层平整度或拱度	8mm	符合设计及规范要求	4 处/200m	3m 直尺测量
格栅长度(mm)	≥设计值	符合设计要求	抽查 2%	皮尺测量
搭接宽度(mm)	≥200mm(横向) ≥150mm(纵向)	符合设计及规范要求	抽查 2%	皮尺测量
外观要求	土工格栅的表面不允许褶皱,土工格栅的插钉固定牢靠			目测

第二节 路面改扩建技术

一、路面改扩建设计要求

1)路面工程

(1)高速公路改扩建路面设计,包括新建路面、原路面处治、路面拼接、再生利用和路面结构防排水设计 5 个部分。应重视各部分的相互协调,遵循"充分利用、合理补强、根治隐患"的原则,综合确定路面方案。

(2)路面设计应根据老路路面结构检测评价结果、遵循充分利用老路面的原则进行设计,合理补强;采用分离式路基进行改扩建,老路路面技术状况较好时,可直接利用老路路面。

(3)改扩建工程路面设计应结合改扩建后的交通量、交通组成、轴载分布特点和设计基准期等因素进行合理设计;新建路面设计、补强设计应按照现行《公路沥青路面设计规范》(JTG D50—2017)、《公路水泥混凝土路面设计规范》(JTG D40—2011)规定的方法进行。

(4)改扩建工程路面设计应重视与路线纵断面设计的协调,根据加铺、补强需要,对纵断面设计提出相应要求。

(5)应重视老路路面材料的循环利用,遵循零遗弃原则,对铣刨、挖除的原路面材料应进行再生或再利用。

(6)应对原有路面综合排水系统进行设计。

2)新建路面

(1)应根据老路路面使用状况,合理选择结构形式,进行针对性设计,解决和控制路面早期损坏,提高路面耐久性。

(2)新建路面结构设计应考虑原路面结构形式、结构材料类型及结构组合,宜保持一致。

3)原路面处治

(1)应以消除原路面结构病害为目的,遵循充分利用原路面的原则。

(2)根据原路面调查与评价结果,合理划分可利用路段和处治路段,综合确定处治方案。处治后路面强度及性能应满足设计基准期内的使用要求。

(3)原沥青路面处治方案

①根据检测评价结果,判定老路路面是否可直接利用。

②老路面直接利用的路段,当其路面表面功能不满足要求时,应采用罩面方式,罩面层类型宜与新建路面上面层一致。

③病害处治可按现行养护规范进行。

④当采用罩面、补强等方式时,原路面横坡不足的应同步调整。

⑤原路面加铺后其上通行净空应满足现行规范规定。

⑥原桥梁、隧道的沥青路面病害处治时,宜采用铣刨重铺的方式进行修复;当需增加原桥面铺装厚度时,应满足桥梁结构承载及使用要求。

4)路面拼接

(1)路面结构拼接设计应考虑不同结构层的层间协调以及施工的方便、可行,加强新老路面的连接,控制拼接部位的反射开裂和渗水。

(2)路面横向拼接应考虑车道布置,基层拼接缝位置宜尽量避开轮迹带;拼接前应检查老路结构边部松散状况,不满足拼接要求时应采取超挖等措施。

(3)路面横向拼接宜采用台阶搭接方式,基层、底基层台阶搭接宽度不应小于0.25m,面层台阶搭接宽度不宜小于0.15m。

(4)路面纵向拼接

①新老路面结构层纵向拼接设计时,可在接缝部位设置土工合成材料连接层,以减缓路面结构在拼接部位反射裂缝的产生。

②纵向分层拼接时,每个结构层的拼接台阶长度应不小于2.0m。

③纵向拼接区域的四周应作防水设计或明确施工阶段需采取的防水措施。

5)再生利用

(1)遵循"环境保护、资源循环利用"的原则,充分利用老路路面挖除的材料,采用再生技术用于改扩建工程;无法利用的材料应集中妥善收集处理,不得污染环境。

(2)再生方式选择应综合考虑环保、经济性、施工便利等因素,经过充分论证后确定。半刚性基层材料优先考虑就地冷再生方式,沥青面层材料优先考虑厂拌热再生方式,水泥混凝土路面如果移除或破碎,可采用工厂集中破碎方式或现场破碎方式进行破碎。

(3)无论采用何种再生方式,对于再生半刚性基层材料和再生沥青混合料都应预先进行再生混合料组成设计,确定再生施工工艺控制标准和质量检验与控制标准。

(4)再生的基层混合料可用于老路的基层;再生沥青面层沥青混合料可用于沥青下面层,不得用于路面表面层;破碎的水泥混凝土材料可用于路面结构底基层或路床。

6)路面防排水设计

(1)改扩建路面设计应考虑路面结构防排水,遵循以防为主、以排为辅的原则。

(2)路面各结构层防水设计按现行规范的要求进行。

(3)路面拼接部防水设计可结合防反射裂缝措施增设防水黏结层。

(4)桥面、隧道路面沥青铺装整体铣刨重铺时,应重新设置防水黏结层。

二、路面结构搭接技术

1. 老路面的开挖

1) 开挖前的准备工作

先将老路边护栏及立柱进行拆除并内移,同时放样出硬路肩开挖线。

组织测量人员进行老路面路肩高程的复测,并与设计图纸高程进行对比,为下一步路面施工做好技术准备。

开挖前,应结合设计图纸及业主单位提供的有关隐藏构造物,如暗涵、地下管线等情况进行调查,以确定开挖是否会对这些构造物造成损坏。并在路面上洒适量水以减少灰尘污染。

2) 开挖施工方法

(1) 工艺流程图

准备工作→试验开挖路段→确定开挖工艺控制→正式开挖施工。

(2) 开挖试验段

试验路段为监理工程师在工程项目范围内确定的位置,长度为 100~200m。在开挖过程中记录不同的开挖情况相对应的沥青路面铣刨机设置,如刀口深度和地面行驶速度等。

(3) 施工方法和要求

①根据施工图纸设计,测量人员进行开挖线放样,并用白色油漆进行标线,保证切割线形直顺。

②采用路面切割机进行切割老路面,路面面层采用铣刨机进行洗刨,基层采用挖机进行开挖。铣刨和开挖部分应距各结构层切割线预留 10~20cm,从上至下进行逐步开挖。剩余 10~20cm 时采用切割机配合风镐进行人工修面,做到开挖面为垂直断面。

③路面开挖要求:老路面面层和基层的开挖要错台呈阶梯状,开挖线应避免形成单一垂直的衔接通缝。错台尺寸严格按照图纸施工。

④清除原有松散浮料及路床泥土:在路面各结构层施工前清除表面所在松散料及路床泥土,保证新老路结合部位为干净的结合面。

2. 新老路面的搭接

1) 新老路基层、底基层搭接

(1) 正式施工水稳底基层前,首先应对新老路路基质量进行检验,由于老路路基边部排水设置情况,新老路结合部位路基含水率较大。对于不合格的路基必须进行挖除换填,并保证压实度。

(2) 检查开挖好的搭接台阶,其宽度、厚度均要满足要求。由于新老路面高程可能存在与设计不符,新建路面面层必须要根据老路路面高程进行适当调整,但每结构层均需要保证其厚度满足要求。对于路床顶高程过高导致路面面层厚度不够的要进行铲平处理。

(3) 正式摊铺底基层、基层时,各台阶面和垂直面必须进行人工吹风清理,保证干净。与老路搭接的新路面与老路面进行有效顺接。

(4) 底基层、基层摊铺时,适当将熨平板内移 5~10cm,通过挤料并辅助人工进行找平,并采用小型边部压路机进行碾压,以达到横坡一致、高程、压实度满足要求。

(5)路床顶面及基层、底基层顶面压路机不易压实部位,采用小型边部压路机进行碾压,以确保碾压到位。

(6)基层施工前应在底基层、下基层及新老路结合部喷洒水泥净浆,保证有效结合。

(7)根据图纸要求,为了保证新老路面有效搭接,并防止新老路不均匀沉降,在水稳底基层顶面与老路结合部位设计2m宽的钢筋网片。钢筋网片为物资部门购买的成品材料,并要经检验合格。新老路面塔接如图7-1所示。

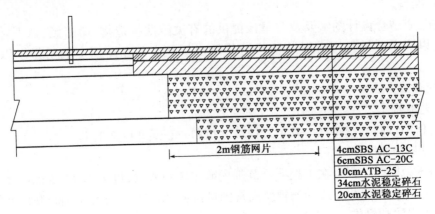

图7-1 新老路面搭接示意图

2)新老路沥青路面面层搭接

在旧沥青混凝土路用铣刨机分层洗刨,每层的洗刨长度不宜小于0.5m。在洗刨时要注意铣刨表面层后应检查中面层及以下各层病害情况并逐项处理完成。如对中面层缝发育情况、裂缝宽度采取裂缝开槽处理、裂缝清理、裂缝填封、粘贴抗裂贴等对零星的中、重龟裂、重度块状裂缝、重度纵横裂缝、坑槽、沉陷、重度松散、重度车辙等病害进行局部挖补处理,彻底消除其病害。如发现中面层病害严重,应调整病害处理范围及铣刨深度。

在中、下面层和基层病害处理中均需分层铣刨,各面层铣刨厚度按原路面设计厚度控制。分层铣刨的纵横向台阶宽度均不小于0.5m,横向台阶均应切割成垂直的。旧沥青路面必须采用切缝处理,接缝处施工时要铺玻璃纤格,为新铺层与旧沥青层变成统一整体而具有良好的平整度,沉降均匀避免裂缝的产生。沥青混合料摊铺前在表面层切割面上涂乳化沥青黏层油,在旧沥青洗刨后的承卧面涂乳化沥青黏层油,搭接处采用高分子聚合物双面贴进行处理。采用铣刨全宽摊铺。

施工时,铺筑新混合料使接茬软化,压路机先进行横向碾压后,再纵向碾压成一个整体。碾压时沿着横缝进行,每次碾压都向新铺层伸进15~20cm,直至整个压路机轮都压在新铺层上,方可沿着中线方向进行碾压。碾压时应以1~1.5km/h的速度进行,必须采用直线往返、斜角碾压方法。这种方法经施工实践能满足要求,达到理想效果。压路机(振动型最好)置冷料面接缝中央,两方向分别与接缝呈45°角逐渐向两侧平行碾压,使过量的混合料从未压实的料向两侧推挤,然后再进行正常的纵向碾压。碾压过程中,检验平整度、接缝外观,低凹、离析处可用细料弥补,修饰,以达到平整密实的效果。横向接缝碾压其混合料温度应在130℃~150℃之间。碾压过后清除碎料,并用3m直尺量测其平整度。

3)安全保证措施

(1)对施工人员进行安全交底和安全教育,使其充分认识施工安全的重要性。施工人员必须穿反光背心,若非施工必要,所有施工人员不得攀登、横穿高速公路或在其上逗留。施工车辆不得随意停放在高速公路上。

(2)施工期间,实行领导带班制。成立专门的安全小组,看守施工路段,负责施工区的交通安全维护。

(3)要事先通知高速公路管理部门并及时上报施工计划,按批准的时间范围进行施工,严格按照要求进行设置警示牌、限速牌、反光锥和其他安全设施。

(4)制订安全处罚措施,对于工作失误造成的事故,根据情节给予处罚,严重者将追究其刑事责任。

4)质量保证措施

(1)在施工过程中,由专职的质量监测人员负责施工质量的检查和试验。

(2)原材料在用于工程前按有关标准和规范要求选定料场和料源,并进行材料标准试验和混合料组成的室内比较试验,试验结果提交监理工程师审批。

(3)新老路结合部位洒水不得冲毁路基,造成二次污染。

(4)新老路搭接各结构层施工的质量标准严格按照具体方案及规范标准执行。

5)文明施工及环境保护措施

施工中严格执行交通运输部、相关省有关公路工程文明施工的管理规定,确保施工现场文明达标。

(1)文明施工措施

①结合本工程实际情况,成立以项目经理为组长的现场文明施工领导小组,建立健全文明施工管理规定,做到现场文明施工有章可循。

②施工车辆经过道路路口必须减速慢行,并听从保通人员安排,施工区内不得鸣高音喇叭。

③各种料具和构配件必须按指定位置分类码放整齐。

(2)环境保护措施

①施工现场必须成立环境保护领导小组。组长由项目经理担任,组员由现场环保员和有关人员组成,并处理环保日常工作。

②施工现场建立环境保护保证体系和环保信息网络,发挥监控作用。

③施工道路在晴天用洒水车及时洒水防止扬尘。根据施工现场的实际情况提出有效的技术措施,防止因施工对大气、水源造成污染和噪声扰民。

第三节 桥梁改扩建技术

一、桥梁、涵洞改扩建设计要求

1)设计要求

(1)改扩建工程的桥涵设计包括原结构物的利用、新结构物的设计、新老结构物间的拼接等内容,应根据改扩建工程的特点,确定合理的设计方案,满足"安全可靠、耐久适用、新老兼顾、经济合理"的要求。

(2) 原桥涵的利用

①根据桥梁总体技术状况评价等级,其 1 类、2 类的可原位利用,3 类的经维修、加固后达到 1 类或 2 类的可以利用,4 类、5 类的应拆除重建。

②涵洞总体技术状况评价等级为 1 类的可原位利用,2 类的经维修后可利用,3 类的应拆除重建。

③桥梁主要部件技术状况评价等级为 1 类或 2 类,可利用。

(3) 拼宽桥梁的上部结构形式和跨径宜与原桥梁保持一致。

(4) 拼接加宽桥梁应考虑新老结构间的相互作用,如差异沉降、差异变形、差异龄期等因素,进行整体计算。

应根据拼宽后的实际作用和边界条件验算原结构,计算方法和计算结果可只满足建设年代规范的规定。

(5) 拼宽桥梁、接长涵洞的设计宜考虑原桥涵的已使用年限因素。

2) 桥梁拼宽

(1) 拼宽桥梁上部结构有刚性连接、铰接、分离等方式;下部结构有刚性、半刚性连接或分离等方式。

(2) 桥梁拼宽部分与原桥梁上部结构形式、跨径一致时,上部结构宜采用刚性连接,不一致时,宜采用铰接、分离等形式。下部结构一般不连接,当拼宽部分独立稳定性较差时,宜采用刚性或半刚性连接。

(3) 拼宽桥梁基础设计应采取减少沉降的措施,并考虑对原基础的受力、变形的影响。

(4) 拼宽桥梁当地质条件较好并不影响原基础稳定时,可采用扩大基础。

3) 拼接缝

(1) 应结合梁板现状、拼宽宽度、梁板横向布置等情况,合理设置拼接缝,其宽度不宜小于 15cm。

(2) 空心板拼接,新老腹板间的净距不宜大于 1/2 梁板宽度。

(3) 拼接缝设计应考虑交通组织、纵向施工工序安排等因素。

(4) 拼接缝施工应在拼宽部分形成整体之后进行。

4) 横隔梁

(1) 拼宽部分桥梁横隔梁设置宜与原横隔梁的位置对应。

(2) 横隔梁的连接宜采用刚接。

(3) 横隔梁的连接施工应在拼宽部分的横向连接完成后进行,且不应滞后于桥面板拼接缝的连接。

拼宽桥梁的伸缩缝,有条件时宜整条更换;接长时,伸缩缝型号宜与原桥保持一致,接缝位置宜避开轮迹带,且型钢接头两侧的锚固钢筋应予以加密。

拼宽搭板宜和原搭板连接;原搭板病害严重影响使用时,应拆除重建。

5) 涵洞拼接

(1) 拼接涵洞的结构形式、孔(跨)径宜与原涵洞相同,不同时接头应特殊设计。

(2)原涵洞孔(跨)径不能满足拓宽后的功能需求时,应进行重建或增建。

6)桥梁拆除

(1)桥梁的拆除方案应考虑施工及运营安全、环境保护、交通组织等因素,综合分析制订,并进行安全论证。

(2)桥梁拆除宜采用原桥梁施工顺序的逆序进行,特殊结构如连续梁桥、拱桥、斜腿刚构桥等宜通过计算分析确定。

(3)桥梁部分拆除时,应对利用的部分采取保护措施。

(4)拆除桥梁的剩余部分应有利于路面结构、航道安全。

7)桥梁顶升

(1)桥梁的顶升方案应考虑施工安全、交通组织等因素,综合分析制订,并进行安全论证。

(2)桥梁顶升分梁板整体顶升、墩柱接长顶升两种方法;顶升时,应保证过程中的结构稳定性,顶升误差不得超过结构的受力容许范围。

(3)梁板整体顶升时,简支结构宜整孔、连续结构宜整联进行;同一墩台上的各梁板支座、垫石等增加的总厚度宜一致;墩柱接长顶升时应整桥顶升。

(4)顶升过程中,应对桥梁轴线偏差、桥墩倾斜度、结构变形等进行监控量测。

(5)桥梁顶升后,必要时应对桥梁技术状况进行评定。

二、上部结构搭接技术

1. 新旧桥拼接施工的条件

(1)拼接加宽新桥桥面系完成施工,并经过 30~50d 自然沉降和混凝土收缩徐变期。

(2)新旧桥拼接前,新旧桥观测的工后沉降差≤5mm(二等水准),当沉降差>5mm 时要分析其原因,会同设计单位共同研究拼接方案。

(3)旧桥需要进行病害处理、补强加固的,必须完成旧桥的病害处理、补强加固后才能进行新旧桥的拼接。

(4)新旧桥拼接施工宜由专业的施工队伍完成,现场技术人员、操作工人已进行岗前培训,熟悉施工要点和控制指标;首件工程已完成认可,并能指导后续工程全面施工。

2. 旧桥拼接部分混凝土的拆除

1)混凝土拆除设备

主要设备:墙锯(见图 7-2)(圆盘锯片直径为 750~900mm,切割深度为 310~380mm,可以平锯、也可以立锯,额定功率≥32kW),也可以选择线锯(见图 7-3),圆盘锯片和线锯条应选择钻石级锯片和锯条。

辅助工具:风镐、冲击钻、钢筋探测仪和清扫工具等。

2)混凝土拆除施工程序

(1)墙式护栏

①用立锯的方法将护栏锯成小段增加切割的临空面。

②多点平行切割破碎清渣。

③护栏根部留 2~3cm,人工凿除找平。

图 7-2　墙锯

图 7-3　线锯

(2)翼缘板

①画线定位。

②采用立锯的方法将翼缘板一次切割到位。

③要设置防落装置,防止翼缘板整块脱落,造成安全事故。

(3)桥面铺装

①用钢筋探测仪测定并在铺装上标注钢筋位置。

②用立锯的方法避开钢筋,纵横向锯成许多小块,锯缝深小于实际原桥面铺装层厚度。

③凿除锯成小块的铺装层混凝土。

④修理拼接线成规则的几何线形。

(4)混凝土拆除注意事项

①不准损伤非拼接部位的混凝土。

②不能损伤需保留拼接的钢筋。

③不准采取锤击、爆破等对旧桥振动影响大的拆除方法。

④拆除施工不能影响原有道路的交通安全、桥下通航、行人和行车安全等。

(5)拼接面的处理

①竖向拼接面和水平向拼接面,必须都进行凿毛处理,使表面的粗糙度不小于6mm。

②用钢刷清除混凝土表面粘着的污染物,并用高压水、压缩空气将混凝土表面碎屑、浮浆及尘土清洗干净。

3.旧桥拼接部位植筋

植筋是指利用电锤钻孔,在设计部位,按设计孔径钻至规定深度后,进行清孔,再注入植筋胶,插入钢筋,使钢筋与混凝土通过植筋胶粘在一起,以满足结构传递受力要求。

(1)植筋的工具:冲击钻(配足设计植筋孔径相对应的钻头)、钢筋探测仪、吹气泵、气枪、植筋胶注射器、毛刷(或钢丝刷)。

(2)植筋胶性质要求:固化后抗压强度≥80MPa;固化后黏结强度≥18MPa;收缩率<0.02%;锚固力满足设计要求;耐温性能在 -30°~60°以内,强度不降低;耐湿性,相对湿度在90%以内。

(3)植筋工艺流程:准备→钻孔→清孔→孔干燥→孔除尘→钢筋处理→配胶→灌胶→插

筋→养生。

(4)植筋注意事项如下：

①检查被植筋混凝土表面是否完好,用钢筋探测仪测出植筋处混凝土内的钢筋位置(见图7-4),以便钻孔时不至于碰到钢筋,核对、标记植筋部位。

②利用电锤钻孔,孔的深度一般为钢筋直径的10倍,严禁使用气锤钻孔,防止出现混凝土局部疏散、开裂。

③批量钻孔后,清除孔内灰尘(见图7-5),利用压缩空气或用水清孔,用毛刷刷3遍、吹3遍,确保孔壁无尘。

④植筋采用的钢筋,要求采取机械切断,用钢丝刷除去锈渍,并用乙醇或丙酮清洗干净,晾干使用。

⑤根据植筋胶使用说明、种类要求进行配胶,注胶要一次完成,将胶枪注胶嘴插入孔底,注入孔内约2/3即可。

⑥入钢筋时须用手旋转着缓缓插入孔底,使胶与钢筋全面黏结,并防止孔内胶外溢。

图7-4 钢筋探测仪测混凝土内的钢筋位置

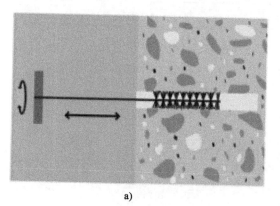
a)

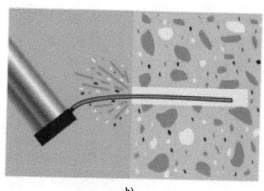
b)

图7-5 清孔、除尘

⑦在室温下自然养护,养护期间禁止扰动钢筋,养生时间一般在24h以上。

⑧植筋施工应控制时机,一般宜在连接部位施工之前进行,避免植入钢筋长期暴露锈蚀,否则要采取防锈措施。

(5)植筋的质量验收。

①破坏性试验(施工前的试验):现场先选取不参与受力、非重要位置进行植筋,达到强度要求后,进行抗拔试验,检验标准以钢筋屈服或混凝土被拉裂为合格,然后才可以批量生产。

②现场抗拔试验(施工后的验收试验):现场抗拔试验为非破坏性抗拔试验(即达到设计值),同规格的钢筋每100根随机抽样一组,每组为3根,进行试拉,如达到安全拉力,钢筋不会被拉出,说明植筋施工质量合格。

图 7-6 植筋的抗拔试验

植筋的抗拔试验如图 7-6 所示。

(6)植筋分项工程的质量检验评定标准。

①基本要求

a.植筋胶产品须采用质量可靠、性能指标符合设计要求的产品,同时须附有厂家的质量检测报告,每一批抽样一组进行试验检测。

b.植筋的钢筋品种规格、技术性能应符合现行的国家标准。

c.钢筋植筋前必须进行除锈、清洗、晾干。

②实测项目见表 7-3。

植 筋 实 测 项 目 表 7-3

项目	检 查 项 目	规定值或允许偏差	检查方法和频率	规定分
1	植筋孔位(mm)	±5	尺量,30%	10
2	植筋孔的深度(mm)	0,+20	尺量,30%	10
3	植筋孔的直径 D(mm)	$D-2,D+2$	尺量,30%	10
4	植筋孔的清孔	无残余尘土和颗粒	洁净软布或毛刷检查,30%	20
5	抗拔力	大于设计值	抗拔试验,1 组(3 根)/100 根	50

③外观鉴定。植筋后的部位无混凝土破碎、裂缝等现象,不符合要求时扣 3~5 分;植筋孔填充饱满,无松动的空洞和缝隙等现象,不符合要求时扣 3~5 分。标准规范的植筋如图 7-7 所示。

图 7-7 标准规范的植筋

4.桥梁拼接钢筋加工与安装

(1)对旧桥外露钢筋和新桥预埋钢筋进行整形、除锈、调直,确保钢筋搭接焊或帮条焊焊接平顺。

(2)旧桥外露钢筋或植筋,与新桥预埋钢筋焊接,焊缝长度、宽度、厚度均应满足规定要求,焊接量≥50%。

(3)在植筋上施焊时,应采取分层延时焊接,或植筋根部冰水织物裹覆降温等办法,防止植筋温度过高影响植筋胶锚固效果。

(4)钢筋骨架的交叉点应用铁丝绑扎牢固,绑扎应用满绑或梅花绑,必要时可用点焊焊牢。

(5)控制好钢筋保护层厚度,尤其是焊缝处保护层厚度。

5. 桥梁拼接混凝土

1)混凝土的技术要求

(1)拼接缝混凝土采用钢纤维补偿收缩性混凝土,通过试验确定配合比。

(2)混凝土骨料采用低吸水率、高弹模的骨料,最大粒径不超过结构厚度的1/4。

(3)钢纤维为钢锭铣削型钢纤维,其抗拉强度应不低于600MPa,钢纤维的长径比为30~40。

(4)应采用半干硬性混凝土,以减少混凝土的收缩徐变。

(5)混凝土拌和必须采用强制式混凝土拌和机,为防止钢纤维搅拌时结团,应采用先干后湿的拌和工艺。

2)混凝土浇注施工

(1)在拼接部位混凝土浇筑前,必须保持拼接部位相应的新、旧主梁(板)充分湿润,但不得有积水。

(2)接缝混凝土:支立底板吊模(紧贴梁体不出现漏浆)→钢筋整形安装→清洗杂物→润湿新老混凝土的接触面→依次从桥孔中向两端浇注混凝土→振动密实形成粗面→养生混凝土。

(3)铺装混凝土:清理底板、冲洗干净保持湿润→绑扎钢筋→检查报验→依次浇注混凝土→覆盖养生。

(4)新旧桥梁联结面涂刷一道界面胶,防止新老混凝土接合面开裂,在浇注前涂刷,在胶体固化前完成混凝土浇注。

3)拼接缝混凝土分项工程的质量检验评定标准

(1)基本要求:所用的水泥、砂、石、水、外加剂等材料的质量规格必须符合有关规范的要求,按规定的配合比施工;不得出现露筋和空洞现象;混凝土接合面不得出现裂缝。

(2)实测项目:见表7-4。

拼接缝混凝土实测项目　　表7-4

项目	检查项目	规定值或允许偏差	检查方法和频率	规定分
1	混凝土强度(MPa)	≥设计要求	有关技术规范的方法	35
2	拼接面凿毛后的凸凹度(mm)	≥6	用尺量3处	20
3	拼接面混凝土凿毛后的外观	压力水清洗干净,无浮渣	洁净软布或毛刷检查,全部	20
4	拼接缝位置的厚度(mm)	≥设计厚度	用尺量3处	20
5	拼接缝位置的平整度(mm)	5	用2m直尺检查	5

(3)外观鉴定:混凝土表面平整。

第四节 涵洞和通道改扩建技术

一、施工准备

1. 旧结构物洞口拆除

涵洞、通道拼接前应将洞口的一字墙、锥坡、八字墙、洞口铺砌、挡水墙等原有构筑物拆除。拆除时应注意以下几点：

（1）拆除洞口构筑物可采用切割、凿除等方法，严禁使用爆破法或不当的锤击，防止对涵洞、通道自身造成破坏。

（2）填土高、孔径大的暗涵、暗通，拆除洞口一字墙、八字墙时，必须采取临时防护措施确保洞口两侧路基土稳定。

（3）对于存在病害的暗涵、暗通，必要时要采取临时支护和加固措施，确保洞口拆除时的结构安全和施工安全。

（4）为了确保旧结构物的结构安全，对于不影响新拼结构施工的部分，建议临时保留，待台背回填时再行拆除。

2. 临时排水设施

（1）涵洞自身排水，宜采用先堵水、后用临时排水管排出的方法，通过采取封闭式排水措施，确保涵洞临时排水质量，不得出现漏水浸泡基坑的现象。

（2）涵洞有条件改道排水时，可在基坑外侧改道排水，同样也要采取临时防渗措施，防止水浸泡地基的现象。

（3）通道间过水的，应将新拼施工影响部分的水渠或挂渠拆除，采用临时排水管连接，保证排水顺畅且不出现渗漏。

（4）对于旧涵洞、通道的原有排水系统，应进行细致排查、综合规划，合理增设临时排水设施，切实保证原有排水系统的完整，不得出现基坑浸泡、排水淤塞断路等现象。

3. 涵洞高程的复查

旧涵洞底高程由于路基沉降、进出口地方水系的调整、原涵洞施工误差等因素的影响，高程会有所变化，并可能存在积水、阻水等。因此，施工前要求认真复查、复测涵洞底高程，在涵洞拼接施工时作适当调整。

涵洞底高程按照以下原则进行调整：

（1）涵洞底水流坡降不得小于3‰，确保排水顺畅。

（2）通过适当调整地方水系进出口的高程，来满足涵洞过水坡降的要求。

（3）涵洞因沉降过大，洞身内出现长期积水的部位，在计算流量允许的前提下，可调整洞底铺砌来确保过水顺畅。

4. 通道高程的复查

原通道底部高程和顶部高程由于路基沉降、原通道施工误差、通道淤积等因素的影响，高程有所变化，并可能存在净空不足、积水等现象。

（1）施工前要求认真复查、复测原通道底部高程和顶部高程，计算其实际净空，在通道拼接施工时制订相应对策。

(2)出现净空不足的通道,应提前采取降低被浇路面高程,或设置限高架等措施,防止出现通行车辆对板底刮蹭;出现积水的通道,应及时采取措施排除积水。

(3)由于路面横坡和被浇路纵坡影响,可能出现新拼通道净空不足的,应及时上报业主单位和设计单位进行调整。

二、涵洞、通道拼接原则

涵洞、通道的拼接原则具体如下:

(1)拼接新建涵洞、通道原则上应与旧结构物设计相同,即根据涵洞、通道的使用要求合理选择结构形式和跨径。

(2)拼接新建涵洞、通道应考虑与旧结构物沉降差异,应采取相应的措施降低沉降差,接缝处应进行防水处理。

(3)板式通道拼接同空心板桥,一般采用桩基础,采用现浇湿接缝连接成整体,施工方法及控制要点同前文所述。

(4)管涵的拼接加宽,一般采用管涵或者箱涵接长的方案,并做好拼接部位的防水。

(5)板涵、箱涵和箱通,一般采用涵接涵、箱接箱的方案,接口设置2cm沉降缝,并用沥青麻絮配合止水带填塞。

三、新拼涵洞、通道的基底处理

涵洞、通道拼接施工控制差异沉降是保证拼接质量的关键,施工过程必须做好基底处理。

(1)基坑开挖后,应进行地基承载力的检测,承载力不满足设计的应进行挖除换填、增设加固桩等措施进行补强。

(2)深基坑开挖前,应打入钢板桩等进行围护,以避免基坑开挖影响原有结构物的安全。

(3)软土路段的涵洞、通道建议采用复合地基处理方式,通过复合地基布局的变化实现新老基础沉降的一致性。

(4)对跨径较大同时地质情况较差的涵洞、通道,扩建时建议采用桩基础。

四、涵洞、通道拼接施工流程

1. 管涵拼接

管涵拼接管涵:地基处理→铺筑基础垫层→浇注基础混凝土→拆除洞口端墙→拆除第一节斜交管节→浇注底座混凝土→安装拼接管涵→接口防水处理和管节填缝→施工衬砌固定管涵→浇注洞口端墙混凝土→涵身防水处理→台背回填。

管涵拼接箱涵:地基处理→铺筑基础垫层→浇注基础混凝土→拆除洞口端墙→浇注底板和侧墙下部混凝土→浇注侧墙上部和顶板混凝土→浇注八字墙或一字墙混凝土→浇筑拼接端墙包裹管涵混凝土并进行接口防水处理→涵身防水处理→台背回填。

2. 板涵拼接

地基处理→铺筑基础垫层→拆除洞口一字墙和锥坡→浇注基础混凝土→浇注墙身和背墙混凝土→浇注支撑梁混凝土和涵底铺砌→安装或现浇盖板→盖板防水层施工和板底勾缝→浇

注八字墙或一字墙混凝土→接口防水处理→涵身防水处理→台背回填。

3. 箱涵、箱通拼接

地基处理→铺筑基础垫层→浇注基础混凝土→拆除洞口一字墙和锥坡→浇注底板和侧墙下部混凝土→浇注侧墙上部和顶板混凝土→浇注八字墙或一字墙混凝土→接口防水处理→涵身防水处理→台背回填。

五、涵洞、通道拼接注意事项

涵洞、通道在拼接时,应注意以下事项:

(1)旧涵洞、通道拼接前应对病害情况进行排查,对于存在病害的,应对病害修补、处理完善后,再进行涵洞、通道的拼接施工。

(2)对于淤积的涵洞,应考虑先清淤、疏通清理,然后进行涵洞接长处理。

(3)管涵与管涵拼接时,若旧涵的第一节管涵需要拆除,可在管涵基础与拼接处设置沉降缝。

(4)旧板涵、箱涵(通)基础、帽石等,拼接侧凸出墙身部分,在拼接施工前应进行切除,同时应保证整个涵身拼接面垂直、完整。

(5)旧板涵、箱涵(通)洞口一字墙拆除后外露的钢筋头,应先涂一层环氧树脂,再进行砂浆抹面,做防锈处理。

(6)管涵管节和拼接的接口,板涵、箱涵(通)的沉降缝和拼接接口的防水处理,在施工中应按设计做重点控制。

(7)涵洞、通道拼接部位的台背回填,由于施工面狭小,应在八字墙施工后全宽进行;八字墙两侧建议增设坡面防护,以防止加宽后增加了汇水面的路面雨水,流入八字墙后造成浸泡。

六、旧涵洞、通道的维修加固

涵洞、通道拼接施工前,必须认真排查旧涵洞、通道的病害,原设计中有的按原设计处理,原设计遗漏的上报设计单位现场,确定补强方案和措施。

其主要常见的病害情况及建议处理措施如下:

(1)涵洞、通道内出现淤积残留物,涵洞全长范围内的淤积残留层均不应大于10cm。

建议处理措施:对涵洞、通道内的淤积残留物进行彻底清理。

(2)涵洞、通道板底带缝脱落,板缝出现渗水现象。

建议处理措施:对板缝进行清理,注胶或填塞环氧砂浆等进行堵漏,再对带缝进行修复。

(3)观察和测量涵洞、通道的沉降变形,存在沉降缝错台漏水、各管节接缝开裂漏水等。

建议处理措施:对上述病害应按设计提供的指标,定量定性进行分析,并采取相应的维修加固措施。

属于第一类病害的,建议采取封水措施,确保结构物不出现渗漏。

属于第二类病害的,建议采取封水措施,确保结构物不出现渗漏外,还应采取加固措施,如对涵洞、通道基底进行压注水泥浆加固,或者基底增设挤压支撑桩等措施,减缓或者制止沉降的进一步发展。

属于第三类病害的,应拆除或者部分拆除,采用顶管(箱涵)或分幅施工的重建方法,确保高速公路的畅通。

(4)涵洞、通道的混凝土存在裂缝、漏筋、空洞、麻面、蜂窝等病害。对上述病害应按设计提供的指标,定量定性进行分析,并采取相应的维修和加固措施。

属于第一类病害的,建议采取裂缝封闭或压力注胶,钢筋除锈并做防锈及填埋处理,空洞、麻面、蜂窝进行结构破损修复等措施,并对结构物外观进行修饰。

属于第二类病害的,建议除了采取第一类病害的处理措施外,还应采取加固措施,如管涵圆管内壁粘贴钢管环加固,板底粘贴钢板或 FRB 纤维加固,墙身粘贴 FRB 纤维或增大截面法加固等。

属于第三类病害的,应拆除或者部分拆除进行重建。

附 录

附录1 岗 位 职 责

岗位职责是员工岗位工作内容、职权范围、考核标准、责任承担的重要文件,是对劳动合同内容的具体量化。实行职责标准化,就是将工作任务明确地界定一个担当人。职责标准化具备以下优势:第一,一个团队有了明确的分工后,可以做到任务来了有人接,避免因职务重叠而相互推诿扯皮;第二,职责标准化可以最大限度地实现劳动用工的科学配置,队员可以在自己的职责范围内努力创新从而不断提高工作效率和工作质量;第三,职责标准化让人牢记自己的职责范围并规范操作行为,有效减少违章行为和违章事故的发生;第四,职责标准化有利于提高内部竞争活力,更好地发现和使用人才,成为组织考核的依据。

一、施工员岗位职业能力一般要求

1)公路工程施工现场施工员应具有中等职业(高中)教育及以上学历,并具有一定实际工作经验,身心健康。

2)公路工程施工现场施工员应具备必要的表达、计算、计算机应用能力。

3)公路工程施工现场施工员应具备下列职业素养:

(1)具有社会责任感和良好的职业操守,诚实守信,严谨务实,爱岗敬业,团结协作;

(2)遵守相关法律法规、标准和管理规定;

(3)树立安全至上、质量第一的理念,坚持安全生产、文明施工;

(4)具有节约资源、保护环境的意识;

(5)具有终生学习理念,不断学习新知识、新技能。

4)公路工程施工现场施工员工作责任

分为"负责""参与"两个层次。

(1)"负责"表示行为实施主体是工作任务的责任人和主要承担人。

(2)"参与"表示行为实施主体是工作任务的次要承担人。

5)公路工程施工现场施工员教育培训的目标要求

专业知识的认知目标要求分为"了解""熟悉""掌握"3个层次。

(1)"掌握"是最高水平要求,包括能记忆所列知识,并能对所列知识加以叙述和概括,同时能运用知识分析和解决实际问题。

（2）"熟悉"是次要水平要求，包括能记忆所列知识，并能对所列知识加以叙述和概括。

（3）"了解"是最低水平要求，其内涵是对所列知识有一定的认识和记忆。

二、施工员岗位职责

施工员岗位职责见附表1-1。

施工员的岗位职责　　　　　　　　　　　　　　　　　　　附表1-1

项次	分　类	主要岗位职责
1	施工组织策划	（1）参与施工组织管理策划； （2）参与制订管理制度
2	施工技术管理	（1）参与图纸会审、技术核定； （2）负责施工作业班组的技术交底； （3）负责组织测量放线，参与技术复核
3	施工进度成本控制	（1）参与制订并调整施工进度计划、施工资源需求计划，编制施工作业计划； （2）参与做好施工现场组织协调工作，合理调配生产资源；落实施工作业计划； （3）参与现场经济技术签证、成本控制及成本核算； （4）负责施工平面布置的动态管理
4	质量安全环境管理	（1）参与质量、环境与职业健康安全的预控； （2）负责施工作业的质量、环境与职业健康安全过程控制，参与隐蔽、分项、分部和单位工程的质量验收； （3）参与质量、环境与职业健康安全问题的调查，提出整改措施并监督落实
5	施工信息资料管理	（1）负责编写施工日志、施工记录等相关施工资料； （2）负责汇总、整理和移交施工资料

三、施工员应具备的专业技能

施工员应具备的专业技能及要求附表1-2。

施工员应具备的专业技能　　　　　　　　　　　　　　　　附表1-2

项次	分　类	专　业　技　能
1	施工组织策划	能够参与编制施工组织设计和专项施工方案
2	施工技术管理	（1）能够识读施工图和其他工程设计、施工等文件； （2）能够编写技术交底文件，并实施技术交底； （3）能够正确使用测量仪器，进行施工测量
3	施工进度成本控制	（1）能够正确划分施工区段，合理确定施工顺序； （2）能够进行资源平衡计算，参与编制施工进度计划及资源需求计划，控制调整计划； （3）能够进行工程量计算及初步的工程计价
4	质量安全环境管理	（1）能够确定施工质量控制点，参与编制质量控制文件、实施质量交底； （2）能够确定施工安全防范重点，参与编制职业健康安全与环境技术文件、实施安全和环境交底； （3）能够识别、分析、处理施工质量缺陷和危险源； （4）能够参与施工质量、职业健康安全与环境问题的调查分析
5	施工信息资料管理	（1）能够记录施工情况，编制相关工程技术资料； （2）能够利用专业软件对工程信息资料进行处理

四、施工员应具备的专业知识

施工员应具备的专业知识及要求见附表1-3。

施工员应具备的专业知识   附表1-3

项次	分 类	专 业 知 识
1	通用知识	(1)熟悉国家工程建设相关法律法规; (2)熟悉工程材料的基本知识; (3)掌握施工图识读、绘制的基本知识; (4)熟悉工程施工工艺和方法; (5)熟悉工程项目管理的基本知识
2	基础知识	(1)熟悉相关专业的力学知识; (2)熟悉路基、路面、桥梁、隧道和交通工程的基本知识; (3)熟悉工程预算的基本知识; (4)掌握计算机和相关资料信息管理软件的应用知识; (5)熟悉施工测量的基本知识
3	岗位知识	(1)熟悉与本岗位相关的标准和管理规定; (2)掌握施工组织设计及专项施工方案的内容和编制方法; (3)掌握施工进度计划的编制方法; (4)熟悉环境与职业健康安全管理的基本知识; (5)熟悉工程质量管理的基本知识; (6)熟悉工程成本管理的基本知识; (7)了解常用施工机械机具的性能

附录2 与施工员岗位相关的现行的法律、法规、行业标准一览表
（截至 2018 年 9 月）

序号	类别	名称	发文部门	编号/发布日期
1	法律	中华人民共和国安全生产法	全国人民代表大会	2014 年 8 月 31 日
2		中华人民共和国行政许可法	全国人民代表大会	2003 年 8 月 27 日
3		中华人民共和国建筑法	全国人民代表大会	2011 年 4 月 22 日
4		中华人民共和国食品安全法	全国人民代表大会	2009 年 2 月 28 日
5		中华人民共和国特种设备安全法	全国人民代表大会	2013 年 6 月 29 日
6		中华人民共和国消防法	全国人民代表大会	2008 年 10 月 28 日
7		中华人民共和国环境保护法	全国人民代表大会	2014 年 4 月 24 日
8		中华人民共和国环境噪声污染防治法	全国人民代表大会	1996 年 10 月 29 日
9		中华人民共和国大气污染防治法	全国人民代表大会	2015 年 8 月 29 日
10		中华人民共和国水污染防治法	全国人民代表大会	2008 年 6 月 1 日
11		中华人民共和国固体废物污染环境防治法	全国人民代表大会	2016 年 11 月 7 日
12	法规	安全生产许可证条例	国务院	国务院令第 653 号
13		工伤保险条例	国务院	国务院令第 375 号
14		国务院安委会关于进一步加强安全培训工作的决定	国务院	安委[2012]10 号
15		国务院关于坚持科学发展安全发展促进安全生产形势持续稳定好转的意见	国务院	国发[2011]40 号
16		建设工程质量管理条例	国务院	国务院令第 687 号
17		建设工程安全生产管理条例	国务院	2003 年 11 月 24 日
18		生产安全事故报告和调查处理条例	国务院	2007 年 3 月 28 日
19		中共中央国务院关于推进安全生产领域改革发展的意见	国务院	中发[2016]32 号
20		国务院办公厅关于印发安全生产"十三五"规划的通知	国务院	国办发[2017]3 号
21	规章制度	建筑施工企业安全生产许可证管理规定	住房和城乡建设部	建设部令 2015 第 23 号
22		建筑业安全卫生公约	国际劳工组织大会	1988 年 6 月 1 日
23		建设部关于加强建筑意外伤害保险工作的指导意见	住房和城乡建设部	建质[2003]107 号
24		建筑业企业资质标准	住房和城乡建设部	建市[2014]159 号
25		建筑工程安全防护、文明施工措施费用及使用管理规定	住房和城乡建设部	建办[2005]89 号
26		建筑安装工程费用项目组成	住房和城乡建设部	建标[2003]206 号
27		企业安全生产费用提取和使用管理办法	财政部、安全监管总局	财企[2012]16 号

续上表

序号	类别	名 称	发文部门	编号/发布日期
28	规章制度	最高人民法院关于审理工伤保险行政案件若干问题的规定	中华人民共和国最高人民法院	法释[2014]9号
29		生产安全事故应急预案管理办法	国家安全生产监督管理总局	国办发[2013]101号
30		公路水运工程安全生产监督管理办法	交通运输部	交通运输部令2017年第25号
31		公路水运建设工程质量事故等级划分和报告制度	交通运输部	交办安监[2016]146号
32	国家标准	建筑物防雷设计规范	住房和城乡建设部	GB 50057—2010
33		建筑施工场界环境噪声排放标准	环境保护部	GB 12523—2011
34	行业规范	施工现场临时用电安全技术规范	住房和城乡建设部	JGJ 46—2005
35		危险性较大的分部分项工程安全管理办法	住房和城乡建设部	建设部令2018年第37号
36		《公路工程质量检验评定标准》(土建工程)	交通运输部	JTG F80/1—2017
37		《公路工程质量检验评定标准》(机电工程)	交通运输部	JTG F80/2—2004
38		交通运输部突发事件应急工作暂行规范	交通运输部	交应急发[2014]238号
39		建设工程五方责任主体项目负责人质量终身责任追究暂行办法	住房及城乡建设部	建质[2014]124号
40		绿色施工导则	住房和城乡建设部	建质[2007]223号
41		住房和城乡建设部办公厅关于实施《危险性较大的分部分项工程安全管理规定》有关问题的通知	住房和城乡建设部	建办质[2018]31号

参 考 文 献

[1] 赵之仲. 公路工程监理理论[M]. 北京:中国矿业大学出版社,2008.
[2] 交通运输部工程质量监督局组织. 公路水运工程施工安全标准化指南[M]. 北京:人民交通出版社,2013.
[3] 江苏省交通工程建设局. 公路工程建设现场安全管理标准化指南[M]. 北京:人民交通出版社,2013.
[4] 赵之仲. 公路水运工程施工安全管理[M]. 北京:中国矿业大学出版社,2013.
[5] 王炜. 公路工程施工安全生产指南[M]. 北京:人民交通出版社,2003.
[6] 赵之仲. 高等级公路典型路面结构的性能预测和寿命周期费用的研究[M]. 2015.
[7] 付汉江,王永久,刘新. 公路工程施工项目安全管理指南[M]. 北京:人民交通出版社,2010.
[8] 王宗波. 道路工程建设质量控制与管理指南[M]. 郑州:黄河水利出版社,2005.
[9] 赵之仲. 公路工程施工项目管理及优化[M]. 北京:中国矿业大学出版社,2014.
[10] 交通运输部公路局组织. 高速公路施工标准化技术指南. 第一分册,工地建设[M]. 北京:人民交通出版社,2012.